ACCESO GRATIS *a la Lectura en la Nube*

Para visualizar el libro electrónico en la nube de lectura envíe junto a su nombre y apellidos una fotografía del código de barras situado en la contraportada del libro y otra del ticket de compra a la dirección:

ebooktirant@tirant.com

En un máximo de 72 horas laborables le enviaremos el código de acceso con sus instrucciones.

La visualización del libro en **NUBE DE LECTURA** excluye los usos bibliotecarios y públicos que puedan poner el archivo electrónico a disposición de una comunidad de lectores. Se permite tan solo un uso individual y privado.

LA SEGURIDAD ENERGÉTICA COMO FACTOR FUNDAMENTAL PARA EL DESARROLLO DE LA AUTONOMÍA ESTRATÉGICA DE LA UE

LA SEGURIDAD ENERGÉTICA COMO FACTOR FUNDAMENTAL PARA EL DESARROLLO DE LA AUTONOMÍA ESTRATÉGICA DE LA UE

Tomás Gutiérrez Roa

tirant lo blanch
Valencia, 2025

En caso de erratas y actualizaciones, la Editorial Tirant lo Blanch publicará la pertinente corrección en la página web www.tirant.com.

© TIRANT LO BLANCH
EDITA: TIRANT LO BLANCH
C/ Artes Gráficas, 14 - 46010 - Valencia
TELFS.: 96/361 00 48 - 50
FAX: 96/369 41 51
Email: tlb@tirant.com
www.tirant.com
Librería virtual: www.tirant.es
DEPÓSITO LEGAL: V-4221-2024
ISBN: 978-84-1071-851-7

Si tiene alguna queja o sugerencia, envíenos un mail a: *atencioncliente@tirant.com*. En caso de no ser atendida su sugerencia, por favor, lea en *www.tirant.net/index.php/empresa/politicas-de-empresa* nuestro procedimiento de quejas.

Responsabilidad Social Corporativa: *http://www.tirant.net/Docs/RSCTirant.pdf*

La energía y sus desafíos
definirán nuestro futuro.

Daniel Yergin

Índice

Prólogo

La energía ha sido un elemento omnipresente en la historia de la integración europea desde sus orígenes. Ya los tratados constitutivos, preocupados con la amenaza del uso no pacífico de la energía nuclear —habida cuenta del fin de la II Guerra Mundial— se decantaron por la creación de una organización estrictamente europea de control en la materia.

Sin embargo, —adoptando el punto de vista de la geopolítica internacional y europea, como hace el autor de la presente monografía— los motivos por los que la energía ha estado en el corazón de las preocupaciones de la Europa comunitaria han sido diversos. Si en sus inicios tales fueron los planteamientos, la energía tuvo sólo una presencia testimonial en el resto de los ámbitos durante largos años, mientras el mercado interior se fortalecía y nutría otros ámbitos de integración.

Tal vez eso hizo que su resurgir estuviese íntimamente ligado a la regulación de un incipiente derecho europeo medioambiental. Del uso pacífico de la energía nuclear, la UE empezó a preocuparse por el uso de combustibles fósiles finitos y contaminantes, y comenzó a pensar en la Europa verde y sostenible y en la incidencia de dichas energías en relación a tales objetivos, lo que llevó a una regulación de la energía casi estrictamente desde el punto de vista medioambiental.

Pero las nuevas circunstancias, tras la agresión inopinada y gratuita de la Federación Rusa a Ucrania en febrero de 2022, alterando gravemente la esfera internacional, ha dado un giro a la percepción que la UE tiene de sí misma y a la aproximación de ésta al tema energético, preocupada ahora, sobre todo, por su autosuficiencia o, como se ha dado en llamar, su seguridad energética y su relación con su autonomía estratégica como actor global. La UE ha dado un giro a su política energética buscando por encima de todo su autoabastecimiento mediante el uso de una diplomacia energética, llamada a ser vector protagonista esencial de la política exterior europea. Y esa preocupación se ha concebido y se defiende ahora, desde posiciones mucho más centrales que antaño, como elemento crucial de su independencia estratégica.

Los premios de la AEPDIRI a las mejores tesis doctorales en las tres disciplinas que integran nuestra asociación es, sin duda, una de las iniciativas más importantes de cuantas esta sostiene en la actualidad. Si a algo va unido la sana y firme evolución, actualización y transmisión de los conocimientos de las tres ramas de conocimiento eso es, precisamente, el apoyo a nuestros jóvenes y la priorización y reconocimiento, en este caso mediante su publicación, de los mejores trabajos realizados por los más noveles de nuestros asociados.

Así, el joven profesor Gutiérrez Roa nos ha deleitado con una concienzuda, exhaustiva y completa tesis doctoral en esta materia, redactada además de manera magistral, pese a las dificultades de afrontar un proceso o fenómeno que no es de tan larga data, y que se ve afecto hoy día por la mencionada agresión rusa, por lo que las fuentes de las que dispuso en su momento también sufrieron de esa novedad y contemporaneidad. El jurado del premio a dicha tesis estuvo compuesto por los profesores doctores Dª Sagrario Morán Blanco (Presidenta), D. Noé Cornago Prieto (Vocal), y D. Rafael García Pérez (Secretario), que valoraron muy positivamente la actualidad del tema y el rigor en su tratamiento, sus novedosas propuestas y su madurez.

Hoy esa laureada tesis ve a luz en esta monografía gracias al compromiso de la AEPDIRI con los más jóvenes, por lo que hoy es, por supuesto y ante todo, un día para felicitarnos de la buena salud investigadora de nuestros asociados más jóvenes.

Málaga, octubre de 2024

ANA SALINAS DE FRÍAS
Presidenta de la AEPDIRI

Prólogo: la Seguridad Energética y la Autonomía Estratégica

Me complace realizar el prólogo de la publicación de la tesis doctoral bajo título *La seguridad energética como factor relevante para el desarrollo de la autonomía estratégica de la Unión Europea (2014-2021)* de Tomás Gutiérrez Roa, que tuve oportunidad de dirigir en la Universidad Complutense de Madrid y que se defendió en el año 2022, recibiendo la máxima calificación. Me alegra mucho que la Asociación Española de Profesores de Derecho Internacional y Relaciones Internacionales (AEPDIRI) le haya concedido el V Premio a las Mejores Tesis Doctorales 2021-2023 en Relaciones Internacionales.

Uno de los valores de este trabajo, que supongo que forma parte de los motivos por los que le han dado este reconocimiento, es la estructura de la misma, que me parece que es francamente buena. Comienza haciendo referencia a la Estrategia Europea de Seguridad Energética para después referirse a la Unión Europea de la Energía e insistir en el nacimiento del concepto de autonomía estratégica, ya en el 2016 con la publicación de la Estrategia Global impulsada por la entonces alta representante de la Unión para Asuntos Exteriores y Política de Seguridad, Federica Mogherini.

A continuación, analiza la política energética durante la novena legislatura, de la mano de la Comisión Von der Leyen, donde se establece el Pacto Verde Europeo. También evalúa las implicaciones de la seguridad energética en la autonomía estratégica de la UE para, seguidamente, desarrollar la total transformación de la seguridad energética como consecuencia de la agresión rusa a Ucrania, desde el 24 de febrero de 2022, y con ello redefinir la seguridad energética europea en la actualidad, que trata de potenciar el despertar geopolítico de la UE.

La tesis plantea un tema de especial interés, que es la relación de la seguridad energética y su incidencia en la autonomía estratégica. Con el paso del tiempo, incluso cada vez está adquiriendo una mayor relevancia, como vemos en la actualidad. En este sentido, el informe Draghi *El futuro de la competitividad europea,* que se ha publicado recientemente, defiende que uno de los factores fundamentales para que la UE mejore su competitividad es la necesidad de mantener precios más bajos en relación con las fuentes de energía.

Este es el caso de estudio que aborda el profesor Gutiérrez Roa en la que fue su tesis doctoral. Él estudia la relación que han tenido la política energética con el Pacto Verde, especialmente antes de la agresión rusa a Ucrania y las dificultades que supuso la dependencia de hidrocarburos rusos al proyecto europeo, en dónde había una conceptualización muy desigual de la seguridad energética y una enorme diferencia a la hora de identificar los elementos de seguridad.

Hace referencia también a cómo la invasión rusa de Ucrania supone un punto de inflexión para el proyecto común. El inicio de la guerra cambia de forma radical la manera en la que la Unión Europea se ve a sí misma y percibe su seguridad, lo cuál está llevando a un importante reequilibrio a las relaciones con los socios prioritarios, principalmente con Rusia, que, viendo con ojos de hoy, de momento los efectos no han sido tan determinantes.

Conozco al doctor Gutiérrez Roa desde que fue alumno del Máster en Política Internacional en la Facultad de Ciencias Políticas y Sociología de la UCM, en el curso 2015-2016. Un año después, fui el tutor de su TFM, titulado *Relaciones Unión Europea-Federación de Rusia: el nuevo escenario abierto tras la invasión ilegal de Crimea, la adopción de sanciones y la caída de los precios de los hidrocarburos.* Ya en este momento comenzamos a tratar este tema, justo después de su vuelta de una estancia académica en la Universidad Rusa de la Amistad de los Pueblos en Moscú.

A lo largo de estos años, hemos tenido oportunidad de colaborar en otras iniciativas, entre las cuáles hay que destacar el Congreso Internacional sobre la UE de CEDEU en 2023 y 2024, que dirige, así como en publicaciones, entre ellas la que él ha editado, coordinado y participado *Europa en transformación: análisis de los desafíos internos y geopolíticos de cara al inicio del nuevo ciclo político europeo* (Madrid, Editorial Sindéresis, 2024), entre otras.

Por todo ello, recomiendo encarecidamente la lectura del libro por ser una gran aportación al vínculo entre seguridad energética y autonomía estratégica, tema que cada vez tiene más interés, y además está realizado con una gran calidad en su concepción y en su desarrollo. Tema que va a servir para entender la programación de la décima legislatura de la UE (2024-2029) donde esta cuestión va a ser uno de los temas centrales para los próximos anos.

Madrid, septiembre de 2024

Francisco Aldecoa Luzárraga
Catedrático emérito de Relaciones Internacionales de la Universidad Complutense de Madrid

Agradecimientos

Este libro merece dar las gracias. Pese a que en la tesis doctoral que precedió a esta obra rehusé, por excesivo pudor, a redactar las páginas de agradecimientos tan habituales en este tipo de publicaciones, reduciéndolos a una escueta mención inicial, volver a hacer lo mismo en esta obra terminaría por ser injusto con todos aquellos que han impulsado mi trabajo e investigaciones durante estos años, compañeros, amigos y familiares que han sido y son parte central de mi vida académica y personal. A todos ellos quiero agradecer profundamente su apoyo, indispensable para haber completado con éxito este ilusionante proyecto.

Este libro, al igual que la tesis doctoral que le da vida, no hubiera sido lo mismo sin el catedrático Francisco Aldecoa, director, corrector y guía de todas y cada una de estas páginas. Y no lo hubiera sido porque es de él de quien emanan las expectativas puestas en el proyecto europeo que fundamentan y son parte central de esta obra, quien, desde el momento en que coincidimos por primera vez en las aulas de la Universidad Complutense hace ya más de diez años, me transmitió la pasión, y el convencimiento de la necesidad y el éxito de la unión política entre europeos. Desde sus primeros esquemas, siempre tuve claro que él era la persona adecuada para dirigir este trabajo, y siempre agradeceré la confianza que mostró en su futuro cuando le enseñé su primer esbozo. Por otro lado, Aldecoa me apadrinó, como a muchos otros jóvenes —a los que ahora me une una bonita amistad—, dentro del Consejo Federal Español del Movimiento Europeo que dirige de una manera tan esforzada como encomiable, permitiéndome acceder a unas charlas, publicaciones y eventos que tan útiles han sido para mi carrera profesional. Es por eso por lo que, en la larga lista de agradecimientos a los que me obliga esta publicación, mi estimado Patxi ocupa una posición privilegiada.

Por otro lado, no podría tampoco olvidar la enorme ayuda que he recibido durante todo este tiempo por parte de CEDEU Centro de Estudios Universitarios, mi casa desde hace ya más de seis años. Desde que me incorporé a sus filas, he sentido muy de cerca el aliento y el empuje de todo su equipo directivo, desde Joaquín Martínez Serrats, quien me concedió enormes facilidades para poder compaginar mi responsabilidades laborales con la exigencia del trabajo doctoral, hasta Adolfo Sánchez Burón, quien en la actualidad me impulsa y respalda en esta carrera de fondo que es la investigación académica. Por su parte, siempre agradeceré a Alfonso Cebrián, durante años principal responsable de CEDEU, la confianza depositada en mí para liderar proyectos de envergadura relacionados con la UE, los cuales han sido trascendentales para mi desarrollo profesional y han tenido un eco especial en este trabajo.

Tampoco puedo olvidarme de mis compañeros de Aurea Avionics, a quienes me uní cuando apenas daban sus primeros pasos —cuatro excelentes ingenieros con una buena idea— y hoy en día, y todavía desde dentro, el reconocimiento del que disfruta la empresa es uno de mis mayores orgullos como profesional. Además de provechosos conocimientos sectoriales, haber contribuido a ese éxito, que tantas dosis de ilusión y esfuerzo han requerido, me ha enseñado que para que los planes tengan futuro a largo plazo solo pueden hacerse con honestidad, denuedo y sin atajos. Solo las cosas que se hacen bien pueden acabar bien. Por otra parte, también quisiera recordar a mi antiguo compañero y buen amigo Rodolfo Ramos Melero, quien, siempre desde un segundo plano, me regaló los consejos más valiosos para completar con rigor y excelencia la tesis doctoral que precede a esta obra. Uno de ellos, quizás el más estimable, es el que me aclaró que, en el mundo académico, al contrario que en el fútbol regional que tanto amamos, lo importante no es solo sumar puntos, sino hacerlo con la más absoluta integridad.

El último capítulo de agradecimientos no puede ser sino para mí círculo más cercano, mis personas de confianza, quienes nunca abandonan su puesto pese a sufrir, siempre de forma injusta, mis complicaciones y evidentes defectos. En la tesis doctoral precedente, de una forma un tanto críptica, los mencioné como mis «gregarios», es decir, aquellos laboriosos ciclistas que a menudo sacrifican sus oportunidades personales para ayudar a su jefe de filas a alcanzar una gloria que, en muy pocas ocasiones, termina compartiendo con ellos. Como amante de los pedales, no pude encontrar otra palabra mejor. Sin embargo, a estas alturas se me hace imprescindible aprovechar estas páginas de agradecimiento para hacerles justicia, pues esos gregarios no son desconocidos. En un puesto privilegiado están mis padres, Rafael y Luscinda, verdaderos artífices de todo lo que he alcanzado en mi carrera. Ellos han sido el motor que me ha impulsado en todas las etapas vividas, y, además de haber puesto a mi disposición todos los recursos disponibles para alcanzar mis metas, siempre agradeceré el empeño realizado para comprender que el éxito solo tiene valor si se consigue en base a los rigores de la ética y la moral. Sin duda, su herencia más valiosa siempre será la exigencia de que en la vida se puede ser todo lo que uno quiere, menos mala persona.

Estas lecciones, que me empeño en no olvidar, son compartidas con mis hermanos, Luscinda y Manuel. Ella, que tanto nos ha cuidado y protegido —y me temo que deberá seguir haciéndolo—, es uno de mis principales referentes vitales, cuya honestidad y cultura del esfuerzo valoro por encima de todo. A su manera, nunca dejará de ser un excelente ejemplo para todos nosotros. De él, siempre tan cerca de mí, siempre me sorprende por su indecisa brillantez, cimentada sobre una curiosidad infinita, y por su estricto compromiso con avanzar, lentos pero inquebrantables, hacia una sociedad mejor. Además, sus extensos conocimientos sobre los sistemas de energía, amén de un excelente desempeño como físico experto en tecnologías renovables, han sido de extraordinaria ayuda para mitigar las profundas carencias técnicas de esta investigación. Por otra parte, no puedo dejar pasar la oportunidad de agradecer a mis padrinos, Isabel y Eulogio, su cariño infinitivo y su inquebrantable apoyo ante cualquier circunstancia, lo que da buena cuenta de su calidad humana.

Para finalizar, aunque no por ello menos importante, no puedo dejar de mencionar a mi querida Laura, mi novia y compañera. Siempre a mi lado, su presencia no solo me ha aportado la estabilidad y la motivación necesarias para completar este proyecto, sino que además me dota de claridad y seguridad en los momentos de más incertidumbre, siempre sumando desde su infinita empatía, comprensión y afecto. Laura es el mayor regalo que tengo, y todos los agradecimientos impresos no suman siquiera una pequeña porción de lo que su cariño contribuye a mis proyectos personales y profesionales. Tengo la certeza de que, a su lado, siempre seré mejor persona. En último lugar, quisiera agradecer a todos esos compañeros y amigos —Álex, Carlota, Juan, Marta, Sandro, Laura, Guiomar, Ricardo, Julio César, Joan, Manuel Zafra, Isabel Morales y tantos otros— que han estado a mi lado y me han ayudado, de una manera u otra, a llegar hasta aquí. Por siempre, gracias.

Abreviaturas

ACER: Agencia para la Cooperación de los Reguladores de Energía (por sus siglas en inglés)

ACV: Análisis de Ciclo de Vida

AED: Agencia Europea de Defensa

AIE: Agencia Internacional de la Energía

AIIB: Banco Asiático de Inversión en Infraestructura de China (por sus siglas en inglés)

APERC: Asia Pacific Energy Research Centre

AR: Alto representante de la Unión para Asuntos Exteriores y de Seguridad

ASEAN: Asociación de Naciones del Sudeste Asiático (por sus siglas en inglés)

AUE: Acta Única Europea

bcm: mil millones de metros cúbicos (por sus siglas en inglés)

BEI: Banco Europeo de Inversiones

BERD: Banco Europeo para la Reconstrucción y el Desarrollo

BEMIP: Plan de Interconexión de los Mercados Energéticos del Báltico (por sus siglas en inglés)

BRI: Nueva Ruta de la Seda (por sus sigla en inglés)

CE: Comunidad Europea

CECA: Comunidad Europea del Carbón y del Acero

CED: Comunidad Europea de Defensa

CEE: Comunidad Económica Europea

CEI: Comunidad de Estados Independientes

CELAC: Comunidad de Estados Latinoamericanos y Caribeños

CIG: Conferencia Intergubernamental

CNPC: Corporación Nacional del Petróleo de China (por sus siglas en inglés)

CoFoE: Conferencia sobre el Futuro de Europa (por sus siglas en inglés)

COP: Conferencia de las Naciones Unidas sobre el Cambio Climático

CPE: Cooperación Política Europea

CRM: Materias Primas Críticas (por sus sigla en inglés)

DOUE: Diario Oficial de la Unión Europea

EEE: Espacio Económico Europeo

EES: Estrategia Europea de Seguridad

EE. UU.: Estados Unidos de América

EFTA: Asociación Europea de Libre Comercio (por sus siglas en inglés)

EGS: Estrategia Global para la Política Exterior y de Seguridad de la UE

eia: Administración de Información Energética de EE. UU. (por sus siglas en inglés)

EOF: Función Operativa de Energía (por sus siglas en inglés)

ESS: Estrategia Europea de la Seguridad Energética

EUROAS: Solución de Navegación por Radio de la UE

FED: Fondo Europeo de Defensa

FEDR: Fondo Europeo de Desarrollo Regional

FEI: Fondos Estructurales y de Inversión

FEIE: Fondo Europeo para Inversiones Estratégicas

GNL: Gas Natural Licuado

GW: Gigawatios

IED: Inversiones Extranjeras Directas

IEF: Foro Internacional de la Energía (por sus siglas en inglés)

IPEEC: Asociación para la Cooperación en Eficiencia Energética (por sus siglas en inglés)

IRENA: Agencia Internacional de las Energías Renovables (por sus siglas en inglés)

MCE: Mecanismo Conectar Europa

MFP: Marco Financiero Plurianual

MRR: Mecanismo de Recuperación y Resiliencia

OBOR: Una Franja, Una Ruta – Nueva Ruta de la Seda (por sus siglas en inglés)

OCDE: Organización para la Cooperación y el Desarrollo Económico

OCS: Organización para la Cooperación de Shanghái

ODS: Objetivos de Desarrollo Sostenible

OPEP: Organización de Países Exportadores de Petróleo

OMC: Organización Mundial del Comercio

OMS: Organización Mundial de la Salud

ONU: Organización de las Naciones Unidas

OTAN: Organización del Tratado del Atlántico Norte

OSP: Obligaciones de Servicio Público

OTSC: Organización del Tratado de Seguridad Colectiva

PCSD: Política Común de Seguridad y Defensa

PEER: Programa Energético Europeo para la Recuperación

PESC: Política Exterior y de Seguridad Común

PESCO: Cooperación Estructurada Permanente (por sus siglas en inglés)

PESD: Política Europea de Seguridad y Defensa

PEV: Política Europea de Vecindad

PIC: Proyecto de Interés Común

RCDE: Régimen de Comercio de Derechos de Emisión

RFA: República Federal de Alemania

SEAE: Servicio Europeo de Acción Exterior

SPIPA: Alianzas Estratégicas de la Unión Europea para la Implementación del Acuerdo de París (por sus siglas en inglés)

TCE: Tratado Constitutivo de la Comunidad Europea

TFUE: Tratado de Funcionamiento de la Unión Europea

TUE: Tratado de la Unión Europea

UE: Unión Europea

UEE: Unión Económica Euroasiática

UEO: Unión Europea Occidental

UNFCCC: Convención Marco de las Naciones Unidas sobre el Cambio Climático

URSS: Unión de Repúblicas Socialistas Soviéticas

Capítulo 1

La Estrategia Europea de la Seguridad Energética: reducir las vulnerabilidades en un escenario crecientemente hostil

SUMARIO: 1. El concepto de seguridad energética: un vocablo ambiguo y en constante evolución / 2. Antecedentes jurídicos: las redes transeuropeas de energía / 3. Base jurídica de la política energética europea: El Tratado de Lisboa / 4. La Estrategia Europea de la Seguridad Energética

1. EL CONCEPTO DE SEGURIDAD ENERGÉTICA: UN VOCABLO AMBIGUO Y EN CONSTANTE EVOLUCIÓN

Seguridad energética es un término ambiguo y complejo cuya definición ha ido evolucionando a lo largo de las últimas décadas. Sin embargo, sus antecedentes históricos pueden rastrearse hasta comienzos del siglo XX, cuando el Imperio británico requirió de acceso ilimitado a fuentes de hidrocarburos con motivo del cambio de propulsión en sus buques de guerra, que en 1911 cambiaron el carbón por el petróleo. Varias décadas después, el esfuerzo bélico durante la II Guerra Mundial llevó a EE. UU. a una preocupación similar, pues las ingentes cantidades de petróleo necesarias para la victoria final aliada estaban poniendo al límite sus reservas estratégicas. Entre 1941 y 1945, seis mil de los siete mil barriles consumidos por sus tropas y las franco-británicas fueron extraídos de sus pozos nacionales[1], un ritmo que, de ser constante, llevaría a su agotamiento en menos de trece años[2]. En ambas ocasiones, la solución pasaba por poner en marcha estrategias de suministro basadas en la adquisición y control de vastas reservas petroleras en Oriente Medio, principalmente en Persia y Arabia Saudí, apoyando económica y políticamente a las monarquías regionales con el fin de garantizar el continuo abastecimiento.

Durante las siguientes décadas, este acceso prioritario al crudo del Golfo Pérsico favoreció el asombroso crecimiento económico vivido en los países europeos, EE. UU. y Japón en los años de posguerra. Esta «edad de oro del capitalismo» estuvo respaldada por un coste promedio del barril que osciló entre los 1,80 dólares y los 5,12 dólares, con un consumo total estimado en unos treinta y cinco millones de barriles diarios. Sin embargo, el embargo petrolero de 1973, que elevó el precio hasta tocar los veintidós dólares, acabó con el sueño dorado de las economías occidentales, que comenzaron a considerar el importe de la energía como un elemento central de su sistema energético[3]. El abandono de la idea de seguridad energética como el equivalente al acceso continuo a grandes reservas de hidrocarburos precipitó la rápida evolución del concepto, que

---

1 Klare, M. (2004). *Sangre y petróleo. Peligros y consecuencias de la dependencia del crudo.* Urano. p. 55.

2 El esfuerzo energético estadounidense durante la II Guerra Mundial fue extraordinario, tanto que los alemanes lo denominaban «la guerra del millonario». Por ejemplo, un único tanque Sherman consumía 32.000 litros de gasolina semanales, mientras que se estima que una división acorazada necesitaba 500.000 litros de combustible para avanzar cien metros. A esto hay que sumarle las necesidades de la aviación y la Marina, así como los fletes mercantes. Beevor, A. (2010). *El Día D: La batalla de Normandía.* Crítica.

3 Penrose, E. (1976). "The development of crisis", en Vernon, R. (ed). *The oil crisis.* Norton & Company. p. 26.

comenzó a incluir otros elementos como el precio, la diversificación de combustibles, la eficiencia o la vulnerabilidad de las rutas de suministro, haciendo de la energía uno de los aspectos centrales de la seguridad nacional. En los últimos años, esta preocupación ha ido en aumento conforme se han reducido las reservas de hidrocarburos, la geoeconomía de la energía ha basculado hacia Asia y la transición energética ha potenciado la necesidad de nuevos materiales estratégicos.

Sin embargo, en la actualidad seguridad energética sigue siendo un término bastante confuso, poco determinado y difícil de definir. Pese a que es un vocablo habitual en el ámbito de las relaciones internacionales y los estudios energéticos, se trata de un término ambiguo, complejo y en constante evolución, lo que complica la existencia de una interpretación comúnmente aceptada. La dificultad de su contextualización se debe, en primer lugar, a la propia definición de lo seguro, marcada por los aspectos objetivos y subjetivos de la percepción del riesgo —la evidencia de peligro puede no coincidir con la sensación de peligros—, y, en segundo lugar, por la propia interpretación de la seguridad, que varía considerablemente en función de los elementos que se tengan en cuenta para valorarla. De este modo, la definición de seguridad energética se transforma según el actor que la cuantifique y del objetivo que se persigue, así como del objeto que se quiera asegurar, del foco de la amenaza o incluso de los valores e intereses de las partes involucradas. Un estudio sobre el creciente interés por el concepto de seguridad energética, basado en una prolija revisión de la literatura publicada al respecto, demuestra que estamos ante un término polisémico, multidimensional y dinámico, cuya evolución es constante y su medición compleja[4].

4 Ang, B. W.; Choong, W. L. y Ng, T. S. (febrero de 2015). "Energy security: definitions, dimensions, and indexes". *Renewable and Sustainable Energy Reviews,* núm. 42, 1077-1093. p. 1078.

La seguridad energética es altamente dependiente del contexto temporal, geográfico y político. En líneas generales, se identifican tres categorías de Estados según su relación con esta. Por una parte, los llamados «productores» generan gran parte de la energía que consumen e incluso tienen capacidad de exportación —haciendo de esta una herramienta económica y de política exterior—, mientras que, por otra, los «importadores» adquieren fuera de sus fronteras los recursos energéticos que necesitan. Por último, los «de tránsito», que también pertenecen a una de las categorías anteriores, facilitan la circulación de la energía desde los primeros hacia los segundos. Además, existen tres grupos de riesgo interrelacionados que afectan a la seguridad energética. El primero de ellos surge de la violación de la soberanía nacional por la acción deliberada de otros países, el segundo de un corte de suministro debido a desastres naturales o a la acción del hombre y el tercero de factores socioeconómicos más o menos impredecibles, como los cambios de preferencias en los mercados de inversión, la reorientación de los flujos de exportación o la alteración de los precios, entre otros[5]. De este modo, para mantener un alto nivel de seguridad energética, todo Estado debe tener en cuenta estas disposiciones y anticiparse a ellas, reduciendo las vulnerabilidades de su sistema energético desde la producción hasta el consumo final.

Esta complejidad, que afecta a la propia definición de seguridad energética, ha permitido el desarrollo de variadas líneas de conceptualización, cada una de ellas basada en diferentes elementos de definición. Aunque la diversidad es amplia, el estudio anteriormente referido identifica hasta siete principales temáticas de estudio, las cuales raramente se integran simultáneamente. Estas son la disponibilidad, la infraestructura, el

---

5 Gitelman, L; Magaril, E. y Kozhevnikov, M. (marzo de 2023). "Energy security: New threats and solutions". *Energies*, vol. 16, núm. 6. pp. 4-9.

precio, los efectos sociales, el medio ambiente, la gobernanza y la eficiencia. Sin embargo, casi todas las definiciones, independientemente de su enfoque, pueden concentrarse en tres grandes bloques, principalmente aquellas destinadas a contextualizar la seguridad energética de los grandes Estados importadores. De estas tres agrupaciones, las dos primeras se basan en un elemento principal, la disponibilidad y la asequibilidad, el cuál es dominante sobre el resto y condiciona la interpretación global de la seguridad energética. Por su parte, en el tercero se integran todas aquellas definiciones que, en un intento de ser más completas, incluyen y combinan diferentes dimensiones al mismo tiempo, dando lugar a conceptualizaciones mucho más globales.

De este modo, el primer grupo liga estrechamente la seguridad energética con el abastecimiento ininterrumpido. Dentro de este grupo, Wizer recoge que disponer de energía segura «significa que el riesgo de interrupción del suministro es bajo»[6], mientras que Cherp lo define como «la protección contra las interrupciones de los sistemas de energía que pueden poner en peligro los servicios energéticos vitales»[7]. Sánchez Ortega utiliza una definición parecida, entendiendo que la seguridad energética conlleva «el adecuado acceso a los recursos energéticos suficientes que permitan garantizar la disponibilidad de la energía requerida por los Estados»[8]. Este tipo

---

6 Lo hace citando la definición publicada en el análisis *Energy Markets Outlook Report* de 2009 del Departamento de Energía y Cambio Climático del Gobierno británico. Winzer, C. (julio de 2012). "Conceptualizing Energy Security". *Energy Policy,* vol. 46. p. 4.

7 Cherp, A. (2012). "Energy and Security", en Johansson, T; Nakicenovic, N; Patwardhan, A. P. y Gómez-Echeverri, L. (eds). *Toward a Sustainable Future.* Cambridge University Press. p. 329.

8 Sánchez Ortega, A. J. (2011). *Poder y seguridad en las relaciones internacionales: la estrategia rusa de poder.* Tesis doctoral, Universidad de Granada. p. 66.

de definiciones entienden que una escasez de energía es un claro síntoma de inseguridad y ubican como eje principal de la seguridad energética la propia capacidad del sistema y su resistencia. Es una concepción simple, ya que el único elemento relevante es el acceso continuo a fuentes de abastecimiento fiables. Sin embargo, puede ser muy útil para aplicar a los Estados con facilidad para diversificar sus fuentes o con gran capacidad de producción propia, ya que su seguridad energética obedece más a la fiabilidad y resiliencia de su sistema de generación y distribución que a la seguridad de las importaciones. Sin embargo, estas definiciones también adolecen de una gran limitación al relacionar seguridad energética con seguridad de abastecimiento, obviando otros factores que pueden tener una gran influencia en esta, como algunos elementos externos que son esenciales en los actuales sistemas integrados.

El segundo grupo de definiciones está formado por aquellas que consideran que la parte central de la seguridad energética es la asequibilidad de la energía. Para estos autores, la inseguridad no reside tanto en un posible corte de suministro como en la variación del precio final y en el riesgo económico derivado. Estas conceptualizaciones no niegan la importancia de mantener un flujo ininterrumpido, pero ponen el foco en que, una vez logrado esto en sistemas de mercado liberalizados, la propia oferta y demanda permitirá alcanzar un coste competitivo y, por tanto, un alto nivel de seguridad. Estas definiciones no tienen en cuenta todas las suspensiones en el abastecimiento, sino sólo aquellas que derivan en un alejamiento del valor monetario de los rangos considerados como normales, ya que lo que compromete la seguridad energética es que el coste de la energía varíe con motivo de su escasez.

Algunas de las definiciones de seguridad energética más comunes se incluyen en este grupo, como la de la AIE, que la define como «la disponibilidad ininterrumpida de fuentes de energía a un precio asequible»[9], o la de Klare, que la entiende como «asegurar la entrega de los suministros adecuados de energía asequible para cumplir con los requisitos vitales de un Estado, incluido en tiempos de crisis internacional o conflicto»[10]. Aunque ambas definiciones tienen en cuenta el factor del corte de suministro, este se supedita al elemento central de la asequibilidad, lo que las hace muy adaptables a las particularidades de los Estados que dependen de los mercados mundiales de hidrocarburos, regulados a través de mecanismos de oferta y demanda, ya que los problemas de producción y suministro tienen una relación directa con el coste de la energía. Sin embargo, estas conceptualizaciones no tienen en cuenta las externalidades negativas que pueden afectar al abastecimiento incluso en los mercados más liberalizados, como los riesgos y las tensiones geopolíticas, lo que la hace especialmente peligrosa para aquellos actores con un alto grado de dependencia externa.

Por último, en un tercer grupo se aglutinan algunas definiciones más complejas y multidimensionales, más difíciles de analizar y de encuadrar debido a que tienen en cuenta diferentes elementos definitorios de manera simultánea. Aunque la mayoría parten de un núcleo similar al de los grupos anteriores, es decir, la importancia de la disponibilidad y la asequibilidad de la energía —en la revisión bibliográfica de Ang, Choong y Ng consta que el 99% de las definiciones analizadas incluyen el primer elemento y el 71% el segundo[11]—, todos ellos incorporan uno o varios de los siete elementos anteriormente

---

9 *Emergency response and energy security*. Agencia Internacional de la Energía (AIE). Disponible en: https://www.iea.org/areas-of-work/energy-security

10 Klare, M. (2013). "Energy Security", en William, P. D. (ed.). *Security Studies: An Introduction*. Routledge. p. 484.

11 Ang, Choong, Ng. *Op. Cit.* p. 1082.

descritos para completarla, añadiendo dimensiones complementarias como los daños medioambientales producidos por generar con fuentes contaminantes, los problemas derivados de depender de suministradores poco fiables —en muchos casos, estos dos elementos son denominados la «aceptabilidad» de la seguridad energética—, la debilidad de la infraestructura, la necesidad de contar con políticas gubernamentales sólidas, los efectos sociales que puede tener un corte de suministro o la eficiencia energética.

A rasgos generales, estas definiciones ponen el foco en el propio funcionamiento de los sistemas de energía y en el impacto en el nivel de vida del conjunto de la sociedad. Algunas de las conceptualizaciones más destacadas de este grupo son las que aportan Bohi y Toman, que asumen que una baja seguridad energética supone «la pérdida del bienestar económico que puede ocurrir como resultado de un cambio en el precio o la disponibilidad de energía»[12], o la de Findlater y Noël, que la definen como «la capacidad del sistema de suministro de energía de un país para cumplir con la demanda de energía final contratada en caso de interrupción del suministro»[13]. También es relevante, por su amplitud, la definición de Cherp y Jewell, que la entienden como «la baja vulnerabilidad de los sistemas vitales de energía»[14], lo que permite aplicarla a todo tipo de actores y adaptarla a las debilidades y las características propias de cada sistema.

---

12 Bohi, D. R. y Toman, M. A. (1996). *The Economics of Energy Security*. Kluwer Academic Publishers. pp. 1-3.

13 Ambos autores focalizan su estudio en la seguridad energética de los Estados bálticos, lo que implica que den una mayor preponderancia al suministro de gas natural. Findlater, S. y Noël, P. (junio de 2010). "Gas supply security in the Baltic States: a qualitative assessment". *International Journal of Energy Sector Management*. vol. 4, núm. 2. p. 2.

14 Cherp, A. y Jewell, J. (octubre de 2014). "The concept of energy security: Beyond the four A's". *Energy Policy*, vol. 75. p. 418.

Pero hay muchas más. Lesbirel pone el centro conceptual en los problemas sociales de los riesgos energéticos, asumiendo que la seguridad energética es «asegurar contra los riesgos de interrupciones perjudiciales en la importación de energía para garantizar un acceso adecuado a las fuentes de energía para mantener niveles aceptables de bienestar y social económico tanto a nivel nacional como internacional»[15], mientras que The Center for Energy Economics considera que su objetivo principal es garantizar que «el desarrollo económico y social del país no esté materialmente limitado»[16]. Por su parte, Pasqualetti y Sovacool adecuan su conceptualización a la importancia del medio ambiente y las políticas energéticas, proponiendo que la seguridad energética pasa por «proporcionar servicios de energía disponibles, asequibles, fiables, eficientes, respetuosos con el medio ambiente, adecuadamente gobernados y socialmente aceptables»[17].

Lo interesante de estas conceptualizaciones es que no tienen un único elemento definitorio o uno especialmente dominante, sino que entienden la seguridad energética como la capacidad del sistema para continuar funcionando en parámetros más o menos normales ante cortes o amenazas de gran envergadura. Por eso, factores como el almacenamiento, la existencia de rutas de abastecimiento alternativas, la capacidad industrial, la resiliencia de la infraestructura, la solidez jurídica o el dinamismo del mercado son esenciales para la seguridad energética, pues permite continuar la actividad económica y social a precios asequibles ante un problema de suministro. Esa

---

15 Lesbirel, S. H. (mayo de 2004). "Diversification and energy security risks: the Japanese case". *Japanese Journal of Political Science,* núm. 5, 1-22. pp. 7-8.

16 Ang, Choong, Ng. *Op. Cit.*

17 Pasqualetti, M. J. y Sovacool, B. (septiembre de 2012). "The importance of scale to energy security". *Journal of Integrative Environmental Sciences,* vol 9, núm. 3, 167-180. p. 167.

resiliencia ante los riesgos es la seguridad energética. Además, estas definiciones tienen en cuenta la calidad de vida del usuario, receptor final de la energía y verdadero damnificado de un mal funcionamiento, y también permiten aunar la dimensión externa e interna del sistema, los cuales están estrechamente entrelazados. Por último, son fácilmente adaptables a los nuevos desafíos de la seguridad energética, que evoluciona conforme lo hacen los sistemas de energía y la realidad internacional.

Entre todas las definiciones de este grupo, una de las más interesantes es la desarrollada por el Asia Pacific Energy Research Centre (APERC). Para sus autores, la seguridad energética tiene cuatro elementos centrales, que son la disponibilidad, la accesibilidad, la asequibilidad y la aceptabilidad, motivo por el cual es conocida como la «teoría de las cuatro A's»[18]. De este modo, la seguridad energética depende de la propia existencia de los recursos y de su cantidad disponible, de dónde se encuentran y la facilidad de su acceso, del coste total de la energía consumida y de cómo la sociedad concibe su propio sistema de producción y abastecimiento, es decir, si es aceptable o no para la población el consumo de esa energía, su procedencia geográfica o los efectos negativos que puede tener en el clima, entre otros. Aunando estos elementos, el APERC define la seguridad energética como «la capacidad de una economía para garantizar la disponibilidad del suministro de recursos energéticos de manera sostenible y oportuna, con un precio de la energía en un nivel que no afectará el rendimiento de la economía» —pese a la latente ambigüedad del vocablo, el uso recurrente del término «una economía» en la investigación hace referencia a los propios Estados como actores

---

18 Las cuatro A's de la seguridad energética son *availability, accessibility, affordability* y *acceptability*, traducido al castellano como disponibilidad, accesibilidad, asequibilidad y aceptabilidad.

principales de la seguridad energética[19]—. Se trata de una conceptualización tan completa como compleja, cuyo principal punto positivo es que añade un elemento medioambiental que se adapta muy bien a la actual transición hacia un modelo mucho más sostenible.

La parte más novedosa de esta conceptualización es el elemento de la aceptabilidad, que los investigadores definen como «las preocupaciones ambientales relacionadas con la industria energética». Sin embargo, es evidente que la aceptabilidad puede ampliarse a muchos más aspectos, pues esta es lo «digno de ser aceptado» como bueno o conveniente[20]. En este caso, cabría preguntarse si en la aceptabilidad, además de las cuestiones climáticas, no podrían incluirse otros enfoques o preocupaciones relacionadas con los sistemas de energía, como las políticas gubernamentales o el uso de los recursos como herramienta diplomática. En esta línea, Herrero de Castro amplía el concepto al asegurar que la aceptabilidad implica «las transacciones socioeconómicas y medioambientales que determinadas sociedades están dispuestas a aceptar en aras del bienestar social y la competitividad económica»[21], incluyendo una variante económica muy interesante. En la revisión bibliográfica de Ang, Choong y Ng, los autores estudian estos dos elementos de manera separada, si bien ambas están incluidas simultáneamente en varias definiciones, demostrando que son compatibles. Por lo tanto, en esta investigación se

---

19 Intharak, N. (ed.). (2007). "A quest for energy security in the 21st century: resources and constraints". *Asia Pacific Energy Research Centre (APERC)*. p. 6.

20 Real Academia Española. *Diccionario de la lengua española.* 23.ª ed., [versión 23.7 en línea]. Disponible en: https://dle.rae.es/aceptable?m=form&m=form&wq=aceptable#sinonimos0NSb6WK

21 Herrero de Castro, R. (2016). "La seguridad energética y la Estrategia Global de Seguridad de la Unión Europea". *UNISCI Journal*, núm. 42. p. 88.

asume la aceptabilidad en la línea de lo planteado por Herrero de Castro, entendiendo que esta incluye todos los aspectos medioambientales, socioeconómicos y de formulación de políticas aceptados por los Gobiernos y las sociedades con el objetivo de aumentar su seguridad energética.

Debido a las particularidades del sistema europeo, es sumamente complejo analizar la seguridad energética de los Estados miembros en base a una definición perteneciente a los dos primeros grupos, pues en ambas categorías se dejan fuera algunos elementos que son esenciales para la UE —como la interconexión entre los socios, por ejemplo—. Por eso, en este libro se asume el concepto de seguridad energética en base a la conceptualización de Cherp y Jewell, que definen la seguridad energética como «la baja vulnerabilidad de los sistemas vitales de energía»[22], más inclusiva porque no especifica ningún elemento en concreto. Ambos autores entienden como sistemas vitales de energía los «sistemas de energía que tienen funciones sociales críticas», como el que aprovisiona a los ejércitos, la infraestructura energética, los sistemas de abastecimiento e incluso las energías renovables en sociedades descarbonizadas. Por otra parte, definen vulnerabilidad como «combinaciones de su exposición [de los sistemas vitales de energía] al riesgo y su capacidad de resiliencia». La fuerza de esta definición reside, entre otras ventajas, en que es aplicable a la situación actual comunitaria, ya que permite adaptarla a las debilidades y las características propias de su sistema energético.

---

22 Cherp y Jewell. *Op. Cit.* p. 416.

2. ANTECEDENTES JURÍDICOS: LAS REDES TRANSEUROPEAS DE ENERGÍA

La política energética siempre ha sido de vital importancia para la UE. Su trascendencia se debe a que el suministro energético ininterrumpido y a bajo coste es esencial para el correcto funcionamiento de la economía y el mantenimiento del actual nivel de vida europeo. Sin energía, el crecimiento industrial y tecnológico, así como el desarrollo de otros sectores vitales, se vería irremediablemente dañado, ya que la actividad económica depende de que los sistemas energéticos trabajen de manera correcta y sean resistentes tanto en la producción e importación como en la generación y la distribución de energía.

La propia fundación de la Comunidad Europea del Carbón y del Acero (CECA) estuvo profundamente influenciada por la energía. Al poner en común la producción de carbón, en aquellos años una de las principales fuentes de producción eléctrica, se garantizaba un acceso equitativo entre los países firmantes y se establecía el principio de solidaridad, el cual ha sido desde entonces uno de los ejes centrales de la política energética. En el artículo 3 del Tratado de París se marcaba como objetivo «velar por el abastecimiento regular del mercado común, teniendo en cuenta las necesidades de los terceros países», así como «asegurar a todos los usuarios del mercado común, que se encuentren en condiciones comparables, la igualdad de acceso a las fuentes de producción»[23], lo que supuso el inicio de una política energética desde el nacimiento del proyecto de integración europea.

Sin embargo, y a este prometedor inicio, la energía no fue un aspecto relevante en la redacción de los tratados posteriores, más allá de tímidas declaraciones que, si bien mostraban

---

[23] Traité Instituant la Communauté Européenne du Charbon Et de l'Acier, firmado en París 18 de abril de 1951. pp. 15-16.

una creciente preocupación por el abastecimiento energético de los Estados miembros, en la práctica no suponían una ampliación de las competencias comunitarias. Por ejemplo, en la Cumbre de París de 1972 los jefes de Estado o de Gobierno invitaron «a las instituciones comunitarias a formular lo antes posible una política energética que garantice un suministro cierto y duradero en condiciones económicas satisfactorias»[24], pese a que la euroesclerosis emanada del Compromiso de Luxemburgo, las divisiones internas entre los Estados miembros y las reducidas competencias comunitarias al respecto dificultaban seriamente la consecución de este objetivo. Aunque tras las crisis petroleras de la década de los setenta la Comunidad Económica Europea (CEE) asumió una visión mucho más integrada en la materia, ni el Acta Única Europea (AUE) ni el Tratado de Maastricht introdujeron cambios en la política energética, dejando en mano de los Estados miembros el control de sus sistemas de producción y abastecimiento energético.

Pese a esto, en el texto de Maastricht se incluyeron dos breves salvedades que demostraban un creciente interés por asumir una visión mucho más comunitaria de la energía. En primer lugar, en el artículo 130S se estableció que «el Consejo [...] decidirá las acciones que deba emprender la Comunidad para la realización de los objetivos fijados en el artículo 130R» —referentes a la protección del medio ambiente— y respecto a las medidas que «afecten de forma significativa a la elección por un Estado miembro entre diferentes fuentes de energía y a la estructura general de su abastecimiento energético»[25]. Se

---

[24] *Statement from the Paris Summit (19 to 21 October 1972).* www.cvce.eu p. 6. Disponible en: https://www.cvce.eu/content/publication/1999/1/1/b1dd3d57-5f31-4796-85c3-cfd2210d6901/publishable_en.pdf

[25] Tratado de la Unión Europea, hecho en Maastricht el 7 de febrero de 1992. *Diario Oficial de las Comunidades Europeas,* núm. C191, de 29 de julio de 1992. p. 29.

trataba de una excepción que permitía al Consejo intervenir en la política energética de un socio si esta no cumplía con los objetivos medioambientales comunitarios, un importante paso pese a que el propio documento otorgaba a los Estados miembros todas las competencias en materia de energía.

Por otra parte, y como consecuencia de lo anterior, el artículo 129 otorgaba competencias a la Comunidad Europea (CE) respecto a las llamadas redes transeuropeas, infraestructuras de transporte destinadas a facilitar una mayor conexión aérea, terrestre y marítima entre los Estados miembros. En este contexto, el texto imponía a la Comisión la potestad para establecer y desarrollar comunicaciones «en los sectores de las infraestructuras de transportes, las telecomunicaciones y de la energía»[26]. Apoyada en esta novedad, comenzó un creciente esfuerzo por construir, en base a diferentes actos legislativos y a la proyección de los llamados Proyectos de Interés Común (PCI) una tupida red para conectar a todos los Estados miembros y a terceros países en lo que se considera el inicio del actual mercado interior de la energía, un proyecto que en pocos años obligaría a la UE a legislar respecto a la seguridad energética para consolidar estos avances. Por su parte, las dos modificaciones posteriores de los Tratados Constitutivos no incluyeron cambios en la política energética, más allá de las modificaciones del Tratado de Ámsterdam relativas al Tratado Constitutivo de la Comunidad Europea de la Energía Atómica, Euratom.

Pese a la poca concreción que se observa en los Tratados anteriores a Lisboa, fue justamente durante los años noventa cuando se comenzó a liberalizar el sistema de energía comunitario, hasta entonces establecido de manera monopolística en casi todos los Estados miembros, proceso que fue consecuencia de la

---

[26] *Ibidem.* p. 25.

progresiva consolidación del mercado común y de las redes transeuropeas de energía. Los primeros actos legislativos publicados para ello fueron las Decisiones 96/391/CE y 1254/96/CE, por las que se «determinan un conjunto de acciones para establecer un contexto más favorable para el desarrollo de las redes transeuropeas en el sector de la energía»[27] y se «establece un conjunto de orientaciones referentes a los objetivos, las prioridades y las grandes líneas de las acciones de la Comunidad sobre redes transeuropeas de energía»[28] respectivamente. El inicio de la seguridad energética como uno de los principales objetivos del sistema de energía comunitario se inició a partir de estas Decisiones, ya que se pretendían «reforzar la seguridad del abastecimiento energético, incluso mediante la profundización de las relaciones energéticas con países terceros», así como «el aumento de la capacidad de transporte (gasoductos de traída), de recepción (GNL) y almacenamiento». El texto, que identificaba PCI como el enlace eléctrico entre España y Francia o la puesta en marcha de gasoductos con Argelia y Rusia, apostaba por mejorar no solo las interconexiones entre los Estados miembros sino también con los socios prioritarios y, de manera más ambigua, con los mercados internacionales de energía.

De manera paralela, la UE avanzó en la integración energética a través del desarrollo de los PIC, en especial tras la entrada

---

[27] Decisión del Consejo 96/391/CE, del 28 de marzo de 1996, por la que se determinan un conjunto de acciones para establecer un contexto más favorable para el desarrollo de las redes transeuropeas en el sector de la energía. *Diario Oficial de las Comunidades Europeas*, núm. L161, de 29 de junio de 1996. pp. 154-155.

[28] Decisión 1254/96/CE del Parlamento Europeo y del Consejo, de 5 de junio de 1996, por la que se establece un conjunto de orientaciones sobre las redes transeuropeas en el sector de la energía. *Diario Oficial de las Comunidades Europeas*, núm. L161, de 29 de junio de 1996. pp. 147-150.

en vigor del primer paquete energético, formado por las Directivas 96/92/CE y 98/30/CE, y el segundo paquete energético, integrado por las Directivas 2003/54/CE y 2003/55/CE. Ambos textos legislaban sobre las normas generales de organización del sector y reglaba la explotación de las redes de transmisión y distribución y el acceso a la red, lo que supuso la liberalización del mercado y la puesta en común de los sistemas de transmisión energética —electricidad y gas—. El conjunto de estos textos normativos, previos incluso a que la Comisión asumiera competencias más allá del fomento de la infraestructura comunitaria, consolidó la creación del mercado interior de la electricidad y el gas natural y la cimentación de una política energética comunitaria[29], lo que casi veinte años más tarde llevaría a la adopción de la Estrategia Europea de la Seguridad Energética (ESS) y de la Unión de la Energía.

En este punto, merece especial atención la Decisión 1364/2006/CE, redactada pocos años antes de la firma del Tratado de Lisboa y que establecía orientaciones sobre las redes transeuropeas en el sector de la energía. Su entrada en vigor supuso un paso más en el intento de crear una infraestructura de suministro energético común para los Estados miembros. Entre sus objetivos se encontraban «reducir el coste de la energía para los consumidores y contribuir a la diversificación de fuentes de energía», «reforzar la seguridad de abastecimiento energético, por ejemplo, mediante la profundización de las relaciones energéticas con terceros países

---

[29] Directiva 96/92/CE del Parlamento Europeo y del Consejo, de 19 de diciembre de 1996, sobre normas comunes para el mercado interior de la electricidad. *Diario Oficial de las Comunidades Europeas*, núm. L27, de 30 de enero de 1997. pp. 20-29 y Directiva 98/30/CE del Parlamento Europeo y del Consejo, de 22 de junio de 1998, sobre normas comunes para el mercado interior del gas natural. *Diario Oficial de las Comunidades Europeas*, núm. L204, de 21 de julio de 1998. pp. 1-12.

en beneficio de todas las partes» y «contribuir al desarrollo sostenible y la protección del medio ambiente»[30], tres de los pilares de la actual política energética.

El texto legislativo, derogado mediante el Reglamento 347/2013, dibujó un boceto general de la acción europea en materia de energía antes incluso de que el Tratado de Lisboa le otorgara una mayor capacidad de legislación. Sin embargo, la importancia de la Decisión residía, sobre todo, en su ambición, ya que se rozaba el límite de las competencias comunitarias respecto a la sostenibilidad, pues en aquel momento la configuración de las fuentes de producción energética dependía exclusivamente de los Estados miembros. La problemática se resolvió fijando que «los proyectos prioritarios de las redes transeuropeas deben ser compatibles con el desarrollo sostenible», lo que vinculaba la promoción de los proyectos a su impacto medioambiental y fomentaba la conservación del clima en un momento en el que las instituciones comunitarias no tenían potestad para imponer cuotas a las energías renovables.

Tal y como hicieron los textos legislativos anteriores, la Decisión 1364/2006/CE anexaba diferentes proyectos prioritarios en el sector del gas y la electricidad, priorizando aquellos que reforzaban «la seguridad de abastecimiento de la Comunidad», como los gasoductos Yamal-Europe, el del Norte de Europa —posteriormente conocido como Nord Stream—, las conexiones gasistas entre Italia, Portugal y España con Túnez y Argelia —la actual tubería Medgas—, los proyectos para conectar el sur de Europa con el Mar Caspio dentro del llamado

---

30 Decisión 1364/2006/CE del Parlamento Europeo y del Consejo, de 6 de septiembre de 2006, por la que se establecen orientaciones sobre las redes transeuropeas en el sector de la energía por la que se derogan la Decisión 96/391/CE y la Decisión 1229/2003/CE. *Diario Oficial de las Comunidades Europeas,* núm. L262, de 22 de septiembre de 2006. p. 3.

Corredor Meridional —que años después impulsarían los proyectos Turkish Stream y Nabucco— y planes para mejorar la capacidad de importación de GNL, lo que desde entonces ha tenido una especial incidencia en la Política Europea de Vecindad (PEV) y en el conjunto de la acción exterior de la UE. En la actualidad, muchos de estos gasoductos han sido construidos y están plenamente operativos, lo que confirma que antes de 2014 las instituciones comunitarias ya mostraban cierta preocupación por asegurar el abastecimiento energético, principalmente de gas natural.

Con la numerosa legislación y los proyectos desarrollados respecto a las redes transeuropeas a partir de la entrada en vigor del Tratado de Maastricht, y pese a la poca ambición exhibida en sus modificaciones posteriores hasta la entrada en vigor del Tratado de Lisboa, las instituciones comunitarias marcaron una clara línea de acción hacia una mayor integración en materia energética, priorizando la seguridad de abastecimiento, el uso de energías renovables y la diversificación de fuentes. Esto tuvo una importante repercusión en la siguiente reforma, la cual otorgó a la Comisión y el Consejo una mayor capacidad legislativa y dio comienzo el proceso de creación de un sistema integrado de energía, que en 2015 se consolidaría con la llamada Unión de la Energía.

3. BASE JURÍDICA DE LA POLÍTICA ENERGÉTICA EUROPEA: EL TRATADO DE LISBOA

El Tratado de Lisboa, en vigor desde 2009 y por el cual se establece el actual marco competencial e institucional de la UE, incluye la política energética dentro del bloque de competencias compartidas entre las instituciones comunitarias y los Estados miembros. Además, dota a las instituciones comunitarias de herramientas jurídicas concretas para afrontar los retos energéticos de manera más coordinada, así como para imponer objetivos comunes en un escenario regional y global donde el acceso y el control de la energía tiene una considerable importancia. Como consecuencia, el núcleo de la política energética europea pivota actualmente entre la reducción de los riesgos de abastecimiento, la transición hacia un modelo más sostenible y la creación de un mercado interior de la energía plenamente integrado[31], requisitos indispensables para la mejora de la seguridad energética del conjunto de la UE.

La política energética europea tiene como base legal el artículo 194 del TFUE, nueva denominación otorgada al TCE, que formula de manera concreta las competencias comunitarias y establece las metas de la política energética. Estas pasan por «garantizar el funcionamiento del mercado de la energía, garantizar la seguridad de abastecimiento energético de la Unión, fomentar la eficiencia energética y el ahorro energético, así como el desarrollo de energías renovables, y fomentar la interconexión de las redes energéticas»[32]. Para ello, el TFUE otorga a la UE capacidad jurídica para proponer y poner en marcha iniciativas que profundicen en los objetivos fijados tanto en los Tratados como en las Directivas y Decisiones anteriormente publicadas, ampliando sus competencias más allá del fomento de las redes transeuropeas y creando una política energética a nivel comunitario, ya que el aumento de la interconexión de los sistemas nacionales de energía y la creación del mercado interior de la electricidad y el gas natural hacían imposible abordar estos retos de manera individual.

Esta realidad se evidencia en el segundo punto de dicho artículo, que explica que, «sin perjuicio de la aplicación de otras disposiciones de los Tratados, el Parlamento Europeo y el

---

31 Gouardères, F. Y Beltrame, F. (2019). *La política energética: principios generales*. Parlamento Europeo. p. 1.

32 Versión consolidada del Tratado de la Unión Europea. *Diario Oficial de la Unión Europea*, núm. C326, de 26 de octubre de 2012. p. 137.

Consejo establecerán, con arreglo al procedimiento legislativo ordinario, las medidas necesarias para alcanzar los objetivos mencionados en el apartado 1», lo que otorga total capacidad a la UE para legislar en materia energética. Sin embargo, los Estados miembros mantienen el derecho a controlar todo el procedimiento de producción y suministro energético, ya que el texto permite a los Gobiernos nacionales «determinar las condiciones de explotación de sus recursos energéticos, sus posibilidades de elegir entre distintas fuentes de energía y la estructura general de su abastecimiento energético», aunque el Consejo puede adoptar medidas a través del procedimiento legislativo especial si las decisiones tomadas por un país afectan de manera significativa al conjunto del sistema energético europeo, tal y como se recoge en el artículo 192.

De este modo, el TFUE sienta las bases jurídicas de la actual política energética europea, otorgando a la UE capacidad para diseñar y ejecutar sus propios proyectos a nivel comunitario, como los objetivos en materia de eficiencia o producción de energía que se pondrían en marcha poco tiempo después. Además, se transcriben los artículos 100, 154, 155 y 156 del TCE —que pasan a ser el 122, 170, 171 y 172 del TFUE— respecto a problemas graves en el suministro y a las redes transeuropeas de energía, una capacidad de acción reforzada con la Decisión 1364/2006/CE, lo que otorga una importante potestad legislativa y ejecutiva a las instituciones comunitarias. Desde ese momento, la Comisión ha pilotado la transición hacia un sistema energético más integrado, sostenible y seguro y ha promovido una diplomacia energética para aportar coherencia entre las medidas adoptadas por los Estados miembros.

Esta nueva realidad se refuerza con el artículo 216 del TFUE, que especifica que «la Unión podrá celebrar un acuerdo con uno o varios terceros países u organizaciones internacionales [...] cuando la celebración de un acuerdo sea necesario para alcanzar, en el contexto de las políticas de la Unión, alguno de los objetivos establecidos en los Tratados»[33], lo que facilita que la UE pueda desplegar una acción exterior con la que alcanzar los objetivos marcados, principalmente los relacionados con la seguridad de abastecimiento. Se trata, por otra parte, de una medida esencial en un contexto global en el que los sistemas de energía mundiales están cada vez más integrados y existen compromisos climáticos internacionales, como el Acuerdo de París, lo que requiere de una acción europea unificada. Además, el mercado interior de la energía, que permite que la electricidad y el gas natural circulen libremente entre los Estados miembros, es mucho más eficiente si la importación de hidrocarburos es parte de un plan común.

En esta línea, un año antes de la entrada en vigor del Tratado de Lisboa la Comisión se adelantó al refuerzo de sus competencias mediante la publicación de la comunicación *Una política energética para Europa*, verdadera punto de lanza para una nueva era energética en la UE. El documento identificaba como objetivos prioritarios la lucha «contra el cambio climático, limitar la vulnerabilidad exterior de la UE frente a la importación de hidrocarburos y promover el crecimiento y el empleo, garantizando así una energía a buen precio y de abastecimiento seguro en beneficio del consumidor»34, para lo que se propuso, en virtud del futuro artículo 216 del TFUE, que la energía se convirtiera en un «elemento clave de todas las relaciones exteriores de la UE». Además, el texto dejaba ver los ambiciosos planes que ya iba perfilando la Comisión y asumía que, hasta el momento, «las medidas [adoptadas] no son lo suficiente coherentes como para lograr la sostenibilidad, la seguridad de abastecimiento y la competitividad», proponiendo

---

[33] *Ibidem*. p. 144.

[34] Comisión de las Comunidades Europeas. (10 de enero de 2007). *Comunicación de la Comisión al Consejo Europeo y al Parlamento Europeo: Una política energética para Europa*. COM(2007) 1 final. p. 5.

que la UE se convirtiera «en una economía de alta eficiencia energética y baja emisión de CO_2 en la que se engendraría una nueva revolución industrial».

Respecto a la seguridad energética, la comunicación partía de la validez de varios de los factores que condicionarán los mercados internacionales de la energía a medio y largo plazo, como eran la caída de las reservas mundiales de hidrocarburos y el crecimiento de las necesidades mundiales de energía, así su creciente dificultad en el acceso, proponiendo medidas específicas para combatirlos. Además, el texto reconocía que la UE sufre una situación de vulnerabilidad energética, ya que «el riesgo de interrupción del abastecimiento aumenta». Para contrarrestar esta tendencia, la Comisión consideraba «la separación efectiva de las redes respecto a los segmentos competitivos de los sectores de la electricidad y el gas», lo que posteriormente daría lugar al tercer paquete legislativo, cuya entrada en vigor se retrasó hasta 2011, además de la diversificación de fuentes de abastecimiento, la mejora de las reservas estratégicas y la profundización en la interconexión eléctrica entre los socios, objetivos que tuvieron un posterior desarrollo en el marco de la Estrategia Europea de la Seguridad Energética.

Por otra parte, la articulación jurídica de las competencias medioambientales no quedó definida con tanta claridad en el Tratado de Lisboa, sobre todo en lo relativo al ámbito exterior. El artículo 191.1 del TFUE especifica que la política de la UE en materia ambiental debe fomentar «medidas a escala internacional destinadas a hacer frente a los problemas regionales o mundiales del medio ambiente. y en particular a luchar contra el cambio climático»[35], mientras que el 191.4 asume «que la Unión y los Estados miembros cooperarán con los terceros

---

35 Versión consolidada del Tratado de Funcionamiento de la Unión Europea. *Diario Oficial de la Unión Europea,* núm. C326, de 26 de octubre de 2012. p. 132.

países y las organizaciones internacionales competentes», aunque eso «se entenderá sin perjuicio de la competencia de los Estados miembros para negociar en las instituciones internacionales y para concluir acuerdos internacionales», creando una indefinición jurídica. Sin embargo, en la práctica la acción exterior medioambiental se ha ejercido como una competencia compartida, similar a la política energética. En su estudio sobre las bases jurídicas de la acción exterior en la materia, Fajardo del Castillo reconoce la dificultad que supone definir con claridad una visión común al respecto, proponiendo como solución una cooperación leal que permita consolidar el liderazgo internacional europeo[36].

Tras la entrada en vigor del Tratado de Lisboa, la Comisión comenzó una incipiente acción para consolidar una política energética comunitaria robusta e integrada, además de una acción exterior más capaz y coordinada. Aunque desde entonces se han adoptado numerosos actos normativos en la mayoría de los ámbitos identificados como prioritarios, la seguridad de abastecimiento ocupa un lugar predominante en la actual política energética europea, ya que la mayor vulnerabilidad a la que se enfrentan los Estados miembros es la alta dependencia de la importación de hidrocarburos. La puesta en marcha del tercer paquete energético, formado por las Directivas 2009/72/CE y 2009/73/CE, permitió también fortalecer el mercado común de la electricidad y del gas natural y tuvo un fuerte impacto en la seguridad energética de la UE. En particular, la Directiva 2009/73/CE —ya parcialmente modificada— impide que «una misma persona o personas tengan derecho a ejercer control, de manera directa o indirecta, sobre una empresa que

---

36 Fajardo del Castillo, T. (2007). "La política exterior de la Unión Europea en materia de medio ambiente", en Maillo González-Orús, J. y Becerril Atienza, B. (coords). *Tratado de Derecho y Políticas de la Unión Europea. Tomo IX. Acción exterior de la UE.* Aranzadi. pp. 368-370.

lleve a cabo cualquiera de las funciones de producción o suministro, y a ejercer control, de manera directa o indirecta o a ejercer derechos en un gestor de la red de transporte o en una red de transporte»[37], lo que obliga a la separación efectiva —entendida como «separación patrimonial»— entre empresas productoras y transportistas de gas natural dentro del territorio comunitario.

Esta medida ha tenido una importante repercusión en la seguridad energética europea debido a que impide la existencia tanto de empresas integradas verticalmente como monopolios en el sector del gas natural, fomentando la libre competencia y la transparencia en cuanto al precio de la energía. Además, esta normativa se aplica también a compañías extracomunitarias, pues la Directiva afirma que «solamente se debe permitir que personas de terceros países controlen una red de transporte o un gesto de la red de transporte si cumplen los requisitos de separación efectiva que se apliquen a la Comunidad», lo que imposibilita la consolidación de firmas extranjeras con participación en la producción y distribución energética en la UE.

La importancia de las disposiciones anteriormente citadas residía en que atacaba de manera directa al modelo de negocio de Gazprom, la mayor empresa de producción, transporte y venta de gas natural del mundo y que opera bajo control del Gobierno ruso[38]. En aquellos años, la compañía buscaba

---

37 Directiva 2009/73/CE del Parlamento Europeo y del Consejo, de 13 de julio de 2009, sobre normas comunes para el mercado interior del gas natural y por la que se deroga la Directiva 2003/55/CE. *Diario Oficial de la Unión Europea*, núm. L211, de 14 de agosto de 2009. pp. 94-191.

38 Gazprom está constituida como una empresa privada. Sin embargo, el Gobierno ruso posee el 50,23% de las acciones mediante una participación directa del 38,37% y el control indirecto de otro 11,86%

convertirse en el núcleo gasista de la UE mediante un plan de negocio consistente en llevar el gas natural directamente y sin intermediarios desde sus pozos ubicados en Rusia hasta los hogares europeos a través de una infraestructura propia y bajo su plena gestión, algo que con la entrada en vigor del tercer paquete energético se hacía virtualmente imposible. No es de extrañar, por tanto, que a ese acto legislativo se le conozca popularmente como la «Directiva Anti-Gazprom»[39]. Sin embargo, la puesta en marcha del Nord Stream 2, un gasoducto que está operado en su parte extracomunitaria por Gazprom, obligó a modificar el texto legal mediante la Directiva 2019/692. Se trata de un texto que amplía las competencias de la UE para «reducir los obstáculos a la plena realización del mercado interior del gas natural que se derivan de la inaplicabilidad de las normas de mercado de la Unión a los gasoductos de transporte que conectan dos o más Estados miembros con destino u origen en terceros países»[40].

En realidad, la Directiva 2019/692 no es más que parche legislativo para garantizar que las conexiones que proceden del exterior cumplan la normativa europea y no operen en un vacío legal, pues el Nord Stream 2 era propiedad de Gazprom en aguas extracomunitarias. Es, en todo caso, una problemática compleja, ya que la UE no tiene capacidad para imponer su normativa jurídica fuera de sus fronteras, por lo que propone que…

---

a través de las empresas JSC Rosneftegaz y JSC Rosgazifikatsiya, ambas de su propiedad. Gazprom. (2010). *PJSC Gazprom Annual Report 2020: Growth and scale.* PJSC Gazprom. p. 31.

39 Sánchez Ortega. *Op. Cit.* p. 223.

40 Directiva 2019/692 del Parlamento Europeo y del Consejo, de 17 de abril de 2019, por la que se modifica la Directiva 2009/73/CE sobre normas comunes para el mercado interior del gas natural. *Diario Oficial de la Unión Europea,* núm. L117, de 3 de mayo de 2019. p. 1.

debe establecerse un procedimiento coherente y transparente por el cual sea posible autorizar a un Estado miembro que lo solicite modificar, ampliar, adaptar, renovar o celebrar un acuerdo con un tercer país sobre la gestión de un gasoducto de transporte o de una red previa de gasoductos entre el Estado miembro y un tercer país.

4. LA ESTRATEGIA EUROPEA DE LA SEGURIDAD ENERGÉTICA

4.1. Líneas de acción de la Estrategia Europea de la Seguridad Energética

Para mejorar la solidez del sistema de energía del conjunto de los Estados miembros y su resistencia a las vulnerabilidades exteriores, la Comisión publicó en 2014 un documento inédito hasta la fecha y que supuso un paso hacia adelante en la consolidación de la política energética comunitaria: la Estrategia Europea de la Seguridad Energética. Se trataba de una comunicación cuyo principal objetivo era mejorar la situación de dependencia externa de la que adolecían los Estados miembros, una realidad que condicionaba y condiciona todavía el buen funcionamiento del mercado interior de la energía y la acción exterior de la UE. El texto se justificaba debido a que la UE importaba en ese momento el 53% del total de la energía que necesitaba y arrastraba una factura energética de 1.000 millones de euros diarios en un contexto de creciente demanda mundial, lo que tendría especial influencia en los flujos comerciales a medio y largo plazo[41]. Un mes antes de la invasión rusa de Ucrania, la dependencia había escalado hasta el 57%.

---

41 Se trata de una cifra anterior a 2014, con un desglose que implica el 90% del petróleo, el 66% del gas natural, el 42% de los combustibles

La estrategia asumía que «el problema más acuciante de la seguridad de abastecimiento de energía es la fuerte dependencia de un único suministrador externo», reconociendo que «el suministro de energía desde Rusia representó en 2013 el 39% de las importaciones de gas natural y el 27% del consumo de gas de la UE». Debido a esto, se establecía como objetivos principales «reforzar la capacidad de resistencia europea y reducir su dependencia de la importación de energía». De manera evidente, la prioridad era reducir las importaciones respecto Rusia, ya que muchos Estados miembros exhibían una alta dependencia hacia Moscú —seis no tenían acceso a otro suministrador y tres le compraban el 25% de sus necesidades energéticas totales—, a lo que se sumaba la volatilidad de las relaciones entre ambos bloques, muy tensas desde las manifestaciones del Euromaidán de 2014 y la anexión de Crimea a la Federación de Rusia. El estudio de los datos de dependencia energética de aquellos años evidencia que la principal meta de la Estrategia Europea de la Seguridad Energética no era la reducción drástica del abastecimiento exterior, algo imposible a corto plazo, sino acabar con la escalada alcista de importación que estaba afectando seriamente al sistema energético comunitario. Según las estimaciones de la Comisión, de seguir en la misma senda la dependencia exterior alcanzaría el 75% en 2030, principalmente debido a la menor producción propia y al aumento de la demanda.

Estas consideraciones evidenciaban que la seguridad energética no era una parte más de la política de energía comunitaria, sino el principal objetivo de esta. Las ocho líneas de acción en los que se dividía la Estrategia abordaban los diferentes retos energéticos a los que se enfrentaba la UE, por lo que el

---

fósiles y el 40% del uranio. Comisión Europea. (28 de mayo de 2014). *Comunicación de la Comisión al Parlamento Europeo y al Consejo: Estrategia Europea de la Seguridad Energética.* COM(2014) 330 final. p. 2.

texto no proponía nuevos planes ni profundizaba en los ya implantados, sino que recopilaba todos los proyectos destinados a fortalecer el sistema comunitario, identificando su seguridad como la meta final de todas las acciones planteadas. Estas líneas de acción han envejecido considerablemente bien, ya que casi una década después siguen siendo las bases sobre las que asientan los esfuerzos comunitarios para mejorar su situación energética y avanzar en la transición hacia un modelo más sostenible y seguro. Incluso el primer punto, denominado «medidas inmediatas para aumentar la capacidad de la UE de hacer frente a problemas graves durante el invierno de 2014/2015» y que respondía a la posibilidad de un corte en el tránsito de gas natural a través de Ucrania, se ha mostrado casi profético tras la invasión rusa acaecida ocho años más tarde.

Por su parte, el segundo de los puntos pretendía «reforzar los mecanismos de emergencia y de solidaridad, incluida la coordinación de las evaluaciones de riesgos y los planes de contingencias, y proteger las infraestructuras energéticas». Los planes de acción se articulaban en torno a prevenir y atenuar los riesgos de perturbaciones en el abastecimiento de gas natural conforme a lo dispuesto en el Reglamento 994/2010, la protección de las infraestructuras críticas y el fortalecimiento de los mecanismos de solidaridad entre los Estados miembros. Se trataba de una de las medidas esenciales para mejorar la seguridad energética, pues una acción conjunta y en base a unos protocolos establecidos en caso de desabastecimiento ayudaba a dotar a la UE de una mayor capacidad de resiliencia ante la volatilidad de los mercados internacionales de la energía. Como medidas clave, la Comisión proponía revisar y reforzar los mecanismos existentes para salvaguardar el abastecimiento y elaborar nuevos planes de coordinación frente a contingencias para suministrar energía en momentos de necesidad, ya que en un mercado común es necesario que los proyectos destinados a dotar al sistema de resistencia se diseñen de manera conjunta. Además, la Estrategia ponía especial atención en la necesidad en garantizar «que los gestores de redes de transporte controlados por entidades no pertenecientes a la UE cumplan las mismas obligaciones que los controlados por entidades de la UE», en clara alusión al cumplimiento por parte de Gazprom del ya mencionado tercer paquete energético.

La propuesta de la Comisión para reforzar estos planes de contingencia dio lugar, tres años después, al Reglamento 2007/1938, por el que se derogaba el citado Reglamento 994/2010. En él, se establecía que «la seguridad del suministro del gas será una responsabilidad compartida entre las empresas de gas natural, los Estados miembros [...] y la Comisión en sus respectivos ámbitos de actividad»[42], lo que imponía de manera explícita una dimensión europea a la seguridad energética. Además, se proponía la creación del Grupo de Coordinación de Gas con el fin de organizar las medidas destinadas a mejorar el abastecimiento, así como normas relativas a la infraestructura, la evaluación de riesgos, los planes de acción preventivos y de emergencia, la solidaridad entre países y el intercambio de información, entre otros. A grandes rasgos, el Reglamento supuso la puesta en común de todas las reglas de importación de gas natural e institucionalizó la comunicación entre los Gobiernos nacionales y la Comisión, fortaleciendo uno de los pilares más débiles del mercado interior de la energía.

El tercero de los ejes de acción giraba en torno al aumento de la eficiencia, uno de los proyectos donde la UE y los Estados miembros tenían más margen de éxito, sobre todo si los Gobiernos nacionales aplicaba con mayor ambición la Directiva Relativa a la Eficiencia Energética y la Directiva Relativa a la

---

42 Reglamento 2017/1938 del Parlamento Europeo y del Consejo, de 25 de octubre de 2017, sobre medidas para garantizar la seguridad del suministro de gas y por el que se deroga el Reglamento 994/2010. *Diario Oficial de la Unión Europea*, núm. L280, de 28 de octubre de 2017. p. 12.

Eficiencia Energética de los Edificios[43]. Pese a esto, la Comisión proponía revisarlas y adaptarlas a los nuevos objetivos programados. Además, el texto alentaba a los Estados miembros a mejorar los mecanismos de financiación y ayuda, muchos de ellos dentro de los Fondos Estructurales y de Inversión (FEI), en el marco de la renovación de edificios y los sistemas de calefacción urbana y el reforzamiento de la eficiencia energética en la industria mediante sistema de comercio de derechos de emisión de la UE.

La inclusión de este punto respondía a que la seguridad energética no solo depende de una importación de recursos mucho más diversificada y barata o de la mejora de las relaciones con socios estratégicos, sino también la reducción de la demanda y el aumento de la producción propia. Los proyectos de eficiencia energética dentro de la UE se basaban en la Directiva 2012/27/UE —ya modificada—, cuya meta principal era «reducir el consumo de energía primaria y las importaciones de energía»[44], principalmente a la construcción. Para ello, obligaba a los Estados miembros a implementar unos objetivos nacionales, unas obligaciones de eficiencia energética y auditorías de gestión y la mejora de los sistemas de refrigeración, calefacción y suministro, así como otras medidas y las correspondientes sanciones para el incumplimiento de los objetivos. Con la entrada en vigor de esta Directiva, la UE avanzó hacia

---

43 En la Estrategia Europa de la Seguridad Energética se ponía énfasis en la necesidad de que los Estados miembros aplicaran «rigurosamente y sin demora» ambas Directivas, lo que evidenciaba el descontento de la Comisión con la tardanza de los Gobiernos nacionales en transponer la legislación comunitaria. *Ibidem*. p. 8.

44 Directiva 2012/27/UE del Parlamento Europeo y del Consejo, de 25 de octubre de 2012, relativa a la eficiencia energética, por la que se modifican las Directivas 2009/125/CE y 2010/30/UE, y por la que se derogan las Directivas 2004/8/CE y 2006/32/CE. *Diario Oficial de la Unión Europea*, núm. L315, de 14 de noviembre de 2012. p. 1.

una mayor homogeneización de las normativas nacionales de eficiencia energética y forzó a los Estados miembros a poner en marcha las acciones necesarias para lograr los objetivos marcados en el Plan de Eficiencia Energética de 2011, cuya meta era un ahorro del 20% de la energía primaria para 2020[45].

Algo similar ocurría con el cuarto punto de la Estrategia, referente al mercado interior de la energía, un proyecto puesto en marcha durante la década anterior y que todavía en 2023 no ha sido completado. Aunque la comunicación no proponía nuevas medidas para su modificación o refuerzo, sí apremiaba a los Estados miembros a profundizar en las políticas ya diseñadas para alcanzar cuanto antes los objetivos marcados. Además, llamaba a armonizar la acción de los diferentes países en cuestiones de energía, ya que «las decisiones nacionales [...] deben debatirse a escala europea y regional para asegurar que las decisiones de un Estado miembro no perjudican la seguridad de suministro de otro», además de recordar que «una verdadera Estrategia de Seguridad Energética exige que los instrumentos para su aplicación vengan precedidos por un debate estratégico en el ámbito de la UE». En la actualidad, este sigue siendo uno de los grandes escollos para completar el mercado interior de la energía, con socios que, en la práctica, anteponen sus intereses nacionales aun sabiendo que sus decisiones pueden afectar negativamente a la seguridad energética de sus vecinos.

Respecto al petróleo, poco presente en la estrategia debido a que «la capacidad de comerciar y transportar el petróleo en el mundo excluye la posibilidad de una amenaza inmediata», se mostraba una latente preocupación debido a la alta dependencia de los Estados miembros del crudo procedente

---

45 Comisión Europea. (29 de octubre de 2011). *Comunicación de la Comisión al Parlamento Europeo, al Consejo, al Comité Económico y Social Europeo y al Comité de las Regiones: Plan de Eficiencia Energética 2011.* COM(2011) 109 final. p. 1.

de Rusia y el aumento de la concentración y la propiedad de la capacidad de refinerías en manos del sector petrolero de ese país. Para reducir este déficit, la Comisión resaltaba el único instrumento disponible, una estrategia de combustibles alternativos que pusieran en marcha la transición en el transporte hacia un modelo menos dependiente y más sostenible, mientras que a corto plazo instaba a los Estados miembros a diversificar las fuentes de abastecimiento y mejorar la capacidad de refinado.

Por último, la estrategia hacía especial referencia a uno de los grandes retos del mercado interior de la energía, las interconexiones energéticas. En la Estrategia, la Comisión proponía «ampliar del 10% al 15% el objetivo de interconexión para 2030», algo que el Consejo Europeo aprobó, en octubre del mismo año, en su siguiente reunión ordinaria[46]. Además, se mostraba dispuesta a una mayor colaboración para aplicar los fondos necesarios y acelerar la implementación de todos los PIC, proponiendo en los anexos los planes de conexión eléctrica de máxima prioridad[47]. En todo caso, el mercado interior de la energía es ya, y pese a su lento avance, una realidad jurídica, sobre todo a partir de la transposición del tercer paquete energético a los ordenamientos jurídicos internos, cuya fecha máxima expiró en 2011 —ampliable hasta 2013 para el artículo 11 de la Directiva 2009/72/CE y 2009/73/CE respectivamente—. Sin embargo, todavía queda por avanzar en las interconexiones y otros proyectos relevantes para su perfecto funcionamiento, sobre todo debido a la importancia que las

---

[46] Consejo Europeo. (2014). *Conclusiones del Consejo Europeo (23 y 24 de octubre de 2014).* p. 6.

[47] Se identifican como prioritarias la interconexión entre Francia y España y las destinadas a poner fin al aislamiento báltico, principalmente las líneas entre Suecia y Polonia con Estonia, Letonia y Lituania. *Ibidem.* pp. 28-29.

redes eléctricas tienen en el desarrollo de la quinta línea de acción, el aumento de la producción propia dentro de la UE.

La Estrategia Europea de la Seguridad Energética recogía las principales líneas de acción para aumentar la capacidad de generación a través de tecnologías no contaminantes. La meta propuesta en la Estrategia Europea 2020 obligaba a que la contribución renovable en el consumo interno de los Estados miembros superara el 20% al final de la década pasada, incluyendo un 10% en el consumo de combustibles para el transporte. Estos objetivos se convirtieron en obligación jurídica con la Directiva 2009/28/CE[48]. En este contexto, la Comisión alentaba a los socios a avanzar por la línea marcada, mejorando los programas nacionales de ayudas, acelerando el cambio de los combustibles del sector de la calefacción hacia las tecnologías renovable y potenciando «marcos reguladores nacionales estables»[49]. Sin embargo, para aumentar la producción energética se requiere el desarrollo de nuevas tecnologías que posibilitasen «reducir más la demanda de energía, diversificar y consolidar las alternativas de suministro y optimizar la infraestructura de redes de energía para aprovechar plenamente esta diversificación», lo que se constituía la sexta línea de acción. La Comisión era consciente de que la transición energética requiere de una tecnología que, en muchos casos, todavía no está madura, por lo que se apostaba por una mayor coordinación entre las instituciones europeas y los Estados miembros para priorizar la investigación sectorial y reforzar la soberanía tecnológica.

---

48 Directiva 2009/28/CE, de 23 de abril de 2009, relativa al fomento del uso de energía procedente de fuentes renovables y por la que se modifican y se derogan las Directivas 2001/77/CE y 2003/30/CE. *Diario Oficial de la Unión Europea*, núm. L140, de 5 de junio de 2009. p. 28.

49 Comisión Europea. *Comunicación… Estrategia… Op. Cit.* p. 16.

Para lograr este objetivo, el documento daba preferencia a las nuevas tecnologías renovables dentro del paquete Horizonte 2020, un proyecto para mantener el liderazgo industrial y la excelencia científica mediante programas de subvenciones y financiación al I+D y desarrollo tecnológico[50]. Sin embargo, la Comisión era consciente de la imposibilidad de sustentar a corto plazo la producción energética con energías renovables, por lo que animaba a los Gobiernos nacionales a «la explotación de los recursos de petróleo y gas convencionales en Europa, tanto en las áreas tradicionales de producción [...] como en zonas recién descubiertas»[51]. Muy controvertida, esta decisión no era más que un ejercicio de pragmatismo para aceptar fuentes de energía contaminantes y poco populares, aunque altamente productivas, con el fin de superar las importantes deficiencias de generación de los socios. Con esta táctica, la UE no pretendía convertir la transición climática en un proyecto vacío, sino dotar de una mayor autonomía a de los Estados miembros hasta que se consolidara el cambio de modelo energético. Para ello, la Comisión animaba a investigar en técnicas polémicas como la fracturación hidráulica, a lo que se opuso dos años más tarde el Parlamento Europeo[52].

---

50 Comisión Europea. (2014). *Horizon 2020 en breve: El Programa Marco de la Investigación e Innovación de la Unión Europea.* Oficina de Publicaciones de la Unión Europea. pp. 5-10.

51 Comisión Europea. *Comunicación... Estrategia... Op. Cit.* p. 15.

52 El Parlamento Europeo, en su Resolución del 2 de febrero de 2016 sobre la revisión intermedia de la Estrategia de la UE sobre la Biodiversidad (2015/2137(INI)), instó a los Estados miembros a que no autorizaran «nuevas operaciones de fracturación hidráulica en la UE». Solo dos años antes, en la Resolución del Parlamento Europeo, de 21 de noviembre de 2012, sobre las repercusiones medioambientales de la extracción de gas y petróleo de esquisto (2011/2308(INI)), la Eurocámara ya había advertido a la Comisión de los posibles efectos negativos derivados de que los Estados miembros aceptaran en sus territorios la fracturación

En un intento de evitar las críticas, meses antes de la publicación la Estrategia Europea de la Seguridad Energética se redactó la Recomendación 2014/70/CE, en la que se establecían unos principios mínimos para la exploración y producción de hidrocarburos utilizando la fracturación hidráulica de alto volumen[53]. Además, se debía seguir investigando y desarrollando medios de captura y almacenamiento de carbono

---

hidráulica, pidiendo mayores garantías legislativas para evitar el daño al medioambiente de las prospecciones. Sin embargo, ese mismo día, en la Resolución del Parlamento Europeo, de 21 de noviembre de 2012, sobre aspectos industriales, energéticos y otros del gas y del petróleo de esquisto (2011/2309(INI)), también se hizo hincapié, sin obviar lo anterior, «en la necesidad de mantener una postura abierta hacia todas las tecnologías nuevas y futuras en el campo de la investigación sobre la energía», reconociendo «el papel fundamental de la producción mundial de gas de esquisto para garantizar la seguridad energética y la diversidad de las fuentes de energía». Por lo tanto, hasta el 2016 el Parlamento Europeo no se había posicionado claramente contra el llamado *fracking*, sino que había pedido garantías para que su uso no tuviera efectos negativos en el medio ambiente. Resolución del Parlamento Europeo, de 2 de febrero de 2016, sobre la revisión intermedia de la Estrategia de la UE sobre la Biodiversidad (2015/2137(INI)). *Diario Oficial de la Unión Europea*, núm. C35, de 31 de enero de 2018. p. 13, Resolución del Parlamento Europeo, de 21 de noviembre de 2012, sobre las repercusiones medioambientales de la extracción de gas y petróleo de esquisto (2011/2308(INI)). *Diario Oficial de la Unión Europea*, núm. C419, de 16 de diciembre de 2015. pp. 80-86, y Resolución del Parlamento Europeo, de 21 de noviembre de 2012, sobre aspectos industriales, energéticos y otros del gas y del petróleo de esquisto (2011/2309(INI)). *Diario Oficial de la Unión Europea*, núm. C419, de 16 de diciembre de 2015. p. 89.

53 Recomendación de la Comisión, de 22 de enero de 2014, relativa a unos principios mínimos para la exploración y producción de hidrocarburos (como el gas de esquisto) utilizando la fracturación hidráulica de alto volumen, 2014/70/CE. *Diario Oficial de la Unión Europea*, núm. L39, de 8 de febrero de 2014. p. 75-78.

con el objetivo de seguir utilizando carbón, lignito, petróleo y gas natural con ciertas garantías climáticas.

Estas propuestas obedecían a una dolorosa realidad para la UE. En primer lugar, y pese a que la Estrategia Europea de la Seguridad Energética fomentaba la sostenibilidad a través de la mejora de la eficiencia, la moderación de la demanda de energía y el aumento de la producción propia a través de renovables, ninguna de estos proyectos posibilitaba el consolidación de la seguridad de suministro a corto y medio plazo debido a la lenta aplicación de las medidas o a la limitación de su alcance. Por lo tanto, la aceptación de fuentes de energía no renovables y altamente contaminantes con origen europeo, como el carbón, el petróleo o la fracturación hidráulica, suponían un mal menor para aumentar la autonomía energética en las siguientes dos décadas. Por otra parte, el TFUE no otorgaba a la Comisión las competencias necesarias para legislar respecto a la estructura general del abastecimiento de los Estados miembros, por lo que, más allá de las normas jurídicas respecto al medio ambiente y de algunas recomendaciones, las instituciones comunitarias no disponían de margen para imponer un cambio de modelo en la producción energética de los socios.

Esta realidad se observaba claramente en las líneas de acción siete y ocho, que venían a completar las anteriores. La primera de ellas hacía referencia al viejo proyecto europeo de diversificar las fuentes gasistas, una política que tomó especial relevancia tras la crisis ucraniana del 2014 y el enfriamiento de las relaciones con Rusia. La Estrategia pretendía ahondar en las tres grandes posibilidades para aumentar los proveedores de gas natural, como eran el aumento de la capacidad para importar GNL, el Corredor Meridional del Gas y las conexiones con Argelia y Libia[54]. Además, se afirmaba que «hay potencial

[54] Comisión Europea. *Comunicación... Estrategia...Op. Cit.* p. 18.

de crecimiento en la producción tanto de Noruega como del Norte de África». No se trataba de ideas nuevas. Muchos de estos planes ya se mencionaban en la Decisión 1254/96/CE, por la que se establecía un conjunto de orientaciones sobres las redes transeuropeas en el sector de la energía, así como en las posteriores Directivas y Reglamento s que le sucedieron[55]. Por lo tanto, la Comisión no hacía más que recopilar los antiguos proyectos de interconexión con nuevos socios estratégicos. El tiempo ha demostrado que el éxito de esos planes fue prácticamente nulo, pues las importaciones desde Rusia descendieron tan solo un 1,9% entre los años 2006, fecha de entrada en vigor de la Decisión 1364/2006/CE, y el 2014, cuando se publicó la Estrategia Europea de la Seguridad Energética[56].

Por último, el octavo punto apostaba por mejorar la coordinación de las políticas energéticas nacionales y actuar con una sola voz en el exterior. Esto respondía a la dualidad existente entre el abastecimiento energético y las competencias de la UE. Por una parte, la Comisión tiene exclusividad jurídica para firmar tratados comerciales con terceros países, además de ser la responsable del buen funcionamiento del mercado interior de la energía, mientras que eran los Estados miembros los diseñaban su sistema de abastecimiento energético, decidiendo qué energía consumían y desde dónde la importaban. Este reparto de competencias impedía crear sinergias entre los intereses comunitarios y los nacionales. Esta problemática se atajó con la Decisión (UE) 994/2012, que permitía a la UE

---

[55] Se trataba de la Decisión (UE) 1229/2003/CE, la Decisión (UE) 1364/2006/CE y del Reglamento (UE) 347/2013, que cada cual deroga a la anterior.

[56] Eurostat. (2018). *Origin of primary energy imports.* Comisión Europea. ec.europa.eu Disponible en: https://ec.europa.eu/eurostat/statistics-explained/index.php?title=File:Main origin of primary energy imports, EU-28, 2006-2016 (%25 of extra EU-28 imports).png

«evaluar la compatibilidad de los acuerdos intergubernamentales [...] con el Derecho de la Unión»[57], lo que obligaba a las capitales a informar a Bruselas de todos los acuerdos en materia de energía que firmasen con terceros países.

Sin embargo, este acto jurídico fue pronto derogado tras la entrada en vigor de la Decisión 2017/684, mucho más ambicioso que su predecesor. En él, se reconocía la ineficacia de la anterior norma, ya que la «evaluación posterior no explota plenamente el potencial para garantizar la conformidad de los acuerdos intergubernamentales con el Derecho de la Unión»[58], pues en muchos casos carecen de «cláusulas de rescisión o adaptación adecuadas que permitan suprimir cualquier falta de conformidad en un plazo razonable». A partir de ese momento, se obligaba a informar a la Comisión de la intención de entablar negociaciones en materia de energía y sobre la marcha de las negociaciones. Por otra parte, los Estados miembros debían «tener la posibilidad de invitar a la Comisión a participar en calidad de observadora» y aceptar su colaboración si ella lo solicitaba.

La clave de la nueva Decisión es que atacaba un elemento muy presente en los acuerdos internacionales y que no

---

57 Decisión (UE) 994/2012/UE del Parlamento Europeo y del Consejo, de 25 de octubre de 2012, por la que se establece un mecanismo de intercambio de información con respecto a los acuerdos intergubernamentales entre los Estados miembros y terceros países en el sector de la energía. *Diario Oficial de la Unión Europea*, núm. L299, de 27 de octubre de 2012. p. 14.

58 Decisión (UE) 2017/684 del Parlamento Europeo y del Consejo, de 5 de abril de 2017, por la que se establece un mecanismo de intercambio de información con respecto a los acuerdos intergubernamentales y los instrumentos no vinculantes entre los Estados miembros y terceros países en el sector de la energía y por la que se deroga la Decisión 994/2012/UE. *Diario Oficial de la Unión Europea*, núm. L99, de 12 de abril de 2017. p. 2.

implicaba obligación jurídica, los llamados instrumentos no vinculantes, anexos que los Estados miembros no tienen necesidad de cumplir y, por lo tanto, no tenían por qué respetar el Derecho comunitario. Se trataba de un vacío legal, ya que se utilizaban para establecer el marco de una infraestructura de abastecimiento energético fuera de la legislación europea. La Decisión 2017/684 obligaba a los Gobiernos nacionales a informar a la Comisión sobre este tipo de instrumentos cuando «establezcan condiciones para el suministro de energía o el desarrollo de infraestructuras energéticas [...] o modificaciones de dichos instrumentos no vinculantes, incluidos sus anexos». De esta manera, se cerraba la posibilidad de que los socios ocultasen asuntos trascendentales en los contratos de suministro de energía.

4.2. La dimensión exterior de la Estrategia Europea de la Seguridad Energética

Como se ha visto anteriormente, la Estrategia Europea de la Seguridad Energética se hacía cargo de la creciente necesidad de que «los Estados miembros coordinen mejor las decisiones importantes en materia de política energética» en un contexto de inseguridad energética elevada. Para lograrlo, debía actuarse a dos niveles. El primero era el intergubernamental, donde tenía especial relevancia la propuesta de agrupación de la demanda de gas natural para ganar fuerza en las negociaciones con terceros países, mientras que el segundo era el comunitario, en el que debía facilitarse y aumentarse la comunicación entre la Comisión y los Gobiernos nacionales para una menor discrepancia entre los sistemas de abastecimiento nacionales y las necesidades del mercado interior de la energía. Para ello, la Decisión 2017/684 parecía una buena herramienta para la armonización de ambas realidades, si bien solicitaba de una cierta honestidad y transparencia por parte de todos los socios.

Sin embargo, para lograr estas metas se requería una acción mucho más asertiva fuera de las fronteras de la UE. Esto se debía a la existencia de un mercado internacional de la energía cada vez más extenso y complejo que afectaba al funcionamiento del sistema comunitario, por lo que la estabilidad y seguridad interna estaba profundamente ligada a la externa. Por eso, se pretendía incluir a los países colindantes y a los socios más importantes en las estratégicas y el acervo comunitario, además de que el SEAE hiciera «un uso más sistemático de las herramientas de política exterior para promover objetivos de política energética exterior y reforzar la coherencia entre los objetivos energéticos y los de política exterior». Esta última parte se basaba en una comunicación anterior, titulada *La política energética de la UE: Establecer asociaciones más allá de nuestras fronteras*, mediante la cual se buscaba aumentar los esfuerzos en materia de energía en el marco de la acción exterior comunitaria. Lo hacía a través de diversas medidas destinadas a mejorar la Comunidad de la Energía, integrar a los vecinos en el mercado interior, apoyar la modernización y mejora de la red de gasoductos ucranianos y, de nuevo, conectar a la UE con los pozos del Mar Caspio a través del Corredor Meridional del Gas[59].

La ambición de esta estrategia radicaba en que, más allá del propósito de mejorar el suministro de los Estados miembros y el funcionamiento del mercado interior, se perseguía ampliar el sistema energético comunitario para incluir a las regiones vecinas y a algunos socios estratégicos, como los países balcánicos, Turquía, Rusia y Ucrania, con el fin de potenciar la seguridad

---

59 Comisión Europea. (7 de septiembre de 2011). *Comunicación de la Comisión al Parlamento Europeo, al Consejo, al Comité Económico y Social Europeo y al Comité de las Regiones sobre la seguridad de abastecimiento energético y la cooperación internacional. La política energética de la UE: Establecer asociaciones más allá de nuestras fronteras.* COM(2011) 539 final. pp. 2-22.

energética regional. La iniciativa, algo quimérica, estaba basada en la potencia normativa y transformadora europea. De este modo, se entendía que, si los países de los que dependían las importaciones aceptaban la normativa comunitaria y se integraban en el sistema comunitario, la UE aumentaría su seguridad y fortaleza ante un posible eventualidad energética. Sin embargo, la motivación de los vecinos para integrarse en el mercado interior ha sido siempre muy baja, ya que esto supondría una merma en la capacidad de presión en las relaciones con los Estados miembros. A esto se suma que los mercados de esos países son incompatibles con la liberalización comercial europea. El caso más llamativo siempre fue Rusia, cuyas empresas con participación pública fueron muy reticentes a cumplir las reglas antimonopolio, de transparencia y de precios vigentes en la UE. La mayoría de estos países han preferido ahondar en las conexiones para aumentar la importación, con los consecuentes beneficios económicos y políticos, antes que integrarse en un mercado que les obligaría a adaptarse a un marco jurídico más estricto y a realizar cambios sustanciales en sectores controlados por el poder público.

Pese a estas dificultades, llama poderosamente la atención que el documento apostara por aumentar el diálogo con Moscú para pasar de una asociación a una integración energética, más cuando las intenciones monopolísticas de Gazprom ya habían sido advertidas por la Comisión y le habían movido a redactar el tercer paquete energético. Aunque todas estas iniciativas quedaron varadas en 2014 tras la anexión de Crimea y el inicio de la guerra en el este de Ucrania, la propuesta pone de manifiesto la ceguera que durante décadas afectó a los Estados miembros con respecto a los relaciones energética con Rusia, un empeño en valorar la interdependencia en base a criterios exclusivamente comerciales y de capacidad, una decisión errónea que había solidificado la difícil paradoja por la que el primer socio energético europeo era, al mismo tiempo, su principal rival geopolítico. Finalmente, la invasión a gran escala iniciada en febrero de 2022 consiguió sacar a la UE de su letargo y movió a los socios a actuar decididamente para acabar diversificar sus fuentes y poner fin a la preponderancia de las importaciones desde Rusia, acabando para siempre con una estrecha cooperación que, más de diez años antes, se había soñado convertir en perpetua.

Las ocho líneas de acción de la Estrategia Europea de la Seguridad Energética se dividían en objetivos a corto, medio y largo. A grandes rasgos, lo que la Comisión pretendía era mitigar en pocos años las amenazas directas a las que se enfrenta el sistema energético comunitario, promoviendo mecanismos de emergencia y solidaridad entre los Estados miembros y el fortalecimiento del mercado interior de la electricidad y el gas natural, así como la construcción o mejora de infraestructuras clave para el abastecimiento. En este punto, llamaba la atención la exigencia de suspender la tubería South Stream, un proyecto para conectar el Cáucaso ruso con Austria, Hungría e Italia a través de Bulgaria y Grecia, hasta «asegurar el pleno cumplimiento de la legalización de la UE y revaluarse a la luz de las prioridades de la seguridad energética». Esto se debía a que el gasoducto entraba en competencia directa con el Corredor Meridional del Gas, la apuesta de la Comisión para conectar los Estados miembros con los pozos del Mar Caspio. Los planes fueron finalmente suspendidos tras la negativa del Gobierno búlgaro a sumarse a ellos, previsiblemente debido a las presiones comunitarias y pese a las opiniones en contra de los países del sur. El fracaso del gasoducto no pasó inadvertido cuando años después Alemania puso en marcha el Nord Stream 2 y la Comisión fue incapaz de paralizar su construcción pese a esgrimir los mismos argumentos, dejando en entredicho la capacidad de las instituciones comunitarias para liderar una política energética coherente y sin fisuras.

Por otra parte, a medio y largo plazo los objetivos de la Estrategia eran mucho más ambiciosos. La Comisión se propuso aumentar de manera considerable la autonomía energética de la UE mediante el consumo a través de la eficiencia energética, el liderazgo del cambio tecnológico necesario para culminar la transición, el aumento de la producción propia a través de fuentes renovables —y, en menor medida, la energía nuclear y los hidrocarburos procedentes de nuevos yacimientos europeos—, la consolidación del mercado interior de la electricidad y el gas natural y la profundización en la diversificación de fuentes externas de abastecimiento y en la coordinación entre los Estados miembros en materia energética. Además, en el plano exterior se pretendía integrar a los países vecinos en la red europea de energía para construir un sistema regional completamente independiente y resistente a la volatilidad del mercado mundial, cuya máxima aspiración era incorporar a Rusia como principal socio y aliado energético dentro del marco legislativo comunitario.

La Estrategia Europea de la Seguridad Energética fue debatida en las siguientes reuniones del Consejo Europeo, celebradas en junio y octubre de 2014, donde se respaldó el trabajo de la Comisión y se instó a «incrementar los esfuerzos encaminados a reducir la elevada dependencia energética de Europa»[60]. Además, los jefes de Estado o de Gobierno acordaron el nuevo marco estratégico en materia de clima y energía, cuyo objetivo principal era «proporcionar energía más ecológica, más segura y más asequible a los europeos»[61]. Este recogía las prioridades energéticas en las que avanzar en los siguientes años, la mayoría coincidentes con lo expuesto en documentos anteriores. Entre ellas, se apostaba por una mayor interconexión interna

---

60 Consejo Europeo. (2014). Conclusiones del *Consejo Europeo (26 y 27 de junio de 2014)*. p. 9.

61 Van Rompuy, H. (2015). “La atención en los resultados”, en Secretaría General del Consejo. (ed). *El Consejo Europeo en 2014, por los presidentes del Consejo Europeo.* Oficina de Publicaciones de la Unión Europea. p. 18.

—aceptando el objetivo del 15% en 2030 propuesto por la Comisión—, se fijaba la meta del 27% de producción propia a través de renovables y de eficiencia energética para ese mismo año y se retocaba el régimen de comercio de derechos de emisiones, dibujando las líneas de acción en las que la Comisión trabajaría en la siguiente década. Respecto a la seguridad energética, el Consejo Europeo convino en «llevar a cabo proyectos críticos de interés común en el sector del gas, como el Corredor Norte-Sur, el Corredor Meridional del Gas y la promoción de una plataforma gasística en Europa Meridional», lo que supuso el respaldo a los proyectos de interconexión con el Mar Caspio a través de Turquía y Grecia. Además, pretendía que la Comisión intensificase «su apoyo para garantizar una mejor coordinación de los esfuerzos que se están realizando con el fin de finalizar proyectos críticos de interés común».

Sin embargo, el mayor apoyo se intuía en lo relativo al papel de la Comisión en la firma de los acuerdos internacionales. El Consejo animaba a «hacer pleno uso de la Decisión por la que se establece un mecanismo de intercambio de información con respecto a los acuerdos intergubernamentales entre los Estados miembros y terceros países en el sector de la energía» e instaba a los Gobiernos nacionales y a las empresas a «proporcionar la información pertinente a la Comisión y a recabar su apoyo a lo largo de las negociaciones». La meta no era otra que «seguir reforzando la Comunidad de la Energía, cuyo objetivo es hacer extensivo el acervo de la UE en materia de energía a los países candidatos a la adhesión y países vecinos», por lo que pedía a la Comisión «hacer uso de los instrumentos de política exterior de la UE y de los Estados miembros para transmitir mensajes coherentes sobre la seguridad energética».

Estas disposiciones no solo indicaban que el Consejo Europeo compartía el nivel de ambición de la Comisión respecto a la seguridad energética europea, sino que también estaba de acuerdo en cómo potenciarla. El nuevo marco estratégico en materia de clima y de energía también asumía como meta final la expansión del acervo comunitario para incluir a los países vecinos dentro de lo que un año más tarde se conocería como la Unión de la Energía, incluyendo de manera implícita a Rusia. Sin embargo, las declaraciones del Consejo Europeo contrastaban, en algunos escenarios, con las acciones de los Estados miembros, cuyos planes actuaban de manera abiertamente hostil contra las estrategias de la Comisión. Este era el caso de los gasoductos Turk Stream y Nord Stream 2[62], cuya puesta en marcha supuso un paso atrás en los planes de diversificación comunitarios. Sin embargo, y más allá de las posibles divergencias existentes, el entonces presidente del Consejo Europeo, Herman Van Rompuy, fue muy claro tras acabar la reunión respecto al futuro energético de la UE. «Necesitamos construir una genuina Unión de la Energía»[63], sostuvo tras la primera reunión programada. «Europa se construyó por primera vez como una comunidad del carbón y del acero. Sesenta y cuatro años más tarde, y con nuevas circunstancias, es evidente que tenemos que encaminarnos hacia una Unión de la Energía»[64], completó meses después. Estas declaraciones fueron el punto de partida del proyecto energético más ambicioso que la UE había puesto en marcha hasta la fecha y en el cual se integrarían todos los planes dispuestos en la Estrategia Europea de la Seguridad Energética: la Unión de la Energía.

---

62 El Turk Stream es un gasoducto que atraviesa el Mar Negro desde el sur de Rusia hasta la parte más occidental de Turquía. Aunque su objetivo principal es abastecer al país otomano, su recorrido es muy similar al del South Stream, parado por la Comisión algunos años antes, sobre todo si se pone en marcha un ramal para abastecer a Austria a través de Bulgaria y Serbia. Gardin, S. E., Ratner, M., Taylor, B. E., Welt, C. y Zanotti, J. (2021). "Turkstream: Another Russian Gas Pipeline to Europe". *Congressional Research Service.* pp. 1-3.

63 Van Rompuy, H. (2014). *Remarks by President Herman van Rompuy following the first session of the European Council.* Consejo Europeo. p. 1.

64 Van Rompuy. *La atención... Op. Cit.* p. 18.

Capítulo 2

La Unión de la Energía: el primer gran proyecto de integración energértico comunitario

SUMARIO: 1. Las prioridades de la Comisión Juncker / 2. La Unión de la Energía / 3. La dimensión exterior de la política energética y climática europea: El Acuerdo de París / 4. Estado actual de la Unión de la Energía

1. LAS PRIORIDADES DE LA COMISIÓN JUNCKER

Desde que el Tratado de Maastricht estableciera las redes transeuropeas en 1992, la creación y consolidación de un mercado interior de la energía había constituido una de las principales prioridades de las instituciones comunitarias. La adopción del primer, segundo y, sobre todo, tercer paquete energético así lo demostraba, ya que propició tanto la muy necesaria liberalización del sector como su progresiva mejora. Sin embargo, los avances en la materia estuvieron siempre limitados debido a las particulares jurídicas del mercado energético, los pocos progresos realizados respecto a las interconexiones, la alta dependencia del abastecimiento exterior y la insuficiente coordinación entre las agencias nacionales y la Comisión, lo que llevó a las instituciones comunitarias a redoblar los esfuerzos a comienzos de la década pasada. Durão Barroso, presidente de la Comisión entre 2004 y 2014, reconoció la frustración comunitaria al asegurar que «contamos con un mercado único de bienes que funciona correctamente y percibimos sus beneficios económicos. Tenemos que ampliar la fórmula a otros ámbitos»[1], mencionando explícitamente el de la energía.

Jean-Claude Juncker fue propuesto como presidente de la Comisión en junio de 2014. Entre sus prioridades políticas destacaba el deseo de reorganizar la política energética en una nueva Unión de la Energía. La idea principal era «poner en común nuestros recursos, combinar nuestras infraestructuras y unir nuestra capacidad de negociación frente a terceros países»[2] para reducir la elevada dependencia y aumentar la seguridad energética de los Estados miembros. Al igual que la Estrategia Europea de la Seguridad Energética, la propuesta partía de la alta vulnerabilidad del sistema comunitario y hacía hincapié en la necesidad de diversificar las fuentes de suministro por si «la energía procedente del este se encareciera demasiado, ya sea en términos comerciales o políticos», un claro mensaje sobre la posibilidad de que Rusia utilizase el gas natural como herramienta de poder. Además, Juncker propugnaba la mejora de la eficiencia y el aumento de la producción a través de renovables como parte esencial de la futura Unión de la Energía ya que, además de sus evidentes beneficios medioambientales, era la manera de disponer de energía asequible y segura a medio y largo plazo. Sin embargo, en su defensa de la transición energética introdujo un importante elemento que, en los años posteriores, tomaría especial relevancia en la agenda exterior europea. El candidato pretendía que la UE se convirtiera en el líder mundial de la lucha contra el cambio climático a través

---

1 Durão Barroso, J. M. (2013). *Discurso sobre el Estado de la Unión 2013*. Comisión Europea. p. 5.

2 Juncker, J. C. (2014). *Un nuevo comienzo para Europa: mi Agenda en materia de empleo, crecimiento, equidad y cambio democrático: Orientaciones políticas para la próxima Comisión Europea. Alocución inaugural en la sesión plenaria del Parlamento Europeo.* Comisión Europea. p. 6.

de la investigación en tecnología verde y del liderazgo en «la reunión de las Naciones Unidas que se celebrará en París en 2015 y años sucesivos», reconociendo la ambición europea de potenciar su rol global en base a su proyecto climático, lo que en los años siguientes permitiría desarrollar una diplomacia energética muy intensa y eficaz.

Para Juncker, la energía debía ser un eje central de la acción política de la Comisión y una potente herramienta del proyecto global europeo, pues se hacía evidente la necesidad de completar la transición energética interna y de marcar el camino a los socios internacionales. Ante el Parlamento Europeo, El luxemburgués aseguró que la reindustrialización y la digitalización de los Estados miembros sería imposible si no se abordaban con éxito los retos climáticos y de sostenibilidad, para lo que solicitaba una mayor financiación para mejorar las infraestructuras, la eficiencia y la producción a través de energías renovables. No se trataba de empezar de nuevo, sino de impulsar y potenciar los planes energéticos ya vigentes y dotarlos de una mayor coherencia, así como de seguir legislando para completar el mercado interior de la energía a través de los diferentes paquetes energéticos.

Los primeros esbozos de la Unión de la Energía fueron desarrollados por Maroš Šefčovič ante el Parlamento Europeo. El candidato a vicepresidente de la Unión de la Energía detalló un proyecto para disponer de una energía limpia, segura y asequible mediante la solidaridad, la cooperación y la seguridad. Para el eslovaco, el punto de partida debía ser la Estrategia Europea de la Seguridad Energética y avanzar hasta «movilizar una amplia gama de instrumentos legislativos, políticos y financieros en numerosos sectores»[3] para descarbonizar la economía, aumentar la cuota de renovables, elevar la

---

3 Parlamento Europeo. (2014). *Respuestas del Comisario Propuesto Maroš Šefčovič Unión de la Energía, vicepresidente de la Comisión.* Comisión de

eficiencia energética, mejorar las infraestructuras y consolidar la legislación comunitaria hasta completar el mercado interior de la energía. Por otra parte, se pretendía dotar a la diplomacia comunitaria de una dimensión energética que permitiera fortalecer el mercado interior, sobre todo debido a las vulnerabilidades existentes como consecuencia de la alta dependencia exterior. El objetivo final era «garantizar una mayor coherencia con nuestros principales socios [...] y promover una gobernanza energética reglamentada a través de la AIE, el G7, el G20 y la Comunidad de la Energía», para lo que era necesario cooperar con la AR. Sin embargo, este proyecto requería de una mayor cohesión entre los Estados miembros, ya que «la UE es más fuerte y eficaz cuando está unida, habla con una sola voz y no se ve debilitada por divisiones entre los Estados miembros que puedan aprovechar sus socios internacionales».

Que la Estrategia Europa de la Seguridad Energética fuera el punto de partida de la Unión de la Energía no era algo casual, ya que en 2014 el conflicto ucraniano había puesto en evidencia la enorme vulnerabilidad del sistema energético comunitario. Por lo tanto, el siguiente paso era desarrollar una Unión de la Energía que permitiera afrontar los grandes desafíos de manera conjunta y aumentara la seguridad y resiliencia de los Estados miembros, además de poner las bases de la futura transición energética. Esto se evidenció cuando días después de la alocución de Juncker el Consejo Europeo acogió con entusiasmo la recién publicada Estrategia Europea de Seguridad Energética y llamó a la Comisión a «construir una Unión de la Energía encaminada a contar con una energía asequible, segura y sostenible»[4].

Industria, Investigación y Energía y Comisión de Medio Ambiente, Salud Pública y Seguridad Alimentaria. p. 1.

4 Consejo Europeo. (2014). *Conclusiones del Consejo Europeo (26 y 27 de junio de 2014)*. p. 10.

De este modo, se daba continuidad a los últimos planes energéticos de la segunda Comisión Barroso, lo que en parte demostraba la cada vez mayor relevancia de este ámbito en la política comunitaria. Además, poco tiempo antes el Consejo Europeo había aprobado el nuevo Marco en Materia de Energía para 2030, en el que se proponía una reducción de al menos el 40% de las emisiones de efecto invernadero respecto a los valores de 1990, un 27% de cuota de renovables en el consumo total de energía y un 32,5% de eficiencia energética, además de mejoras sustanciales en el Régimen de Comercio de Derechos de Emisión Ese mismo octubre, el Consejo Europeo aprobó el plan de acción y exhortó a la Comisión y a los Estados miembros a seguir avanzando en cuestiones relativas a la seguridad energética, lo que sin aumentó el nivel de ambición del nuevo Colegio de Comisarios[5].

En las conclusiones de esa reunión, los jefes de Estado o de Gobierno exhortaron a la nueva Comisión a trabajar para lograr «un mercado interior de la energía que funcione plenamente y esté plenamente integrado», ofreciéndole todos los recursos financieros necesarios para lograrlo. De este modo, los líderes europeos acordaron la adopción de decisiones urgentes para lograr el 10% de interconexión entre los Estados miembros para 2020, ejecutando las infraestructuras necesarias a través de los fondos destinados a los PIC. Con este movimiento, se pretendía poner fin a las llamadas islas energéticas, regiones mal conectadas cuyo aislamiento impedía el buen funcionamiento del mercado interior de la energía, como la península ibérica, importantes islas del Mediterráneo o el área báltica. Además, el Consejo Europeo recomendaba seguir avanzando para la consolidación de la seguridad energética a través de las líneas marcadas en la Estrategia Europea de la

---

5 Consejo Europeo. (2014). *Conclusiones del Consejo Europeo (23 y 24 de octubre de 2014)*. pp. 8-9.

Seguridad Energética. En los siguientes meses, los proyectos en materia de energía fueron encaminados a aumentar la seguridad de abastecimiento y a consolidar la transición energética pretendida con los objetivos a 2030. Por ejemplo, en diciembre de 2014 los jefes de Estado o de Gobierno instaron a la Comisión a presentar «una propuesta global de Unión de la Energía con suficiente antelación al Consejo Europeo de marzo de 2015»[6].

Finalmente, la Unión de la Energía fue presentada el febrero siguiente y debatida por el Consejo de Transporte, Telecomunicaciones y Energía ese mismo mes, cuyas apreciaciones se sumaron a los documentos previamente aportados. Además, en su presentación definitiva en marzo de 2015, el Consejo Europeo promulgó que «la UE se ha comprometido a instituir una Unión de la Energía con una política climática dotada de perspectiva de futuro»[7], aceptado la propuesta de la Comisión para instaurar la Unión de la Energía. En ese mismo encuentro, se debatió sobre algunos aspectos relevantes de la Estrategia Marco, llegando a compromisos para acelerar los proyectos de infraestructuras de interconexión, aplicar la normativa comunitaria vigente y reforzar el marco legislativo con miras a la seguridad de suministro de electricidad y gas natural.

---

6 Consejo Europeo. (2014). *Conclusiones del Consejo Europeo (18 de diciembre 2014)*. p. 2.

7 Consejo Europeo. (2015). *Conclusiones del Consejo Europeo (19 y 20 de marzo 2015)*. p. 1.

2. LA UNIÓN DE LA ENERGÍA: EL GRAN PASO HACIA ADELANTE DE LA POLÍTICA ENERGÉTICA COMUNITARIA

2.1. Análisis de la Estrategia Marco de la Unión de la Energía

La Unión de la Energía, puesta en marcha por la Comisión en 2016, supuso un enorme paso hacia adelante para la política de energía de la UE, pues permitió avanzar y consolidar un mercado interior de la energía seguro, asequible y sostenible para todos los ciudadanos a escala comunitaria, lo que supuso uno de los grandes hitos energéticos desde la fundación de la CECA. El paquete de la Unión de la Energía estaba formado por tres documentos. El primero de ellos presentaba la Estrategia Marco para una Unión de la Energía resiliente con una política climática prospectiva, en la que se reflejaban todos los objetivos de la iniciativa y las medidas necesarias para alcanzarlos, mientras que en el segundo se esbozaban los planes para lograr un 10% de interconexión eléctrica entre los Estados miembros antes del año 2020. El último de estos pretendía fijar la posición comunitaria respecto a la Conferencia de las Partes sobre el Cambio Climático (COP) que se iba a celebrar ese mismo año en París y en la cual la UE deseaba demostrar un potente liderazgo mundial en el ámbito climático.

Del análisis completo del paquete se puede extraer que la Unión de la Energía era un proyecto sumamente ambicioso. Con su puesta en marcha, la UE pretendía corregir los fallos estructurales de su sistema energético para poder ofrecer a los consumidores «una energía segura, sostenible, competitiva y asequible»[8], lo que obligaba a una transformación profunda

---

[8] Comisión Europea. (25 de febrero de 2015). *Comunicación de la Comisión al Parlamento Europeo, al Consejo, al Comité Económico y Social*

en varias dimensiones y sectores. Para ello, la Comisión proponía superar un modelo obsoleto e ineficiente formado por veintiocho marcos reglamentarios nacionales y dependiente sobremanera de los combustibles fósiles para avanzar en una integración absoluta basada en la «solidaridad y la confianza auténticas», dotando a la UE de un sistema energético climáticamente sostenible, tecnológicamente avanzado e innovador, eficiente, basado en la libre competencia y conectado mediante una infraestructura adaptada a las nuevas formas de producción renovables.

Con esta iniciativa, la Comisión planteaba evolucionar el sistema energético europeo de una manera hasta entonces inaudita. Si bien la Unión de la Energía no era un proyecto disruptivo, pues recogía las líneas de acción en las que se venían trabajando durante más de una década, la aspiración a unificarlas todas en un único marco estratégico otorgaba a la cuestión energética un papel predominante en la UE, rozando incluso los límites de los Tratados constitutivos. La necesidad para llevarlo a cabo era evidente, ya que la alta dependencia exterior y la baja seguridad de suministro de los Estados miembros requería de una estrategia más coordinada y ambiciosa. Además, los Estados miembros anhelaban situarse a la cabeza de la transformación global y convertirse en «líderes en innovación y energías renovables» en un momento en que la transición energética mundial era ya impostergable. En este punto, la Unión de la Energía era inaplazable, ya que, si la UE «continúa en la trayectoria actual, será más difícil hacer frente al reto ineludible de pasar a una economía hipercarbónica debidos a los costes económicos, sociales y ambientales que supone la fragmentación de los mercados de energía».

Europeo, al Comité de las Regiones y al Banco Europeo de Inversiones: Estrategia Marco para una Unión de la Energía resiliente con una política climática prospectiva. COM(2015) 80 final. p. 2.

La Estrategia Marco de la Unión de la Energía proponía avanzar de manera simultánea en cinco dimensiones, en las cuales ya se estaban trabajando con anterioridad, aunque no de manera coordinada. Esto evidenciaba que la importancia de la iniciativa no residía tanto en las medidas propuestas como en la voluntad de unificar los trabajos vigentes para lograr los objetivos de la política energética y transformar por completo el sistema. Era en ese punto donde se reflejaba la hábil maniobra del Consejo, ya que no solicitaba a la Comisión nuevos proyectos, sino la redirección y cohesión de todos ellos para lograr una Unión de la Energía que permitiera, entre otras cosas, la estructuración operativa de un mercado interior de la energía, el gran anhelo comunitario. Por eso, el título del documento no es baladí, pues recoge las dos características más importantes de la Estrategia: la resiliencia, entendida como la capacidad de adaptación a un cambio perturbador o a un estado adverso, en clara referencia a los escenarios energéticos internos y externos desfavorables; y la prospectiva, en alusión a la intención de anticiparse al futuro mediante la proyección de datos del presente, lo que habla de la aspiración de adaptar el sistema europeo de energía a la inminente transición energética.

La primera de las dimensiones de la Unión de la Energía estaba relacionada con la seguridad energética, la solidaridad y la confianza. Dada la importancia que la UE otorgaba al suministro y a la dependencia exterior, así como a la capacidad de transferencia de energía entre los Estados miembros, era entendible que estos proyectos se situarán a la cabeza de la Estrategia Marco. Esta consideración no se recogía de manera explícita en la iniciativa, si bien el continuo estudio de la documentación emitida por la Comisión, el Consejo y el Parlamento evidencia que nada es resultado del azar en los textos redactados por las instituciones comunitarias. En este caso, la publicación el año anterior de la Estrategia Europea de la Seguridad Energética y la creciente preocupación que existía en aquel momento por la alta dependencia de algunos Estados miembros del suministro ruso hace pensar que la prioridad de las medidas referentes a la seguridad y la solidaridad eran una clara referencia a la necesidad imperiosa de ganar autonomía en el suministro.

Para aumentar la seguridad energética, la Comisión planteaba avanzar en la diversificación del suministro, en el refuerzo del papel de la UE en los mercados mundiales de la energía y en una mayor transparencia en los contratos de compra y venta del gas natural. Se trataba, en todo caso, de lo ya planteado en la Estrategia Europea de Seguridad Energética un año antes, haciendo alusión, entre otros, a la necesidad de disminuir el consumo de combustibles fósiles e incrementar la producción propia. Para aumentar las fuentes de abastecimiento, el documento solicitaba «intensificar los trabajos relativos al Corredor Meridional del Gas con el fin de que los países de Asia Central puedan exportar su gas a Europa»[9], así como ahondar en la puesta en marcha de los centros líquidos de gas natural en el norte y en el Mediterráneo. Estos planes no eran nuevos y reproducían el interés europeo por conectarse con los países del Mar Caspio a través de Turquía, una iniciativa histórica «compleja y costosa» para la que la Comisión ponía todos los mecanismos financieros a su alcance.

Por otra parte, en la Estrategia Marco se volvía a incidir en la necesidad de «explorar todo el potencial del gas natural licuado, en particular como combustible de reserva en situaciones de crisis». Para ello, la Comisión se comprometía a redactar una estrategia específica con el objetivo de incentivar su uso en el futuro, pese a lo elevado de sus costes a mitad de la anterior década. El interés por aumentar las exportaciones de GNL se debía a la dificultad para conectarse a través de tuberías con grandes productores no habituales, por lo que los

---

9 *Ibidem.* p. 5.

barcos metaneros eran la única alternativa viable de suministro a pesar de la importante diferencia de precio. El documento se publicó un año después y recomendaba mejorar la infraestructura de transporte y almacenamiento para que, junto con algunos cambios legislativos y una mayor cooperación entre Estados miembros, la UE se convirtiera en un mercado atractivo para el GNL, si bien también reconocía que existía una infrautilización de las terminales debido a «los precios más elevados pagados por el GNL en Asia han atraído a los suministradores [...] y debido a la competencia del gas transportado por gasoducto»[10], que era mucho más rentable.

Para reforzar estos planes, la Estrategia Marco recomendaba la colaboración y la solidaridad entre los Estados miembros, ya que para lograr un alto grado de seguridad energética se requería de una importante coordinación entre los actores energéticos nacionales. En este punto, la Comisión se comprometía a evaluar planes de medidas preventivas y a mejorar la norma en la que se enmarcaban, así como a evaluar las posibilidades que ofrecía la compra colectiva de gas natural. Por otra parte, y debido a que muchos Estados miembros evidenciaban «unos marcos inadecuados en materia de seguridad de suministro de electricidad y utilizan enfoques obsoletos e incoherentes de evaluación a este respecto»[11], se proyectaba la mejora y la estandarización de los mecanismos de apreciación del riesgo para hacerlos más colectivos. Pese a los buenos propósitos, todos estos proyectos quedaron apartados debido a que los socios siguieron importando gas natural desde Rusia,

---

10 Comisión Europea. (16 de febrero de 2016). *Comunicación de la Comisión al Parlamento Europeo, al Consejo, al Comité Económico y Social Europeo y al Comité de las Regiones sobre una estrategia de la UE para el gas natural licuado y el almacenamiento de gas.* COM(2016) 49 final. p. 5.

11 COMISIÓN EUROPEA. *Comunicación... Estrategia Marco... Op. Cit.* p. 6.

con unas condiciones mucho más atractivas, y no hicieron caso de las recomendaciones de la Comisión para ampliar sus fuentes de suministro, con el consiguiente riesgo para el futuro de la Unión de la Energía.

Para cumplir estos objetivos, la UE tenía que «aumentar su capacidad para proyectar su poder en los mercados mundiales», lo que implicaba utilizar la energía como herramienta en el marco de la política exterior. Se trataba de otra de las viejas ambiciones de la Comisión, cuyos resultados siguen siendo tan bienintencionados como limitados. Los intentos por adjudicar cláusulas energéticas en los acuerdos con terceros países y reforzar la Comunidad de la Energía y la PEV para lograr una mayor seguridad de abastecimiento se vio contrarrestado por el papel preponderante de un único socio, del que varios Estados miembros dependían al 100%. Por eso, en la Estrategia Marco también se especificaba la necesidad de revisar la Decisión 994/2012/UE, relativa a los acuerdos intergubernamentales con terceros países, para que la Comisión fuera informada desde la fase inicial de las negociaciones con el fin de evaluar mejor su compatibilidad con la legislación comunitaria y los criterios de seguridad de suministro. Además, para lograr lo propuesto se requería de una infraestructura moderna, bien dotada y que respetará la normativa comunitaria. En el segundo punto de la Estrategia Marco, se reconocía la necesidad de seguir avanzando en la consolidación del sistema energético a través de la aplicación de la legislación vigente y de la mejora de las interconexiones, las dos piedras angulares sobre las que se ha edificado el mercado europeo de la energía, ya que «no tiene sentido desarrollar nuevas políticas y planteamientos sobre bases débiles». La fecha límite para la realización del mercado interior de la energía se fijaba en 2030, año en el que además deben cumplirse importantes objetivos en materia de clima y energía.

Para ello, la Comisión llamaba a aplicar sin más demoras el tercer paquete energético, en vigor desde 2011 y que, entre otras medidas, obligaba a la separación de actividades en los mercados del gas natural y la electricidad, algo absolutamente necesario para la eficacia del mercado interior de la energía. Además, se mencionaba la exigencia de fortalecer los poderes y la independencia de la Agencia para la Cooperación de los Reguladores de la Energía (ACER) para vigilar de manera más eficaz los avances comunitarios, así como una mayor colaboración entre los gestores nacionales a fin de armonizar el mercado interior. Por su parte, la Comisión se comprometía a proponer cambios legislativos para rediseñar el sector eléctrico de cara a la transición energética que comenzaba. Uno de los objetivos finales era constituir nuevos marcos para los consumidores, ya que en una Unión de la Energía estos «deben poder elegir con conocimiento de causa y comprar energía libremente y sin problemas a una empresa de otro Estado miembro», lo que en ese momento solo era posible sobre el papel debido a los retrasos en la aplicación de la legislación y de la existencia de islas energéticas, así como de la presencia de marcos obsoletos en materia de proveedores, consumo y precios de muchos países.

Para consolidar avances significativos, la Comisión insistía en que la política energética debía tener un enfoque regional dentro del marco común europeo. Dada la complejidad de los planes propuestos y de su ejecución técnica, se requería que los Estados miembros trabajaran con sus vecinos en una mayor integración como paso previo a la plena inclusión en el mercado interior. En la Estrategia Marco se entendía que, al mejorar la solidaridad, la cooperación y la confianza entre países fronterizos, principalmente en las zonas más aisladas, se avanzaba de manera decidida hacia la consolidación del mercado común, allanando el camino a una posterior integración entre las distintas regiones. Por lo tanto, los planes de interconexión, de generación a través de renovables, de almacenamiento de gas natural y de eficiencia energética deberían coordinarse entre los vecinos, respetando siempre los objetivos de la Unión de la Energía. Este enfoque ha tenido un gran éxito en el Báltico a través del BEMIP, donde se ha logrado integrar plenamente a las Repúblicas bálticas en el mercado regional en tan solo diez años.

Todos estos planes obligaban a mejorar las interconexiones entre los Estados miembros, ya que sin ellas sería imposible la integración a nivel regional de los sistemas energéticos. Por ejemplo, y pese a que el BEMIP tenía una importante fase referente a la armonización normativa y a cuestiones técnicas, la iniciativa tenía como base un ambicioso programa de construcción de infraestructura para conectar a las Repúblicas bálticas con los países vecinos[12]. Esta era la cuestión principal. Para lograr una Unión de la Energía eficiente y real se necesitaba dotar a todas las regiones de una vasta red de conexiones que permitiera transferir energía sin complicaciones desde cualquier punto de la UE al extremo opuesto. Este objetivo era prioritario desde que en los años noventa se publicaron los primeros actos legislativos sobre las redes transeuropeas de transporte y energía, si bien en 2015 todavía existían importantes áreas aisladas que impedían la consolidación de todos los avances en materia energética. En la Estrategia Marco de la Unión de la Energía se reconocía que, «las redes europeas de transporte de gas y electricidad, en particular las conexiones transfronterizas, no son suficientes para un buen funcionamiento del mercado interior de la energía ni para conectar las islas energéticas que aún existen a la red principal»[13]. Esto se ha intentado reducir a través de la publicación bianual de la lista de PIC, que identifica las infraestructuras de interconexión necesarias, lo que permite a sus impulsores acceder a financiación comunitaria de manera mucho más fácil. Además, en la Estrategia Europea

---

12 High Level Group of BEMIP. (2009). *Baltic Energy Market Interconnection Plan. Action Plan–Final Report.* Comisión Europea. pp. 1-30.

13 Comisión Europea. *Comunicación... Estrategia Marco... Op. Cit.* p. 10.

de la Seguridad Energética se asume como esencial la inversión en infraestructuras para alcanzar una mayor solidaridad y autonomía.

Para apoyar estos planes, y a petición de la Comisión, el Consejo ya se había comprometido con un objetivo mínimo de interconexión del 10% de la capacidad instalada de producción de electricidad para el año 2020. Por eso, el paquete de la Unión de la Energía contaba con una estrategia específica con la que se pretendía preparar la red eléctrica europea para alcanzar dicha meta[14], sintetizando los planes de acción sobre las interconexiones para desarrollar la infraestructura necesaria para ello. Según el documento, la consolidación de una red de energía integrada tendría como objetivos el aumento de la seguridad de suministro, un descenso del precio de la electricidad y un mayor porcentaje de generación a través de renovables[15]. La intención era simple. Al igual que hubiera sido imposible consolidar el mercado común sin carreteras o vías ferroviarias que conectaran a los Estados miembros y por las que circularan libremente las mercancías o los trabajadores, incluso cuando se dieran las condiciones jurídicas necesarias para hacerlo, la voluntad política y toda la legislación vigente en la materia eran insuficientes para desarrollar el mercado interior de la energía si no se invertía en una vasta y moderna infraestructura que permitiera la libre circulación energética. Por otra parte, se trataba de una cuestión de seguridad, pues

---

14 En la Estrategia Marco de la Unión de la Energía solo se hacía mención a las redes eléctricas, ya que las de gas natural estaban sujetas al Reglamento (UE) 994/2010 sobre medidas para garantizar la seguridad de gas, por el cual los operadores estaban obligados a tomar disposiciones de urgencia para el caso de que la red unitaria fallase.

15 Comisión Europea. (25 de febrero de 2015). *Comunicación de la Comisión al Parlamento Europeo y al Consejo: Alcanzar el objetivo de interconexión de electricidad del 10%. Preparando la red eléctrica europea de 2020.* COM(2015) 82 final. pp. 2-4.

el aislamiento de importantes regiones las hacía vulnerables a cortes de suministro o fallos en sus sistemas, a los que tendrían que enfrentarse solas si no se desarrollaban conexiones a través de las que ayudarles.

La base jurídica en el que se basaban estas iniciativas era el Reglamento (UE) 347/2013, por el cual se establecían orientaciones para las infraestructuras energéticas transeuropeas. En él, se identificaban los PIC necesarios para desarrollar los corredores europeos del gas natural y de la electricidad y se establecían unos procesos de concesión acelerados, además de algunas normas en lo referente a los costes, a la financiación y al seguimiento de las obras[16]. Por otra parte, el Mecanismo Conectar Europa (MCE), creado como instrumento de financiación para infraestructuras de transporte, energía y digitales, perseguía acelerar la financiación en las redes transeuropeas ofreciendo financiación tanto al sector público como privado y aligerando los procesos de concesión en las ayudas, lo que permitiría la ejecución de los PCI «encaminados al desarrollo y construcción de infraestructuras y servicios nuevos o la mejora de infraestructura ya existentes»[17].

Ambos actos legislativos llevaban adjuntos una lista de PCI, entre los que destacaban las conexiones con las Repúblicas

---

16 Reglamento (UE) 347/2013 del Parlamento Europeo y del Consejo de 17 de abril de 2013 relativo a las orientaciones sobre las infraestructuras energéticas transeuropeas y por el que se deroga la Decisión nº1364/2006/CE y se modifican los Reglamentos (CE) nº 713/2009, (CE) nº 714/2009 y (CE) nº 715/2009. *Diario Oficial de la Unión Europea,* núm. L115, de 25 de abril de 2013. pp. 8-11.

17 Reglamento (UE) nº 1316/2013 del Parlamento Europeo y del consejo de 11 de diciembre de 2013 por el que se crea el Mecanismo «Conectar Europa», por el que se modifica el Reglamento (UE) nº 913/2010 y por el que se derogan los Reglamentos (CE) nº 680/2007 y (CE) nº 67/2010. *Diario Oficial de la Unión Europea,* núm. L348, de 20 de diciembre de 2013. p. 11.

bálticas, las islas británicas y la Península Ibérica, así como el corredor meridional del gas y las interconexiones gasistas norte-sur. Según los cálculos de la Comisión, para concluir toda esta infraestructura se requería cerca de un billón de euros, de los que 200.000 millones irían destinados a alcanzar el 10% de interconexión en 2020, para lo que se ponía a disposición de los promotores fondos comunitarios a través de diferentes instrumentos de financiación. Entre estos destacaban los 5.850 millones de euros del MCE, los 2.000 millones del Fondo Europeo de Desarrollo Regional (FEDR), los 2.279 millones del Programa Energético Europeo para la Recuperación (PEER)[18] y los 5.600 millones del Fondo Europeo para Inversiones Estratégicas (FEIE)[19], que se sumarían a todo el capital privado que estos proyectos fueran capaces de movilizar. Sin embargo, la contribución directa de la UE y del Banco Europeo de Inversiones (BEI) se anticipaba insuficiente para la magnitud de los proyectos propuestos.

---

18 Iniciado en 2009, se trata de uno de los programas más antiguos para la financiación de infraestructuras energéticas. En el informe sobre su estado de 2018 se reconocía que se habían concluido treinta y cinco de los cuarenta y cuatro proyectos de infraestructura programados, agotando prácticamente casi toda la financiación. Comisión Europea. (5 de marzo de 2018). *Informe de la Comisión al Consejo y al Parlamento Europeo sobre la ejecución del Programa Energético Europeo para la Recuperación y del Fondo Europeo de Eficiencia Energética.* COM(2018) 86 final. p. 1.

19 Este Reglamento modificó el Reglamento (UE) 1316/2013 por el que se creaba el «Mecanismo Conectar Europa». Reglamento (UE) 2015/1017 del Parlamento Europeo y del Consejo de 25 de junio de 2015 relativo al Fondo Europeo para Inversiones Estratégicas, al Centro Europeo de Asesoramiento para la Inversión y al Portal Europeo de Proyectos de Inversión, y por el que se modifican los Reglamentos (UE) núm. 1291/2013 y (UE) núm. 1316/2013–El Fondo Europeo para Inversiones Estratégicas. *Diario Oficial de la Unión Europea,* núm. L169, de 1 de julio de 2015. p. 32.

Por otra parte, en la estrategia para alcanzar el objetivo de interconexión de electricidad del 10% se volvía a incidir en la necesidad de la cooperación regional para lograr un avance rápido y efectivo. En el Reglamento (UE) 347/2013 sobre el MCE se apostaba por crear grupos regionales de trabajo, que se unificaron en cuatro grandes grupos: el del Báltico, las interconexiones norte-sur en Europa occidental, las interconexiones norte-sur en Europa Oriental y Central y la red eléctrica de los mares del norte, cada uno liderado por un Grupo de Alto Nivel. Esta sigue siendo una de las prioridades de la Comisión, que desde hace más de una década ha consolidado un modelo regional para fortalecer el mercado interior de la energía. Sin embargo, dada la magnitud de los proyectos propuestos, que en su mayoría tenían un carácter transfronterizo, el trabajo conjunto entre los diferentes gestores de redes de transporte y los promotores públicos y privados a veces debía superar ese marco regional para dotar a la Unión de la Energía de un sentido más estratégico a nivel comunitario.

Uno de los ejemplos más exitosos de este arquetipo es el BEMIP. Iniciado en 2009 con la intención de enlazar a las recién incorporadas Repúblicas bálticas con sus socios comunitarios, se trataba de un ambicioso proyecto que pretendía que Estonia, Letonia y Lituania se adaptaran a la legislación comunitaria, ganaran autonomía energética respecto a Rusia y se interconectaran con Polonia, Suecia y Finlandia en menos de una década. Gran parte de los planes ya están finalizados, y para 2025 se espera que los tres países estén sincronizados con la red eléctrica continental, ya que actualmente sus sistemas eléctricos trabajan en los mismos parámetros y frecuencias del llamado anillo BRELL, que incluye a Rusia y Bielorrusia. Aunque no se puede obviar que la magnitud de la infraestructura propuesta era bastante reducida debido al tamaño de los sistemas energéticos de estos tres socios, es evidente que se trata de un modelo aplicable a otras regiones cuyos avances en la interconexión siguen siendo limitados, como es el caso de España[20].

Por su parte, la tercera línea de acción proponía la mejora de la eficiencia energética, una aspiración que continúa vigente en los planes comunitarios y que ha tomado especial vigor tras los problemas derivados de la invasión rusa de Ucrania. La eficiencia es clave para la seguridad energética, ya que permite reducir considerablemente las importaciones de energía sin perder capacidad productiva, de ahí su denominación como «quinto combustible»[21]. La Comisión la reconoce como tal desde hace más de diez años debido a su enorme potencial de ahorro[22], lo que contribuirá a moderar e incluso reducir la demanda en las próximas décadas. En los objetivos para 2020 se fijó una mejora del 20% en esta materia, aunque un lustro después se aumentó hasta el 27% para el 2030, entrando en vigor diferentes normativas para su mejora y cumplimiento. Los trabajos en este campo se centran, sobre todo, en el incremento de la eficiencia en los sectores de la construcción y del transporte, ambos con un alto porcentaje en el consumo total de energía en los Estados miembros y en el desglose de la actividad económica de la UE. Debido a ellos, la Comisión

---

20 Gutiérrez Roa, T. (2018). "La iniciativa BEMIP en las Repúblicas bálticas: el reto de la interconexión energética con los socios europeos", en Czubala Ostapiuk, M. R. (ed). *La UE en acción: reacciones en la era postcrisis.* Sindéresis. pp. 291-316.

21 Yergin, D. (2012). *The Quest. Energy, Security and the remaking of the modern world.* Penguin Book. pp. 620-631.

22 Comisión Europea. (18 de noviembre de 2015). *Informe de la Comisión al Parlamento Europeo y al Consejo: Evaluación, enmarcada en el artículo 24, apartado 3, de la Directiva 2012/27/UE en materia de eficiencia energética, de los avances realizados por los Estados miembro en la consecución de los objetivos nacionales en esa materia para 2020 y en la aplicación de las disposiciones de dicha Directiva.* Documento COM(2015) 574 final. p. 3.

los identificó como parcelas de trabajo prioritarias, teniendo como principales objetivos la electrificación del transporte y el avance en la climatización de los edificios, ya que el mayor porcentaje de las importaciones de gas natural se destina a las calefacciones de los hogares[23].

Por otra parte, la Estrategia Marco de la Unión de la Energía hacía hincapié en la importancia de una nueva estrategia de investigación e innovación para apuntalar el liderazgo de los Estados miembros en tecnología renovable ante el avance de otros países competidores. En la comunicación, se especificaba que es «fundamental situar a la UE en la vanguardia de la tecnología», proponiendo cuatro líneas de acción que iban desde el desarrollo de la próxima generación de renovables hasta el transporte sostenible, pasando por la eficiencia para ahorrar en el consumo y la evolución de las llamadas *smartgrid* o redes inteligentes, que son aquellas que integran de manera eficiente y sostenible todas las acciones de los usuarios conectados a ella, lo que implica unas pérdidas de energía muy bajas y un incremento en la seguridad de suministro[24]. A estos campos de investigación tradicionales se le sumaba la aplicación tecnológica en la energía nuclear y en la captura y almacenamiento de carbono.

Para lograr estos objetivos, la Comisión solicitaba «una investigación plenamente coordinada y con objetivos claros, que combine adecuadamente los programas de la UE y los Estados miembros en torno a metas y resultados comunes», ya que el esfuerzo económico requerido para lograrlo era mucho menor si se desarrollaban sinergias que permitieran un avance conjunto. Sin embargo, la Estrategia Marco no ofrecía más allá

---

23 Comisión Europea. *Comunicación… Estrategia Marco… Op. Cit.* p. 14.

24 Red Eléctrica Española. (S.f.). *¿Qué son las smartgrid?* Red21. www.ree.es Disponible en: https://www.ree.es/es/red21/redes-inteligentes/que-son-las-smartgrid

de una colaboración entre los promotores públicos y privados para potenciar una acción común y aprovechar de manera más eficiente la financiación disponible en el marco de la Política de Cohesión y en otros fondos. De este modo, se echaba en falta una acción más decidida por parte de la Comisión, ya que no se presentaban grandes planes de inversión ni objetivos específicos, lo que podía deberse a que la innovación tecnológica en el marco de la transición energética era quizás la iniciativa más novedosa de todas las propuestas, pues los planes de interconexión entre Estados miembros, la mejora de la seguridad energética y el aumento de la eficiencia se habían iniciado casi una década antes.

2.2. Recibimiento de la Unión de la Energía

El paquete de la Unión de la Energía fue bien recibido tanto por el Consejo de Transporte, Telecomunicaciones y Energía como por el de Medio Ambiente, ambos celebrados en marzo de 2015. En la segunda reunión, los ministros mostraron su conformidad con las comunicaciones presentadas, si bien hicieron hincapié en la importancia del Régimen de Comercio de Derechos de Emisión y de su justa redistribución como piedra angular de la lucha contra el cambio climático. Algunos días después, el Consejo Europeo también acogió positivamente las tres estrategias. En la reunión ordinaria de ese mes, se debatieron los aspectos más prioritarios, exhortando a acelerar los proyectos de infraestructuras y las interconexiones entre los Estados miembros y a reforzar y aplicar en su totalidad el marco legislativo en algunas cuestiones prioritarias, lo que sin duda tendría efectos positivos sobre la seguridad energética. Pese al interés mostrado en todas las dimensiones de la Estrategia Marco, era evidente que los jefes de Estado o de Gobierno asumían el fortalecimiento del mercado interior de la energía a través del desarrollo de las interconexiones y de la implementación de la normativa comunitaria como las claves preferentes de la Unión de la Energía[25].

A lo largo del 2015, el Consejo estudió en profundidad la Estrategia Marco y propuso diversas correcciones para mejorarla. En la reunión de junio, se solicitó a la Comisión mecanismos para «garantizar una mayor transparencia en la composición de los costes y precios de la energía mediante la adecuada supervisión evitando cargas administrativas innecesarias»[26], así como el estudio de los fondos financieros disponibles para lograr inversiones más viables. Además, se reclamaban directrices específicas sobre la cooperación regional y sobre la gobernanza de la Unión de la Energía en línea con lo ya solicitado por el Consejo Europeo. Estos cambios se cerraron en noviembre, cuando el Consejo de Transporte, Telecomunicaciones y Energía adoptó unas conclusiones sobre la estructura de gobernanza que obligaba a cada Estado miembro a realizar un Plan Nacional de Energía, un «documento de planificación estratégica de alto nivel sincronizado y conciso» para cumplir con los objetivos de las Directivas en vigor y que debía estar vigente entre los años 2021 y 2030.

La composición y estructura de estos planes nacionales se fijaron en el Reglamento (UE) 2018/1999, por el que se establecía la gobernanza de la Unión de la Energía y de la Acción por el Clima. Se trataba de un acto legislativo de importante calado, pues detallaba la forma en que los Estados miembros y la Comisión debían proceder para alcanzar los objetivos fijados en la Estrategia Marco. El Reglamento se constituía como la piedra angular de la Unión de la Energía, pues diseñaba todas los objetivos, formas y protocolos de actuación e información de cara

---

25 Consejo Europeo. *Conclusiones… marzo 2015. Op. Cit.* p. 10.

26 Consejo de la Unión Europea. (26 de noviembre de 2015). *Conclusiones del Consejo sobre el sistema de gobernanza de la Unión de la Energía.* Comunicado de prensa.

a la coordinación necesaria de todos los proyectos energéticos. Una de las claves del texto legal es que definía los niveles de actuación de la Unión de la Energía. Por una parte, se establecía el marco nacional, en el que los planes de cada Ejecutivo debían ser desarrollados según las características propias de cada país. Por otro lado, se fijaba la cooperación regional como un aspecto destacado de la Estrategia Marco, favoreciendo las sinergias entre países vecinos para alcanzar metas en común. En este aspecto, se favorecía que los Estados miembros tuvieran «la oportunidad de formular observaciones sobre los planes integrados de energía y clima de los demás [...] antes de su finalización a fin de evitar incoherencias y posibles repercusiones negativas»[27], tomando en consideración los grupos de trabajo ya existentes.

Por último, y al más alto nivel, se encontraban las comunicaciones entre las instituciones comunitarias, que obligaba a la Comisión a presentar al Parlamento Europeo y al Consejo informes periódicos sobre el estado de la Unión de la Energía. Por su parte, los diálogos con terceros países podían ser iniciados tanto por la Comisión como por los diferentes Estados miembros, si bien estos debían informar de todos los avances logrados. Posteriormente, esta necesidad fue apuntalada

---

27 Reglamento (UE) 2018/1999 del Parlamento Europeo y del Consejo de 11 de diciembre de 2018 sobre la gobernanza de la Unión de la Energía y la Acción por el Clima, y por el que se modifican los Reglamentos (CE) nº 663/2009 y (CE) nº 715/2009 del Parlamento Europeo y del Consejo, las Directivas 94/22/CE, 98/70/CE, 2009/31/CE, 2009/73/CE, 2010/31/UE, 2012/27/UE y 2013/30/UE del Parlamento Europeo y del Consejo y las Directivas 2009/119/CE y (UE) 2015/652 del Consejo, y se deroga el Reglamento (UE) nº 525/2013 del Parlamento Europeo y del Consejo. *Diario Oficial de la Unión Europea*, núm. L328, de 21 de diciembre de 2018. p. 6.

mediante la Decisión (UE) 2017/684[28], por la que se establecía un mecanismo de intercambio de información respecto a los acuerdos intergubernamentales y los instrumentos no vinculantes entre los Estados miembros y terceros países en el sector de la energía. De este modo, se fijó un mecanismo de actuación y cooperación a tres bandas plenamente integrado en el que cualquier proyecto a nivel nacional debe ser coordinado con los países vecinos y la Comisión, mientras que esta última informa de todos los avances y cambios al resto de instituciones comunitarias.

El Reglamento (UE) 2018/1999 formaba parte del paquete *Energía limpia para todos los europeos*, un conjunto de medidas presentado en 2016 con la intención de proteger al consumidor final y otorgar un papel protagonista al sector energético en el desarrollo económico de la UE[29]. Todos ellos acabarían formando el cuarto paquete energético. La iniciativa estaba formada por ocho actos legislativos cuyo principal objetivo era evolucionar el sector energético comunitario, haciéndolo más integrado y efectivo y mejorando la coordinación entre todos los actores. La normativa publicada abarcaba desde la mejora de la eficiencia energética en toda la cadena energética —Directiva (UE) 2018/2001—, particularmente en los edificios —Directiva (UE) 2018/844—; hasta el fomento de las energías

---

28 Decisión (UE) 2017/684 del Parlamento Europeo y del Consejo de 5 de abril de 2017 por la que se establece un mecanismo de intercambio de información con respecto a los acuerdos intergubernamentales y los instrumentos no vinculantes entre los Estados miembros y terceros países en el sector de la energía y por la que se deroga la Decisión nº 994/2012/UE. *Diario Oficial de la Unión Europea*, núm. L99, de 14 de abril de 2017. pp. 4-8.

29 Comisión Europea. (30 de noviembre de 2016). *Comunicación de la Comisión al Parlamento Europeo, al Consejo, al Comité Económico y Social Europeo, al Comité de las Regiones y al Banco Europeo de Inversiones: Energía limpia para todos los europeos.* COM(2016) 860 final. pp. 2-15.

renovables —Directiva (UE) 2018/2001—; y la gobernanza de la Unión de la Energía —el anteriormente citado Reglamento (UE) 2018/1999—; además de los actos referentes al diseño del mercado interior de la energía, en el que se incluían la Directiva (UE) 2019/941 sobre la preparación frente a los riesgos en el sector de la electricidad; el Reglamento (UE) 2019/943, relativo al mercado interior de la electricidad; el Reglamento (UE) 2019/942, por el que se revisaba el papel de la ACER, y la Directiva (UE) 2019/944, sobre normas comunes para el mercado interior de la electricidad[30].

Estos cuatro últimos actos legislativos supusieron un importante impulso para el mercado interior, ya que permitió adaptarlo a la nueva realidad creada con la Unión de la Energía y a la transición energética, implementando un marco normativo que es la base actual del funcionamiento del mercado de la energía. Especial mención merece el Reglamento (UE) 2019/942, que refundaba la ACER y le asignaba nuevas funciones de cara a la supervisión de los mercados mayorista, la infraestructura energética y la seguridad de suministro[31]. Este avance se había vuelto indispensable en un contexto en el que la integración de los mercados nacionales a escala de la UE requería de un regulador con mayor capacidad de acción que coordinara las agencias de los Estados miembros y garantizara la estabilidad de la red. Años antes, la ACER se estableció con la finalidad de crear un regulador comunitario en un escenario de creciente interconexión, pero sus competencias se habían vuelto limitadas para cumplir con los objetivos de la Unión de

---

30 Comisión Europea. (2020). *Clean energy for all Europeans package.* Energy. ec.europa.eu Disponible en: https://ec.europa.eu/energy/en/topics/energy-strategy/clean-energy-all-europeans

31 Reglamento (UE) 2019/942 del Parlamento Europeo y del Consejo de 5 de junio de 2019 por el que se crea la Agencia de la Unión Europea para la Cooperación de los Reguladores de la Energía. *Diario Oficial de la Unión Europea,* núm. L158, de 14 de junio de 2019. p. 1.

la Energía, que requería del aumento de la cooperación, coordinación y comunicación entre los Estados miembros.

3. LA DIMENSIÓN EXTERIOR DE LA POLÍTICA ENERGÉTICA Y CLIMÁTICA EUROPEA: EL ACUERDO DE PARÍS

3.1. La posición común europea ante las negociaciones de París

La UE siempre ha sido un actor muy comprometido en el ámbito climático. Por eso, desde que en 1995 se celebrara en Alemania la primera Conferencia de las Naciones Unidas sobre el Cambio Climático (COP) en el marco de la Convención Marco de las Naciones Unidas sobre el Cambio Climático (UNFCCC), tanto los Estados miembros como las instituciones comunitarias han sido una de las partes más ambiciosas en la lucha climática global, teniendo un papel destacado en la firma del Protocolo de Kioto y en los acuerdos y enmiendas posteriores[32]. Además, la UE ha desarrollado una importante labor legislativa de cara a establecer políticas energéticas que permitan conservar el ecosistema y reducir la emisión de CO_2, convirtiéndose en el actor climático internacional más

---

[32] Pese a que la UE es uno de los actores más comprometidos con la lucha climática, algunos Estados miembros son reacios a adoptar ambiciosos programas al respecto e intentan minar la posición común europea durante las COP. El caso más evidente es Polonia, que llegó a vetar la Enmienda de Doha y puso en peligro el acuerdo climático europeo. Europa Press. (27 de octubre de 2015). "Polonia veta el protocolo de Kyoto para la reducción de las emisiones de CO_2". *Europa Press.* Disponible en: https://www.europapress.es/internacional/noticia-polonia-veta-protocolo-kyoto-reduccion-emisiones-co2-20151027211147.html

influyente en las últimas décadas[33]. Así, la UE se ha erigido como un referente de la lucha climática, ejerciendo su papel de potencia normativa y liderando la negociación de los grandes acuerdos internacionales, aumentando de este modo su influencia y su prestigio mundial.

El primer paso para el Acuerdo de París se dio cinco años antes en Sudáfrica, cuando durante la COP17 se decidió «iniciar un proceso para elaborar un protocolo, otro instrumento jurídico o una conclusión acordada con fuerza legal en el marco de la Convención que se aplicable a todas las partes»[34] y que debía ser presentado, como muy tarde, en 2015. Esto se debía a la insatisfacción existente en la Comunidad internacional por el proceso Copenhague-Cancún y, en general, por los pocos progresos realizados en la última década en la lucha contra el cambio climático. En aquella cita, las dificultades para ampliar el Protocolo de Kioto debido a las reticencias de Canadá, Rusia y Japón, sumadas al habitual inmovilismo chino y estadounidense[35], llevó a la UE a liderar una sólida alianza con los países

---

33 La primera legislación comunitaria respecto a la lucha climática puede encontrarse en el primer paquete energético. Sin embargo, el primer gran plan de acción climática fue el Paquete de Medidas sobre Clima y Energía hasta 2020, aprobado en el periodo 2007-2009. Zambrano González, K. (2020). "La Unión Europea ante la emergencia climática". *Anuario Español de Derecho Internacional.* Vol. 36, 429-447. pp. 436-439.

34 UNFCCC. (2012). *Informe de la Conferencia de las Partes sobre su 17º periodo de sesiones, celebrado en Durban del 28 de noviembre al 11 de diciembre de 2011.* Documento FCCC/CP/2011/9/Add.1. p. 2.

35 Pese a la profundidad de la alianza transatlántica en temas de especial importancia, la UE y EE. UU. han tenido posiciones encontradas en la mayor parte de las COP, siendo especialmente relevantes las de Bali de 2007 y Copenhague de 2009. En el fondo de la cuestión estaba el rechazo del Gobierno de Obama a adoptar compromisos jurídicamente vinculantes, algo que para la UE era esencial. García Lupiola, A. (2018). "Las negociaciones climáticas y el Acuerdo de

insulares para mantener vivo el acuerdo, lo que finalmente se consiguió gracias a la capacidad negociadora de la delegación europea[36]. A partir de este momento, serían las instituciones comunitarias las que más influencia pudieron ejercer en el desarrollo de las conversaciones que culminaron en el Acuerdo de París[37].

En 2013, la Comisión presentó un primer documento que llamaba a establecer la postura europea de cara a la COP21. En él, se establecía la necesidad tanto de superar la dualidad norte-sur como de acabar con la ambivalencia de los países más industrializados, los cuales firmaban los acuerdos sin reconocerlos como jurídicamente vinculantes. Por tanto, se requería establecer un nuevo marco de actuación basado en una mayor ambición para reducir las emisiones, la contribución de todos los países y sectores nacionales y regionales para la consolidación de los objetivos y la integración de una dimensión climática en todas las políticas estatales. Además, se solicitaba un mayor reconocimiento de la labor científica como base del acuerdo, así como el establecimiento de fórmulas que permitieran una revisión si había riesgo de no

---

París: la Unión Europea debe recuperar el liderazgo en la lucha contra el calentamiento global", en Giles Carnero, R. (ed). *Desafíos de la Acción Jurídica Internacional y Europea frente al Cambio Climático.* Atelier Libros Jurídicos. pp. 142-143.

36 Lázaro, L. (2012). "Durban (COP17): resucitando el protocolo de Kioto y retrasando la acción global hasta 2020". *Real Instituto Elcano.* ARI 19/2012.

37 Cabe destacar que el inicio de la influencia climática europea estuvo impulsado por el vacío de liderazgo dejado por EE. UU., cuyos planteamientos se volvieron más conservadores conforme se requería un mayor nivel de ambición. Para saber más de la acción diplomática europea anterior al Acuerdo de París, véase García Lupiola. *Op. Cit.* pp. 139-153 y Costa, O. (2014). "La Unión Europea en las negociaciones internacionales del clima". En Barbé, E. (dir). *La Unión Europea en las relaciones internacionales.* Tecnos.

alcanzar las metas, la ampliación de los fondos a través de nuevas fórmulas novedosas, la mejor difusión y transferencia de las tecnologías verdes a escala internacional y la formación de alianzas entre los Estados más comprometidos en la lucha contra el cambio climático[38].

Estas prioridades se reprodujeron en la estrategia *El Protocolo de París, un plan rector para combatir el cambio climático más allá de 2020*, incluido en el paquete de la Unión de la Energía. El documento evidenciaba el alto nivel de ambición con el que la UE afrontaba las conversaciones de París y proponía novedades para alcanzar un acuerdo sólido y vinculante, siendo el primer país en presentar sus planes de mitigación de cara a la COP21. Además, establecía el principal argumento sobre el que las instituciones comunitarias han asentado su defensa de la transición energética, asumiendo que esta supone una gran oportunidad económica y comercial y que el coste no está en realizarla, sino en no hacerlo. De este modo, y basándose en los avances realizados en la COP20 de Lima, la Comisión pidió a los grandes países emisores que presentaran sus contribuciones a nivel nacional con la suficiente antelación y exponía «una visión para un acuerdo jurídicamente vinculante, dinámico y transparente, con compromisos ambiciosos y equitativos de todas las Partes, sobre la base de unas circunstancias económicas y geopolíticas cambiantes a nivel mundial»[39].

---

38 Comisión Europea. (26 de marzo de 2013). *Comunicación de la Comisión al Parlamento Europeo, al Consejo, al Comité Económico y Social Europeo y al Comité de las Regiones. El acuerdo internacional de 2015 sobre el cambio climático: configuración de la política climática internacional después de 2020.* COM(2013) 167 final. pp. 4-11.

39 Comisión Europea. (25 de febrero de 2015). *Paquete sobre la Unión de la Energía. Comunicación de la Comisión al Parlamento Europeo y al Consejo. El Protocolo de París, un plan rector para combatir el cambio climático más allá de 2020.* COM(2015) 81 final. p. 4.

El documento dejaba claro que son los Estados más desarrollados y, por tanto, con más nivel de emisiones los que debían asumir el liderazgo, sumándose al acuerdo, ratificándolo con prontitud y favoreciendo la financiación y el traspaso de tecnología a los países en desarrollo. Estos tenían que trabajar para conseguir reducir las emisiones mundiales por debajo del 60% en niveles de 2010 antes del 2050. Además, se volvía a incidir en la idea de transversalizar la acción climática, pues otras políticas, como las de «comercio, investigación científica, innovación y cooperación tecnológica, cooperación económica y para el desarrollo, reducción del riesgo de catástrofes y medio ambiente, podrían reforzar la política internacional de lucha contra el cambio climático». Otras propuestas que luego tendrían eco en el Acuerdo de París eran la necesidad de contar con mecanismos de transparencia y supervisión, así como de revisiones periódicas que permitieran aumentar el nivel de ambición, lograr la resiliencia climática por medio de la adaptación, una mayor financiación tanto pública como privada y la potenciación de la investigación y el desarrollo tecnológico a nivel global, entre otros. Todos estos planteamientos, más el alto nivel de fondos desplegados para la lucha contra el cambio climático, consolidaban a la UE en la cabeza de la lucha climática. Así, y en un contexto dominado por las bajas expectativas puestas en las negociaciones, las instituciones comunitarias y gran parte de los Estados miembros asumieron el liderazgo para alcanzar algún tipo de acuerdo vinculante en la COP21.

Para evitar el fracaso en las conversaciones de París la UE se comprometía a intensificar su diplomacia climática a través de un plan específico ejecutado tanto por el SEAE como por los Estados miembros. Este iría destinado tanto a «incluir el cambio climático entre las prioridades estratégicas de los debates políticos, en particular en las reuniones del G7 y del G20 y en la Asamblea General de las Naciones Unidas» como a establecer una dimensión climática en la política comercial y de cooperación al desarrollo, así como a establecer prioridades conjuntas entre todos los participantes en un contexto multilateral. Además, la UE no renunciaba a crear alianzas con los socios internacionales más ambiciosos en el periodo previo a la Conferencia con el fin de evitar un nuevo estancamiento.

Finalmente, la posición europea quedó fijada por el Consejo de Medioambiente, que en su reunión de septiembre de 2015 estableció las prioridades de la acción europea en la COP21. Estas eran el establecimiento de un acuerdo jurídicamente vinculante ambicioso y sostenible, la adopción de un ambicioso paquete de decisiones que permitieran la aplicación del Acuerdo y la mejora de la ambición global antes de 2020, así como un mayor apoyo a los países más vulnerables a través del refuerzo de los mecanismos de financiación. Además, se proponía que el pacto entrara en vigor una vez ratificado por un número significativo de países[40], que permitiera la participación de todos los agentes no estatales, que estableciera una meta de mitigación en consonancia con el objetivo de un aumento inferior de 2 °C del calentamiento de la tierra y que incluyera un régimen basado en normas de transparencia y rendición de cuentas.

A rasgos globales, se trataba de una posición sumamente ambiciosa que previsiblemente chocaría con los países menos dispuestos en las conversaciones de París, por lo que se requería una importante acción diplomática a todos los niveles. Como principal baza, la UE disponía de un considerable prestigio entre la Comunidad internacional gracias a su política energética y climática comunitaria, así como un liderazgo mundial en la materia, ya que había sido de los más fervientes defensores del

---

40 Aunque no se aportaba un número, en el Protocolo de la Comisión se establecía la entrada en vigor una vez que los países responsables del 80% de las emisiones lo hubieran ratificado. Finalmente, este número descendió al 55% con un mínimo de cincuenta y cinco países. *Ibidem*. p. 4.

Protocolo de Kioto y la Enmienda de Doha. Además, el Consejo dotaba de coherencia y unidad a la estrategia europea ya que recordaba la intención de cumplir los compromisos adquiridos de manera conjunta entre todos los Estados miembros, lo que consolidaba la posición negociadora de la UE.

3.2. El Acuerdo de París

El Acuerdo de París, firmado en la capital francesa el 12 de diciembre de 2015, es uno de los grandes hitos de la lucha climática global. Su negociación estuvo enmarcada en la COP21, la cual tuvo representación de prácticamente todos los Estados reconocidos por la comunidad internacional[41]. Su relevancia se debe a que, por primera vez en la historia, todos los países participantes asumieron compromisos vinculantes para luchar contra el cambio climático y adaptarse a sus efectos, aumentando su ambición y comprometiéndose a ayudar a los países más desfavorecidos a cumplir con los metas pactadas[42]. Pese a las dudas sobre su aplicación y efecto, se trata de unos de los grandes logros del sistema multilateral global, ya que se consiguió negociar y adoptar unos objetivos y unas normas comunes para todos los países, independientemente de sus intereses estratégicos, en el marco de las instituciones internacionales ampliamente reconocidas. De ahí las palabras del presidente Obama,

---

41 UNFCCC. (s/f). *¿Qué es el Acuerdo de París?* Naciones Unidas. unfccc.int Disponible en: https://unfccc.int/es/process-and-meetings/the-paris-agreement/que-es-el-acuerdo-de-paris

42 Sobre la naturaleza jurídica del Acuerdo de París y las dudas sobre el abandono estadounidense, véase Fajardo del Castillo, T. (2018). "El Acuerdo de París sobre el cambio climático: sus aportaciones al desarrollo progresivo del Derecho Internacional y las consecuencias de la retirada de los Estados Unidos". *Revista Española de Derecho Internacional*, vol. 70(1). 23-51. pp. 29-40.

que aseguró que lo pactado en París, pese a no ser perfecto, era la mejor oportunidad posible para el planeta[43].

El Acuerdo de París parte de «la necesidad de una respuesta progresiva y eficaz a la amenaza apremiante del cambio climático»[44], reconociendo las dificultades que afrontan los países en desarrollo, especialmente en lo que se refiere a la financiación y la transferencia tecnológica. Además, se asume que la sostenibilidad medioambiental es un responsabilidad conjunta de todos los Estados y se acepta la relación intrínseca entre «las medidas, las respuestas y las repercusiones generadas por el cambio climático y el acceso equitativo al desarrollo sostenible y la erradicación de la pobreza». De este modo, el Acuerdo se eleva por encima de los intereses nacionales al constatar que solo a través de la cooperación multilateral se puede afrontar un reto común para todo el planeta y para el que se requiere respuestas globales. El objetivo del Acuerdo de París es «reforzar la respuesta mundial a la amenaza del cambio climático, en el contexto del desarrollo sostenible y de los esfuerzos por erradicar la pobreza», para lo que se propone como principal medida mantener el aumento de la temperatura media mundial muy por debajo de los 2 °C, intentando que no supere nunca los 1,5 °C con respecto a los niveles preindustriales. Para ello, todos los Estados —se comprometen a mitigar sus emisiones, aunque el objetivo nacional lo fija cada parte. El plan previsto es llegar al pico de emisiones lo antes posible —los países en desarrollo lo harán con posterioridad— para reducirlas en la segunda mitad del siglo con el fin de

---

43 EFE. (12 de diciembre de 2015). "Obama consolida su lucha contra el cambio climático con el Acuerdo de París". *Agencia EFE.* Disponible en: https://www.efe.com/efe/america/sociedad/obama-consolida-su-lucha-contra-el-cambio-climatico-con-acuerdo-de-paris/20000013-2788501

44 *Acuerdo de París, firmado en París el 22 de abril de 2016.* UNFCCC. Naciones Unidas. p. 1.

alcanzar un equilibrio antes de 2100. Esta es la razón por la que la mayor parte de los socios comprometidos con la neutralidad climática han fijado ese objetivo entre los años 2050 y 2060. El esfuerzo colectivo es gradual, ya que el compromiso es mayor para los países más industrializados, con lo que se intenta no lastrar el progreso de las sociedades más vulnerables.

El Acuerdo deja vía libre a los Estados para aplicar las medidas que consideren más oportunas para alcanzar esos objetivos, incluso integrándose regionalmente para conseguirlo, además de trabajar conjuntamente en los mecanismos internacionales dispuestos para el intercambio de información, la alerta temprana y gestión de los riesgos, entre otros. Además, se solicita una cooperación para la mejora de la educación, la formación y la sensibilización de las sociedades con el fin de que el esfuerzo climático sea tan global como transversal. Por otra parte, se establece un marco de transparencia a través del cual los Estados deben compartir la información relativa a sus políticas en la materia, lo cual es absolutamente necesario para realizar un seguimiento preciso por parte de los expertos. El objetivo es ejecutar un «balance mundial» periódico que examine los progresos en la mitigación, adaptación, medios de aplicación y el apoyo entre las partes y permita establecer el avance colectivo en la lucha climática.

Cabe mencionar los mecanismos por los cuales los Estados más desarrollados tienen la obligación de asistir técnica y tecnológicamente a los países más vulnerables, así como proporcionarles los recursos financieros para ello. Así, se establece que son las regiones más ricas las que deben movilizar los fondos, a través de diferentes fuentes e instrumentos, para ayudar a las más necesitadas en los proyectos tanto de mitigación como de adaptación climática. El Acuerdo introduce incluso un Mecanismo Tecnológico cuyo fin es «impulsar los enfoques colaborativos en la labor de investigación y desarrollo y de facilitar el acceso de las Partes que son países en desarrollo a la tecnología». La importancia de esta medida es que por fin se abandonaba la dualidad norte-sur, la cual había hecho encallar antiguas negociaciones. De este modo, se reconoce las especiales circunstancias de las regiones más pobres y se evita que se queden atrás en la reconversión energética, industrial y tecnológica que conllevará la transición climática, evitando que las consecuencias sociales y económicas del cambio de modelo tengan un efecto negativo en las sociedades más frágiles. Esto es especialmente importante ya que anteriormente habían sido los recelos de los países más industrializados los que habían paralizado la acción común, pues entendían que los países en vías de desarrollo también debían asumir los costes[45], una postura que fue vencida en la COP21. Además, estas cláusulas son un claro ejemplo de las enormes posibilidades de los acuerdos multilaterales, ya que no solo permiten adoptar normas comunes para alcanzar objetivos globales, sino que además ayuda a adaptarlos a las situaciones específicas de las diferentes partes y establecer mecanismos de solidaridad esenciales para su consecución.

El Acuerdo de París fue adoptado formalmente mediante la Decisión 1/CP.21 de 2016 y entró meses más tarde al cumplirse la doble mayoría al ser ratificado por cincuenta y cinco países que sumaban más del 55% de las emisiones mundiales[46]. De las ciento noventa y siete partes que participaron en las reuniones, el texto ha sido firmado en la actualidad por ciento noventa y cinco, de los que ciento ochenta y nueve lo han ratificado[47]. Además, todos los países del G20, que suman el 75% de la emisiones mundiales de CO_2, han

45 Lázaro. *Op. Cit.*

46 UNFCCC. (2016). *Informe de la Conferencia de las Partes sobre su 21er periodo de sesiones, celebrado en París del 30 de noviembre al 13 de diciembre de 2015.* Naciones Unidas. p. 39.

47 ONU. (s/f). *El Acuerdo de París.* Acción por el clima. www.un.org Disponible en: https://www.un.org/es/climatechange/paris-agreement

ratificado el texto[48]. Esto supone un enorme éxito del sistema multilateral y evidencia que las alianzas mundiales tienen un efecto llamada, ya que cuando un importante número de Estados acuerdan normas comunes vinculantes el resto tiende a asumir dichos compromisos para no perder influencia global, sobre todo cuando se suman las grandes potencias mundiales. Para la ejecución efectiva del Acuerdo de París, las partes pactaron la puesta en marcha de un programa de trabajo en el que se establecieron diferentes modalidades y procedimientos de actuación. Estos son el Grupo de Trabajo Especial sobre el Acuerdo de París, el Órgano Subsidiario de Ejecución y el Órgano Subsidiario de Asesoramiento Científico y Tecnológico. Además, las partes se han reunido de manera periódica en las Conferencias de las Naciones Unidas sobre el Cambio Climático, en las que han ido perfilando de manera más detallada cómo se implementará y se avanzará en los planes previstos. Las más relevantes de estas fueron la COP24 de Katowice, Polonia, celebrada días después de que el Grupo Intergubernamental de Expertos sobre el Cambio Climático de la ONU alertara del peligro de superar los 1,5 °C pactados antes de 2052[49] y en la que aprobaron las normas de aplicación integrales, y la COP25, reunida en Madrid.

El Acuerdo de París recoge todos los objetivos europeos, ya que se le otorgó el carácter vinculante[50], se estableció un

---

48 ONU. (2019). *Informe sobre la disparidad en las emisiones de 2019: Resumen.* Programa de las Naciones Unidas para el Medio Ambiente. pp. 5-7.

49 IPCC. (2019). *Calentamiento Global de 1,5 C.* Programa de las Naciones Unidas para el Medio Ambiente/Organización Meteorológica Mundial. p. 6.

50 Sin embargo, es importante destacar que esta fórmula tiene sus carencias, ya que los Estados pueden cambiar las expectativas de sus contribuciones por causas nacionales. De manera evidente, esto ha creado dudas sobre su cumplimiento, que deberán resolverse mediante la voluntad política de los firmantes. Fajardo del Castillo. *Op. Cit.* pp. 49-50.

paquete para su aplicación muy similar al definido en su estrategia —transferencia de tecnología, financiación, transparencia, mitigación, entre otros— y se elevó la ambición climática, con un acuerdo sobre la reducción de emisiones muy similar a lo propuesto por la Comisión y el Consejo. De este modo, la UE consolidó su liderazgo en la lucha climática global, una labor que a veces se había visto oscurecida por el rechazo frontal de EE. UU. y China a sus propuestas pero que siempre se había mantenido latente y enérgica a través tanto de propuestas audaces como de la consecución de alianzas sólidas junto con las economías emergentes y los países en desarrollo, lo que le ha valido en la actualidad para ser la primera potencia climática del mundo. Esto ha tenido un importante efecto en la acción exterior europea, ya que, al situar la transición energética y el cambio de modelo en el centro de su visión estratégica, ha elevado exponencialmente la influencia internacional europea, la cual seguirá aumentando conforme estos asuntos se vuelvan más significativos en la política mundial.

3.3. La política energética comunitaria tras el Acuerdo de París

El Acuerdo de París fue ratificado por la UE menos de un año después de su firma[51]. Sin embargo, desde la conclusión de la COP21, y en base a lo pactado, se debió aumentar el grado de ambición de la Unión de la Energía, ya que los compromisos firmados en la capital francesa obligaban a «mantener el impulso y la voluntad política para garantizar una transición hacia una economía resistente al cambio climático, nuestra desde

---

[51] Decisión (UE) 2016/1841 del Consejo de 5 de octubre de 2016 relativa a la celebración, en nombre de la Unión Europea, del Acuerdo de París aprobado en virtud de la Convención Marco de las Naciones Unidas sobre el Cambio Climático. *Diario Oficial de la Unión Europea*, núm. L282, de 19 de octubre de 2016. p. 2.

un punto de vista climático futuro, y socialmente justa»[52]. De este modo, las instituciones comunitarias se proponían «consolidar el entorno propicio para la transición a una economía hipercarbónica a través de una amplia gama de políticas de interacción, instrumentos y marcos estratégicos reflejados en las diez prioridades de la Comisión Juncker», una estrategia en la que la Unión de la Energía asumía un papel central como la base de todos estos proyectos. El Consejo Europeo refrendó este proyecto, poniendo especial hincapié en la mejora de la seguridad energética[53].

En los siguientes años la UE decidió fortalecer su acción exterior para incluir el ámbito climático en todas las relaciones con los socios, asumiendo un mayor liderazgo conforme EE. UU. anunciaba su retirada del pacto mundial. En 2017, el Consejo Europeo recordó que lo acordado era la piedra angular del esfuerzo climático global y llamó a la Comisión y a los Estados miembros a cooperar «con los socios internacionales en el marco del Acuerdo de París, en particular con los países más vulnerables, dando así pruebas de solidaridad con las futuras generaciones y de responsabilidad con respecto a todo el planeta»[54]. Por su parte, el Consejo de Asuntos Exteriores comunicó que la UE estaba «reforzando sus asociaciones mundiales actuales y seguirá esforzándose por encontrar

---

52 Comisión Europea. (2 de marzo de 2016). *Comunicación de la Comisión al Parlamento Europeo y al Consejo. El camino desde París: evaluar las consecuencias del Acuerdo de París y complementar la propuesta de Decisión del Consejo relativa a la firma, en nombre de la Unión Europea, del Acuerdo de París adoptado en el marco de la convención Marco de las Naciones Unidas sobre el Cambio Climático.* COM(2016) 110 final. p. 3.

53 Consejo Europeo. (2016). *Conclusiones del Consejo Europeo sobre Empleo, Crecimiento y Competitividad y sobre Clima y Energía (17 de marzo de 2016).*

54 Consejo Europeo. (2017). *Conclusiones del Consejo Europeo (22 y 23 de junio de 2017).* p. 6.

nuevos aliados, tanto entre las mayores economías del mundo como entre los Estados insulares más vulnerables»[55]. Ambas instituciones aclaraban además que el Acuerdo de París no era renegociable. En línea con su visión estratégica, mucho más potenciada tras la publicación de la Estrategia Global para la Política Exterior y de Seguridad de la UE (EGS) en 2016, la UE siguió promoviendo una ambiciosa acción climática global tanto de manera bilateral como multilateral. En el primero de los casos, la Comisión introdujo compromisos vinculantes en los acuerdos comerciales con terceros, como sucedió con Mercosur. Por otra parte, las instituciones comunitarias desplegaron una importante labor diplomática en las siguientes COP. En la COP22, COP23 y COP24, la delegación europea apostó por intensificar la acción mundial por el clima, cumpliendo además con el ejemplo al adoptar una política climática y energética comunitaria que superaba lo pactado a nivel multilateral.

En este aspecto, el documento más relevante fue *Un planeta limpio para todos: la visión estratégica europea a largo plazo de una economía próspera, moderna, competitiva y climática neutra*, publicado en 2018 y cuyo principal objetivo era «confirmar el compromiso de Europa de liderar la acción por el clima a escala mundial y presentar una visión que puede llevarnos a conseguir de aquí a 2050 las cero emisiones netas de gases de efecto invernadero por medio de una transición socialmente justa»[56]. Aunque tenía una importante dimensión interna,

---

55 Consejo de la Unión Europea. (2017). *Cambio climático: el Consejo reitera que el Acuerdo de París es apto para cumplir su objetivo y no puede renegociarse.* Comunicado de prensa.

56 Comisión Europea. (28 de noviembre de 2018). *Comunicación de la Comisión al Parlamento Europeo, al Consejo Europeo, al Consejo, al Comité Económico y Social Europeo, al Comité de las regiones y al Banco Europeo de Inversiones. Un planeta limpio para todos: la visión estratégica europea a largo plazo de una economía próspera, moderna, competitiva y climáticamente neutra.* COM(2018) 773 final. p. 3.

a nivel exterior la estrategia asumía que «la UE debe seguir liderando con el ejemplo y fomentar la cooperación multilateral basada en normas», subrayando la importancia de ejecutar a nivel global el Acuerdo de París para hacer de él un éxito mundial.

Además, se proponía que lo pactado en la capital francesa como la base de acción climática exterior y se reconocía que el éxito europeo dependía de su capacidad para liderar la transición energética internacional. Para ello, se requería utilizar todas las herramientas de política exterior, entre las que se contaban la política comercial y la cooperación internacional, para consolidar lo pactado en París. También se pedía tanto al Consejo como a los Estados miembros «esfuerzos continuados para que el cambio climático y el medio ambiente se integren en todas las políticas públicas, así como la existencia de un marco de inversiones fiable en los países socios de la UE». De este modo, se definía una de las líneas maestras de la acción europea, la cual tomó especial relevancia dos años más tarde cuando el Consejo de Asuntos Exteriores puso en marcha un plan específico para la diplomacia climática, la cual se convertiría en poco tiempo en uno de los pilares de la autonomía estratégica de la UE[57].

La principal idea era aprovechar el liderazgo en la lucha contra el cambio climático para potenciar la acción exterior europea, sumándolo a la visión estratégica vigente y desarrollando nuevas herramientas para lograrlo. Así, se debían utilizar las fortalezas en materia comercial y normativa, ya que «como el mayor mercado único del mundo, las rigurosas normas medioambientales de la UE impuestas a los productos tienen efectos que van más allá de las fronteras de la propia

---

[57] Consejo de la Unión Europea. (20 de enero de 2020). *Conclusiones del Consejo sobre la diplomacia climática.* pp. 2-6.

UE»[58], lo que implicaba una voluntad de que la normativa global siguiera estando profundamente influenciada por la legislación comunitaria. De este modo, la UE se ha afianzado como la mayor potencia mundial climática, liderando la transición energética e influenciando la toma de decisiones y el nivel de ambición a todos los niveles. Esto ha influenciado la cultura estratégica europea y ha reconfigurado algunas alianzas clave, dotando tanto a las instituciones comunitarias como a los Estados miembros de un creciente peso internacional. Así, el liderazgo europeo en la firma del Acuerdo de París se ha entendido como una prueba fehaciente de la capacidad de la UE para desarrollar una acción exterior ambiciosa y de carácter singular[59]. Además, permite mejorar a medio y largo plazo la seguridad energética gracias a la capacidad de mayor producción propia a través de fuentes renovables. Es por eso por lo que la UE es la mayor potencia climática mundial, un actor capaz de diseñar, establecer y ejecutar estrategias propias o compartidas con un alto grado de ambición, algo que muy pocos países pueden lograr. En los últimos años, la urgencia climática ha hecho que otras grandes potencias como EE. UU. y China aumenten sus proyectos en la materia, si bien su nivel de acción está por detrás del europeo.

4. ESTADO ACTUAL DE LA UNIÓN DE LA ENERGÍA

Como una de las prioridades de la Comisión Juncker, la política energética y climática disfrutó de un importante impulso durante los años 2015 y 2019. Esto se debió, en primer lugar, al desarrollo de una visión estratégica conjunta, cuyas líneas principales eran la producción propia a través de renovables,

---

[58] Comisión Europea. *Comunicación de la... Un planeta limpio... Op. Cit.* p. 24.

[59] Costa. *Op. Cit.* p. 336.

el descenso de las emisiones de carbono, la consolidación del mercado interior de la energía, la mejora de eficiencia energética, la ampliación de las interconexiones eléctricas y una dimensión exterior mucho más ambiciosa. Estas metas estuvieron ampliamente reflejadas en las diferentes estrategias globales y sectoriales establecidas en esa época, como la *Estrategia Europea de la Seguridad Energética,* la *Estrategia Marco para una Unión de la Energía* o la comunicación *Energía limpia para todos los europeos,* las cuales permitieron un avance ambicioso y estructurado en la materia. El objetivo final era doble. En el interior, se pretendía avanzar en la transición hacia un sistema mucho más sostenible, eficiente e integrado, lo que tendría un importante efecto en la seguridad energética al reducir las necesidades de importación de energía. Y en el exterior, la prioridad pasaba por aprovechar los grandes avances internos para liderar la lucha climática global y aumentar la influencia internacional gracias a ella, lo que además permitiría potenciar el rol normativo de la UE. Ambos proyectos estaban respaldados por la creciente preocupación ciudadana por el cambio climático, ya que en 2017 un 74% de los europeos consideraba el cambio climático un problema muy serio, un 6% más que en 2011[60].

Para completar la Unión de la Energía, la Comisión Juncker llevó a cabo un importante esfuerzo legislativo durante sus cinco años de mandato, el cual fue respaldado en su gran mayoría por el Consejo y por el Parlamento, muy involucrados en el esfuerzo climático[61]. De toda la legislación aprobada en

---

60 De los encuestados, un 39% demandaba soluciones europeas para evitar el calentamiento global y un 79% consideraba que la transición energética tenía o podría tener efectos positivos para la economía, lo que evidenciaba el respaldo público a las políticas de energía y clima comunitarias. Comisión Europea. (2017). *Special Eurobarometer 459. Climate Change.* TNS Opinion & Social. pp. 6-36.

61 Barón Crespo, E. (2019). "Unión de la Energía y Cambio Climático", en Guinea Llorente, M. y Díaz Lafuente, J. (eds). *El cumplimiento*

aquellos años, la más relevante es la que integraba el denominado cuarto paquete energético, cuyo principal objetivo era completar de manera definitiva el mercado interior de la energía. Como se ha explicado anteriormente, este estaba formado, entre otros, por la Directiva (UE) 2019/944 sobre normas comunes para el mercado interior de la electricidad, el Reglamento (UE) 2019/942 por el que se revisa el papel de la ACER, el Reglamento (UE) 2019/943 relativo al mercado interior de la electricidad y el Reglamento (UE) 2019/941 sobre la preparación frente a los riesgos en el sector de la electricidad[62]. En mayo de 2019, la Comisión daba por completada la Unión de la Energía al entrar en vigor todos los actos legislativos previstos para ello, si bien esta es todavía una realidad más jurídica que física debido a la baja interconexión entre las regiones comunitarias, que impiden la libre circulación de la energía por los Estados miembros e impide la libre competencia.

4.1. El informe 2020 sobre la Unión de la Energía

Desde el inicio de la Unión de la Energía, la Comisión ha presentado un informe anual sobre el estado de cara a su revisión por el Parlamento Europeo y el Consejo, en base a los establecido en el artículo 35 del Reglamento (UE) 2018/1999. Aunque la pertinencia de todos ellos es indiscutible, el quinto informe, publicado en el año 2020, tuvo especial interés ya que en él se incluían las mediciones de los objetivos en materia de Energía y Clima fijados para 2020. Además, y dado

---

de la Comisión Europea con sus ciudadanos: un balance de resultados de la VIII legislatura del Parlamento Europeo y recomendaciones para el futuro. Marcial Pons. pp. 68-71.

62 Ciucci, M. (2020). *El mercado interior de la energía.* Parlamento Europeo. https://www.europarl.europa.eu/ Disponible en: https://www.europarl.europa.eu/factsheets/es/sheet/45/el-mercado-interior-de-la-energia

que la Estrategia Europea de Seguridad Energética se había establecido en base a estas metas, dicho documento también servía para comprobar hasta qué punto este proyecto estaban siendo completado seis años después de su puesta en marcha. El informe evidenciaba que la mayor parte de los objetivos energéticos y climáticos o se han cumplido o están en camino. Sin embargo, y pese a este éxito global, todavía existen algunos indicadores que tienen margen de mejora, incluso algunos de ellos han sufrido un retroceso considerable.

Respecto a la descarbonización, se han disminuido las emisiones de gases efecto invernadero más de un 20% de acuerdo con lo firmado en el Acuerdo de París, situándose en lo más bajo desde 1990, una tendencia que aumentará su buena marcha gracias a la firma de la primera ley del clima y el objetivo de neutralidad climática a 2050. Sin embargo, este descenso no ha sido generalizado, ya que algunos sectores, principalmente el transporte, han aumentado sus contribuciones, lo que requiere mayores esfuerzos en la materia[63]. Por otra parte, se han reducido las emisiones provenientes de las estaciones fijas, la industria y el sector de la energía, una bajada impulsada por el buen funcionamiento del mercado de carbono y la reserva de estabilidad del mercado. Además, el objetivo de renovables no se ha cumplido, aunque por un margen irrisorio. Pese a que la Comisión estimaba que a finales de 2020 podría llegarse incluso al 23% de energía bruta consumida producida a través de

---

63 Estas cifras no tienen en cuenta el descenso durante la pandemia del Covid-19, donde las restricciones a la movilidad y la pérdida de actividad económica influenciaron un descenso de las emisiones. Comisión Europea. (14 de octubre de 2020). *Informe de la Comisión al Parlamento Europeo, al Consejo, al Comité Económico y Social Europeo y al Comité de las Regiones. Informe de 2020 sobre el estado de la Unión de la Energía, de conformidad con el Reglamento (UE) 2018/1999, sobre la gobernanza de la Unión de la Energía y de la Acción por el Clima.* COM(2020) 950 final. pp. 2-4.

fuentes verdes, el 2020 se cerró en un 19,7%, un 0,3% por debajo del objetivo. Esto se debía a la fuerte disparidad entre los Estados miembros, ya que mientras algunos sobrepasaban la meta y mantenían una cuota de renovables especialmente alta —como Suecia, Finlandia y Letonia, que superaban el 40%—, otros se mantenían muy lejos de lo pactado —como Francia, casi un 6% por debajo— o con una penetración muy baja —como Países Bajos, Bélgica o Luxemburgo, con menos de un 10%—[64]. Sin embargo, el informe destacaba que el crecimiento comunitario respecto a 2004 había sido alto y que tanto el volumen de inversiones como las normas del mercado interior permitían ser optimistas de cara a los objetivos de 2030.

Las cifras respecto a la eficiencia también requieren mayores esfuerzos, sobre todo debido a que el crecimiento económico sigue elevando la demanda de energía primaria. Los objetivos a 2020 no se cumplieron y se situaban un 2,6% por debajo de lo pactado a nivel comunitario[65], unas cifras lastradas de nuevo por las grandes disparidades entre los Estados miembros. Aunque sea una de las metas que más tiempo necesita para ser alcanzada, el informe mostraba que la eficiencia sigue teniendo los avances más pobres respecto a

---

64 Eurostat. (2019). *Renewable Energy Statistic.* Comisión Europea. ec.europa.eu Disponible en: https://ec.europa.eu/eurostat/statistics-explained/index.php?title=Renewable_energy_statistics#Share_of_renewable_energy_more_than_doubled_between_2004_and_2019

65 Además, esta cifra tiene algo de ficticia, ya que la paralización económica por la pandemia del Covid-19 tuvo un fuerte impacto en el consumo de energía, reduciéndolo a su mínimo. Esto ha permitido situarse cerca del objetivo a 2020, si bien se espera un efecto rebote que evidencie que los datos reales son mucho menos positivos. Eurostat. (2019). *Energy Saving Statistics.* Comisión Europea. https://ec.europa.eu/ Disponible en: https://ec.europa.eu/eurostat/statistics-explained/index.php?title=Energy_saving_statistics#Final_energy_consumption_and_distance_to_2020_and_2030_targets

los objetivos energéticos y climáticos, por lo que «la Comisión está elaborando recomendaciones adicionales y está afianzando el principio de "la eficiencia energética primero" en todas las propuestas políticas pertinentes»[66]. Por su parte, uno de los puntos donde más se avanzó fue la consolidación del mercado interior de la energía, ya que la adopción del cuarto paquete energético tuvo un fuerte impacto en su consecución. Sin embargo, y pese a que el panorama es muy diferente al de hace dos décadas, sigue habiendo importantes divergencias que impiden un funcionamiento plenamente integrado, como la disparidad en los precios minoristas entre los socios o la importante cuota que aún mantienen los operadores tradicionales, que evita una competencia real[67]. Por lo tanto, se requería un mayor esfuerzo y voluntad política para alcanzar un mercado plenamente funcional y liberado, la única manera de «garantizar precios de la energía asequibles, señales de precios necesarias para las inversiones en energía verde». Por su parte, el mercado interior del gas mantuvo una evolución mucho más positiva, lo que ha permitido una mayor integración.

Respecto a la innovación tecnológica, que la UE quería impulsar de cara a su liderazgo internacional, las tendencias

---

66 Comisión Europea. *Informe de... Informe de 2020 sobre... Op. Cit.* p. 10.

67 Uno de los grandes problemas del mercado interior de la energía es que sigue estando dominado por elementos que no derivan estrictamente de la libre competencia, sino de la influencia que ejercen sobre él los reguladores nacionales, los cuales adulteran el coste mediante gravámenes, cuotas, descuentos e impuestos, entre otros. La parte de la factura minorista correspondiente a estos elementos sigue siendo la principal, en algunos casos incluso más del 50%, lo que impide que el cambio de modelo energético y la mayor cuota de producción a través de renovables se reflejen en el precio final del consumidor. La Comisión ha pedido a los Estados miembros que estos altos márgenes se utilicen para asegurar una transición energética justa y equitativa, aunque en muchos casos no se está cumpliendo. *Ibidem.* pp. 9-13.

tampoco fueron alentadoras. Desde 2012, el volumen de inversiones se redujo progresivamente pese al aumento de los instrumentos de financiación. Sin embargo, la competitividad del sector creció de manera destacada, creando empleo cualificado y aumentando su peso en el PIB de los Estados miembros. Estas realidades dibujaban un escenario en el que, si bien la UE continuaba al frente de la investigación y la innovación verde a nivel mundial, se corría el riesgo de perder el liderazgo global si no se mantenían y se duplicaban los esfuerzos, principalmente ante socios como EE. UU. y China, lo que tendría efectos muy negativos para la dimensión exterior de la política energética y climática.

Especialmente relevante para este trabajo fueron los avances realizados respecto a la seguridad energética y a la dimensión exterior de la energía. En cuanto al primero, el informe asumía que los paquetes normativos adoptados desde la entrada en vigor de la Estrategia Europa de la Seguridad Energética habían dotado al sistema de una solidez que garantizaba la continuidad de las operaciones esenciales, algo que quedó demostrado durante la pandemia del covid-19, donde se vivieron «amplias desviaciones de los patrones de consumo habituales». El cuarto paquete energético, principalmente el Reglamento 2019/943, también permitió «prevenir, prepararse y mitigar las crisis de electricidad», a lo que se sumaban los altos estándares en temas de seguridad nuclear impuestos durante los últimos años. Por otra parte, para consolidar la seguridad energética se mostraba esencial el desarrollo de la infraestructura programada a través de los PIC, ya que ocho Estados miembros no habían alcanzado el nivel de interconexión pactado a nivel comunitario, lo que impedía la consolidación del mercado interior. En cuanto a la dimensión exterior de la energía, los avances fueron mayores. Tras el éxito del Acuerdo de París, la UE ejercía un liderazgo mundial a través del cual ayuda a los «socios a traducir su visión de una economía de bajas emisiones y resiliente al cambio climático en políticas y medidas viables, incluso en el ámbito de la energía». Además, seguía presionando para aumentar el nivel de ambición tanto a través de las relaciones bilaterales como mediante el uso de la diplomacia climática en foros multilaterales como el G20 o la ONU. En el plano regional, también se impulsaba «a las partes contratantes a adoptar elementos clave del acervo energético y climático de la Unión y permitir una mayor integración del mercado de la UE».

4.2. La Estrategia Europea de la Seguridad Energética y la Unión de la Energía: realidades inconclusas

Desde comienzos del siglo XXI, y principalmente a partir de 2014, la política energética y climática se ha convertido en una prioridad para la UE. En los dos últimos lustros, las instituciones comunitarias han trabajado en numerosas estrategias y actos legislativos con el fin de mejorar un sector que es vital para la seguridad y el desarrollo económico y que hasta entonces era uno de los puntos más débiles del proyecto común. El objetivo principal era crear un mercado interior de la energía plenamente integrado e interconectado, solidario, bien reglado, eficaz, no vulnerable y sostenible. La Estrategia Europea de la Seguridad Energética y la Unión de la Energía respondían a esa enorme ambición, un reto mayúsculo para unos Estados miembros cuyos sistemas energéticos eran, a comienzos de siglo, completamente irregulares, dispares y, en muchos casos, ineficientes. Además, se ha querido exportar ese modelo hacia el exterior, haciendo de la UE un líder global climático y normativo. Sin embargo, y pese a los enormes resultados que se han conseguido en esta última década, todos estos proyectos siguen inconclusos.

Esto se debe, en primer lugar, a que la UE sigue siendo profundamente dependiente de la energía exterior, importando más del 61% de la energía que consume, lo que implica que el ratio de dependencia exterior ha aumentado de manera constante desde el año 2000[68]. Además, hasta la guerra de Ucrania tampoco se diversificaron las fuentes de suministro de gas natural ni se consiguieron abrir nuevas rutas de importación, en parte debido a las limitaciones de infraestructura y precio que imponía el GNL. El mercado interior de la energía también sigue sin estar plenamente integrado, ya que, aunque se han alcanzado importantes logros, el bajo nivel de interconexiones, las interferencias nacionales, la falta de inversión y el retraso en la aplicación de la legislación han limitado los avances. Estas deficiencias siguen lastrando la seguridad energética y no permiten elevar sus estándares. Sin embargo, sería un error considerar que estamos ante proyectos fracasados. Al contrario, su inconclusión respondía más a la enorme complejidad de los retos que a la falta de resultados tangibles. Por ejemplo, completar con éxito la Estrategia Europea de la Seguridad y la Unión de la Energía va a requerir, como mínimo, una década más, por lo que su éxito no puede ser todavía valorado en su totalidad. Por otra parte, y pese a que algunos objetivos a 2020 no se cumplieron, esto se debía al enorme nivel de ambición con el que fueron diseñados y ejecutados, lo que dificultaba alcanzarlos por completo si la acción de algunos Estados miembros no era del todo decidida. Aunque se necesitaban mayores esfuerzos para alcanzar las metas propuestas, los avances realizados permiten valorar de manera positiva ambos proyectos.

A rasgos generales, en 2020 el nivel de seguridad energética y de integración del mercado común era muy superior a cuando se desarrollaron las estrategias descritas. La mejor regulación

---

68 El dato es del año 2019, si bien la media anual de la dependencia energética es algo inferior. Eurostat. (2019). *From where do we import energy and how dependent are we?* Comisión Europea. ec.europa.eu Disponible en: https://ec.europa.eu/eurostat/cache/infographs/energy/bloc-2c.html

de los sistemas de energía, sobre todo a través del cuarto paquete energético, estaba siendo fundamental para reducir o incluso anular las vulnerabilidades existentes, aumentando las herramientas para prevenir y atajar con éxito la crisis en el abastecimiento. Además, los mercados interiores del gas natural y la electricidad eran mucho más transparentes, solidarios, accesibles, no discriminatorios y competentes que siete años antes. También se consiguió potenciar la infraestructura y su resiliencia, mejorando la interconexión y el trasvase de energía a nivel comunitario. Por otra parte, el aumento de la eficiencia y la producción propia a través de renovables fue positivo, con cifras que ayudarán a cumplir con los objetivos para 2030. Respecto a la dimensión exterior, su éxito era ya visible. El Acuerdo de París supuso la confirmación del liderazgo global europeo, un puesto que no ha perdido pese al creciente interés de China y EE. UU. por aumentar su capacidad tecnológica y su influencia mundial. Por lo tanto, y pese a los dispares avances y a la parcial falta de consecución de algunas metas, se puede considerar que la política energética y climática iba en la línea acertada y sus avances ya eran evidentes en 2020. Sin embargo, tal y como asumía la Comisión, «no hay margen para la autocomplacencia»[69]. El reto era tan mayúsculo que los enormes esfuerzos realizados se mostraban tan positivos como poco sustanciales, reclamando un aumento considerable de la ambición tanto de las instituciones comunitarias como de los Estados miembros. Ese fue el motivo por el que la siguiente Comisión puso en marcha el Pacto Verde Europeo.

---

69 Comisión Europea. *Informe de… Informe de 2020 sobre… Op. Cit.* p. 25.

Capítulo 3

El nacimiento de la Europa geopolítica: la búsqueda de la autonomía estratégica en un escenario hostil

1. EL CONCEPTO DE AUTONOMÍA ESTRATÉGICA EN LA UE

Autonomía estratégica es un concepto reciente, ya que parte de su actual relevancia proviene de la publicación en 2016 de la EGS, donde se marcaba como el objetivo principal de la acción exterior europea. Sin embargo, el término comenzó a utilizarse varias décadas antes, cuando el *Libro Blanco para la Defensa y la Seguridad Nacional* francés de 1994 lo utilizó de manera explícita para referirse a la capacidad de «defender sus intereses vitales, consolidar su elección europea y cumplir con su vocación internacional» en un nuevo contexto geopolítico moldeado por el fin de la política de bloques característica de la Guerra Fría[1]. Sus primeras acepciones se enmarcaban en el estricto campo de la seguridad y Defensa nacional, haciendo del vocablo un término de carácter puramente militar. A finales de la década, los planes de Reino Unido y Francia para aumentar su capacidad bélica conjunta, consecuencia de la frustración por la incapacidad europea para armar una intervención que permitiera frenar la escalada bélica en Bosnia y Kosovo, volvieron a poner de manifiesto la necesidad de aumentar la autonomía estratégica de los Estados miembros, unos planes que fueron ampliados y desarrollados en sus revisiones del *Libro Blanco de Defensa y Seguridad Nacional* francés de 2008 y 2013.

En 2010, el concepto de autonomía estratégica saltó al contexto europeo. La primera mención al término en un documento comunitario se realizó en la Propuesta de Resolución del Parlamento Europeo sobre la aplicación de la Estrategia Europea de Seguridad y la Política Común de Seguridad y Defensa, donde se defendía que la UE debe potenciar su autonomía estratégica para «defender sus intereses en el mundo y sostener sus valores fundacionales, contribuyendo al mismo tiempo a un multilateralismo eficaz en apoyo del Derecho internacional»[2], Tres años después, tanto la Comisión como el Consejo Europeo comenzaron a utilizar el término en sus comunicaciones, aunque siempre circunscrito al aspecto industrial de la seguridad. La utilización del término

---

1 Presidencia de la República Francesa. (1994). *Livre Blanc sur la Défense.* Commission du Livre Blanc. p. 50.

2 Parlamento Europeo. (2 de marzo de 2010). *Informe sobre la aplicación de la Estrategia Europea de Seguridad y la Política Común de Seguridad y Defensa. Propuesta de Resolución del Parlamento Europeo.* Comisión de Asuntos Exteriores, (2009/2198(INI)). europal.europa.eu Disponible en: https://www.europarl.europa.eu/sides/getDoc.do?pubRef=-//EP//TEXT+REPORT+A7-2010-0026+0+DOC+XML+V0//ES#title2

por los jefes de Estado o de Gobierno marcó un punto de inflexión, ya que son quienes fijan las orientaciones generales y los intereses geoestratégicos de la UE, por lo que a partir de ese momento la autonomía estratégica se convirtió en una prioridad política.

En la actualidad, autonomía estratégica es una expresión concreta que se utiliza en documentos estratégicos desde hace no más de treinta años. Además, es una locución vinculada al campo de la Defensa y la política exterior, muy común en los documentos tanto de la UE como de los Estados miembros, mientras que fuera de Europa su utilización es menos común. Sin embargo, y pese a su condición novedosa, se trata de un concepto fácilmente comprensible, por lo menos, de manera superflua. La autonomía hace referencia a la independencia, es decir, a la no subordinación a un poder externo, lo que implica soberanía y emancipación, mientras que la palabra estratégica es alusiva a los planes o tácticas diseñadas para alcanzar objetivos previamente marcados. Por lo tanto, la autonomía estratégica implica, a grandes rasgos, la capacidad de diseñar y desarrollar proyectos con los que alcanzar intereses propios evitando aquellas influencias externas que puedan debilitarlos o liquidarlos, si bien en la actualidad no existe una definición concreta ampliamente aceptada y difundida del término, ya que la visión y la cultura estratégica del actor que la analice condiciona profundamente su definición final.

A grandes rasgos, las diferentes conceptualizaciones pueden dividirse en dos grandes bloques: las que parten de una concepción realista de las relaciones internacionales y las que asumen un enfoque mucho más multidimensional del término. Los autores del primer grupo, entre ellas Kempin y Kunz, consideran que, a rasgos generales, la autonomía estratégica es la suma de tres dimensiones mutuamente dependientes, como son la autonomía política, la autonomía operacional y la autonomía industrial[3]. La primera de ellas hace referencia a la capacidad de tomar decisiones en materia de política de seguridad y actuar conforme a ellas, lo cual es muy relevante en el caso europeo debido a que, «si varios actores quieren lograr la autonomía estratégica juntos, sus análisis y prioridades deben ser compatibles». Por su parte, la segunda alude a la posibilidad de planificar y realizar operaciones exteriores, tanto de carácter militar como civil, mientras que la tercera apunta a la necesidad de desarrollar y construir las capacidades requeridas para alcanzar la autonomía operacional, en clara alusión a la soberanía industrial.

Sin embargo, las limitaciones del realismo político para adaptarse al sistema internacional actual han llevado a varios autores a desarrollar un concepto de autonomía estratégica mucho más multidimensional, aunque sin abandonar su dimensión operacional más primitiva. Una de las definiciones más acertadas es la desarrollada por los politólogos Lippert, von Ondarza y Perthes, que la definen como «la capacidad de establecer prioridades propias y llevar a cabo decisiones propias en materia de política exterior y de seguridad, junto con los medios institucionales, políticos y materiales con los que lograrlo, ya sea en cooperación con terceros o solos si es necesario»[4]. Brustlein coindice con los politólogos alemanes y asume que «ser estratégicamente autónomo requiere la capacidad de establecer una visión de su papel en su vecindario y en el escenario mundial, identificar objetivos políticos deseables y

---

3 Kempin, R. y Kunz, B. (2017). "France, Germany, and the Quest for European Strategic Autonomy. Franco-German Defence Cooperation in a New Era". *IFRI Policy Papers: Notes du Cerfa*. núm. 141. pp. 10-11.

4 Lippert, B., Von Ordanza, N. y Perthes, V. (2019). "European Strategic Autonomy: Actors, issues, conflicts of interests". *German Institute for International and Security Affairs*. p. 5.

elaborar e implementar planes destinados a alcanzarlos, incluso mediante el uso de la fuerza militar»[5].

Por tanto, es evidente que un enfoque multidimensional es más apropiado en la búsqueda de una definición aplicable a la UE. De hecho, las instituciones europeas han utilizado conceptualizaciones de este tipo al hablar de autonomía estratégica, concretándola como «la capacidad para actuar de manera autónoma cuando y donde sea necesario»[6]. Debido a esto, la autonomía estratégica de la UE podría definirse como la capacidad de decidir, establecer y ejecutar estrategias propias o compartidas con un alto grado de independencia con el objetivo de defender los intereses propios en un contexto de competición geopolítica. Se trataría de un enfoque multidimensional, con prioridades tanto civiles como militares, con visión a largo plazo y donde el uso de la fuerza militar estaría subyugado al fracaso de otras herramientas, como la diplomática, la económica o la comercial, limitándose a un contexto regional en escenarios con una baja presencia de la OTAN. La cooperación industrial y tecnológica en materia de seguridad y de Defensa sería la viga maestra de la autonomía estratégica comunitaria, ya que aportaría los instrumentos esenciales para llevarla a cabo.

El origen de esta definición es el análisis del entorno que hacen tanto la Comisión como todos los Estados miembros, un marco donde la rivalidad geopolítica y las amenazas no estatales se unen para crear un contexto volátil y complejo en el que, además, las tradicionales alianzas se están debilitando. En este escenario, la UE pretende llevar a cabo una agenda propia con

---

5 Brustlein, C. (2018). "European Strategic Autonomy: Balancing Ambition and Responsibility". *Institut Français des Relations Internationales (IFRI)*. p. 3.

6 Consejo de la Unión Europea. (14 de noviembre de 2016). *Implementation Plan on Security and Defence. 14 November.* 14392/16. p. 17.

la que perseguir sus intereses internacionales con un alto grado de independencia, para lo que requiere unas herramientas que no posee en plenitud. Este primer paso imprescindible, que supone establecer una cultura estratégica común, se está desarrollando en la actualidad, ya que, aunque la EGS sigue teniendo plena vigencia, todavía existen importantes diferencias conceptuales entre los socios que limitan su implementación, lo que hace necesario un debate más profundo y mejoras en la toma de decisiones, incluido el establecimiento del voto por mayoría cualificada en el Consejo. Sin embargo, cabe destacar que existe una conformidad a nivel europeo para dotar a las instituciones comunitarias de instrumentos con los que facilitar la puesta en marcha de estrategias conjuntas en cuestiones de seguridad y Defensa, principalmente en el desarrollo de capacidades industriales y operacionales, lo que acercará la autonomía estratégica una vez establecida una cultura estratégica más sólida.

2. EL PROYECTO DE DEFENSA EUROPEO: ANTECEDENTES HISTÓRICOS Y JURÍDICOS

2.1. El fracaso de la Defensa europea durante de la Guerra Fría

Tras el fin de la II Guerra Mundial, las prioridades en materia de Defensa evolucionaron con una enorme rapidez en el viejo continente. El expansionismo de la URSS y la alineación de Alemania en el bloque occidental cambiaron el paradigma de la seguridad europea, evolucionando de la tradicional amenaza alemana a la nueva confrontación con el bloque soviético, lo que facilitó el establecimiento de una unión defensiva de carácter permanente entre los países no comunistas. El Tratado de Dunkerque —firmado entre Francia y Reino Unido tan solo dos años después de la contienda—, fue seguido por el Tratado de Bruselas y el Tratado de Washington de 1949, ya con EE. UU. y Canadá como socios[7]. Estos acuerdos defensivos superaban el concepto bilateral de tipo clásico y permitieron el desarrollo de uno mucho más integrador, el de alianza colectiva, con una dimensión institucional propia y cláusulas de cooperación económica, social y cultural[8]. Ese mismo año, la creación de la República Federal de Alemania (RFA) y la conveniencia de su rearme llevaron a Francia a proponer la Comunidad Europea de Defensa (CED), una iniciativa con la que se pretendía incorporar al país germano a la política continental, impulsar su integración y potenciar una política de Defensa de carácter exclusivamente europea[9]. Liderada por el Gobierno de Preven y con el apoyo de importantes figuras europeístas, como Monnet y Schuman, era ante todo un proyecto de carácter federal, cuyo principal objetivo era crear un ejército común bajo autoridad de un ministro de Defensa europeo responsable ante instituciones comunitarias similares a las creadas para la recién nacida CECA.

Aunque el tratado constitutivo se firmó en 1952, la Asamblea Nacional francesa se negó a ratificarlo debido a la oposición de los gaullistas y los comunistas. La muerte de la CED forzó la modificación ese mismo año del Tratado de Bruselas para poner fin al Estatuto de Ocupación e integrar a la RFA en la OTAN y en la Unión Occidental, que pasó a denominarse Unión Europea Occidental (UEO). Los Acuerdos de París supusieron la consolidación de la OTAN como la estructura defensiva de Europa occidental, ya con Alemania e Italia como

---

7 The North Atlantic Treaty, signed in Washington D. C.–4 april 1949. *Organización del Tratado Atlántico Norte.*

8 Robles Carrillo, M. A. (1997). *La Unión Europea Occidental y la cooperación europea en materia de Defensa.* McGrall-Hill. pp. 2-7.

9 Ortega, A. (1980). "El manto de Penélope: Francia y la Comunidad Europea de Defensa". *Revista de Estudios Internacionales,* núm. 2/ (1980). p. 455.

socios y EE. UU. como líder indiscutible. Al fin y al cabo, se trataba de una solución realista, pues la potencia militar soviética forzaba a los países de Europa occidental a buscar la necesaria alianza estadounidense para garantizar su soberanía. Estos acuerdos propiciaron tanto la plena inclusión de la RFA en la naciente unidad europea como la preponderancia de la OTAN en la defensa continental hasta finales del siglo XX. Pero la mayor consecuencia del fracaso de la CED fue que separó la política de seguridad y Defensa del proceso de integración comunitaria durante décadas, lo que si bien permitió preservar la soberanía estatal en la materia restó una importante proyección política a la CEE. En palabras de Truyol y Serra:

> *este fracaso puede ser considerado como la gran ocasión perdida para una integración coherente de Europa en torno a los seis, sobre la base de una voluntad política que en adelante habría de pasar ya por caminos de circunvalación, movida indirectamente por las exigencias de la integración económica*[10].

Durante las décadas posteriores, la integración económica avanzó evitando las cuestiones relativas a la seguridad[11]. Sin embargo, el alejamiento europeo de los planteamientos de la Administración Reagan durante los ochenta, marcada por un aumento de la confrontación con la URSS, volvieron a reactivar la UEO y los planes para una Defensa mucho más autónoma. El Acta Única Europea, firmada en 1986, recogía esta ambición, ya que reconocía que «una cooperación más estrecha en las cuestiones de seguridad europea permitirá construir de manera esencial al desarrollo de una identidad de Europa en

10 Truyol y Serra, A. (1972). *La integración europea: idea y realidad.* Real Academia de Ciencias Morales y Políticas. p. 42.

11 Aldecoa Luzárraga, F. (2018). *El proyecto de unidad europea: de la idea europea a la Unión Europea como potencia global.* EMSE-EDAPP. pp. 41-105.

materia de política exterior»[12]. Esto no iba a ser fácil debido al perfil comercial de la CEE, lo que conllevaba enormes dificultades para actuar en el complejo escenario geopolítico, constatándose la necesidad de contar con otras capacidades que permitieran afrontar con mayor solvencia los retos del nuevo orden global a partir de la disolución de la URSS[13].

2.2. La Defensa europea tras el fin Guerra Fría: el Tratado de Maastricht

Durante el periodo final de la Guerra Fría, la subyugación de la seguridad continental en el marco exclusivo de la OTAN tuvo dos importantes repercusiones. La primera, que el proceso de integración europea se consolidó exclusivamente por la vía económica, «soslayando el dilema de la identidad que hubiera planteado consumar el proceso de integración política» durante la década de los cincuenta. La segunda, que los Estados miembros pudieron construir una imagen colectiva de potencia civil con la que cimentar una tupida red relaciones comerciales alejadas de las dinámicas de la confrontación entre bloques. Los acuerdos para adquirir gas soviético en la década de los ochenta son el mejor ejemplo de ello. Sin embargo, la caída de la URSS precipitó importantes acontecimientos que aceleraron la necesidad de cambios institucionales en las CEE. Por una parte, la integración política se mostraba necesaria como respuesta al proceso de reunificación alemán y al proyecto de adhesión de los países del Este, mientras que por otro lado se hacía evidente que el nuevo perfil comunitario requería del desarrollo de ciertas capacidades militares que permitieran

---

12 Acta Única Europea. *Diario Oficial de las Comunidades Europeas*, núm. L169, de 29 de junio de 1987. pp. 13-14.

13 García Pérez, R. (2013). *Política de seguridad y Defensa de la Unión Europea*. UNED. p. 19.

la estabilidad y la seguridad regional. Además, estas se hacían especialmente relevantes en un contexto en el que los Estados miembros buscaban desarrollar una proyección internacional cada vez más autónoma, para lo que iban a necesitar nuevos instrumentos con los que superar o completar su perfil de potencia civil y mantener la estabilidad continental.

Pero mientras el proceso de integración política confirmó su éxito con la firma del Tratado de Maastricht, los planes de Defensa comunitaria encallaron en el obstáculo que la iba a definir durante las siguientes décadas: la profunda división entre las visiones estratégicas de los Estados miembros y la oposición frontal de EE. UU. ante cualquier tipo de proyecto defensivo europeo al margen de la OTAN. Ante estos importantes escollos, el eje francoalemán fue incapaz de encontrar fórmulas innovadoras que permitieran avanzar en la dirección deseada, lo que, sumado a la rápida degradación de la situación en Oriente Próximo y en el propio continente, forzó a los socios europeos a buscar soluciones dentro de una Alianza Atlántica renovada y adaptada al nuevo contexto global. Aunque las diferencias entre las corrientes atlantistas y europeístas imposibilitaron la construcción de una política de Defensa común, la realidad, tal y como explica García Pérez, era mucha más cruda, pues «no parece que en 1991 se impusiera una opción de Defensa liderada por los EE. UU. sobre otra opción europea alternativa. Sencillamente, existía una única organización militar operativa y un proyecto poco estructurado enfrentado a múltiples dificultades». Por su parte, Barbé sostiene que, ante la profundidad de las desavenencias, el consenso alcanzado permitía mantener una imagen de estabilidad sin asumir compromisos ultimados[14]. Ambas realidades iban a evolucionar con rapidez en la siguiente década

---

14 Barbé, E. (1995). *La seguridad en la nueva Europa.* Los libros de la Catarata. pp. 150-165.

En el Tratado de Maastricht, todas estas disputas y contradicciones resultaron en lo que muchos autores han definido como un calculado ejercicio de ambigüedad política. En un intento de ensamblar las dos posiciones existentes, se establecía que «la política exterior y de seguridad común abarcará todas las cuestiones relativas a la seguridad de la Unión Europea, incluida la definición, en el futuro, de una política de defensa común, que pudiera conducir en su momento a una defensa común»[15]. Esta fórmula aportaba un fundamento jurídico esencial para contentar al eje francoalemán, pues permitía el desarrollo de una política de Defensa en cuanto hubiera consenso. Como contrapunto, subyugaba todos esos proyectos tanto al «carácter específico de la política de Seguridad y de Defensa de determinados Estados miembros» como a «las obligaciones derivadas para determinados Estados miembros del Tratado del Atlántico Norte». Por su parte, el sistema intergubernamental en la toma de decisiones, que exigía que el Consejo adoptara una posición común y la unanimidad en cuestiones de Defensa, evitaba la institucionalización comunitaria de la PESC, otorgando a los Estados miembros más atlantistas una herramienta para paralizar las propuestas que pusieran en duda la supremacía de la OTAN[16]. Aunque no se puede obviar la importancia de la creación del segundo pilar, el posterior desarrollo de una política de Defensa se vio severamente dificultado por estas disposiciones.

---

15 Tratado de la Unión Europea, hecho en Maastricht el 7 de febrero de 1992. *Diario Oficial de las Comunidades Europeas*, núm. C191, de 29 de julio de 1992. pp. 58-59.

16 El artículo J.4.3. recogía que «las cuestiones que tengan repercusiones en el ámbito de la defensa y que se rijan por el presente artículo no estarán sometidas a los procedimientos que se definen en el artículo J.3», es decir, se requería la unanimidad para tomar decisiones, imposibilitando el desarrollo mínimo de la política de Defensa en el marco de la PESC. *Idem.*

Por último, y debido al énfasis británico, la UEO se mantenía al margen de la estructura europea, aunque se instituía más cooperación en cuestiones de Defensa.

Esta declaración tuvo como resultado lo que Barbé llama el «triángulo de seguridad» entre la UE, la UEO y la OTAN, que no era más que el compromiso entre atlantistas y europeístas para hacer de la UEO la base de la identidad europea de Defensa y, al mismo tiempo, una organización al servicio de la OTAN, que seguían siendo «el foro principal para consultas entre sus miembros y el lugar donde se decidan las políticas relativas a los compromisos de seguridad y defensa de los aliados»[17]. Esta singularidad favoreció la puesta en marcha de una política de Defensa común, tal y como solicitaba el eje francoalemán, pero siempre al margen del proceso de integración europea y al servicio de la Alianza Atlántica. La mayor expresión de este triángulo de seguridad fueron las conocidas como misiones Petersberg, que articulaban la capacidad operativa europea a través de la UEO. La importancia actual de estas misiones reside en que su posterior desarrollo al margen de esta institución ha servido para estructurar la autonomía estratégica de la UE, como se verá en los siguientes capítulos.

2.3. El inicio de la cooperación militar europea: de Ámsterdam a St. Maló

La firma del Tratado de Maastricht coincidió con el clímax de la desintegración yugoslava, un proceso iniciado en 1991 y que en los años siguientes devino en conflictos armados abiertos en Serbia, Croacia y Bosnia y una crisis humanitaria

---

[17] *Tratado de la Unión Europea, firmado en Maastricht… Op. Cit.* p. 106.

sin precedentes en Europa desde la II Guerra Mundial[18]. En este difícil contexto, la PESC parecía quedarse obsoleta incluso antes de nacer, ya que no dotaba a la UE de los instrumentos ni las capacidades necesarias para hacer frente a la rápida descomposición en los Balcanes e intervenir de manera satisfactoria para mantener la paz. En este difícil escenario, en junio de 1992 los Estados miembros de la UEO acordaron «poner a disposición unidades militares de todo el espectro de sus fuerzas armadas convencionales para tareas militares realizadas bajo la autoridad de la UEO»[19]. Estas operaciones, que debían realizarse siempre en el marco de las ONU y en conformidad y cooperación con la OTAN, solo podrían llevarse a cabo con el objetivo claro de garantizar la paz, prevenir conflictos y fortalecer la seguridad internacional. La Declaración de Petersberg, llamada así por la ciudad alemana donde se firmó, supuso la activación del pilar europeo dentro de la Alianza Atlántica y la base de la futura PCSD, además del primer compromiso entre los países europeos para desarrollar capacidades militares conjuntas desde el fracaso de la CED.

Debido a que las misiones Petersberg no escondían la ambición de algunos países por disponer de una capacidad operativa de carácter puramente europeo, su creación volvió a situar a la UEO en el centro de la política de Defensa común. Debido a la imposibilidad de articular estas operaciones bajo la autoridad de la UE, ya que el TUE dejaba fuera de la PESC las cuestiones relativas a la Defensa, esta organización era el único instrumento del que disponían los socios para estructurar sus intervenciones en el exterior, lo que la convirtió en el marco de definición perfecto para la política de Defensa comunitaria.

---

18 Veiga, F. (2011). *La fábrica de las fronteras: guerras de secesión yugoslavas (1991-2001).* Alianza Editorial. pp. 89-256.

19 Petersberg Declaration. *Western European Union Council of Ministers. Bonn, 19 June 1992.* p. 7.

A partir de ese momento, la UEO dejó de ser un foro de cooperación entre los Estados miembros para convertirse en una organización con capacidad para desplegar fuerzas en el vecindario cercano, constituyendo, junto a la OTAN, el núcleo de la seguridad del continente[20]. Sin embargo, la creación de este importante instrumento no estuvo acompañada de una mejora de las capacidades militares de los países participantes, lo que dificultó enormemente la operatividad de las misiones sobre el terreno y convirtió a la UEO, ante los ojos de sus críticos, en poco más que papel mojado.

Esta realidad se iba a demostrar, en toda su crudeza, en las guerras yugoslavas. Con unas características muy específicas, donde las rivalidades étnicas y la violencia extrema llevaron al conflicto a un punto tan impredecible como dramático, la diplomacia europea no supo actuar ante una contienda que se estaba librando en su propio continente, subyugando los planteamientos teóricos a las decisiones prácticas. El resultado fue un profundo sentimiento de impotencia en los Estados miembros, que no encontraron ninguna fórmula para intervenir exitosamente. No se trataba de un problema de voluntad política, tal y como demostraba la aportación del 80% de la ayuda humanitaria por parte de la UE, la participación en las negociaciones y la admisión de una gran masa de refugiados, sino de incapacidad militar, pues los recursos disponibles no permitían armar una fuerza de intervención con la que afianzar la decidida acción diplomática. Sobre el papel, los instrumentos de acción estaban disponibles tras la Declaración de Petersberg, pero sobre el terreno solo la determinante actuación de la OTAN en la Operación Fuerza Deliberada, liderada de manera exclusiva por EE. UU., consiguió forzar los Acuerdos de Dayton.

---

[20] Robles Carrillo. *Op. Cit.* pp. 162-175.

La impotencia mostrada respecto a la cuestión yugoslava dejó patente que la ambición de algunos Estados miembros respecto a la política de Defensa común no estaba satisfecha. Los líderes europeos eran conscientes de la poca valentía con la que habían afrontado la cuestión defensiva en Maastricht, lo que llevó, junto con otras necesidades, al compromiso de volver a modificar los Tratados a partir de 1996. Las reuniones de la nueva Conferencia Intergubernamental (CIG) finalizaron en 1997 en Ámsterdam, donde se acordó un proyecto de Tratado para incorporar al TUE importantes modificaciones relativas a la seguridad y la Defensa europea, entre otras novedades. De este modo, mientras que en Maastricht se anunciaba que «la política exterior y de seguridad común abarcará todas las cuestiones relativas a la seguridad de la Unión Europea», en Ámsterdam se asumió que «el Consejo Europeo definirá los principios y las orientaciones generales de la política exterior y de seguridad común, incluidos los asuntos que tengan repercusiones en el ámbito de la defensa»[21]. Sin embargo, se continuaba con la visión gradualista, pues la modificación del TUE no instauraba una política de Defensa común, sino que esta debía ser definida progresivamente por el Consejo. Aunque se trataba de un acuerdo de mínimos, la importancia de este paso residía, tal y como sostiene García Pérez, en que «la política de Defensa común pasó de ser un objetivo a convertirse en una tarea».

Para hacer operativa la Política Europea de Seguridad y Defensa (PESD), la modificación del TUE incluía las llamadas las «acciones comunes», definidas como «situaciones específicas en las que se considere necesaria una acción operativa de la

---

[21] Tratado de Ámsterdam por el que se modifican el Tratado de la Unión Europea, los Tratados Constitutivos de la Comunidades Europeas y Determinados Actos Conexos. *Diario Oficial de las Comunidades Europeas*, núm. C340, de 10 de noviembre de 1997. p. 10.

Unión»[22] y para las que el Consejo «fijaba los objetivos, el alcance, los medios que haya que facilitar a la Unión, las condiciones de su ejecución y, en caso necesario, su duración». Aunque sin nombrarlo, se trataba de la incorporación de las misiones Petersberg al ámbito comunitario. Además, el Consejo podía adoptar «estrategias comunes» y «posiciones comunes» respecto a cualquier asunto geopolítico de interés. Sin embargo, los difíciles equilibrios obligaron a introducir nuevas salvaguardas que dificultaron el normal desarrollo de la PESD. En primer lugar, no se permitía tomar decisiones por mayoría cualificada, ya que esta no se aplicaba «a las decisiones que tengan repercusiones en el ámbito militar o de la defensa». Por otra parte, las acciones comunes solo incluían «misiones humanitarias y de rescate, misiones de mantenimiento de la paz y misiones en las que intervengan fuerzas de combate para la gestión de crisis», lo que resultaba poco ambicioso. Además, estas debían realizarse en el marco de la UEO, que «proporciona a la Unión el acceso a una capacidad operativa», aunque esta seguía sin integrarse en la UE. Meses más tarde, la Declaración de Bruselas redefinió las relaciones entre ambas instituciones y subordinó las acciones operativas de la UEO a las decisiones del Consejo, fortaleciendo la idea de que la UE contaba con una capacidad operativa mínima, si bien la UEO seguía siendo, sobre el papel, un organismo independiente.

Cabe mencionar que el Tratado de Ámsterdam introdujo una pequeña salvedad que, a la postre, sería el canal por el que se avanzaría en el desarrollo de una política de Defensa común. Según el artículo J.7, se permitía que los Estados miembros colaboraran de manera más estrecha en el plano bilateral, lo que llevó a varios socios a desarrollar planes conjuntos en el ámbito militar. La cooperación reforzada se justificaba por el hecho de que la PESD no debía afecta al carácter específico

---

[22] *Ibidem.* p. 11.

de las propias políticas de los Estados miembros, lo que dio a entender que eran los propios países los que definían si su Defensa se realizaba en el marco de la UE —a través de la UEO— o en el marco de la OTAN. De este modo, se abrió la puerta para que algunos Gobiernos pusieran en marcha proyectos conjuntos ajenos a la Alianza Atlántica a través de mecanismos de cooperación, lo que permitía crear algunos precedentes de integración a la espera de un mayor consenso europeo. Por lo tanto, el Tratado de Ámsterdam cimentó la base de una política de Defensa comunitaria a desarrollar en el momento que se dieran las circunstancias y la conformidad de todos los Estados miembros. Pese a esto, no se puede obviar que el exitoso proceso de integración política y monetaria llevado a cabo en los años noventa contrastaba con el pobre avance alcanzado en el campo de la seguridad y la Defensa[23].

A finales de la década esta realidad sufrió un importante vuelco cuando el *premier* británico Tony Blair modificó su postura y accedió, junto con Francia, a crear una fuerza de acción rápida conjunta, dotando a la UE de una «capacidad de acción autónoma, respaldada por fuerzas militares creíbles, los medios para decidir usarlos y una disposición para hacerlo, con el objetivo de responder a crisis internacionales»[24]. La Declaración de Saint-Malo de 1998 supuso la puesta en marcha de una política europea de Defensa real y operativa al margen de la OTAN, si bien en clara complementariedad con ella, ya que esta fuerza no podría actuar en escenarios con presencia de la Alianza Atlántica. Pero, además, la cumbre impuso un modelo basado en la visión operativa defendida por los británicos, lo que permitió centrarse en el desarrollo de una fuerza militar plenamente operativa con capacidad para intervenciones exteriores antes

---

23 García Pérez. *Op. Cit.* p. 54.

24 Rutten, M. (2001). "From St-Malo to Nice. European Defence: Core documents". *Institute for Security Studies.* p. 22.

que en el diseño de una política y unas instituciones comunes[25]. Este cambio de rumbo se justificaba por la sensación de impotencia sufrida tras la guerra de Kosovo, en la que los Estados miembros volvieron a mostrarse incapaces de actuar ante un conflicto que se desarrollaba en su continente y que afectaba a su propia seguridad. Pese a que los instrumentos jurídicos estaban disponibles —las acciones comunes en el marco de la UEO reflejadas en el Tratado de Ámsterdam—, la inutilidad y obsolescencia de las fuerzas militares europeas y la falta de voluntad política obligaron de nuevo a intervenir a través de la OTAN[26].

Un año después, el pacto franco-británico sirvió de base para que la Presidencia alemana impulsara una iniciativa sobre el desarrollo de la PESD. En ella, los jefes de Estado o de Gobierno se comprometían a «dotar a la Unión Europea de los medios y recursos necesarios para asumir sus responsabilidades respecto de una política europea común de seguridad y de defensa»[27], reconociendo que «la Unión debe tener una capacidad de acción autónoma, respaldada por unos recursos militares creíbles, los medios para decidir emplearlos y la disposición para hacerlo, con objeto de responder a las crisis internacionales y sin perjuicio de la actuación de la OTAN». Se trataba de un paso histórico, pues casi medio siglo después del fracaso de la CED la UE se dotaba de una política de Defensa común y se comprometía a desarrollar tanto una capacidad operativa real como una industria de Defensa con la que

---

25 García Pérez. *Op. Cit.* p. 63.

26 La intervención de la OTAN en Serbia se realizó sin la aprobación del Consejo de Seguridad de la ONU, lo que introdujo un precedente y debilitó la pretendida proyección exterior de carácter normativo de la UE. Veiga, F. (2015). *El desequilibrio como orden.* Alianza Editorial. pp. 231-246.

27 Consejo Europeo. (1999). *Conclusiones del Consejo Europeo de Colonia (3 y 4 de junio de 1999).* p. 33.

disponer de los medios necesarios. La estructura final de la PESD se acordó en los Consejos de Colonia y de Helsinki de 1999. La innovación más importante, recogida en el artículo J.16 del Tratado de Ámsterdam, fue la creación del alto representante del Consejo para la Política Exterior y de Seguridad Común, puesto clave que fue adjudicado al español Javier Solana[28]. Además, para otorgar coherencia a sus decisiones, el puesto era compartido con la Secretaría General de la UEO, integrando a esta organización en la toma de decisiones de la UE. El alto representante asistía al Consejo y contribuía a la elaboración de la política exterior, participando en la toma de decisiones estratégicas, en la redacción de documentos y en la puesta en marcha de las acciones comunes. Sin embargo, el cargo siempre estuvo limitado por la superposición de tareas con el comisario de Relaciones Exteriores y la presidencia de turno, cuyas competencias se solapaban.

La asunción de las misiones Petersberg por parte de la UE y la creación de un marco institucional comunitario para su gestión y ejecución supuso el final de la UEO. Su revitalización tras el fin de la Guerra Fría respondía al bloqueo de los Estados miembros más atlantistas a todas las iniciativas europeas en materia de seguridad y Defensa fuera del marco de la OTAN, pero tras el nacimiento efectivo de la PESD la UEO acabó siendo una organización vacía de contenido y objetivos, lo que propició su desaparición menos de una década después. Una de las dos reformas a la PESD incluidas en el Tratado de Niza, cuya meta era reformar la estructura comunitaria para afrontar los

---

28 Con anterioridad, Javier Solana había ostentado los cargos de ministro de Asuntos Exteriores del Gobierno español (1992-1995) y secretario general de la OTAN (1995-1999), siendo el máximo dirigente de la Alianza Atlántica durante el bombardeo de Serbia. Ejerció como alto representante para la Política Exterior y de Seguridad Común durante diez años. Consejo Europeo. (1990). *Conclusiones del Consejo Europeo de Helsinki (10 y 11 de diciembre de 1999)*. p. 3.

desafíos de la vasta ampliación realizada en 2004, fue la supresión de toda mención a la UEO en el artículo J.7, eliminando aquello de que «la Unión Europea Occidental (UEO) es parte integrante del desarrollo de la Unión y proporciona a la Unión el acceso a una capacidad operativa»[29], pues ya no lo era. La UE había optado por su propio proyecto defensivo, todavía subyugado a la Alianza Atlántica en lo referente a la Defensa colectiva, y lo iba a exhibir con la publicación de su primera Estrategia de Seguridad, un documento que, pese a sus limitaciones, iba a marcar un punto de inflexión en el desarrollo de una cultura estratégica propia.

3. EL INICIO DE LA VISIÓN ESTRATÉGICA COMÚN: LA DECLARACIÓN DE LAEKEN Y LA ESTRATEGIA EUROPEA DE SEGURIDAD

3.1. La Declaración de Laeken

En 2001, la UE era un proyecto geopolítico de relevancia mundial. El Tratado de Maastricht había dado lugar a una unión política con competencias ampliadas y una estructura jurídica e institucional reforzada. Camino de ampliar su acervo hasta los veinticinco miembros, con la moneda única ya en vigor y un escenario global favorable a la expansión comercial, las potencias y organismos intergubernamentales comenzaron a reconocer a la UE como un actor en sí mismo, lo que propició la obtención de una mayor cuota de influencia exterior. Sin embargo, era evidente que se requerían cambios en los tratados constitutivos para aprovechar esta pujanza y dotar a la UE de las herramientas necesarias para convertirla en un

29 *Tratado de Ámsterdam… Op. Cit.* p. 12.

verdadero actor internacional. Sin embargo, el Tratado de Niza no satisfizo estas expectativas. Por eso, anexo a él se publicó la *Declaración 23*, que apelaba «a un debate más amplio y profundo sobre el futuro de la Unión Europea»[30] y citaba a los líderes europeos a un amplio coloquio previo a una nueva CI. Este proceso se abrió con el Consejo Europeo de Laeken, cuya importancia se ha ido maximizando con el tiempo, pues interpretó las necesidades europeas desde un tono federalista y abrió el proceso de discusión que acabaría en la no ratificada Constitución Europea y en su sucesor, el Tratado de Lisboa. Además, en este histórico Consejo se aprobó la declaración de operatividad de la PESD desarrollada en Colonia y Helsinki, que permitía llevar a cabo misiones de gestión de crisis en el marco de las misiones Petersberg.

La *Declaración de Laeken* comenzaba asegurando que «la Unión Europea es un éxito»[31], si bien se encontraba en una encrucijada debido a la inminente ampliación, lo que requería de nuevas fórmulas para abordar los retos de manera satisfactoria. Respecto a la política exterior, el momento de incertidumbre que se vivía tras el 11-S y el empuje de la globalización hacían preguntarse a los líderes comunitarios cuál debía ser el papel de la UE en este nuevo entorno, apostando por convertirse en una potencia «capaz de desempeñar una función estabilizadora a nivel mundial». Para ello, se debía asumir una mayor responsabilidad en la gobernanza global, lo que suponía una auténtica declaración de principios respecto al rol civil y normativo europeo. Este consenso no era baladí. La *Declaración de*

---

[30] Tratado de Niza, por el que se modifican el Tratado de la Unión Europea, los Tratados Constitutivos de las Comunidades Europeas y Determinados Actos Conexos. *Diario Oficial de las Comunidades Europeas*, núm. C80, de 10 de marzo de 2001. p. 85.

[31] Consejo Europeo. (2001). *Conclusiones del Consejo Europeo de Laeken (14 y 15 de junio de 2001)*. p. 19.

Laeken sirvió para definir el papel global de la UE y alcanzar un compromiso implícito para dotarla de mayores instrumentos, los cuales se desarrollarían en la CIG de 2004 y serían incluidos tanto en la Constitución Europea como en el Tratado de Lisboa. Por otra parte, la ambición del texto residía en que abordaba la política mundial desde un punto de vista genuinamente europeo, superando el realismo político que le había mantenido cerca de la Alianza Atlántica e iniciando un nuevo camino como una potencia con voz propia[32]. Aunque los más críticos vieron en esta filosofía política una quimera utópica y fantasiosa alejada de la *realpolitik* de las grandes hegemonías, dos décadas después estas ideas siguen siendo el pilar sobre el que asienta la acción exterior comunitaria. En definitiva, la *Declaración de Laeken* permitió la asunción de una visión estratégica común a largo plazo, cuyo primer éxito fue la adopción de la Estrategia Europea de Seguridad.

3.2. La Estrategia Europea de Seguridad

La publicación en 2003 de la Estrategia Europea de Seguridad (EES), conocida como la «Estrategia Solana», supuso un importante avance en la consecución de la visión estratégica europea iniciada con la *Declaración de Laeken*, si bien la idea de un documento de estas características ya estaba presente desde la puesta en marcha de la PESD a finales de los años noventa. Sin embargo, no fue hasta mayo de 2003, en la reunión informal del Consejo de Asuntos Exteriores celebrada en Castelorizo, cuando el alto representante del Consejo para la Política Exterior y de Seguridad Común informó a sus homólogos de

---

32 Aldecoa Luzárraga, F. (2014). *"Una Europa". Su proceso constituyente: la innovación política europea y su dimensión internacional. La Convención, el Tratado Constitucional y su política exterior (2000-2003)*. Biblioteca Nueva. pp. 95-96.

los Estados miembros de la preparación del texto, siendo acogido con satisfacción. Algunos meses después, el Consejo Europeo celebrado en Salónica revisó los avances realizados, tras lo que pidió a Solana que:

> *acelere estos trabajos y siga estudiando nuestros problemas de seguridad, en estrecha cooperación con los Estados miembros y con la Comisión, a fin de presentar una Estrategia de Seguridad de la UE al Consejo de Asuntos Generales y Relaciones Exteriores para que la adopte el Consejo Europeo en diciembre*[33].

El documento definitivo fue adoptado en el Consejo de Bruselas de final de año, asegurando que «permitirá a la Unión Europea abordar mejor las amenazas y los desafíos mundiales y aprovechar las oportunidades»[34]. La EES se dividía en tres partes bien diferenciadas, las cuales hacían referencia al contexto de seguridad, a los objetivos estratégicos y a las implicaciones estratégicas para la UE. En la primera, se asumía que la incipiente globalización ofrecía importantes oportunidades, si bien aumentaba la vulnerabilidad y la dependencia en un escenario cada vez más complejo en el que los conflictos se habían vuelto asimétricos y con numerosas bajas civiles. De este modo, se identificaba el terrorismo, la proliferación de armas de destrucción masiva, los conflictos regionales, la descomposición de los Estados y la delincuencia organizada como las mayores amenazas para los Estados miembros[35]. Por lo tanto, y en línea con lo establecido en Laeken, el nuevo escenario geopolítico forzaba a la UE a convertirse en una potencia global, pues ya

---

[33] Consejo Europeo. (2003). Conclusiones del *Consejo Europeo de Salónica (19 y 20 de junio de 2003)*. p. 17.

[34] Consejo Europeo. (2003). Conclusiones del *Consejo Europeo de Bruselas (12 y 13 de diciembre de 2003)*. p. 22.

[35] Consejo de la Unión Europea. (2009). *Estrategia Europea de Seguridad: una Europa segura en un mundo mejor.* Oficina de Publicaciones de la Unión Europea. pp. 30-32.

no debía defenderse de una invasión convencional terrestre, sino de amenazas lejanas, dinámicas y complejas que la globalización había situado en sus fronteras. Para ello, la EES proponía una combinación de instrumentos económicos, políticos, civiles y militares con los que abordar de manera multidimensional dichos desafíos.

A grandes rasgos, las líneas de actuación eran dos. Por un lado, se trataba de «crear seguridad en los países vecinos», promoviendo en los Estados limítrofes una buena gobernanza y unas relaciones más estrechas con la UE. Para ello, se requería «extender los beneficios en la cooperación económica y política a nuestros vecinos del Este y al mismo tiempo contribuir a la solución de sus problemas políticos», haciendo de la PEV y de la ampliación verdaderas herramientas de seguridad y estabilización. Como ejemplo, el documento citaba a algunos países de la región balcánica, que en 2003 comenzaban a prosperar tras años de violencia.

Por otra parte, el documento proponía «un orden internacional basado en un multilateralismo eficaz», una fórmula que facilitaría «el desarrollo de una sociedad más fuerte, con instituciones internacionales que funcionen adecuadamente, y de un orden internacional basado en el Derecho». La idea era crear un marco normativo eficiente con el que afrontar de manera conjunta los nuevos retos globales. Esto sería necesario para mitigar las desigualdades e injusticias de la globalización a través del trabajo conjunto y la confianza entre los Gobiernos nacionales, alcanzando un multilateralismo que permitiera afrontar los retos globales del siglo XXI. Para ello, la UE se marcaba como objetivo principal «la contribución a una mejor gobernanza mediante programas de asistencia, la imposición de condiciones y unas medidas comerciales específicas». Se trataba de un proyecto basado en la efervescencia normativa y la proliferación de organismos internacionales de la década anterior, cuyas limitaciones serían evidentes algunos años después[36].

Para alcanzar todos estos objetivos, la EES proponía ser más activos, más capaces, más coherentes y más colaborativos con los socios prioritarios. Los Estados miembros debían «ser capaces de actuar antes de que la situación en los países a nuestro alrededor se deteriore, cuando se detecten señales de proliferación, y antes de que se produzcan emergencias de orden humanitario». Además, se proponía destinar más recursos al ámbito de la Defensa para aumentar las capacidades militares, así como fortalecer la diplomacia para mejorar una evaluación conjunta y una intervención multidimensional que asegurase el éxito de cada misión, incluso en colaboración con la OTAN. También se hacía esencial la coherencia «no solo entre los instrumentos de la Unión sino también en las actuaciones exteriores de cada uno los Estados miembros», con el fin de que todos los recursos y acciones contribuyeran a los objetivos europeos. Por último, y en línea con el multilateralismo anterior, la cooperación internacional era un «imperativo». Si todo esto se lograba, la UE «tendría la influencia que le corresponde en la escena internacional y contribuiría así a un sistema multilateral efectivo que condujera a un mundo más justo, más seguro y más unido».

Aunque en el documento no se mencionaba apenas la seguridad energética, en el informe sobre su aplicación de 2008 —titulado *Ofrecer seguridad en un mundo en evolución*— se identificó la dependencia del suministro como uno de los grandes retos de seguridad de los Estados miembros. Esto se debía a la creciente burbuja en los precios del petróleo y del gas natural, que llegaron incluso a superar los 140 dólares por barril de WTI[37].

---

36 Barbé, E. (2020). *Relaciones internacionales*. Tecnos. pp. 383-388.

37 Hamilton, J. (2009). "Causes and consequences of the oil shock of 2007-08". *Brookings Papers on Economic Activity*. 215-283. p. 215.

En el documento se recogía que «el descenso de la producción en Europa implica que para 2030 será necesario importar hasta un 75% de nuestro consumo de petróleo y de gas»[38], lo que requería de «una política energética de la UE que combine las dimensiones exterior e interior» y de «un mercado energético más unificado, más interconectado, que preste más atención a los países más aislados, y mecanismos de crisis para hacer frente a las perturbaciones temporales del suministro». De esta manera se iniciaban los proyectos para aumentar la seguridad energética, como la diversificación, la interconexión y el diálogo energético con los socios prioritarios, cuyo desarrollo posterior concluyó en la Estrategia Europa de la Seguridad Energética. Aunque la mención en la EES era breve, no lo era su relevancia, pues asumía la vulnerabilidad energética como una de las grandes amenazas a la seguridad europea.

De manera evidente, la EES consolidaba el papel de la UE como un poder civil y normativo establecido en la *Declaración de Laeken*, un rol mundial basado en el *soft power* que colmaba las pretensiones de la mayoría de los Estados miembros. Como potencia económica, la idea era crear un contexto mundial de estabilidad y cooperación en el que expandirse comercialmente, lo que iba de la mano de la forja de un sistema normativo fuerte y eficaz que aportara seguridad. Por eso, la estrategia tenía un carácter predominante económico, evitando las siempre complejas cuestiones de Defensa. En este punto, la intervención militar directa se reservaba para situaciones en las que ya no era posible actuar de otro modo y siempre debía realizarse de manera conjunta con herramientas políticas y económicas que permitieran alcanzar la paz en el menor tiempo posible. La intención era buena, pero un análisis más exhaustivo del contexto global de la época certifica una grave falta

---

38 Consejo de la Unión Europea. *Estrategia Europea de Seguridad... Op. Cit.* p. 14.

de pragmatismo, adoleciendo de una visión ilusoria y utópica de las relaciones internacionales y de las causas profundas del terrorismo, los conflictos étnicos y religiosos, el crimen organizado y la descomposición del Estado. Como más adelante se demostraría, la tesis inicial de que un mundo más libre y próspero haría a los Estados miembros más seguros era parcialmente errónea. Sin embargo, esto no certifica que la visión estratégica de la UE fuera fallida, sino poco ambiciosa, pues a las herramientas de poder blando debieron sumarse algunas más potentes y eficaces en entornos hostiles, como la fuerza militar. El paso del tiempo ha confirmado esta idea, pues la visión normativa sigue vigente mientras se refuerzan las capacidades de seguridad y Defensa de la UE.

Aunque algunos objetivos de la EES no llegaron a cumplirse por completo, no cabe duda de que el documento supuso un punto de inflexión en la política exterior de la UE. En primer lugar, su puesta en marcha rubricó la ambición europea por convertirse en una potencia mundial con voz propia, asumiendo un papel global basado en el multilateralismo, el poder normativo y la cooperación económica y civil, lo que dotó al proyecto común de una visión estratégica más o menos sólida. Herencia tanto del progresivo desarrollo de la PESC como de la *Declaración de Laeken*, esta perspectiva sigue vigente. Por otra parte, certificó el progresivo alejamiento con EE. UU., ya que, si bien la cooperación trasatlántica siguió siendo necesaria, la UE aspiraba a perseguir sus intereses de la manera más independiente posible. Como se ha mencionado anteriormente, para alcanzar un alto grado de autonomía estratégica se requiere, en primer lugar, identificar unas prioridades políticas y elaborar planes para alcanzarlos, es decir, definir una visión estratégica. La importancia de la *Declaración de Laeken* y la EES reside justo en eso, en que precisaron el proyecto global de la UE, fijaron sus objetivos y ambiciones y delimitaron su papel internacional como poder normativo y civil. Este proceso no es inamovible, ya que ha continuado desarrollándose y ampliándose con el tiempo, pero sus bases más sólidas siguen vigentes en la actualidad. Aunque la posterior degradación del escenario mundial elevó ciertas dudas acerca de lo acertado de la EES, la realidad es que se trataba únicamente de una cuestión de capacidades y de instrumentos disponibles, no de la validez de las propuestas comunitarias. Por eso, los posteriores esfuerzos comunitarios han tenido como objetivo reforzar las herramientas con las que implementar esa visión estratégica y aumentar la seguridad interior, pero no han pretendido modificar en grado alguno los cimientos de la visión estratégica común.

4. BASE JURÍDICA DE LA POLÍTICA COMÚN DE SEGURIDAD Y DEFENSA: EL TRATADO DE LISBOA

Desde 1992, el desarrollo histórico de la PESC y la PCSD ha tenido un imparable, aunque lento y por momentos ineficaz, progreso. Hasta comienzos del siglo XXI se apostaba claramente...

> *por un modelo en el que los Estados miembros ponen a disposición de la UE fuerzas militares para que esta provea seguridad en crisis internacionales, modelo que se intentará compatibilizar [...] al marco de la OTAN como organización de referencia para la seguridad en Europa*[39].

Sin embargo, la firma del Tratado de Lisboa en 2009 conllevó el sincero intento de superar esa visión restringida, poniendo las bases para que, en el momento en que hubiera

---

39 Guinea Llorente, M. (2013). "La Política Común de Seguridad y Defensa (PCSD): paso inconcluso hacia las fuerzas armadas europeas", en Ministerio de Defensa. (ed). *Documentos de Seguridad y Defensa 55: el proceso hacia unas fuerzas armadas europeas: realizaciones y desafíos.* Escuela de Altos Estudios de la Defensa. pp. 18-22.

consenso entre los socios, se avanzara en la construcción de una verdadera política de Defensa comunitaria. La necesidad era mayúscula. Con la ampliación formalizada, la integración europea consolidada, un proyecto global en ciernes y una visión estratégica más o menos definida, la UE necesitaba dotar a la PESC de las herramientas necesarias para alcanzar sus intereses en el escenario global de la manera más eficiente e independiente posible.

El vigente Tratado de Lisboa está formado por el TUE, que modifica al Tratado de Maastricht de 1992, y el TFUE, que reforma el Tratado Constitutivo de las Comunidades Europeas de 1957. Su firma se realizó en 2007 en la ciudad homónima, si bien su entrada en vigor se retrasó hasta 2009 por problemas en la ratificación de la República de Irlanda[40]. Aunque en la

---

40 El Tratado de Lisboa estuvo precedido por la Constitución Europea, firmada el 29 de octubre de 2004 con la intención de dotar de una carta magna a la UE. Sus aportaciones más relevantes eran la definición de Europa como una unión de ciudadanos y Estados, la determinación de unos valores y objetivos comunes y el reconocimiento implícito del carácter político de la UE, democratizando el sistema, aumentando la participación ciudadana y realizando una profunda reforma institucional, además de hacer vinculante la Carta de Derechos Fundamentales. Sin embargo, en 2005 franceses y holandeses votaron en contra de su entrada en vigor en sendos referéndums nacionales, sumiendo al proceso de integración europea en una profunda crisis. A partir de 2007, los intentos por reactivar la reforma y rescatar el proyecto constitucional tuvieron como principal actor político a la presidencia alemana, hábilmente dirigida por la canciller Merkel, que puso todo su empeño en alcanzar un consenso que permitiera reconducir los grandes avances de la Constitución. Así, el vigente Tratado de Lisboa recoge el 90% de estas novedades, si bien lo hace bajo la fórmula de Tratado para que fuera votado únicamente por los parlamentos nacionales, evitando los indecisos referéndums. Las renuncias al documento constitucional estuvieron relacionadas, en gran parte, con la terminología usada, ya que el nuevo texto eliminaba palabras sensibles para la soberanía nacional

redacción no se incluyeron nuevas competencias comunitarias, con su aplicación se cambió la configuración institucional de la UE —creando, entre otros, los cargos de presidente del Consejo Europeo y del alto representante de la Unión para Asuntos Exteriores y Política de Seguridad (AR)—, se le otorgó personalidad jurídica, se eliminó la estructura por pilares, se consagraron los valores de la UE y se vincularon a la entrada o permanencia en el club comunitario y se aumentó el papel decisorio del Parlamento Europeo. De este modo, se hizo de la UE un actor con capacidad para «mantener relaciones jurídicas estables con otros sujetos internacionales»[41]. Además, tal y como aseguraron Guinea Llorente y Aldecoa, «la ambición del Tratado de Lisboa augura que la Unión está a las puertas de una gran profundización en los años venideros, que la Europa que viene es la de la construcción de una Europa más integrada y más política»[42].

Todo lo referente a la PESD —que cambia su nombre a Política Común de Seguridad y Defensa (PCSD)—, como parte integral de la PESC, se define en el título V del TUE, uno de los más extensos. En una primera lectura, se evidencia que la reforma heredaba alguna de sus limitaciones anteriores, como la toma de decisiones por unanimidad. Sin embargo, y gracias al carácter particular del Tratado, la verdadera ambición no estaba en sus disposiciones, sino en las amplias posibilidades que abría para el futuro, ya que las innovaciones de Lisboa iban a permitir el desarrollo de una Defensa común cuando se alcanzase el consenso político necesario. Además, el Tratado de

---

como «ministro», «constitución» o «ley». Aldecoa Luzárraga, F. y Guinea Llorente, M. (2010). *La Europa que viene: El Tratado de Lisboa.* Marcial Pons. pp. 46-52.

41 González Bondía, A. (2014). "La acción exterior en el Tratado de Lisboa". En Barbé, E. (dir). *La Unión Europea en las relaciones internacionales.* Tecnos. p. 57.

42 Aldecoa Luzárraga y Guinea Llorente. *Op. Cit.* p. 32.

Lisboa ahondaba en las diferencias con el socio trasatlántico, avanzando sin retorno en la idea de una asociación amistosa sin caer en la subordinación estratégica. Por lo tanto, y en línea con lo redactado en Maastricht y Ámsterdam, en Lisboa no se establecía de manera explícita una política de Defensa común, consolidando las particularidades anteriores de la PCSD: la toma decisiones por unanimidad y la complementariedad con las iniciativas de la OTAN, «que seguirá siendo, para los Estados miembros que forman parte de esta, el fundamento de su defensa colectiva y el organismo de ejecución de ésta»[43]. Sin embargo, destacaban varias novedades por las que se iban a filtrar avances sustanciales en la PCSD, como la cláusula de asistencia mutua, la nueva estructura de la Agencia Europea de Defensa (AED) y la Cooperación Estructurada Permanente (PESCO por sus siglas en inglés).

Mediante la primera, se establece una cláusula por la que, «si un Estado miembro es objeto de una agresión armada en su territorio, los demás Estados miembros le deberán ayuda y asistencia con todos los medios a su alcance, de conformidad con el artículo 51 de la Carta de las Naciones Unidas». Este nuevo punto, tan simbólico como relevante, impone *de facto* una Defensa común del territorio, pues obliga a todos los socios a repeler de manera conjunta cualquier ataque dentro de sus fronteras, que son las de la UE. No se escapa que su adopción supone la definición de una política de Defensa común, pues consolida uno de sus objetivos más básicos, la defensa territorial. Según Guinea Llorente, la trascendencia de esta cláusula automática reside en que ofrece una tarea más a las capacidades militares conjuntas, germen de unas futuras Fuerzas Armadas europeas, como es la de protección de los ciudadanos y del propio territorio, lo que le permite actuar en el interior de la UE tal y como lo hacen los ejércitos nacionales. Esta cláusula fue activada por

---

43 *Versión consolidada del Tratado... Op. Cit.* p. 39.

primera vez tras los atentados de París de 2015. Tampoco puede obviarse la importancia de la cláusula de solidaridad, regulada por el artículo 222 del TFUE, que avanza en la misma dirección al imponer que «la Unión y sus Estados miembros actuarán conjuntamente con espíritu de solidaridad si un Estado miembro es objeto de un ataque terrorista o víctima de una catástrofe natural o de origen humano»[44]. Aunque no se trata de una cláusula defensiva, algunos autores la entienden como tal, ya que el terrorismo es una de las situaciones en las que se pueden enmarcar las misiones Petersberg. La novedad del artículo 222 del TFUE es que permite utilizar las herramientas de la PCSD para mantener la seguridad interna ante ataques que no son de otros Estados, lo que refuerza la idea de una Defensa común del territorio.

Por otra parte, el TUE incorpora la AED como sustituta de la UEO, que desaparece definitivamente. Aunque esta fue creada por el Consejo en 2004 e incluida en el Tratado Constitucional, a partir del Tratado de Lisboa se ha convertido en el *alma máter* de la política de Defensa europea[45]. Bajo supervisión del Consejo, la AED se encarga de:

> *contribuir a definir los objetivos de capacidades militares de los Estados miembros [...], proponer proyectos multilaterales para cumplir los objetivos de capacidades militares [...], apoyar la investigación sobre tecnología de defensa y contribuir a definir y, en su caso, aplicar cualquier medida oportuna para reforzar la base industrial y tecnológica del sector de la defensa*[46].

---

44 *Versión Consolidada del Tratado de Funcionamiento... Op. Cit.* p. 148.

45 Cabe recordar que no existen modificaciones en este aspecto entre el Tratado Constitucional y el Tratado de Lisboa, ya que todo lo referente a la AED fue transcrito sin cambios.

46 *Versión consolidada del Tratado... Op. Cit.* p. 40.

Su relevancia descansa en que, al evaluar y decidir en qué se prioriza el gasto militar de los Estados miembros[47], su buen funcionamiento es esencial para desarrollar unas capacidades militares propias, una base tecnológica conjunta y una cultura europea de Defensa que permita afrontar con éxito los retos y amenazas del futuro[48]. Además, es evidente que su propio trabajo define la PCSD, pues su principal objetivo es articular la política de Defensa de los Estados miembros.

Sin embargo, la novedad más importante del Tratado de Lisboa es que abre la posibilidad de que «los Estados miembros que cumplan criterios más elevados de capacidades militares y que hayan suscrito compromisos más vinculantes en la materia para realizar las misiones más exigentes establecerán una cooperación estructurada permanente en el marco de la Unión». Esto implica que los países que estén interesados pueden avanzar conjuntamente en cuestiones de Defensa, incluso integrando sus capacidades y/o industrias, dando forma a lo que se ha denominado una «Eurozona militar» en torno al trabajo de la AED[49]. Se trata de una innovación muy relevante que permite profundizar en la búsqueda de una capacidad militar común

---

47 En la actualidad, todos los Estados miembros son parte de la AED, ya que Dinamarca se sumó en 2023 debido a la invasión rusa de Ucrania.

48 Para Aldecoa, las altas expectativas puestas en la AED se explican mediante tres factores. El primero hace referencia a la exigencia de un mercado de armamentos integrado para dotar a la PCSD de cierta credibilidad; el segundo, que la necesidad de disponer de tecnología militar costosa choca con los bajos presupuestos militares de los Estados miembros, lo que no deja otra opción que no sea la cooperación, y, por último, por la idea asentada de que la brecha digital entre EE. UU. y los países europeos perjudica la base industrial de la UE. Aldecoa Luzárraga y Guinea Llorente. *Op. Cit.* p. 235.

49 El término fue acuñado por Wolfgang Wessels y es recogido por Aldecoa y Guinea en su libro. *Ibidem.* p. 238.

sin el condicionante de los socios más reacios, ya que su participación es voluntaria. Además, todos los Estados miembros pueden sumarse con posterioridad siempre que cumplan los requisitos y el resto de los países aprueben su incorporación, lo que no parece un gran escollo. No hace falta un análisis muy profundo para observar que esta iniciativa tiene como objetivo final la integración en materia de Defensa y la construcción progresiva de una soberanía conjunta, lo que conlleva a una definición *de facto* de la PCSD. Esto se debe a que los criterios para la participación son vinculantes, las decisiones se aprueban por mayoría cualificada y los resultados son evaluados por la AED, lo que implica una cesión de soberanía, resultando en un proyecto más federalista que una simple cooperación entre Estados miembros[50]. En la actualidad, la PESCO es uno de los pilares en los que se basa la autonomía estratégica de la UE y el futuro de la política de Defensa europea. El otro pilar es la EGS, que en 2016 sustituyó a la EES como base de la visión estratégica comunitaria.

5. LA ESTRATEGIA GLOBAL PARA LA POLÍTICA EXTERIOR Y DE SEGURIDAD: LA BÚSQUEDA DE LA AUTONOMÍA ESTRATÉGICA EUROPEA

5.1. Antecedentes: un contexto interior y exterior en descomposición

La *Declaración de Laeken*, la puesta en marcha de la EES y las disposiciones relativas a la PCSD en el Tratado de Lisboa consolidaron una visión estratégica común y permitieron dotar a la UE de las herramientas necesarias para actuar de manera decidida y eficiente en un contexto exterior con clara tendencia

---

50 Guinea Llorente. *Op. Cit.* pp. 20-21.

a la polarización. Además, los potentes cambios en el escenario regional y mundial acontecidos a partir de 2014 modificaron el paradigma de seguridad europeo e hicieron cuestionar la EES de 2003, sin duda insuficiente para hacer frente a los nuevos acontecimientos. En primer lugar, la degradación de la vecindad próxima llevó a la UE a buscar respuestas colectivas para atajar esos riesgos. Por otra parte, el progresivo alejamiento con EE. UU. concienció a los Estados miembros de la necesidad de asegurar su propia defensa. Por último, las crecientes amenazas globales llevaron a la vinculación de la seguridad exterior y la interior, ya que la naturaleza de estas no permite la separación entre las esferas de seguridad y de Defensa.

La rápida degradación de la escena internacional a partir de 2014 no pasó inadvertida para el Consejo Europeo. En su reunión ordinaria de junio de 2015, los jefes de Estado o de Gobierno reconocieron que «el entorno de Europa en materia de seguridad ha sufrido una transformación radical»[51], invitando a la AR, Federica Mogherini, a «preparar, en estrecha cooperación con los Estados miembros, una estrategia global de la UE sobre política exterior y de seguridad que se presentará al Consejo Europeo a más tardar en junio de 2016». Posteriormente, el Consejo de Asuntos Exteriores aprobó los ámbitos prioritarios y las acciones concretas que se debían tomar para iniciar su aplicación, especialmente en materia de seguridad y Defensa[52]. Finalmente, en 2016 el Consejo Europeo aprobó el nuevo documento y solicitó a la AR propuestas en relación con:

---

51 Consejo Europeo. (2015). *Conclusiones del Consejo Europeo (25 y 26 de junio de 2015)*. p. 5.

52 Consejo de la Unión Europea. (2016). *Conclusiones del Consejo sobre la aplicación de la Estrategia Global de la UE en materia de Seguridad y Defensa*. Comunicado de prensa.

> *el proceso de desarrollo de capacidades militares teniendo en cuenta la investigación y la tecnología (I+T) y los aspectos industriales, el establecimiento de una capacidad operativa permanente de planeamiento y conducción a nivel estratégico, el refuerzo de la pertinencia [...] y elementos y opciones para una cooperación estructurada permanente inclusiva basada en un esquema modular y perfilando posibles proyectos*[53].

La celeridad con la que se redactó la EGS respondía a los importantes desafíos a los que se enfrentaba la UE en aquellos años. Además de la guerra civil en Ucrania, la anexión de Crimea y el enfriamiento de las relaciones con Rusia, los conflictos civiles de Libia y Siria habían provocado movimientos migratorios sin precedentes, a lo que se sumaban el recrudecimiento del conflicto árabe-israelí, los problemas chipriotas, la difícil relación transatlántica en materia de seguridad, los constantes ciberataques y la amenaza terrorista, entre otros. Cabe destacar que, durante los años 2014, 2015 y 2016, ninguna reunión del Consejo Europeo transcurrió sin abordar cuestiones de seguridad y política exterior. La crisis económica había dado paso a la preocupación geopolítica. A estos problemas externos se sumaba la victoria del *leave* en el referéndum sobre la permanencia de Reino Unido en la UE, que derivó en el Brexit y la definitiva salida británica al club comunitario. En 2016, tras años de dura crisis económica y financiera, con las fronteras europeas completamente desestabilizadas y el inminente abandono de uno de los Estados miembros más importantes, la UE parecía un proyecto a punto de venirse abajo.

En estas condiciones, la presentación de la EGS no fue acogida con especial interés por los medios generalistas. Sin embargo, las circunstancias adversas sí que llevaron en un mayor interés social por la UE, ya que ante los grandes retos

---

53 Consejo Europeo. (2016). *Conclusiones del Consejo Europeo (15 de diciembre de 2016)*. p. 4.

del momento los ciudadanos solicitaban una acción más decidida y la implantación de estrategias y soluciones comunes para todos los socios[54]. Un mes antes de la entrada en vigor de la EGS el Eurobarómetro reflejaba que el 75% de los entrevistados demandaba una política de seguridad y Defensa común, el 69% una política de migración comunitaria y el 66% una política exterior completamente europea[55]. Todas estas cifras mostraban una tendencia creciente. Seis meses más tarde, una encuesta especial desglosaba estos datos, dibujando un mayor apoyo entre las personas jóvenes y formadas. Incluso la creación de un Ejército europeo, una hipótesis muy polémica, mostraba un 55% de votos a favor, con especial énfasis en los países más pequeños[56]. Estas cifras demostraban que, ante las importantes amenazas a los que se enfrentaba la UE, gran parte de la ciudadanía consideraba que la integración europea era la mejor solución para abordar con éxito los retos del siglo XXI. No era algo nuevo. La evolución de la política de seguridad y Defensa común evidencia que los mayores progresos se

---

54 Tampoco se puede obviar que durante estos años las fuerzas euroescépticas aumentaron su porcentaje de votos tanto en el Parlamento Europeo como en los nacionales. En las elecciones de 2014, el Grupo de los Conservadores y Reformistas Europeos (ECR), de clara tendencia antieuropeísta, fue el tercero más votado en las elecciones comunitarias, un resultado que evidenciaba el atractivo de las posiciones contrarias a la integración europea entre parte del electorado. Sin embargo, en los comicios de 2019 sus escaños se redujeron considerablemente, síntoma de la estacionalidad de este tipo de posiciones en casi todos los Estados miembros. Parlamento Europeo. (abril de 2015). *Parlamento Europeo: datos y cifras.* Briefing. pp. 1-3.

55 Comisión Europea. (2016). *Standard Eurobarometer 86. Autumn 2016. First Results.* TNS Opinion & Social. p. 24.

56 Comisión Europea. (2016). *Special Eurobarometer 461. Designing Europe´s Future: security and Defence. April 2017. Report.* TNS Opinion & Social. pp. 17-18.

han logrado gracias a la influencia de federadores externos, es decir, de sucesos o acontecimientos ajenos a los Estados miembros que revelan que los instrumentos disponibles son insuficientes, precipitando el avance en la materia.

5.2. Herramientas para alcanzar la autonomía estratégica

El punto de partida de la vigente EGS es la afirmación de que «nuestra Unión está amenazada»[57], pues importantes sucesos están poniendo en peligro el proyecto europeo, lo que implica realizar mayores esfuerzos para mantener su seguridad. El primer paso para hacerlo es una evaluación realista del entorno, proponiendo un «pragmatismo basado en principios» bajo el que abordar los retos a los que se enfrentan los Estados miembros. De este modo, se supera la visión menos práctica de la EES, basada en la idea de que en un mundo más próspero Europa estaría más segura. El nuevo documento no abandona esa hipótesis, señalando como principios de la acción exterior la unidad, la interacción, la responsabilidad y la asociación, si bien lo hace bajo la premisa de que en antes se debe afianzar la propia seguridad y la resiliencia de los socios ante las amenazas directas. Por lo tanto, mientras que el anterior documento tenía un perfil más externo —qué hacer para mejorar el sistema global—, la nueva estrategia tiene un perfil claramente interior —qué hacer para defendernos de las amenazas que provienen de fuera—. En resumen, la EGS pretende hacer de la UE una potencia con influencia global, profundizando y avanzando en tres dimensiones diferentes pero complementarias. Así, se desarrolla un rol normativo y

---

57 Comisión Europea. (2016). *Una visión común, una actuación conjunta: una Europa más fuerte. Estrategia Global para la Política Exterior y de Seguridad de la Unión Europea.* Servicio Europeo de Acción Exterior. p. 10.

transformador a través de la reformulación de la gobernanza mundial, se avanza como actor diplomático gracias a las posibilidades otorgadas por el TUE y se afianza la dimensión de seguridad como consecuencia del progreso en las capacidades de Defensa.

Aunque las prioridades no se ordenan por importancia, la seguridad territorial de la UE se identifica como la mayor de ellas. Así, se asegura que «debemos asumir una mayor responsabilidad en nuestra seguridad. Frente a amenazas externas, debemos estar preparados y capacitados para ejercer disuasión, dar respuesta y protegernos». Para ello, se propone una mayor cooperación e inversión en Defensa, una renovada colaboración con la OTAN, un aumento de los esfuerzos en la lucha contra el terrorismo y el reforzamiento de las capacidades tecnológicas para aumentar la ciberseguridad, entre otros. Sin embargo, la ambición de la EGS se muestra más en sus pretensiones que en sus prioridades, ya que recoge todos los avances de la PCSD de la última década. Por ejemplo, se pide que la UE actúe «de manera autónoma en el caso y en el momento necesario», que esté «a la altura con nuestros compromisos con la asistencia mutua y la solidaridad» y que se profundice en la cooperación con la OTAN «en la complementariedad, la sinergia y el pleno respeto en el marco institucional, la inclusión y la autonomía de decisión de ambas partes», lo que implica superar la antigua idea de la subyugación de la Defensa europea a la Alianza Atlántica. La idea, por tanto, no es reforzar la seguridad continental, sino hacer de la UE un actor de seguridad —asistencia mutua y cláusula de solidaridad— con las herramientas necesarias —inversión en Defensa— para tomar decisiones completamente autónomas.

La finalidad de desplegar una PESC fuerte, unida y con mayor proyección exterior, en la que se incluye el desarrollo de una Defensa común, es alcanzar «un nivel adecuado de ambición y autonomía estratégica» que permita...

> *responder a crisis externas, y ayudar a nuestros socios en el desarrollo de las capacidades de seguridad y defensa, realizando estas tareas en colaboración con otros. En paralelo con la gestión de crisis exteriores y el desarrollo de capacidades, la UE también debe ser capaz de contribuir a la protección de sus miembros, a petición de éstos, y de sus instituciones*[58].

La prioridad es, según la definición de autonomía estratégica desarrollada anteriormente, disponer de la capacidad de decidir, establecer y ejecutar estrategias propias o compartidas con un alto grado de independencia con el objetivo de defender los intereses propios en un contexto de competición geopolítica. Esto queda reflejado en el estatus de equivalencia establecido entre la OTAN y la UE, que consolida una dinámica de ruptura con la subordinación hacia la Alianza Atlántica.

Como potencia normativa, la EGS se alinea con una gobernanza mundial inclusiva y eficaz basada en el Derecho Internacional, comprometiéndose a «transformar más que a simplemente conservar el sistema actual». Esto supone un cambio respecto a la EES, pues se asume la necesidad de reformar los organismos internacionales para dar cabida a las potencias emergentes que no se sienten representados por las viejas instituciones, de corte occidental y liberal. Además, el documento propone que todos los acuerdos comerciales firmados favorezcan a la OMC y promuevan un comercio mundial justo, abierto y basado en reglas. Por lo tanto, la UE no abandona su papel de potencia normativa, incluso la potencia, asumiendo como prioridad la mejora de las relaciones económicas globales, lo que establece una continuidad con la cultura estratégica formalizada en Laeken y la EES.

Por otra parte, la EGS marca las nuevas áreas de influencia de la UE, muchas de ellas tradicionales. El Mediterráneo,

---

[58] *Ibidem.* p. 15.

Oriente Próximo y el norte de África, regiones especialmente convulsas, tienen una relevancia significativa para la seguridad continental. Por eso, se propone una cooperación más práctica e intensa con los países de estas zonas para resolver problemas enquistados como el terrorismo, el tráfico ilegal o las conexiones energéticas, entre otros, fortaleciendo las organizaciones regionales como marco de colaboración. Respecto a Rusia, la mejora de las relaciones pasa por el «pleno respeto del Derecho internacional», asumiendo como un reto geoestratégico un mayor acercamiento entre ambos bloques. En estas consideraciones se pueden observar las líneas maestras del documento, como son la necesidad de aumentar la seguridad ante amenazas externas provenientes de esas áreas —resiliencia—, la capacidad de llevar a cabo estrategias regionales sin interferencias —autonomía estratégica— y la complejidad de llevarlas a cabo en contextos complejos, adversos y volátiles en los que los intereses europeos no siempre son compartidos —pragmatismo—.

Especialmente relevante para esta investigación es la referencia hecha a la seguridad energética. Aunque no va más allá de lo propuesto tanto en la Estrategia Europea de la Seguridad Energética como en la Unión de la Energía, su inclusión supone el reconocimiento de una hipótesis que es central en esta investigación: que un bajo nivel de seguridad energética es incompatible con el desarrollo de la autonomía estratégica. Esto se debe a que la dependencia exterior impide perseguir los intereses europeos de manera independiente y asertiva, pues estos proyectos siempre estarán condicionados a la vital necesidad del suministro energético. De este modo, la EGS defiende la necesidad de «diversificar sus fuentes, proveedores y rutas de energía, especialmente en el ámbito del gas», además de promover el mercado interior, la energía sostenible y la eficiencia energética, lo que permitirá la reducción de importaciones y la consolidación de la autonomía energética. Por otra parte, se hace referencia a la obligatoriedad de que los acuerdos con terceros países respeten el tercer paquete legislativo, el vigente en aquel momento.

A rasgos generales, y pese a que la EGS pone especial interés en el desarrollo de las capacidades de seguridad y Defensa a nivel europeo para alcanzar la autonomía estratégica, la intención está lejos de convertir a la UE en un *hard power* de tipo clásico. Al contrario, en ella se evidencia la ambición europea de seguir siendo una potencia transformadora y normativa, basando su acción exterior en la cooperación económica, el multilateralismo y la prevención de conflictos. Por eso, una de las líneas maestras del documento es el aumento de la influencia en las regiones circundantes, cuya estabilidad es clave para la seguridad continental, con el fin de aumentar la resiliencia en los vecinos siguiendo una acción «humanitaria, de desarrollo, de migración, comercial de inversión, de infraestructuras, educativa, sanitaria y de investigación», sin descartar la intervención directa a través de las misiones Petersberg.

Pero, más allá de la siempre presente versión universalista, se evidencia un relevante cambio de narrativa que asume términos clásicos de la visión realista de las relaciones internacionales, sintomático de las dificultades que afrontan los Estados miembros en su entorno más cercano. Por lo tanto, es normal que la EGS abogue tanto por el desarrollo de herramientas de Defensa creíbles como por una autonomía estratégica que permita aplicar los instrumentos necesarios en cada situación específica. No se trata de cambiar el paradigma inicial, sino de reforzarlo con más capacidades para poder actuar de manera independiente en todos los escenarios posibles, con clara predilección por la influencia civil, normativa y comercial. Esto supone asumir una especie de *smart power* al estilo europeo, una hábil combinación de *soft power* y *hard power*, aunque con especial preponderancia del primero[59]. Su consolidación dará lugar a una acción exterior más coherente, con capacidad de respuesta e integrada, consolidando a la UE como una potencia de peso en el contexto global.

Sin embargo, es preciso comprender que, pese a su relevancia, la EGS no pasa de ser un documento aglutinador y descriptivo, una especie de guía para el AR y el SEAE, ya que los Estados miembros siguen conservando una importante cuota de acción en su política exterior y las visiones estratégicas de muchos de ellos, plasmadas en sus propias estrategias nacionales, adolecen de profundas diferencias, lo que hace de la EGS más una potente declaración de intenciones que una obligación jurídica. Además, la obligación de adoptar las decisiones por unanimidad en el Consejo, órgano que fija la posición de la UE respecto a los asuntos mundiales, limita considerablemente la autonomía estratégica comunitaria, pues la capacidad de desarrollar y decidir estrategias propias se ve seriamente lastrada por la obligación de que todos los Estados miembros den su consentimiento. En los últimos años, esto se ha vuelto mucho más difícil debido a una creciente tendencia a la llamada

---

59 El concepto de *smart power* fue desarrollado en la década de los 2000 por el *think tank* estadounidense Center for Strategic & International Studies y fue ampliamente defendido por la secretaria de Estado de la Administración Obama, Hillary Clinton. Uno de sus autores principales fue Joseph Nye, que con anterioridad había desarrollado las famosas teorías de *soft power* y *hard power*. Aunque con una clara aplicación a la política exterior de EE. UU., los autores definían el *smart power* como «una estrategia integrada, una base de recursos y un conjunto de herramientas para lograr los objetivos estadounidenses, aprovechando tanto el poder duro como el blando. Es un enfoque que subraya la necesidad de un ejército fuerte, pero también invierte en alianzas, asociaciones e instituciones en todos los niveles para expandir la influencia estadounidense». Armitage, R. L. y Nye, J. S. (2007). "CSIS Commission on Smart Power: a smarter, more secure America". *Center for Strategic & International Studies.* pp. 7-8.

«toma de rehenes», es decir, la paralización de una decisión en el Consejo por parte de un único socio hasta recibir alguna concesión en otra área de la política europea. Por todo esto, la EGS presenta una enorme dualidad, pues, mientras es el claro ejemplo de la vocación global de la UE, describiendo una visión del mundo y reflejando las necesidades necesarias para ejecutarla, también es un símbolo de la dificultad de la política comunitaria para llevar a cabo una acción exterior rápida, flexible y eficaz.

6. LA PUESTA EN MARCHA DE LA AUTONOMÍA ESTRATÉGICA MILITAR: LA COOPERACIÓN ESTRUCTURADA PERMANENTE Y LA BRÚJULA ESTRATÉGICA

6.1. La Cooperación Estructurada Permanente

Los cambios en el escenario global sucedidos a partir de 2014 confirmaron la inviabilidad de delegar la Defensa europea a organizaciones externas, aún más cuando la llegada de Donald Trump a la presidencia estadounidense aceleró el proceso de distanciamiento entre los socios transatlánticos. Debido a esto, y en paralelo a la confección de la EGS, en 2016 el Consejo Europeo decidió activar las disposiciones del TUE que permitían potenciar algunos aspectos de la PCSD con el fin de desarrollar, ampliar y mejorar las capacidades militares conjuntas de los Estados miembros. La idea era impulsar la PESCO, paralizada desde el 2010 por cuestiones económicas y por una clara falta de voluntad política. La ocasión no podía ser más propicia, ya que el Brexit alejaba tanto a la primera potencia militar de la UE como al país más atlantista y contrario a la integración en materia de Defensa, lo que dejaba a los Gobiernos más favorables a la OTAN sin un líder de peso.

La Cooperación Estructurada Permanente en materia de Defensa fue lanzada definitivamente en la cumbre de Bratislava de 2016. En la reunión, los líderes de la UE reconocieron el «momento crítico para nuestro proyecto europeo»[60], acordando una Hoja de Ruta con la que abordar los principales desafíos y prioridades. Aunque los temas eran numerosos, se priorizaba «reforzar la cooperación de la UE en materia de seguridad exterior y defensa», para lo que «el Consejo Europeo de diciembre deberá decidir sobre un plan de aplicación [...] concreto y sobre el mejor modo de servirse de las opciones que brindan los Tratados, en especial en lo referente a capacidades». Un mes después, los ministros de Defensa de Francia, Alemania, Italia y España solicitaron revitalizar los planes de Defensa para dotar a la UE de una autonomía estratégica tanto operacional como industrial y proponían la activación de la PESCO entre los países más ambiciosos, mayores incentivos financieros, un Cuartel General europeo, un Consejo de Ministros exclusivo y la mejora de la cooperación con la OTAN en igualdad de condiciones[61].

Todos estos avances se aprobaron en el Consejo Europeo de diciembre de 2016, el mismo en el que se aprobó la EGS. Bajo la perspectiva de que «la Unión Europea y sus Estados miembros deben ser capaces de contribuir de manera decisiva a los esfuerzos colectivos, así como de actuar de forma autónoma cuando y donde sea necesario y con los socios, siempre que sea posible»[62], los jefes de Estado o de Gobierno aprobaron el llamado Paquete de Defensa, cuyos pilares básicos eran el

---

60 Consejo Europeo. (2016). *Declaración y hoja de ruta de Bratislava del 16 de septiembre de 2016.* p. 1.

61 González, M. (15 de octubre de 2016). "Los cuatro grandes de la UE apuestan por una defensa común con «autonomía estratégica»". *El País.* Disponible en: https://elpais.com/internacional/2016/10/14/actualidad/1476449123_095969.html

62 Consejo Europeo. *Reunión.... 15 de diciembre... Op. Cit.* p. 3.

Plan de Aplicación de la Estrategia de Seguridad y de Defensa, propuesto por la AR; el Plan de Acción de la Defensa Europea, presentado por la Comisión, y un nuevo marco de cooperación entre la UE y la OTAN, diseñado por el Consejo Europeo.

Entre todos ellos, la PESCO es sin duda la más relevante, ya que trabaja para la convergencia de las industrias europeas de Defensa y una mayor operatividad de las tropas nacionales en el seno de la UE. Enmarcada en el primer pilar del paquete, la cláusula del TUE referente a la PESCO fue activada por el Consejo Europeo en junio de 2017, otorgando un plazo de tres meses para presentar tanto los compromisos vinculantes como los países interesados[63]. Cumplido el plazo, veintitrés Estados miembros firmaron su adhesión[64], sumándose más tarde Portugal e Irlanda. Solo Dinamarca y Malta se quedaron fuera, aunque actualmente ya se han incorporado. La puesta en marcha de la PESCO no hubiera sido posible sin la decidida acción de los cuatro países más grandes de la UE, ya que, la salida británico del club comunitario, el eje francoalemán pudo finalmente impulsar la Defensa común sin apenas oposición, un proyecto al que rápidamente se sumaron España e Italia. Sin embargo, esta tetrarquía no estuvo exenta de divisiones internas. Francia apostaba por una PESCO reducida donde solo participaran los socios que dispusieran de las capacidades necesarias para ello, mientras que Alemania era partidaria de sumar a todos los Estados miembros para dotar al proyecto de un verdadero cariz europeísta, incluso aunque muchos países no cumplieran con los criterios de convergencia. La solución fue la llamada PESCO

---

63 Consejo Europeo. (2017). *Conclusiones del Consejo Europeo (22 y 23 de junio de 2017)*. p. 5.

64 Consejo de la Unión Europea. (2017). *Notification on Permanent Structured Cooperation (PESCO) to the Council and to the High Representative of the Union for Foreign Affairs and Security Policy*. p. 1.

Plus, una subdivisión por la cual solo Francia, Alemania, España e Italia toman decisiones sobre la capacidad efectiva[65].

La PESCO entró en vigor tras la aprobación de la Decisión (PESC) 2017/2315 del Consejo. En ella, se recogen los Estados miembros participantes, los compromisos vinculantes y algunas cuestiones relativas a la financiación y la gobernanza de los proyectos. La principal base es el acuerdo para «aumentar de manera constante su presupuesto de defensa en términos reales»[66] y que la inversión alcance el 20% del gasto total de los países participantes con el objetivo de subsanar «carencias en el ámbito de las capacidades estratégicas». En este contexto, el porcentaje destinado a investigación y desarrollo también deberá superar el 2%. Por otra parte, se pide elevar «el número de proyectos conjuntos y "colaborativos" de capacidades estratégicas de defensa», para lo que incluso la Decisión facilita el respaldo del FED[67]. En el centro se sitúa

---

65 Calero, F. J. (13 de agosto de 2018). "PESCO, el gran proyecto europeo de Defensa que marca el camino de Margarita Robles". *Diario ABC*. Disponible en: https://www.abc.es/internacional/abci-pesco-gran-proyecto-europeo-defensa-marca-camino-margarita-robles-201806080326_noticia.html

66 Decisión (PESC) 2017/2315 del Consejo de 11 de diciembre de 2017 por la que se establece una cooperación estructurada permanente y se fija la lista de los Estados miembros participantes. *Diario Oficial de la Unión Europea*, núm. L331, del 14 de diciembre de 2017. p. 72.

67 El FED fue puesto en marcha en 2016 como un instrumento para financiar proyectos de investigación, desarrollo y adquisición de capacidades de Defensa de los Estados miembros, creando incentivos para la cooperación entre países. Aunque los montos disponibles no son especialmente abultados, se trata de un instrumento esencial para ayudar a que los países más pequeños aumenten sus presupuestos en Defensa y evitar duplicidades. Comisión Europea. (7 de junio de 2017). *Fondo Europeo de Defensa: 5.500 millones de euros anuales para impulsar las capacidades de defensa en Europa*. Comunicado de prensa.

la AED, que contribuye en el informe anual del AR y coordina y facilita los proyectos de desarrollo de capacidades militares. También se dispone la necesidad de mejorar la interoperabilidad de las tropas, sin perderla con las de la OTAN, optimizando las estructuras multinacionales para «facilitar formaciones que puedan ser desplegadas estratégicamente», amén del posible despliegue de un grupo de combate de la UE, además de mejorar las ya existentes. En marzo de 2018, apenas tres meses después de la entrada en vigor de la Decisión, el primer Consejo de Asuntos Exteriores en formato PESCO aprobó los diecisiete proyectos iniciales[68].

Llama poderosamente la atención la inclusión en esta primera lista del Energy Operational Function (EOF), cuyo principal objetivo es «desarrollar nuevos sistemas de suministro de energía para los campamentos desplegados en el marco de operaciones conjuntas y para dispositivos y equipos conectados por soldados»[69], además de incluir las cuestiones energéticas en todos los aspectos de las capacidades militares, desde la concepción de sistemas hasta la planificación de las misiones. El proyecto está liderado por Francia y cuenta con la participación de Italia, Alemania y España, por lo que se enmarca en la llamada PESCO Plus, es decir, la cooperación en materia de Defensa entre los países que cumplen con un mayor estándar de capacidades operativas. Su incorporación es una evidencia de la importancia del abastecimiento y la gestión energética en

---

68 Consejo de la Unión Europea. (2018). *Consejo de Asuntos Exteriores (Defensa), 6 de marzo de 2018.* Principales resultados. consilium.europa.eu Disponible en: https://www.consilium.europa.eu/es/meetings/fac/2018/03/06/

69 PESCO. (s/f). *Energy Operational Function (EOF).* PESCO Projects. www.pesco.europe.eu Disponible en: https://pesco.europa.eu/project/energy-operational-function/#:~:text=ENERGY%20OPERATIONAL%20FUNCTION%20(EOF)&text=On%20the%20other%20part%2C%20it,the%20framework%20of%20operational%20planning

el desarrollo de la Defensa común, siendo un elemento clave para la asunción de la autonomía estratégica. En la actualidad, ya se están trabajando en algunos proyectos al respecto·

Todos estos avances de la PESCO no pueden entenderse sin el nuevo marco de cooperación entre la UE y la OTAN, formado por el tercer pilar del Paquete de Defensa. En diciembre de 2016, los presidentes del Consejo Europeo y la Comisión Europea y el secretario general de la Alianza Atlántica firmaron una declaración conjunta para aumentar la colaboración «en cumplimiento de la autonomía de decisión y procedimientos de nuestras respectivas organizaciones y sin perjuicio del carácter específico de la política de seguridad y defensa de cualquiera de nuestros miembros»[70]. Además, se establecieron las nuevas prioridades estratégicas de la colaboración, priorizando contrarrestar las amenazas híbridas y la ciberseguridad. La idea principal era hacer de la UE y la OTAN «socios únicos y esenciales», aumentando la complementariedad y la interoperabilidad de sus tropas, así como los esfuerzos industriales para un uso más eficiente de los recursos a través de proyectos multilaterales. La declaración se renovó en los dos años siguientes. En la última versión, todavía vigente, la OTAN reconoce los esfuerzos europeos en materia de Defensa, asegurando que «la Cooperación Estructurada Permanente y el Fondo Europeo de Defensa contribuyen a estos objetivos»[71], algo tan simbólico como relevante en la nueva relación bilateral. Este acuerdo permite el desarrollo de

---

70 Tusk, D., Juncker, J. C. y Stoltenberg, J. (2016). *Joint Declaration by the president of the European Council, the president of the European Commission, and the secretary general of the North Atlantic Treaty Organization*. Consejo Europeo. p. 1.

71 Tusk, D., Juncker, J. C. Y Stoltenberg, J. (2018). *Joint Declaration on EU-NATO cooperation by the president of the European Council, the president of the European Commission, and the secretary general of the North Atlantic Treaty Organization*. Consejo Europeo. p. 1.

los planes comunitarios en consonancia con los de la OTAN, asumiendo como complementarios ambos proyectos y acabando con parte de las tensiones de las últimas décadas.

En la actualidad, la PESCO está plenamente vigente con cuarenta y siete proyectos activos en prácticamente todas las ramas de la seguridad y la Defensa. Por destacar algunos, resaltan el Sistema de Tierra Integrado sin Control (UGS), liderado por Estonia y en el que participan más de diez Estados miembros; la corbeta de patrulla europea, un proyecto coordinado por Italia que incluye a las cuatro armadas europeas más importantes del Mediterráneo; la Red de Hubs Logísticos y de Soporte a las Operaciones en Europa, a cargo de Alemania y con un gran número de participantes; los Equipos de Respuesta Ciberrápida y de Asistencia Mutua en Ciberseguridad, comandado por Lituania con una alta participación de socios pequeños; y la Solución de Navegación por Radio de la UE (EUROAS), así como el Eurodrone y la nueva versión del helicóptero de ataque Tiger, a cargo de Airbus. El principal objetivo es «llegar conjuntamente a un espectro completamente coherente de capacidades de defensa disponibles para los Estados miembros»[72] a través de la colaboración y la maximización de la eficacia de las inversiones en Defensa, algo que sin duda ya se está consiguiendo.

De acuerdo con lo aportado por Aldecoa al respecto, la relevancia de la PESCO se sustenta en que hará efectivo el principio de autonomía estratégica de la UE recogido en la EGS, proporcionando las capacidades militares necesarias tanto para la defensa del territorio europeo como para la realización de misiones exteriores sin ayuda de terceros, lo que supone legitimar la Defensa colectiva al facilitar los elementos necesarios para responder a un ataque desde fuera de las fronteras.

---

72 PESCO. (s/f). *About Pesco.* www.pesco.europe.eu Disponible en: https://pesco.europa.eu/

Pero, además, implica un importante paso hacia la Defensa común, recogida en el artículo 42 del TUE[73], como la propia Decisión 2017/2315 reconoce. Dado el nivel de integración y colaboración militar entre los Estados miembros, sumado al éxito inicial de la PESCO y las circunstancias políticas actuales, es evidente la conveniencia de que el Consejo declare por fin una política Defensa común sobre la que apoyar la proyección exterior europea y la aplicación total de la EGS con el objetivo final de alcanzar la autonomía estratégica de la UE.

6.2. La Brújula Estratégica

Pese a los éxitos alcanzando en materia de seguridad y Defensa desde la puesta en marcha de la EGS en 2016, durante los años siguientes la rápida degradación del escenario regional, con la guerra de Ucrania como principal amenaza, y el aumento de la competencia geopolítica mundial llevaron a la UE a elevar su nivel de ambición a través de la redacción de un nuevo concepto estratégico mucho más amplio e integrador, ya que un «entorno de seguridad más hostil nos obliga a dar un salto decisivo y exige que aumentemos nuestra capacidad y nuestra voluntad de actuar, reforcemos nuestra resiliencia y garanticemos la solidaridad y la asistencia mutua»[74]. La Brújula Estratégica, como fue denominado el proyecto, pretendía mejorar las herramientas y capacidades de los Estados miembros

---

73 Cabe recordar que el artículo 42 del TUE define que «la política común de seguridad y defensa incluirá la definición progresiva de una política común de defensa de la Unión. Ésta conducirá a una defensa común una vez que el Consejo Europeo lo haya decidido por unanimidad». *Versión consolidada del Tratado... Op. Cit.* p. 38.

74 Consejo de la Unión Europea. (12 de marzo de 2022). *Una Brújula Estratégica para la Seguridad y la Defensa–Por una Unión Europea que proteja a sus ciudadanos, defienda sus valores e intereses y contribuya a la paz y la seguridad internacionales.* 7371/22. p. 2.

para enfrentarse a un mundo más hostil y reforzar su seguridad durante la siguiente década, aportando una nueva perspectiva estratégica y precisando los instrumentos necesarios para garantizar una actuación rápida, decidida y firme. En el fondo, se trataba de hacer de la UE un proveedor de seguridad mediante el aumento de las inversiones en materia de Defensa y poder contar así con los medios necesarios de cara a afrontar múltiples amenazas y reducir sus vulnerabilidades.

El documento, preparado por Borrell y su equipo y en línea con las anteriores estrategias de seguridad y Defensa —EGS, Unión de la Energía, PESCO, entre otras—, parte de una valoración del entorno que, aunque probablemente influenciada por el inicio de la Guerra de Ucrania un mes antes de su publicación, sorprende por su crudeza. De este modo, define el escenario global como una realidad basada «en la combinación de dinámicas en las que interviene un número creciente de actores que intentan ampliar su espacio político y desafiar el orden establecido en materia de seguridad», lo que pone en jaque tanto la Defensa europea como la estabilidad global. En este complejo contexto, Rusia se identifica como la mayor amenaza a los Estados miembros, aunque también se menciona a una China cada vez más asertiva, a un entorno estratégico en degradación, a la intensificación de la competencia geopolítica en África, al incremento de la competencia en el Indo-Pacífico y a algunos desafíos transnacionales como el terrorismo, el cambio climático, las estrategias híbridas, la seguridad marítima, entre otros. Todo esto afecta considerablemente a la UE, objetivo de muchas de estas amenazas, por lo que se debe asumir una mayor responsabilidad respecto a su propia seguridad para ser capaz de «proteger a nuestros ciudadanos, defender nuestros intereses comunes, dar proyección a nuestros valores y contribuir a configurar el futuro del mundo».

Para ello, se proponen cuatro líneas de actuación principales. La primera consiste en aumentar la capacidad para actuar de manera eficaz y decidida contra todos estos objetivos, ya sea mediante medios civiles o militares. El documento anuncia que la UE contará con una Fuerza de Despliegue Rápido dotada de cinco mil efectivos para misiones de gestión de crisis, además de mejorar la preparación, equipación y coordinación conjunta en el espacio terrestre, aéreo y marítimo[75]. Pese al enorme interés de estas medidas, existen dudas sobre uno de los aspectos más sensibles de la PESC y la PCSD, la toma de decisiones, ya que el propio texto reconoce que la unanimidad era la norma y que la falta de consenso puede lastrar los objetivos comunes, aún más cuando algunos Estados miembros optan por la táctica de la «toma de rehenes» en el Consejo de Asuntos Exteriores. Por su parte, también genera interrogantes el reparto en la financiación de los nuevos grupos de combate y la división de las participaciones nacionales. Aun así, la importancia de todas estas medidas es manifiesta, pues asegura la capacidad de la UE para defender sus intereses en todos los escenarios posibles.

La segunda línea de acción propone una mejora de la preparación y la resiliencia de la UE ante los nuevos riesgos a su seguridad. Según el documento, los Estados miembros se enfrentan a un gran abanico de desafíos estatales y transnacionales dirigidos tanto a la población civil y al sistema político —ciberseguridad, injerencias, manipulación informativa, entre otros— como a ciertos sectores estratégicos, como la economía, la energía o las infraestructuras. Para superar con éxito estas amenazas, se apuesta por una mejora de los análisis conjuntos, un aumento de los elementos de lucha contra los ataques híbridos, mayores esfuerzos en la estrategia cibernética y

---

[75] Las primeras maniobras de esta Fuerza de Despliegue Rápido se realizarán en España durante el segundo semestre de 2023. Sahuquillo, M. y González, M. (10 de diciembre de 2022). “La UE realizará en España sus primeras maniobras militares conjuntas”. *El País.* Disponible en: https://elpais.com/espana/2022-12-10/la-ue-realizara-en-espana-sus-primeras-maniobras-militares-conjuntas.html

espacial y la intensificación de los programas antiterroristas nacionales e internacionales, entre otros. También se hace mención al refuerzo de «nuestra capacidad para rescatar y evacuar a nuestros ciudadanos cuando corran peligro fuera de nuestras fronteras»[76], algo que ya se había puesto en práctica en la evacuación del personal civil europeo tras los golpes de Estado de Afganistán, Mali y Níger.

Sin embargo, todos estos planes son imposibles de ejecutar sin un aumento de la inversión en el sector de la seguridad y Defensa, motivo de la tercera línea de acción. El documento es claro al respecto, pues se asume que la UE debe «incrementar y optimizar de manera decidida la inversión en capacidades de defensa y en tecnologías innovadoras, [...] reforzar nuestras capacidades de defensa y equipar a nuestras fuerzas armadas para los retos del mundo al que nos enfrentamos». Para ello, se plantea la puesta en marcha de proyectos colaborativos y de innovación en el entorno terrestre, aéreo, marítimo y espacial, como el Eurodron, la Eurofragata o el FCAS, lo que permitiría caminar hacia la convergencia entre las fuerzas armadas nacionales y reducir las dependencias estratégicas más sensibles. Para ello, la Brújula Estratégica remite a la PESCO, verdadero armazón de la industria de Defensa europea, el cual será reforzado con un incremento de fondos y una mayor cooperación en el marco del Consejo.

Por último, se pretende trabajar de manera asociativa con los socios mundiales prioritarios, continuando con la apuesta de un mundo multipolar basado en normas nacido en la EGS. Sin embargo, se pone énfasis en que las asociaciones estratégicas deben tener un elevado valor para la UE y tienen que estar basadas en el reconocimiento mutuo de intereses, con una dimensión de seguridad mucho más reforzada para afrontar los

---

76 Consejo de la Unión Europea. *Una Brújula... Op. Cit.* p. 27.

nuevos desafíos internacionales. El documento menciona las alianzas con la OTAN y el trabajo con los organismos de la ONU, así como las asociaciones bilaterales con EE. UU., Noruega, los Balcanes y algunos países de África, Asia y América Latina, asociaciones que hay equilibrar y reconfigurar para que ayuden a la consecución de los intereses europeos. En este punto se nota una pérdida de inocencia de la UE, pues condicionaba la ayuda comunitaria a una mayor lealtad y compromiso de las otras partes. Por ejemplo, y aunque se reconoce el interés de los Estados miembros por la colaboración con Turquía, esta solo es posible si el país euroasiático demostraba «la misma determinación de avanzar en una senda de cooperación y distensión sostenida y atender a las preocupaciones de la UE».

Uno de los aspectos más llamativos de la Brújula Estratégica es el profundo cambio de retórica que adoptaba. En 2003, la idea principal de la EES era que, en un mundo más próspero y pacífico, la UE viviría mucho más segura, poniendo el foco en la cooperación al desarrollo, la expansión comercial y la colaboración en los organismos internacionales con el fin de construir un ecosistema de seguridad global conjunto y resiliente. En 2016, la EGS no abandonaba ese paradigma, si bien lo reducía al enfoque de «pragmatismo basado en principios», es decir, asumía la premisa de que, aún sin abandonar una acción exterior basada en los valores de la UE, primero se debía afianzar la propia seguridad de los Estados miembros ante las amenazas directas. Ya en 2022, casi una década después de la redacción de la primera estrategia, los socios admiten la completa degradación de la escena global y, con una narrativa directa y firme, apuestan por hablar el «lenguaje de poder» y defender sus intereses mundiales con todas las herramientas disponibles, incluidos los medios militares. Es lo que la profesora Guinea Llorente ha denominado «el despertar hobbesiano» de la UE, una toma total de conciencia por el que se asume que el mundo es un lugar hostil y que los Estados miembros deben competir con el resto de potencias si quieren asegurar su seguridad y supervivencia. De manera evidente, esta transformación de la narrativa implica una modificación en la percepción global europea, lo que irremediablemente conlleva un cambio en sus relaciones con otros actores y en la forma que proyecta su poder internacional.

Debido a lo propuesto y a sus implicaciones, la Brújula Estratégica se muestra como un elemento central para el desarrollo de la autonomía estratégica de la UE, pues profundiza en los medios para decidir, establecer y ejecutar estrategias propias con un alto grado de independencia con el objetivo de defender los intereses europeos en un contexto de competición geopolítica, protegiendo a su vez sus valores, su capacidad decisoria y su soberanía. De hecho, viene a corregir uno de los errores centrales de la EGS, que establecía el objetivo de alcanzar la autonomía estratégica pero no define los medios para lograrlo. Por eso, el documento es claro al reconocer que lo planeado reforzaría «la autonomía estratégica de la UE y su capacidad para trabajar con los socios a fin de proteger los valores e intereses de la Unión»[77]. Sin embargo, no se hace referencia al tiempo necesario para lograrlo, ya que ante amenazas concretas y actuales se realizan bastantes propuestas a largo plazo —como el desarrollo de capacidades militares y tecnológicas propias—, lo que, sumado a la vigencia de la OTAN, que la Brújula Estratégica ve complementaria a los planes europeos de Defensa, y a la necesidad de unanimidad en el Consejo para tomar decisiones estratégicas dan lugar a diferentes interpretaciones. Aun así, la importancia de la Brújula Estratégica es evidente, pues dotaba a la UE de un «instrumento afinado para la gestión de crisis»[78] y aporta importantes posibilidades de desarrollo en el campo de la seguridad y la Defensa.

---

77 *Ibidem.* p. 13.

78 Arteaga, F. (2022). "La Brújula Estratégica: para proporcionar más seguridad que Defensa a la UE". *Real Instituto Elcano.* p. 1.

En el ámbito de la seguridad energética, y debido a que el documento introduce la medidas de coacción energética como una amenaza para la seguridad de la UE —en clara alusión al chantaje energético ruso—, la Brújula Estratégica aporta medidas específicas para mejorar y proteger los sistemas de energía comunitarios, aunque casi siempre desde una perspectiva de Defensa. De este modo, se acepta el hecho de que la seguridad energética no solo debe protegerse mediante instrumentos normativos, comerciales y políticos, sino que también es necesario aplicar herramientas de *hard power* para asegurar la integridad y resiliencia de las redes de suministro. Por otra parte, se incluyen algunas referencias, hasta entonces desconocidas, sobre la necesidad de aumentar la eficiencia energética de las fuerzas armadas de los Estados miembros, también en las misiones y operaciones de la PCSD, para ser capaces de garantizar la eficiencia de las operaciones militares y la capacidad de «responder con rapidez y operar en entornos inciertos». Este desafío no había sido incluido en ninguna de las estrategias de energía anteriores, ni siquiera en la Estrategia Europea de Seguridad Energética, y aportan una idea clara sobre la importancia de reducir las dependencia exteriores en todos los sectores estratégicos con el fin de ganar una autonomía de acción real.

Capítulo 4

Los avances federalistas como consecuencia de la pandemia del covid-19 y la ampliación del concepto de autonomía estratégica

SUMARIO: 1. El nuevo ciclo político: la Comisión Von der Leyen / 2. La pandemia del covid-19: de crisis a oportunidad federalista / 3. La Unión de la Seguridad / 4. La ampliación de la autonomía estratégica europea: de objetivo en materia de seguridad y Defensa a principal pilar del proyecto comunitario

1. EL NUEVO CICLO POLÍTICO: LA COMISIÓN VON DER LEYEN

Las elecciones al Parlamento Europeo de 2019 abrieron un nuevo ciclo político en la UE, dando comienzo a una legislatura que un año más tarde tomaría una especial relevancia debido a la pandemia del covid-19 y a las oportunidades federalistas que se abrieron al respecto. Este profundo avance en la integración europea venía respaldado por una ciudadanía que había recuperado la confianza en las instituciones comunitarias, muy castigadas ante la opinión pública por la gestión de la crisis económica iniciada en 2008. Antes de los comicios, el Eurobarómetro mostraba los índices de apoyo ciudadano más altos desde hacía una década, con un 44% de ciudadanos que confiaban plenamente en la UE, un 45% que tenían una visión positiva de esta, un 61% que veían con optimismo el futuro común y un 55% de satisfacción en la calidad democrática. Además, el 73% de los encuestados se sentía ciudadano europeo, valorando sobre todo la libre circulación en el marco del mercado común, el programa Erasmus y el euro[1].

En este clima favorable, las elecciones europeas registraron la mayor participación desde 1994, llegando a superar el 50,60% de electores[2]. Esta cifra estuvo impulsada por el voto joven, que aumentó un 14% entre los menores de veinticinco años y un 12% en la franja comprendida entre los veinticinco y los treinta y nueve años[3], un mayor compromiso democrático ligado a la creencia de que los problemas de los Estados miembros debían abordarse también desde una óptica comunitaria. Además, y pese a que en clave nacional obtuvieron algunas victorias, los partidos euroescépticos sufrieron un

---

1 Estos buenos datos no se habían observado desde el 2009, mostrando una tendencia creciente desde los índices más bajos en el periodo comprendido entre el 2011 y el 2016. Comisión Europea. (2019). *Standard Eurobarometer 91. Spring 2019. First results.* Kantar Public. pp. 5- 17.

2 Como suele ser habitual, la participación varió profundamente entre los Estados miembros. Por ejemplo, el 88,47% de los electores belgas acudieron a las urnas, mientras que solo el 22,47% de los eslovacos ejerció su derecho al voto. En general, se registró una mayor participación en los países con mayor tradición europeísta, entre ellos los miembros fundadores de la CECA o los de las primeras ampliaciones. Parlamento Europeo. (2019). *Resultados por año.* Resultados de las elecciones europeas de 2019. europal.europa.eu Disponible en: https://www.europarl.europa.eu/election-results-2019/es/participacion/

3 Parlamento Europeo. (2019). *Elecciones europeas 2019: participación récord impulsada por los jóvenes.* Nota de prensa, de 24 de septiembre de 2019. europal.europa.eu Disponible en: https://www.europarl.europa.eu/news/es/press-room/20190923IPR61602/elecciones-europeas-2019-participacion-record-impulsada-por-los-jovenes

importante retroceso, pasando de ser la tercera fuerza política a verse superados por los verdes y liberales. Con estos resultados, se inició una legislatura de marcado carácter europeísta, ya que, tal y como defendió David Sassoli, presidente del Parlamento Europeo, la ciudadanía había emitido «señales claras en favor de una Europa nueva, más cercana a sus exigencias, más ecológica, más firme en la defensa del Estado de Derecho, más atenta a los derechos sociales, más eficiente y más transparente en su proceso de adopción de decisiones»[4].

Tras la formación del Parlamento Europeo, el Consejo Europeo eligió a Ursula Von der Leyen como candidata a presidir la Comisión, una decisión que no sentó bien a una parte de los eurodiputados debido a que no respetaba el sistema de los *spitzenkandidaten*[5]. Sin embargo, y tras un celebrado discurso ante la Eurocámara en el que defendió una acción legislativa ambiciosa y unas prioridades políticas de marcado carácter europeísta, la alemana fue finalmente elegida presidenta por un estrecho margen de votos, aunque con el apoyo de las tres grandes familias europeas· Importante aliada política de la canciller Merkel, se trataba de la primera mujer que presidía la institución. Pocos días después de su designación, los perfiles biográficos publicados en los medios generalistas la describieron como una mujer conservadora, familiar, profundamente europeísta y con un carácter fuerte, directo y decidido, capaz de asumir responsabilidades y tomar decisiones de manera segura y efectiva.

---

4 Sassoli, D. (2019). *Discurso del presidente ante el Consejo Europeo.* Parlamento Europeo. europal.europa.eu Disponible en: https://www.europarl.europa.eu/the-president/en/newsroom/presidents-speech-at-the-european-council?lang=es

5 Aunque el presidente Sassoli criticó el proceso de elección de Von der Leyen por no respetar el proceso de los *spitzenkandidaten,* cabe recordar que, según lo establecido en el TUE, el Consejo Europeo no está limitado por ese sistema al proponer un candidato.

Las prioridades políticas de Von der Leyen estaban agrupadas en seis grandes ambiciones: el Pacto Verde Europeo, una economía que funcione en pro de las personas, una Europa adaptada a la era digital, la protección del estilo de vida europeo, una Europa más fuerte en el mundo y un nuevo impulso democrático[6]. En la defensa de su programa ante el Parlamento Europeo, aseguró que estaba destinado a realizar una transformación total de cada uno «de los aspectos de nuestra sociedad y nuestra economía»[7], aprovechando «el poder transformador de la doble transición climática y digital para fortalecer nuestra base industrial y nuestro potencial de innovación», ejecutando el cambio de modelo energético de manera justa y equilibrada y asumiendo un liderazgo global para «configurar un orden mundial mejor»· Tras la aprobación del Colegio de Comisarios con más de un 60% de los votos[8], el nuevo equipo comenzó sus funciones el 1 de diciembre de 2019. Estas prioridades respondían claramente a los intereses de los ciudadanos, ya que los europeos consideraban que los retos más importantes a los que se enfrentaba la UE eran el cambio climático, el terrorismo y los riesgos para la salud. Además, reclamaban una mayor solidaridad para igualar los estándares de vida entre los Estados miembros y una profundización en la integración de las políticas educativas, sanitarias y de seguridad[9]. Respecto a la

---

6 Von der Leyen, U. (2019). *Una Unión que se esfuerza por lograr más resultados. Mi agenda para Europa. Orientaciones Políticas para la próxima Comisión Europea 2019-2024.* Comisión Europea. p. 4.

7 Von der Leyen, U. (2019). *Discurso ante la sesión plenaria del Parlamento Europeo.* Parlamento Europeo. p. 5.

8 Parlamento Europeo. (21 de noviembre de 2019). *El Parlamento Europeo da luz verde a la Comisión Von der Leyen.* Nota de prensa. europal.europa.eu Disponible en: https://www.europarl.europa.eu/news/es/headlines/eu-affairs/20191115STO66605/el-parlamento-da-luz-verde-a-la-comision-von-der-leyen

9 Comisión Europea y Parlamento Europeo. (2021). *Special Eurobarometer 500–First Results. Future of Europe.* Kantar Public. p. 29.

lucha climática, las encuestas públicas también mostraban una creciente preocupación, pues el 60% de los entrevistados lo entendía como el mayor desafío global, el 79% como un problema realmente serio, el 49% demandaba acciones comunes y el 92% apoyaba la reducción de emisiones hasta alcanzar la neutralidad climática[10].

El nuevo ciclo político iniciado en 2019 tenía algunas características propias —y algunas compartidas con las de la Comisión Juncker— que hacían de él una oportunidad única e histórica, pues sobre su desarrollo confluían diferentes factores que iban a potenciar y reforzar el proceso de integración comunitaria. De carácter interno, la definitiva salida del Reino Unido del proyecto común permitía un avance significativo en algunos planes anteriormente conflictivos, sobre todo respecto a la Defensa, la política social y la financiera. Por otra parte, el avance durante la anterior legislatura respecto a la legitimidad democrática, la eficiencia política, el papel del Parlamento Europeo en la toma de decisiones y la puesta en marcha de iniciativas ambiciosas, como la PESCO o la política económica, había elevado el nivel de ambición y confianza en las instituciones comunitarias. En el plano exterior, las diferencias con el socio estadounidense, la complejidad del escenario mundial y la vocación de actuar como una potencia global impulsaba el desarrollo de la autonomía estratégica para aumentar la influencia internacional europea. Todos estos procesos elevaron la «vocación federal» de la UE[11], la cual se aceleró con el inicio de la mayor crisis en Europa desde la II Guerra Mundial: la pandemia del covid-19.

---

10 Comisión Europea. (2019). *Special Eurobarometer 49–Report. Climate Change.* Kantar Public. Dirección General de Comunicación. pp. 5-60.

11 Aldecoa Luzárraga, F. (2020). "El nuevo ciclo político en la UE", en Aldecoa Luzárraga, F. (coord). *La Unión europea y la pandemia mundial: un actor imprescindible en la nueva y necesaria gobernanza global.* Los Libros de la Catarata. pp. 19-23.

2. LA PANDEMIA DEL COVID-19: DE CRISIS A OPORTUNIDAD FEDERALISTA

2.1. La respuesta comunitaria a la pandemia del covid-19

El 11 de marzo de 2020, menos de tres meses y medio después del inicio de la legislatura, la OMS declaró que la epidemia del covid-19 era oficialmente una pandemia[12]. Dos días después, el director general de la organización confirmó que la UE se había convertido en la región mundial con más casos diagnosticados, favoreciendo la adopción de medidas restrictivas a la movilidad que en la mayor parte de los Estados miembros se tradujo en un confinamiento general de la población. Ese mismo año, los números de la crisis sanitaria sobrepasaron casi todas las cifras conocidas, con un 6% de descenso del PIB, una elevación del desempleo en más de un punto porcentual, un aumento de la deuda pública europea por encima del 12%, una caída de la producción de casi un 21% y un exceso de mortalidad que, en noviembre, llegó a alcanzar el 40%[13]. La envergadura de la pandemia hizo que, desde su inicio, las instituciones comunitarias apostaran por una respuesta común, un proceso que se aceleró ante las decisiones unilaterales y la descoordinación entre los Gobiernos nacionales durante las

---

12 Cabe destacar que el concepto de pandemia no está basado en datos objetivos, por lo que su declaración se realizó más a efectos de opinión pública, así como para hacer un llamamiento a la coordinación de los países. Sevillano, E. (11 de marzo de 2020). "La OMS declara el brote de coronavirus la pandemia mundial". *El País*. Disponible en: https://elpais.com/sociedad/2020-03-11/la-oms-declara-el-brote-de-coronavirus-pandemia-global.html

13 Todas las cifras sobre la pandemia del covid-19 en la UE han sido recopiladas, publicadas y actualizadas por Eurostat. Eurostat. (2021). *Covid-19*. Comisión Europea. ec.europa.eu Disponible en: https://ec.europa.eu/eurostat/web/covid-19/data

primeras semanas. El 26 de marzo, el Consejo Europeo solicitó una «salida coordinada, un plan integral de recuperación y una inversión sin precedentes»[14], pidiendo el establecimiento de una estrategia comunitaria en la lucha contra el covid-19. Por su parte, el Parlamento Europeo también solicitó que las instituciones «actúen de forma conjunta, afronten el desafío y garanticen que la Unión salga reforzada de esta crisis»[15].

Finalmente, la Comisión presentó un plan para ejecutar dos partes. En la primera, se establecía una estrategia para el levantamiento de las medidas restrictivas y la coordinación de las acciones a escala local, regional y nacional para alcanzar una «recuperación que tenga en cuenta las necesidades de los ciudadanos, en la que la economía debe crecer y retornar a una senda de crecimiento sostenible»[16], un primer paso para evitar el caos generado a causa del establecimiento del confinamiento en los Estados miembros. En la segunda, se establecía la hoja de ruta comunitaria para la superación de la pandemia. Esta se basaba en la solidaridad, la cohesión y la convergen cia para evitar una recuperación asimétrica, la flexibilidad y la agilidad para adaptarse a la realidad sanitaria y económica, el trabajo conjunto entre las instituciones comunitarias y los Estados miembros y el respeto a los valores y los derechos europeos[17]. Para ello, se proponía una acción a diferentes niveles,

---

14 Consejo Europeo. (2020). *Declaración conjunta de los miembros del Consejo Europeo. 26 de marzo de 2020.* p. 6.

15 Resolución del Parlamento Europeo, de 17 de abril de 2020, sobre la acción coordinada de la Unión para luchar contra la pandemia de COVID-19 y sus consecuencias. *Diario Oficial de la Unión Europea,* núm. C316, de 6 de agosto de 2021. p. 3.

16 Hoja de ruta común europea para el levantamiento de las medidas de contención de la Covid-19. *Diario Oficial de la Unión Europea,* núm. C/126, de 17 de abril de 2020. p. 11.

17 Comisión Europea. (2020). *Hoja de ruta para la recuperación. Hacia una Europa más resiliente, sostenible y justa.* pp. 1-5.

concentrándose en un mercado único renovado y plenamente operativo, un esfuerzo inversor sin precedentes y un sistema de gobernanza que permitiera una mejora efectiva de la situación.

De este modo, y pese al enorme desajuste sufrido en todos los países, se sentaban las bases para una estrategia de recuperación conjunta que permitiera superar la extrema situación en un corto periodo de tiempo. En los siguientes meses, la Comisión concretó un ambicioso plan de acción en el que se apostaba por la movilización de todos los recursos e instrumentos para facilitar la coordinación entre los Estados miembros, creando además un equipo específico para la gestión diaria de la lucha contra el covid-19 liderado por la propia Von der Leyen. Estas ayudas fueron dirigidas principalmente al ámbito de la salud, a la financiación directa de las empresas más golpeadas por la crisis, al mantenimiento de la movilidad entre países, a la lucha contra la desinformación y a la investigación para conseguir vacunas fiables en el menor tiempo posible, aportando más de 660 millones de euros a diferentes laboratorios. Aunque la complejidad del desafío propició errores comprensibles a todos los niveles, el tiempo ha evidenciado que la respuesta común a la enfermedad fue un éxito, sobre todo gracias a la vacunación conjunta.

En el ámbito exterior, la UE asumió un liderazgo mundial en la lucha contra la pandemia, fiel a su carácter civil y normativo. La Comisión y el AR elaboraron un plan de acción conjunto con el fin de garantizar una actuación coordinada y en asociación con todas las instituciones internacionales[18], así como planes de cooperación médica y financiera con los socios más cercanos y ayudas a los países más desfavorecidos.

---

18 Comisión Europea. (8 de abril de 2020). *Coronavirus: respuesta mundial de la UE para la lucha contra la pandemia.* Comunicado de prensa. ec.europa.eu Disponible en: https://ec.europa.eu/commission/presscorner/detail/es/ip_20_604

En marzo de 2020, la UE se alejó de las críticas estadounidenses y ofreció su pleno apoyo a la OMS, mostrándose a favor de los proyectos globales, el intercambio de datos y el acceso a los medios sanitarios en un mercado sin interrupciones[19]. Pese a lo aciago de la situación en Europa, la UE diseñó una respuesta mundial que fue ampliamente aceptada por gran parte de la comunidad internacional, tomando incluso la iniciativa y el liderazgo político en el marco del G7, G20 y la OMS. Además, las medidas acordadas en la cumbre del G20 fueron prácticamente idénticas a las propuestas en la hoja de ruta europea, lo que evidenciaba que el espejo donde se miraba la respuesta global a la pandemia era el de la UE[20]. Esto se debía, en parte, a la oportunidad que el covid-19 presentaba para aplicar el concepto de autonomía estratégica en una situación de crisis, decidiendo su acción de manera independiente, alcanzando consensos con socios prioritarios y manteniendo una postura propia y ante las actitudes poco constructivas de los amigos tradicionales. El éxito fue tal que el politólogo Max Bergmann lo calificó como el «despertar geopolítico de Europa»[21], convencido de que la pandemia estaba sirviendo para constatar que la UE era ya una potencia mundial con plena capacidad de acción.

---

19 Consejo Europeo. (16 de marzo de 2020). *G7 leaders´ Statement on COVID-19.* Comunicado de prensa. consilium.europa.eu Disponible en: https://www.consilium.europa.eu/es/press/press-releases/2020/03/16/g7-leaders-statement-on-covid-19/

20 Las acciones conjuntas en el marco del G20 han sido esenciales para la coordinación internacional en la lucha contra la pandemia.

21 Bergmann, M. (20 de agosto de 2020). "Europe's Political Awakening". *Foreign Affairs* www.foreignaffairs.com Disponible en: https://www.foreignaffairs.com/articles/europe/2020-08-20/europes-geopolitical-awakening

2.2. El plan de recuperación NextGenerationEU

Una de las dimensiones más duras de la pandemia del covid-19 fue la profunda crisis económica en la que derivó, ya que las medidas restrictivas paralizaron durante meses la actividad industrial y comercial en todos los Estados miembros. Ante tan extraordinaria situación, y tras la solicitud e impulso del Parlamento Europeo, la Comisión propuso un instrumento de recuperación único y puntual para hacer frente de manera coordinada y solidaria a las consecuencias de la pandemia, aprovechando la oportunidad para completar la transición digital y energética y afrontar con éxito los retos de la siguiente generación. De este modo, el paquete NextGenerationEU puso a disposición de la sociedad 750.000 millones de euros que, integrados en el MFP 2021-2027, constituyeron el mayor paquete de estímulo financiero jamás articulado por la UE, sumando un total de 1,8 billones de euros para la reconstrucción y la reconversión del modelo europeo en uno más digital, justo, ecológico y resiliente[22].

El plan diseñado por la Comisión tenía tres pilares. El más grande estaba constituido por las ayudas públicas a los Estados miembros a través de subvenciones y préstamos. Estas se enmarcaban en el Mecanismo Europeo de Recuperación y Resiliencia y en la iniciativa para la Recuperación para la Cohesión y los Territorios de Europa, con 672.000 millones de euros y 47.500 millones de euros respectivamente. El primero aglutinaba el grueso del presupuesto de NextGenerationEU y estaba destinado a apoyar «a los Estados miembros para que lleven a cabo las inversiones y reformas esenciales de cara a

---

[22] Comisión Europea. (2021). *Plan de recuperación para Europa.* ec.europa.eu. Disponible en: https://ec.europa.eu/info/strategy/recovery-plan-europe_es

una recuperación sostenible»[23], para lo que se debían diseñar y presentar planes nacionales de recuperación. El segundo pilar estaba dirigido a fomentar la inversión privada, para lo que contaba con el Instrumento de Ayuda a la Solvencia y el Instrumento de Inversiones Estratégicas, todos ellos creados para movilizar recursos para empresas que, si no fuera por el covid-19, estarían saneadas y en crecimiento.

Por último, el tercer pilar pretendía aprovechar las enseñanzas de la pandemia, invirtiendo en la «prevención, la preparación frente a situaciones de crisis, el suministro de medicamentos y equipos vitales y la mejora de los resultados sanitarios a largo plazo», además del refuerzo de otros instrumentos y programas clave y la ayuda a los socios mundiales. En el marco de este pilar se estableció un proceso de diálogo entre las instituciones europeas sobre la falta de capacidades que, meses más tarde, permitió la evolución del concepto de autonomía estratégica y su aplicación al conjunto del proyecto común. Además, todos los planes debían estar en línea con los planes comunitarios respecto a la transición digital, el cambio de modelo energético y el respeto a los derechos y los valores europeos. Por eso, más del 50% de los fondos tenían que invertirse en la modernización de los Estados miembros, mientras que era obligatorio destinar un 30% como mínimo a impulsar el cambio hacia una economía limpia, circular y climáticamente neutra, así como a la protección de la biodiversidad[24].

El plan de recuperación, en el que se incluía el nuevo MFP reforzado por el NexGenerationEU, fue aprobado por

---

[23] Comisión Europea. (27 de mayo de 2020). *Comunicación de la Comisión al Parlamento Europeo, al Consejo Europeo, al Consejo, al Comité Económico y Social Europeo y al Comité de las Regiones. El momento de Europa: reparar los daños y preparar el futuro para la próxima generación.* COM(2020) 456 final. p. 5.

[24] Comisión Europea. *Plan de recuperación... Op. Cit.*

el Consejo Europeo en su reunión extraordinaria de julio de 2020. Tras varios días de duras negociaciones entre las delegaciones nacionales, los jefes de Estado o de Gobierno dieron luz por unanimidad al plan de la Comisión, aunque con algunos leves recortes. En las conclusiones del encuentro y sus anexos se detallaron las condiciones de financiación, entre las que destacaba la adquisición de deuda conjunta, así como el sistema de reparto de las ayudas, de evaluación de los proyectos y de aumento de los recursos propios, todo ello para establecer un proyecto histórico y que tendría una enorme repercusión futura[25]. El 1 de enero de 2021, la Comisión asignó los primeros fondos del próximo MFP tras la adopción de la legislación sectorial pertinente, la obtención del aval del Parlamento Europeo y el Consejo el 10 de noviembre y la aprobación del Consejo del MFP 2021-2027 el 17 de diciembre.

2.3. La pandemia del covid-19 como federador del proyecto común

El estudio detallado de la respuesta europea a la crisis del covid-19 permite sin lugar a dudas una lectura muy optimista, pues frente al enorme desafío que supuso la pandemia los Estados miembros y las instituciones comunitarias mostraron una gran voluntad de trabajo y negociación, una alta eficacia en la toma de decisiones, una profunda lealtad al proyecto común y una elevada calidad política y democrática, lo que permitió poner en marcha ambiciosos planes para abordar con éxito el mayor reto al que se ha enfrentado nunca la UE. Por lo tanto, es evidente que se trata de un momento único e histórico, pues ante la crisis sanitaria y económica los líderes europeos adoptaron soluciones imaginativas que elevaron destacablemente el nivel de integración y permitieron una mayor federación al

---

25 Consejo Europeo. (2020). *Conclusiones de la reunión extraordinaria del Consejo Europeo (17, 18, 19, 20 y 21 de julio de 2020).* pp. 2-9.

profundizar en la solidaridad del proyecto común, un proceso que antes de 2019 parecía imposible. A este respecto, la presidenta de la Comisión definió la situación como «el momento de Europa»[26], asegurando que estamos ante una coyuntura «excepcional de unidad para nuestra Unión».

Es muy difícil no ver en el programa NextGenerationEU un elemento profundamente federador del proyecto europeo. Esto se debe, en primer lugar, a que establecía la solidaridad de carácter federal entre los Estados miembros, ya que, tal y como defiende Aldecoa, no es un acuerdo «en el que el fondo se reparte de forma proporcional al tamaño, [...] ya que el fondo se repartirá en función de las necesidades de los Estados miembros y su regiones»[27]. De este modo, imperaba en él una lógica federalista para focalizarlos allí donde eran necesarios, independientemente de consideraciones nacionales o presupuestarias. Esto era absolutamente novedoso en la UE, donde los intereses de los Gobiernos nacionales suelen condicionar la aprobación y el reparto de los fondos estructurales. Por otra parte, el monto total superaba con creces cualquier programa vigente, lo que obligaba a profundizar en la capacidad de gestión y administración de las instituciones europeas para dotarlas de mayores herramientas y responsabilidad. Sin embargo, es mucho más fácil observar esa tendencia federadora en los instrumentos de financiación. Para obtener los fondos necesarios, el Consejo Europeo autorizó a la Comisión «a contraer empréstitos en los mercados de capitales en nombre de la Unión», es decir, a emitir deuda pública común a costes más favorables que los de algunos Estados miembros y

---

26 Von der Leyen, U. (2020). *Discurso sobre el estado de la Unión 2020. Construyendo el mundo en que queremos vivir: una unión de vitalidad en un mundo de fragilidad.* Comisión Europea. p. 3.

27 Aldecoa Luzárraga. *Op. Cit.* p. 30.

a redistribuir los importes[28]. Además, la UE buscaría nuevos recursos propios, como la contribución nacional basada en los residuos de envases de plástico no reciclados o un impuesto digital. Aunque el Consejo Europeo dejó claro que estas medidas estaban limitadas conforme a su «magnitud, duración y alcance»[29], cabe preguntarse si el éxito de estos instrumentos excepcionales no derivará con el tiempo en su institucionalización o incluso en la creación de una política fiscal común o un Tesoro europeo.

---

28 La emisión de deuda conjunta ha sido siempre un asunto muy espinoso en el seno de la UE debido a la dura oposición de los países con mayor rigor fiscal, que nunca han querido mutualizar la deuda soberana de los Estados miembros por miedo a que aumenten los intereses de su deuda nacional y a que los países más beneficiados relajen sus reformas fiscales. Por ejemplo, durante la crisis del 2008 la Comisión llegó a presentar una propuesta para implementarlos, pero varios socios consiguieron paralizar el proyecto. Uno de los países con una postura más inamovible siempre fue Alemania, cuya canciller, Ángela Merkel, llegó a asegurar que nunca vería los eurobonos «mientras viva». Sin embargo, la profundidad, las excepcionales características de la crisis y la imperiosa necesidad de fondos comunes para activar el plan de recuperación terminó por convencer a todos los Gobiernos para instaurar por fin los eurobonos, emitiendo el primero de ellos el 15 de junio de 2021 con una excelente calificación de triple AAA. Es curioso que, en las negociaciones del Consejo Europeo para implementarlos, fuera justamente la postura favorable del Gobierno alemán la que permitió su activación definitiva. Gómez, J. (16 de junio de 2012). "Merkel: Europa no tendrá deuda compartida «mientras yo esté viva»". *El País.* Disponible en: https://elpais.com/internacional/2012/06/26/actualidad/1340738049_341495.html y Becedas, M. (21 de marzo de 2020). "Los "coronabonos" llaman a la puerta de Merkel: ¿aceptará Alemania esta vez la emisión de unos eurobonos?". *El Economista.* Disponible en: https://www.eleconomista.es/economia/noticias/10431022/03/20/Los-coronabonos-llaman-a-la-puerta-de-Merkel-aceptara-Alemania-esta-vez-la-emision-de-unos-eurobonos.html

29 Consejo Europeo. *Conclusiones de la reunión esxtraordinaria... Op. Cit.* p. 3.

A medio y largo plazo, todo parece indicar que el MFP y el NextGenerationEU tendrán un efecto federador y permitirán avanzar en una mayor integración en políticas de competencia nacional, como la sanitaria o la fiscal. Esto se debe a que la pandemia del covid-19 evidenció la necesidad de establecer mecanismos de solidaridad mucho más potentes ante crisis graves, ya que en los Estados miembros difícilmente pueden superar problemas transversales de manera solitaria e independiente. Y, ante esta dura realidad, apenas existen soluciones satisfactorias que no tengan un carácter más o menos federal. De este modo, el nuevo ciclo político iniciado con la Comisión Von der Leyen, impulsado por la pandemia y mediante la CoFoE, puede ser el pistoletazo de salida de una reforma de los Tratados Constitutivos que establezcan una mejora institucional de la UE, el fin de la unanimidad en el Consejo y el Consejo Europeo respecto a la PESC y la unión bancaria y fiscal, entre otros avances, lo que sin duda dotará al proyecto común de un mayor carácter federal. Las cifras reflejadas en los Eurobarómetros y los resultados de las elecciones dejan claro que esta posibilidad cuenta con un mayoritario apoyo social.

Además, la crisis del covid-19 tuvo un profundo impacto en el desarrollo de la autonomía estratégica europea en el marco de la PESC. Esto se debe a que, como principal potencia normativa mundial, lideró la respuesta mundial a una pandemia que es global y que afecta a todos los Estados sin excepciones —aunque con diferentes consecuencias—, estableciendo y ejecutando estrategias propias de manera tanto independiente como en colaboración con los socios más relevantes y proactivos. Sin embargo, la crisis también llevó a la progresiva ampliación del concepto, muy cercano al sector de la seguridad y la Defensa, hasta nuevas dimensiones del proyecto común, como la sanitaria, la fiscal o la tecnológica, evidencia de que la UE necesita dotarse de capacidad de respuesta ante cualquier reto multidimensional al que se enfrente en el futuro. Por otra parte, es muy probable que el plan de recuperación y la CoFoE favorezcan su desarrollo durante esta década, ya que para alcanzarla con plenitud se requiere una UE más fuerte y ambos proyectos avanzan en un proyecto común más solidario, cohesionado y con un carácter federal más profundo.

3. LA UNIÓN DE LA SEGURIDAD

Desde que en la primera década del actual siglo el escenario geopolítico comenzara a sentir cierta inestabilidad y desequilibrio, la seguridad se estableció como uno de los pilares centrales del proyecto europeo. Sin embargo, no fue hasta la pandemia del covid-19 cuando se evidenció la necesidad de mejorar el sistema de protección comunitario desde un prisma integral y transversal, garantizando la seguridad física y digital en todos los sectores y cadenas de suministro y dotando a los Estados miembros tanto de una mayor resiliencia como de las herramientas necesarias para responder con éxito ante cualquier contratiempo. Anteriormente, la Comisión ya avanzó esta posibilidad al establecer en 2015 la Agenda Europea de Seguridad, con la cual pretendía ayudar a los Estados miembros —máximos responsables de la seguridad del territorio europeo— a través de un mejor intercambio de información, el aumento de la cooperación operativa y la aplicación de todas las herramientas y políticas comunitarias en el marco nacional[30]. Aunque la estrategia tenía un marcado carácter interior, también se apostaba por una mayor simbiosis entre las dimensiones externas e internas de seguridad, así como la necesidad de establecer una estructura de carácter interinstitucional, transversal y global para aunar las

---

[30] Comisión Europea. (3 de septiembre de 2015). *Comunicación de la Comisión al Parlamento Europeo, al Consejo, al Comité Económico y Social Europeo y al Comité de las Regiones: Agenda Europea de Seguridad.* COM(2015) 185 final. pp. 2-5.

«actuales estrategias sectoriales de la UE que pueden contribuir directa o indirectamente a un alto nivel de seguridad».

Un año más tarde, y siguiendo la petición del Consejo Europeo para la elaboración de una nueva estrategia exterior e interior, la Comisión propuso una verdadera Unión de la Seguridad para afrontar «los retos múltiples y solapados que afronta Europa en la actualidad, junto con la inestabilidad en nuestra vecindad y unas fuerzas mundiales más amplias»[31], estableciendo la unificación en una única estrategia de las medidas de seguridad aplicadas en la Agenda Europea de Migración, el mercado único digital, la Unión de la Energía y la lucha contra las amenazas híbridas. Aunque el documento estaba centrado en la lucha antiterrorista, se hacía evidente la necesidad de abordar la seguridad de los Estados miembros desde un prisma mucho más transversal e interconectado con el fin de aumentar la resiliencia europea y afrontar las nuevas amenazas de manera exitosa, pues la naturaleza de estas y la consolidación de todas las dimensiones del mercado común —incluida la digital y la energética— obligan a ejecutar estrategias de seguridad de manera mucho más integrada.

La Unión de la Energía se completó en 2020, justo cuando la pandemia del covid-19 estaba transformando las nociones sobre la protección y la vulnerabilidad de la UE y se hacía aún más necesaria una estrategia integral de seguridad, pues había quedado patente que la evolución del proyecto europeo hacía imposible proteger a los ciudadanos únicamente a través de la actuación individual de los Estados miembros o de la cooperación policial y judicial en ámbitos estancos. Además, se

---

31 Comisión Europea. (20 de abril de 2016). *Comunicación de la Comisión al Parlamento Europeo, al Consejo Europeo y al Consejo: aplicación de la Agenda Europa de Seguridad para luchar contra el terrorismo y allanar el camino hacia una Unión de la Seguridad genuina y efectiva.* COM(2016) 230 final. p. 3.

requería establecer una dimensión exterior energética como un componente más de la seguridad comunitaria. Para ello, la Comisión publicó ese mismo año la Estrategia para una Unión de la Seguridad con el fin de crear un ecosistema de seguridad integral y multidisciplinar compartido entre los Estados miembros y las instituciones europeas con el que dotar a la UE de los medios y las capacidades necesarias para responder eficazmente a un entorno de amenaza en rápida transformación, definiendo las prioridades estratégicas ante los riesgos físicos y digitales y actuando de manera coordinada y en base a los derechos europeos[32].

La estrategia se basaba en cuatro pilares. El primero de ellos buscaba la protección de las infraestructuras críticas y los lugares públicos, el segundo potenciaba la capacidad de adaptación ante amenazas cambiantes y en constante evolución, el tercero implicaba mayores esfuerzos en la lucha contra el terrorismo y el crimen organizado y el cuarto propiciaba el aumento de la cooperación y el intercambio de información entre las autoridades policiales y judiciales nacionales, principalmente en las fronteras exteriores[33]. Además, se proponía una mayor coordinación entre la dimensión interior de la Unión de la Seguridad

---

32 La Unión de la Seguridad abarcaba un periodo de cinco años (2020-2025), en concordancia con el ciclo político actual y con otras estrategias vigentes, como la agenda de lucha contra la droga, la Estrategia para la Igualdad de Género, el plan de acción contra el tráfico ilícito de migrantes o el plan de acción sobre el tráfico de armas de fuego. Comisión Europea. (24 de julio de 2020). *Comunicación de la Comisión al Parlamento Europeo, al Consejo Europeo, al Consejo, al Comité Económico y Social Europeo y al Comité de las Regiones sobre la Estrategia de la UE para una Unión de la Seguridad.* COM(2020) 605 final. pp. 1-3.

33 Comisión Europea. (s/f). *Unión Europea de la Seguridad.* Priorities 2019-2024–Promoción de nuestro modo de vida europeo. ec.europa.eu Disponible: https://ec.europa.eu/info/strategy/priorities-2019-2024/promoting-our-european-way-life/european-security-union_es

y las acciones comprendidas en el marco de la EGS, aunando los objetivos de ambas. Respecto a la energía, la estrategia incidía en los planes puestos en marcha en la Estrategia Europea de la Seguridad Energética, principalmente en aquellos destinados a proteger las infraestructuras clave. Sin embargo, se hacía hincapié en la necesidad de mejorar la resiliencia digital en el ámbito de la energía, así como en establecer planes de acción conjuntos debido a la interdependencia existente entre la seguridad de diferentes sectores, como el energético, el industrial, el sanitario y el de transportes. Por lo tanto, se pretendía incluir al sistema energético en el ecosistema de seguridad europeo, protegiendo su funcionamiento, sus infraestructuras y su acceso para reducir los ataques y los cortes en el suministro, garantizando la fluidez de la energía hacia todos los sectores de la sociedad. Además, se identificaba la dependencia exterior como el mayor elemento de inseguridad, apostando por la consecución de una autonomía energética total como antídoto para este persistente problema.

De este modo, la Unión de la Seguridad supone un importante avance en la necesidad de dotar a la UE de un ecosistema de seguridad estable, completo y multidimensional en el que se aúnen todos los sectores clave, adaptando los planes de acción a la nueva realidad europea y reduciendo la vulnerabilidad de los Estados miembros ante los nuevos desafíos a los que se enfrentan. Además, la Estrategia va a tener una influencia central en el aumento de la seguridad energética y el desarrollo de la autonomía estratégica europea. En el primero de los casos, esto se debe a que, en un escenario en el que todos los sistemas sociales y económicos están interrelacionados y son transfronterizos, la integración del ámbito de la energía en una estrategia transversal de seguridad le aporta solidez y un mayor número de herramientas para alcanzar altos estándares de resiliencia, mientras que en el segundo de los casos la reducción de las amenazas a la seguridad interior permitirá establecer estrategias exteriores mucho más independientes y ejecutarlas con éxito incluso en contextos de desestabilización y degradación del entorno regional e internacional.

4. LA AMPLIACIÓN DE LA AUTONOMÍA ESTRATÉGICA EUROPEA: DE PROYECTO SECTORIAL A PRINCIPAL PILAR DEL PROYECTO COMUNITARIO

Tal y como se ha expuesto con anterioridad, el nuevo ciclo político iniciado en 2019 y, sobre todo, la crisis sanitaria, económica y de seguridad provocada por el covid-19 permitieron desarrollar, reconfigurar y ampliar los proyectos europeos más ambiciosos y dotarlos de marcado carácter federalista. Además, posibilitó la potenciación de la acción exterior europea en las líneas marcadas en la EGS cuatro años atrás, actuando decididamente como una potencia normativa que apuesta por el multilateralismo, la reglamentación del orden internacional y la cooperación para liderar la respuesta mundial contra la pandemia. En este contexto, la Unión de la Seguridad supuso un importante avance al reducir las vulnerabilidades de los Estados miembros y aportar mayores herramientas con las que enfrentar los desafíos globales, lo que sin duda fortalece la proyección global de la UE. De este modo, la transformación de la crisis del covid-19 en una oportunidad única para el proyecto común permitió reformular la autonomía estratégica europea, pasando de un término focalizado en la política de seguridad y Defensa a un concepto mucho más amplio que engloba tanto LA PESC como otras políticas internas. La primera mención a este proceso la realizó el Consejo Europeo el 26 de marzo de 2020, cuando aseguró que el control de las inversiones extranjeras en la UE tendría efectos positivos para el desarrollo de la autonomía estratégica durante la pandemia y después de ella[34], mientras que algunas semanas después el presidente del Consejo Europeo señaló que «es fundamental reforzar la autonomía estratégica de la Unión y producir bienes esencialES en Europa»[35], en referencia a la alta dependencia de material sanitario de extrema necesidad en los primeros meses de la crisis sanitaria.

Estas declaraciones iban en la línea de lo propuesto en la comunicación *Una Hoja de Ruta para la Recuperación*, en la que se pretendía «garantizar la autonomía estratégica de la UE mediante una política industrial dinámica, el apoyo a las pymes y a las empresas emergentes, y un control eficaz de las inversiones extranjeras directas»[36]. El motivo era que la crisis sanitaria había evidenciado la vulnerabilidad europea debido a la alta dependencia exterior de material esencial y la baja inversión en las cadenas de valor estratégicas, impidiendo que los países no

---

34 La declaración estaba relacionada con las directrices impuestas por la Comisión en su comunicación sobre la protección de los activos estratégicos de los Estados miembros, ya que existía el riesgo de que, durante la pandemia, se produjera «un mayor riesgo de tentativas de adquisición de capacidades sanitarias (por ejemplo, para la producción de equipos médicos o de protección) o de industrias afines como centros de investigación (por ejemplo, para el desarrollo de vacunas) a través de las inversiones extranjeras directas». Comunicación de la Comisión: orientaciones dirigidas a los Estados miembros en relación con las inversiones extranjeras directas y la libre circulación de capitales de terceros países, así como la protección de los activos estratégicos de Europa, antes de la aplicación del Reglamento (UE) 2019/452 (Reglamento para el control de las inversiones extranjeras directas). *Diario Oficial de la Unión Europea*, núm. C/99, de 26 de mayo de 2020. p. 1 y Consejo Europeo. *Declaración conjunta... Op. Cit.* p. 5.

35 Consejo Europeo. (23 de abril de 2020). *Conclusiones del presidente del Consejo Europeo tras la videoconferencia de los miembros del Consejo Europeo del 23 de abril de 2020.* Nota de prensa.

36 Comisión Europea. *Una hoja de ruta... Op. Cit.* p. 3.

dispusieran de todas las herramientas necesarias para afrontar con éxito la pandemia. En el fondo del problema estaba la llamada «carrera de las vacunas»[37], ya que prácticamente todas las potencias mundiales habían comenzado a desarrollar sus propios fármacos mientras que la UE dependía del suministro externo, pues ningún Estado miembro tenía la capacidad de investigación necesaria para producir una vacuna en menos de un año. Sin embargo, para paliar esto la Comisión desarrolló una estrategia de vacunas por la cual negoció con algunos laboratorios acuerdos de adquisición anticipada a cambio de la financiación de los costes iniciales de la investigación, desarrollo y producción de estas[38]. Este plan de acción se realizó en nombre de todos los Estados miembros y permitió que la UE fuera una de las primeras regiones en vacunar masivamente e incluso que pudiera donar grandes cantidades de dosis a otros países, aumentando su rol civil y normativo.

Durante los siguientes meses, la preocupación por la autonomía industrial se reflejó en gran parte de los documentos y estrategias comunitarias, tal y como en los años anteriores la ambición por alcanzar la autonomía energética había pasado a ser central en la política de energía. Por ejemplo, en la

---

37 El concepto ha sido utilizado habitualmente por los medios de comunicación para hacer referencia a los proyectos de investigación de las principales potencias sanitarias para desarrollar la primera vacuna efectiva y segura contra el covid-19, lo incrementó la competitividad geopolítica y el uso de los fármacos sanitarios como herramienta de *soft power.* De Miguel, B. y Abril, G. (22 de noviembre de 2020). "Carrera contrarreloj en Europa en la lucha por la vacuna". *El País.* Disponible en: https://elpais.com/sociedad/2020-11-21/europa-parte-con-retraso-respecto-a-ee-uu-en-la-carrera-mundial-hacia-la-vacunacion-contra-la-covid-19.html

38 Comisión Europea. (17 de junio de 2020). *Comunicación de la Comisión al Parlamento Europeo, al Consejo Europeo y al Banco Europeo de Inversiones: Estrategia de la UE para las vacunas contra la COVID-19.* COM(2020) 245 final. p. 2.

comunicación titulada *El momento de Europa: reparar los daños y preparar el futuro para la próxima generación*, se establecía como prioridad desarrollar un mayor grado de autonomía estratégica y seguridad económica, principalmente en lo referente a la investigación tecnológica y a la cadena de valor de las materias primas en los sectores energético, farmacéutico, industrial y digital. La comunicación emplazaba a alcanzar una autonomía estratégica abierta, un concepto que supone «dar forma al nuevo sistema de gobernanza económica mundial y desarrollar relaciones bilaterales beneficiosas para todas las partes, al tiempo que nos protegemos de las prácticas injustas y abusivas»[39]. Por su parte, la Unión de la Seguridad también recordaba «la importancia de una autonomía estratégica abierta para nuestras cadenas de suministro en términos de productos, servicios, infraestructuras y tecnologías vitales».

A este respecto, es importante destacar que el concepto de autonomía estratégica abierta, el cual es usado con frecuencia por los líderes europeos, tiende a ser contradictorio. El término se refiere a la búsqueda de un alto grado de apertura comercial al mismo tiempo que se aumenta la lucha contra las prácticas desleales y coercitivas, reduciendo la dependencia exterior en sectores clave y aumentando la soberanía económica. Pero las estrictas reglas sobre la competencia, una de la marcas más visibles del modelo comunitario, limitan su aplicación, ya que no evitan que algunas empresas extranjeras compitan con ventaja en el mercado común. Sin embargo, la legislación adoptada para acabar con estas prácticas, que permite imponer medidas proteccionistas contra las importaciones que son objeto de *dumping* o competencia desleal, así como las medidas para potenciar y proteger el desarrollo de capacidades estratégicas, pueden ser consideradas como un freno a la apertura

---

[39] Comisión Europea. *Comunicación...El momento de Europa: reparar... Op. Cit.* p. 16.

comercial y a la libre competencia, lo que hace ambiguo el concepto. Pero, más allá de esta contradicción, la pandemia y la crisis del covid-19 han permitido evolucionar el concepto de autonomía estratégica y superar su inicial contextualización, de carácter puramente castrense, para adecuarlo a toda la política de seguridad y de industria europea, convirtiéndolo en el eje central de esta[40]. Por lo tanto, ya no solo es necesario obtener un alto grado de independencia militar o una alta capacidad estratégica que permita afianzar el rol mundial de la UE, sino que se requiere disponer de las herramientas industriales, comerciales y de inversión necesarias para hacer frente a cualquier situación de inseguridad de la manera más autónoma posible, evitando las injerencias y presiones externas.

La puesta en marcha de NextGenerationEU profundizó en esta idea al establecer que todos los proyectos de inversión contaran entre sus objetivos prioritarios el aumentar la autonomía estratégica de la UE. Además, el presidente del Consejo Europeo aseguró que el plan de recuperación era «un gran paso hacia nuestro objetivo esencial: la autonomía estratégica europea»[41], situando la independencia como el

---

[40] En este punto, cabe destacar que la pandemia supuso una oportunidad para mejorar las capacidades de las Fuerzas Armadas en materia logística, ya que durante los meses más duros de la crisis sanitaria muchos países recurrieron al Ejército para respaldar la acción de los agentes civiles y apoyar la ayuda transfronteriza dentro de la UE, tal y como reconoció el Consejo de Asuntos Exteriores en mayo de 2020. Consejo de la Unión Europea. (12 de mayo de 2020). *Videoconferencia de los ministros de Defensa. Principales resultados.* Reuniones. consilium.europa.eu Disponible en: https://www.consilium.europa.eu/es/meetings/fac/2020/05/12/

[41] Michel, C. (8 de septiembre de 2020). *Plan de Recuperación: reforzar la autonomía estratégica de Europa. Discurso del presidente Charles Michel en el Foro Económico de Bruselas.* Discurso. consilium.europa.eu Disponible en: https://www.consilium.europa.eu/es/press/press-

objetivo común para el siglo XXI. De este modo, y en un ambiente de euforia debido a la exitosa respuesta de la UE ante la pandemia, todas las instituciones se alinearon para hacer del desarrollo y la consecución de la autonomía estratégica el principal eje de la política exterior, de seguridad, industrial, espacial, farmacéutica y climática de la UE. El empuje definitivo en este objetivo lo dio el Consejo Europeo en su reunión extraordinaria del 2 de octubre de 2020, cuando los jefes de Estado o de Gobierno establecieron que, en el marco del plan de recuperación aprobado en julio, «un objetivo clave de la Unión es alcanzar una autonomía estratégica al tiempo que se mantiene una economía abierta»[42]. Además, los líderes de los Estados miembros instaron a la Comisión a localizar «los casos de dependencia estratégica, especialmente en los ecosistemas industriales más sensibles como en el ámbito de la salud» y a proponer medidas de mitigación mediante «la diversificación de las cadenas de producción y suministro, la constitución de reservas estratégicas y el fomento de la producción y la inversión en Europa». La idea era alcanzar una soberanía en los sectores más sensibles con la que poder decidir, establecer y ejecutar estrategias propias y compartidas con un alto grado de independencia para defender los intereses propios en un contexto de competición

releases/2020/09/08/recovery-plan-powering-europe-s-strategic-autonomy-speech-by-president-charles-michel-at-the-brussels-economic-forum/

42 Curiosamente, en las conclusiones del Consejo Europeo del 21 de julio de 2020 en las que se aprobaban los fondos para la recuperación y el endeudamiento conjunto para su financiación solo se mencionaba la autonomía estratégica en el ámbito militar, por lo que no fue hasta varios meses después cuando el Consejo Europeo asumió el punto de vista de la Comisión e invitó a asumir la autonomía estratégica como el principal objetivo de la UE. Consejo Europeo. *Conclusiones de la reunión extraordinaria del Consejo Europeo (1 y 2 de octubre de 2020)*. p. 1.

geopolítica, reduciendo las vulnerabilidades y aumentando la resiliencia ante los actuales desafíos a la seguridad europea.

Estas directrices fueron apoyadas por el Parlamento Europeo en su resolución del 25 de noviembre sobre la nueva estrategia industrial de la UE. En ella, se consideraba que «la transición hacia una sociedad resiliente desde el punto de vista social, económico y ambiental, un liderazgo y una autonomía estratégicos y un mercado único que funcione correctamente debe constituir el núcleo de todas las estrategias de la Unión»[43]. Así, la crisis sanitaria y económica derivada de la pandemia ha impuesto la autonomía estratégica como el elemento central de la acción comunitaria, ya que la alta dependencia respecto a elementos estratégicos, la profunda sensibilidad de la economía europea a las alteraciones geopolíticas internacionales, los nuevos desafíos globales y el cuestionamiento del orden multilateral ha aumentado la vulnerabilidad de los Estados miembros y ha degradado su seguridad, obligando a dotar al proyecto común de los instrumentos necesarios para proteger su soberanía y aumentar su resiliencia[44]. Los argumentos favorables a la ampliación de la autonomía estratégica han sido expuestos con claridad por el AR, que en numerosas ocasiones

---

[43] Resolución del Parlamento Europeo, de 25 de noviembre de 2020, sobre una nueva estrategia industrial para Europa. *Diario Oficial de la Unión Europea*, núm. C425, de 20 de octubre de 2021. p. 7.

[44] Por ejemplo, la alta dependencia europea del dólar como divisa internacional es perjudicial para la aplicación efectiva de la EGS, por lo que el actual AR ha dispuesto que la moneda común sea utilizada como herramienta de la PESC para aumentar la soberanía económica europea. Su aplicación en el sector del gas natural ha sido un éxito, ya que la proporción de los pagos en euros han aumentado de un 38% a un 64% en los últimos años. Borrell Fontelles, J. (26 de enero de 2021). "Actuar para proteger nuestra soberanía económica". *Una ventana al mundo.* SEAE. [Blog post]. Disponible en: https://eeas.europa.eu/headquarters/headquarters-homepage/92529/actuar-para-proteger-nuestra-soberan%C3%ADa-econ%C3%B3mica_es

ha defendido la relevancia de su desarrollo como única forma de asegurar los intereses y los valores europeos en un mundo cada vez más hostil. Para Borrell, el decreciente peso de los Estados miembros en la política global, la basculación del foco de poder mundial a Asia, los conflictos periféricos y, sobre todo, la mayor interdependencia con los socios y el uso de esta como herramienta de presión obliga a la UE a «tomar las riendas de su destino y [...] a confiar en nosotros mismos para garantizar nuestro futuro»[45].

En los próximos años, la ampliación del concepto de autonomía estratégica va a tener una especial incidencia en la seguridad energética europea. Esto se debe a que, como uno de los ámbitos en los que existe una mayor dependencia y vulnerabilidad, se debe dotar a la UE no solo de un sistema de energía resiliente, sostenible y competitivo —tal y como se refleja en los objetivos de la Unión de la Energía—, sino también autónomo. Esto implica un cambio de paradigma ya que, aunque en la Estrategia Europea de la Seguridad Energética se establecía el objetivo de la autonomía de producción para reducir la importación de hidrocarburos, actualmente se corre el riesgo de que «la dependencia de los combustibles fósiles disponibles sea sustituida por la dependencia de otras materias primas no energéticas, para las que la competencia a escala mundial se está intensificando»[46]. Esto es clave, ya que obliga a los Estados miembros y a las instituciones comunitarias a evaluar y aplicar las herramientas de política exterior para aumentar la seguridad energética a través de un suministro seguro y sostenible de

45 Borrell Fontelles, J. (3 de diciembre de 2020). "Por qué es importante la autonomía estratégica europea". *Una ventana al mundo*. SEAE. [Blog post]. Disponible en: https://eeas.europa.eu/headquarters/headquarters-homepage/90260/por-qu%C3%A9-es-importante-la-autonom%C3%ADa-estrat%C3%A9gica-europea_es

46 Comisión Europea. *Comunicación.... El momento de Europa... Op. Cit.* p. 15.

materias primas fundamentales, por ejemplo, implementando con mayor éxito la economía circular. Por lo tanto, es evidente que el mejor camino para consolidar la seguridad energética es a través de la autonomía estratégica europea, y el Pacto Verde Europeo puede ser la herramienta perfecta para ello.

Capítulo 5

La energía durante la comisión Von der Leyen: el Pacto Verde Europeo como potenciador de la autonomía estratégica de la UE

1. EL NACIMIENTO DE LA «COMISIÓN GEOPOLÍTICA»

Las prioridades políticas de la Comisión Von der Leyen revelaban una importante ambición reformadora, reflejada en una agenda política que pretendía aprovechar todo el potencial comunitario para avanzar en la integración europea y ejecutar la transición energética, climática y digital. Además, la nueva Comisión apostaba por una dimensión exterior mucho más activa para asumir un liderazgo global en un mundo cada vez más inestable y con un mayor grado de rivalidad geopolítica, por lo que el nuevo mandato fue bautizado «Comisión Geopolítica»[1]. De este modo, se proponía una acción exterior

---

[1] Una de las finalidades de este apelativo era recoger el relevo de Jean-Claude Juncker, anterior presidente de la Comisión, que asumió su

decidida que permitiera proteger los intereses comunitarios, exportar el modelo económico y político europeo y fijar normas comunes a nivel internacional. La creación de una Comisión Geopolítica respondía a los bruscos cambios sucedidos en el contexto internacional, un proceso de desestabilización iniciado la anterior década pero que en 2019 mostraba signos alarmantes. La desintegración del sistema multilateral se había acelerado tras la elección de Donald Trump como presidente de EE. UU., los desafíos rusos a la legalidad internacional y la cada vez mayor asertividad internacional de China, tres países que comenzaban a apostar por la unilateralidad en los asuntos más sensibles. Esta nueva realidad coexistía con varios conflictos tradiciones, como la tensión irresoluble en Oriente Próximo, el nacimiento de potencias regionales cada vez más agresivas o la desintegración del vecindario próximo europeo. Además, las crisis migratorias, el terrorismo, el cambio climático y la ciberinseguridad profundizaban en la sensación de que los ciudadanos europeos vivían en un mundo mucho más peligroso, tal y como se refleja en los Eurobarómetros[2].

Ante este contexto inestable, la apuesta de la presidenta no pasaba por diseñar una política exterior de nuevo cuño, sino por dotar a la UE de las herramientas necesarias para ejecutar la visión estratégica común expuesta en la EGS. Para ello, era necesario trabajar en varias direcciones simultáneas, entre las

---

mandato como la «Comisión Política». Juncker, J. C. (2019). *Discurso al Parlamento Europeo: «Europa: Me llega al corazón»*. Oficina de Publicaciones de la Unión Europea. p. 3.

2 En el otoño de 2019, tres de las cuatro principales preocupaciones de los ciudadanos europeos tenían una clara dimensión internacional, ya que el 34% de los entrevistados consideraba la inmigración como su mayor preocupación, seguida del cambio climático y, en cuarto lugar, el terrorismo. Comisión Europea. (2019). *Standard Eurobarometer 92 — Autumn 2019. First results*. Kantar Public. Dirección General de Comunicación de la Comisión Europea. p. 15.

que destacaban la relación con las grandes potencias en un marco de igualdad, la profundización en la PEV, la mejora de la seguridad y la Defensa, el aumento de la cooperación al desarrollo y el uso de la política comercial como elemento central de apoyo para alcanzar todos los objetivos[3]. De manera evidente, para el éxito de todos estos proyectos se requería actuar con un alto grado de autonomía estratégica. Además, según Leonard, la nueva Comisión Geopolítica debía afrontar siete desafíos principales para actuar como una verdadera potencia global. En primer lugar, se necesitaba alcanzar la unanimidad en torno al Pacto Verde Europeo si se quería hacer de la lucha climática la punta de lanza de la política exterior comunitaria, algo que ya se había conseguido pese a las iniciales dudas de algunos Estados miembros. Por otra parte, se requería convertir al euro en una herramienta de la PESC para evitar que las acciones en dólares limitaran las ayudas o sanciones europeas a terceros países, además de potenciar el proyecto defensivo, establecer una estrategia sólida de ciberseguridad, reconsiderar la política de competencia comunitaria, proteger el mercado interior de inversiones extranjeras que pudieran minar su capacidad industrial o tecnológica y aumentar la diplomacia económica para contrarrestar la expansión china en los mercados en crecimiento[4]. A rasgos generales, Leonard proponía la consolidación de instrumentos normativos y civiles ya vigentes que ayudaran a establecer un poder global, lo que no implicaba cambios en la visión estratégica europea.

---

3 Comisión Europea. (2019). *Seis prioridades de la Comisión para 2019-2024*. Las prioridades de la Comisión Europea, 2019. ec.europa.eu Disponible en: https://ec.europa.eu/info/strategy/priorities-2019-2024_es

4 Leonard, M. (4 de diciembre de 2019). "Una Comisión europea «geopolítica»". Tribuna. *El País*. Disponible en: https://elpais.com/elpais/2019/12/02/opinion/1575307748_229812.html

Para llevar a cabo tan importante trabajo, el Consejo Europeo propuso al español Josep Borrell como sustituto de Federica Mogherini al frente de la diplomacia comunitaria. Con gran experiencia en la política europea —había sido, entre otros cargos, presidente del Parlamento Europeo— y el mundo diplomático —ostentó el cargo de ministro de Asuntos Exteriores español—, y con un perfil mucho más directo que su antecesora, Borrell se comprometió desde el inicio con una ambiciosa agenda que permitiera a la UE actuar como una potencia global en toda regla. En su examen ante el Parlamento Europeo, el candidato defendió el desarrollo de un «enfoque estratégico coherente aún más sólido que permita conectar las distintas acciones [...] y fomentar una cultura estratégica común al promover una visión compartida»[5], lo cual permitiría actuar con mayor autonomía en el contexto internacional. La idea era consolidar de manera definitiva la cultura estratégica europea desarrollada en la EGS para conseguir proceder de manera rápida y decidida ante los eventos internacionales. Para ello, se propuso incluso establecer un debate en el marco del Consejo para adoptar algunas medidas por mayoría cualificada, lo que aumentaría el dinamismo de la política exterior, ya que se corría el riesgo de que fuera lastrada por una constante lentitud y la falta de unidad entre los socios.

La ambición exterior de la Comisión Von der Leyen pivotaba en tres principios sólidos. El primero era el realismo, ya que, «en un mundo dominado por las relaciones de poder, tenemos

---

5 Parlamento Europeo. (2019). *Respuestas del comisario propuesto al cuestionario del Parlamento Europeo: Josep Borrell. Alto Representante de la Unión para Asuntos Exteriores y de Seguridad / Vicepresidente propuesto de la Comisión Europea para una Europa más fuerte en el mundo.* Cuestionario del Parlamento Europeo. Comisión de Asuntos Exteriores. p. 25.

que pensar y actuar como líderes mundiales»[6]. El segundo era la unidad, pues para ejecutar una política global se debían aunar los esfuerzos y las herramientas tanto de los Estados miembros como de las instituciones comunitarias. El tercero era la cooperación, necesaria para poder dar respuestas colectivas a los grandes desafíos, para lo que era imprescindible reforzar el multilateralismo en base a un sistema de normas sólido y adaptado al siglo XXI. Todos estos principios ya estaban recogidos en la EGS, piedra angular de la cultura estratégica comunitaria, si bien Borrell pretendía potenciarlos para dotar a la acción exterior de un carácter más asertivo. Para alcanzar todos los objetivos, el AR desarrolló la llamada «Doctrina Sinatra»[7],

---

6 Borrell Fontelles, J. (1 de diciembre de 2019). "Una Unión Europea más fuerte en un mundo mejor, más ecológico y más seguro: estos son los principios clave que guiarán mi mandato". *Una ventana al mundo.* SEAE. [Blog post]. Disponible en: https://eeas.europa.eu/headquarters/headquarters-homepage/71677/una-uni%C3%B3n europea-m%C3%A1s-fuerte-en-un-mundo-mejor-m%C3%A1s-ecol%C3%B3gico-y-m%C3%A1s-seguro-estos-son-los_es

7 La «Doctrina Sinatra» fue bautizada así por la famosa canción *My Way,* compuesta por Paul Anka e interpretada por Frank Sinatra y traducida al castellano como *A mi manera.* En ella, un hombre mayor relata cómo, a lo largo de su extensa vida, siempre ha dicho lo piensa, ha hecho lo que ha sentido y no ha necesitado de ayuda externa para progresar y superar los retos, pues los ha encarado siempre a su manera. El músico estadounidense canta: *Hice lo que tenía que hacer, y llegué al final sin deber nada a nadie, planeé cada ruta, cada cuidadoso paso a lo largo del camino, y más, mucho más que esto, lo hice a mi manera. Decir las cosas que realmente siente, y no las palabras de alguien que se arrodilla, mi historia muestra que encajé los golpes, y lo hice a mi manera.* Por algún motivo, tanto Borrell como otros autores ven en estos versos una alegoría de la autonomía estratégica europea, ya que la UE debe actuar en la escena global «a su manera». El AR defendió el curioso nombre debido a que «así se hace más fácilmente transmisible de qué se trata. Hubiera podido decir que Europa tiene que aumentar su autonomía estratégica o su soberanía, pero seguramente no habría tenido el mismo eco». Borrell Fontelles, J. (27 de

con la que se pretendía unificar los criterios de actuación hacia los diferentes asuntos mundiales. Aunque se establecía en el marco de la creciente rivalidad entre EE. UU. y China, en realidad podía aplicarse a toda la política exterior europea, pues buscaba que la UE actuara con plena autonomía estratégica en la escena internacional. De este modo, se apostaba por seguir cooperando con los socios prioritarios en un marco multilateral no selectivo al mismo tiempo que se defendían los sectores estratégicos y la soberanía europea, clave para que las interdependencias simétricas no se convirtieran en una subordinación económica y política a potencias de mayor tamaño. Esto permitiría tomar decisiones de manera autónoma y no quedar esposados a los intereses ajenos, defendiendo los valores propios ante cualquier amenaza o desafío. En el fondo, la Doctrina Sinatra no era más que la aplicación de la cultura estratégica establecida en la EGS con un alto grado de autonomía estratégica, aunque aumentando el nivel de ambición acorde con las dificultades del momento.

Importantes documentos y estrategias sectoriales posteriores profundizaron en esta idea, a lo que se sumaron las aclaraciones dadas por el propio Borrell en su blog personal —titulado *Una ventana al mundo*—, en el que periódicamente explicaba sus actuaciones y puntos de vista sobre la política exterior europea. La idea del AR era aprovechar el liderazgo climático y en la lucha contra la pandemia para potenciar la autonomía estratégica, ya que «nadie puede asumir la responsabilidad de nuestro propio futuro. Desde la UE, debemos ser conscientes de la defensa de nuestros valores y desarrollar nuestra propia

---

agosto de 2020). "La doctrina Sinatra". *Una ventana al mundo.* SEAE. [Blog post]. Disponible en: https://eeas.europa.eu/headquarters/headquarters-homepage/84757/la-doctrina-sinatra_es

autonomía de pensamiento estratégico y acción»[8]. El objetivo final era hacer de la UE un verdadero poder global en un mundo que estaba siendo remodelado por el covid-19, ya que «el futuro del papel de Europa en el mundo dependerá de nuestra capacidad para liderar con éxito la lucha contra esta crisis»[9]. En esta línea, fue especialmente relevante la comunicación conjunta *Sobre el refuerzo de la contribución de la UE al multilateralismo basado en normas*. En ella, se proponía «desarrollar un enfoque más riguroso y estratégico de su compromiso multilateral y contribuir a una reforma eficaz de las instituciones multilaterales»[10]. Aunque existían probadas manifestaciones de que el sistema funcionaba, como el histórico acuerdo para imponer un impuesto de sociedades mínimo del 15%[11], se necesitaba reforzarlo tanto para que todos los actores se sintieran identificados y respaldados por él como para que las grandes potencias no apostaran por la vía unilateral cuando

---

8 Borrell Fontelles, J. (15 de noviembre de 2020). "El multilateralismo y la autonomía estratégica europea en un (post)-Covid". *Una ventana al mundo*, SEAE. [Blog post]. Disponible en: https://eeas.europa.eu/headquarters/headquarters-homepage/88773/el-multilateralismo-y-la-autonom%C3%ADa-estrat%C3%A9gica-europea-en-un-mundo-post-covid_es

9 Borrell Fontelles, J. (14 de octubre de 2020). "Como el COVID-19 está remodelando el mundo". *Una ventana al mundo*. SEAE. [Blog post]. Disponible en: https://eeas.europa.eu/headquarters/headquarters-homepage/87561/c%C3%B3mo-la-covid-19-est%C3%A1-remodelando-el-mundo_es

10 Comisión Europea. (17 de febrero de 2021). *Comunicación conjunta al Parlamento Europeo y al Consejo: sobre el refuerzo de la contribución de la UE a un multilateralismo basado en normas*. JOIN(2021) 3 final. p. 2.

11 Ayuso, S. (1 de julio de 2021). "Las principales economías mundiales logran un histórico acuerdo para hacer tributar más a las multinacionales". *El País*. Disponible en: https://elpais.com/economia/2021-07-01/las-principales-economias-mundiales-logran-un-historico-acuerdo-para-hacer-tributar-mas-a-las-multinacionales.html

sus intereses no fueran colmados en las negociaciones entre Estados. Para ello, la capacidad normativa de la UE podía ser esencial para elaborar las leyes adecuadas y aumentar la eficacia y la coherencia del sistema multilateral. Además, esto iba a reforzar la dimensión exterior del gran proyecto de la Comisión Von der Leyen: el Pacto Verde Europeo.

2. EL PACTO VERDE EUROPEO

2.1. El liderazgo político del Pacto Verde Europeo

Desde el inicio de su mandato, Ursula Von der Leyen situó la transición energética y la lucha contra el cambio climático como una de sus prioridades políticas. Por eso, en su primer discurso ante el Parlamento Europeo aseguró que su principal meta era convertir a la UE «en el primer continente climáticamente neutro del mundo en 2050»[12], comprometiéndose a presentar un Pacto Verde Europeo para aumentar la ambición en la materia y consolidar en el menor tiempo posible la transición hacia un modelo económico, industrial y social hipercarbónico. Para lograrlo, prometió un potente paquete de financiación y un plan de inversiones, así como la promoción de la primera ley europea sobre el clima. Poco tiempo después, en la presentación de su programa político, Von der Leyen volvió a plantear ambiciosos planes para liderar la transición energética mundial, cifrando las necesidades presupuestarias en más de un billón de euros durante la siguiente década. Aunque el principal objetivo era alcanzar la neutralidad climática a mitad de siglo, en el Pacto Verde

---

12 Von der Leyen, U. (2019). *Discurso de apertura en la sesión plenaria del Parlamento Europeo. Versión pronunciada.* Comisión Europea. p. 5.

Europeo se incluían otras importantes metas, como la preservación del entorno natural y las zonas rurales, la lucha contra la pérdida de biodiversidad, la mejora de la producción alimenticia o el avance en la economía circular para reducir de manera drástica los desechos industriales, todo con el objetivo de hacer a los Estados miembros mucho más sostenibles y ecológicos. Además, se comprometió a situar a la UE a la cabeza de la lucha medioambiental internacional, una meta ligada a la intención de ampliar la proyección exterior en un escenario en el que las grandes potencias mostraban un creciente interés por aumentar su influencia climática.

Para llevar a cabo este significativo y trascendental programa, la presidenta de la Comisión otorgó la vicepresidencia ejecutiva del Pacto Verde Europeo al socialista holandés Frans Timmermans, uno de los políticos más influyentes de la UE. Con una larga carrera como diplomático al servicio del Gobierno holandés, donde llegó a ostentar los cargos de ministro de Asuntos Europeos y de Asuntos Exteriores, en la anterior legislatura ocupó la vicepresidencia primera de la Comisión, a través de la cual gestionó los expedientes contra Polonia y Hungría por sus controvertidas reformas judiciales y su política antiinmigración[13]. Gracias a su buen trabajo, los socialistas europeos lo eligieron como *spitzenkandidat* en las elecciones de 2019, siendo el principal candidato del Consejo Europeo para presidir la Comisión. Sin embargo, la frontal oposición de destacados miembros del PPE, vencedor en los comicios, obligó a cambiar los planes y otorgar la presidencia a alguno de sus miembros. Pese a este fracaso, la elección de Timmermans para liderar el Pacto Verde Europeo otorgó una importante

---

13 Masdeu, J. (18 de mayo de 2019). "Franz Timmermans, el holandés que quiere reformar Europa". *La Vanguardia.* Disponible en: https://www.lavanguardia.com/internacional/20190518/462299422232/franz-timmermans-europa-comision-europea-elecciones.html

notoriedad y relevancia a la iniciativa, ya que estaba liderada por uno de los hombres fuertes de la UE. Además, la fama de dureza ganada en sus actuaciones como vicepresidente y comisario de la Mejora de la Legislación, Relaciones Interinstitucionales, Estado de Derecho y Carta de Derechos Fundamentales supusieron un importante aviso a los Estados miembros más reticentes con la política energética y climática.

En su audiencia como candidato, Timmermans defendió que la UE se encuentra ante un «desafío existencial»[14] y que el Pacto Verde Europeo permitiría «reiniciar la sociedad» mediante una transición que llevara a la neutralidad climática y mejorara tanto la calidad de vida de las personas como las condiciones económicas. Para alcanzar este objetivo, el holandés asumió la necesidad de aprobar una ley del clima en los primeros cien días de su mandato para garantizar la eficacia de todos los planes verdes de la legislatura. Además, anunció que abordaría las tareas de sostenibilidad desde todas las perspectivas, para lo que se revisarían conjuntamente los proyectos de fiscalidad, agricultura, energía, transporte, economía, producción y alimentación, entre otros[15]. Tras su aprobación en el cargo, Timmermans lideró una poderosa vicepresidencia que agrupaba seis carteras, supervisando los trabajos de Stella Kyriakides, comisaria de Salud y Seguridad Alimentaria; Virginijus Sinkevičius, comisario de Medio Ambiente, Océanos y Pesca;

---

[14] Parlamento Europeo. (2019). *Hearing of Frans Timmermans, Executive Vice President-designate, European Green Deal.* Multimedia Centre. europarl.europa.eu Disponible en: https://multimedia.europarl.europa.eu/en/hearing-of-frans-timmermans-executive-vice-president-designate-european-green-deal_20191008-1830-SPECIAL-HEARING-2Q2_vd

[15] Parlamento Europeo. (2019). *Answer to the European Parliament. Questionnaire to the commissioner-designate: Frans Timmermans. Executive of Vice-President-designate for the European Green Deal.* European Parliament Hearings. pp. 6-9.

Janusz Wojciechowski, comisario de Agricultura; Elisa Ferreira, comisaria de Cohesión y Reformas; Kadri Simon, comisaria de Energía, y Adina Vălean, comisaria de Transportes[16]. Según lo solicitado por la presidenta de la Comisión, los objetivos centrales de su trabajo eran la reducción de las emisiones en el porcentaje establecido por la ley del clima, el liderazgo de las negociaciones internacionales con otros grandes emisores, la coordinación del fondo de transición justa, la protección de la biodiversidad de los Estados miembros, el descenso de la huella de carbono del sector del transporte y la aplicación de la estrategia de comida sostenible[17]. Para lograrlo, gestionaba más de la mitad de los fondos establecidos en el MPF 2021-2027.

También son especialmente relevantes los cometidos de las ya mencionadas Adina Vălean, comisaria de Transportes, y, sobre todo, Kadri Simon, comisaria de Energía. La primera tenía como principal meta la transición hacia una movilidad limpia, digitalizada y moderna, poniendo énfasis en la reducción de las emisiones de carbono provenientes del transporte y la promoción de combustibles alternativos. En un escenario de crecimiento de la demanda en los sectores de mercancías y pasajeros, estos tenían que «modernizarse, ser más eficiente[s], abordar las limitaciones de capacidad y el envejecimiento de la infraestructura»[18] para alcanzar los objetivos climáticos, principalmente en el ámbito urbano. Debido a esto, Vălean se

---

16 Comisión Europea. (2019). *Los comisarios: los responsables políticos de la Comisión Europea.* Colegio (2019-2024). ec.europa.eu Disponible en: https://ec.europa.eu/commission/commissioners/2019-2024_es#bootstrap-fieldgroup-nav-item—grupo-de-comisarios—2

17 Von der Leyen, U. (2019). *Mission letter: Frans Timmermans, Executive Vice-President for the European Green Deal.* Comisión Europea. pp. 4-6.

18 Parlamento Europeo. (2019). *Answer to the European Parliament. Questionnaire to the commissioner-designate: Adina Vălean. Commissioner-designate for Transport.* European Parliament Hearings. p. 6.

comprometió a establecer una estrategia de movilidad sostenible e inteligente con la que dotar a la UE de un sistema integrado, digitalizado y con cero emisiones, lo que sin duda tendría unos efectos muy positivos tanto en la política energética como en la climática. Esto se debía a que el sector del transporte precisaba casi un tercio de la energía total de la UE, y dado que su tasa de electrificación era todavía muy baja, su uso requería grandes cantidades de combustibles fósiles. Esto tenía un efecto directo en que cerca del 60% del total de la energía consumida por los Estados miembros fueran hidrocarburos[19]. Por lo tanto, la neutralidad climática y el éxito del Pacto Verde Europeo pasaban invariablemente por adaptar y modernizar el transporte y dirigirlo hacia un modelo de cero emisiones. Además, la consecución de estos objetivos tendría un efecto beneficioso en la resiliencia de los sistemas de energía comunitarios, permitiendo el avance hacia la autonomía energética.

Por su parte, la estonia Kadri Simson fue nombrada comisaria de Energía. Su candidatura tenía una importante relevancia práctica, ya que Estonia estaba realizando con profundo éxito la iniciativa BEMIP, en la que también se incluían Letonia y Lituania, para desconectarse de la red energética rusa e interconectarse con sus vecinos comunitarios en un tiempo récord. Esto, junto con las mejoras alcanzadas respecto a la generación a través de renovables y la diversificación de fuentes de abastecimiento, había colocado a los socios regionales como tres de los Estados miembros más avanzados en materia de energía. Entre 2016 y 2019, Simson fue ministra de Asuntos Económicos e Infraestructuras del Gobierno

---

19 Eurostat. (2019). *Final energy consumption*. Energy statistics. ec.europa.eu Disponible en: https://ec.europa.eu/eurostat/statistics-explained/index.php?title=Energy_statistics_-_an_overview#Gross_inland_energy_consumption

estonio[20] y, por tanto, una de las líderes del BEMIP, por lo que su nombramiento fue entendido como un respaldo a la Unión de la Energía. En su examen ante el Parlamento Europeo, Simson se comprometió a avanzar en las cinco dimensiones de esta dentro del «marco del Pacto Verde Europeo»[21], garantizado la consecución de las metas pactadas por la anterior Comisión y ampliando los fondos destinados para ello. Desde el inicio, la comisaria dejó clara su ambición de ligar la Unión de la Energía —y, de manera implícita, la Estrategia Europea de la Seguridad Energética— a los objetivos incluidos en el Pacto Verde Europeo, para lo que pretendía unificar ambas políticas en un marco de trabajo mucho más amplio y dotado de una nueva perspectiva. Además, prometió trabajar estrechamente con todos los comisarios cuyas áreas tuvieran impacto en el sector de la energía, la promoción de las renovables, la mejora de las interconexiones, la diversificación de fuentes de gas natural, la mejora de la eficiencia y la cooperación regional, pues «la energía tendrá un rol principal en el Pacto Verde Europeo»[22].

---

20 Comisión Europea. (s/f). *Kadri Simson–Biography*. The Commissioners. ec.europa.eu Disponible en: https://ec.europa.eu/commission/commissioners/2019-2024/simson_en

21 Parlamento Europeo. (2019). *Answer to the European Parliament. Questionnaire to the commissioner-designate: Kadri Simson. Commissioner-designate for Energy*. European Parliament Hearings. p. 4.

22 Aunque Von der Leyen animó a la comisaria de Energía a trabajar en la profundización de los objetivos fijados por la anterior Comisión, en su hoja de ruta destacaba una nueva meta que no había sido desarrollada con anterioridad. La presidenta pedía a Simson que, como parte de los esfuerzos más amplios para aumentar el papel internacional de la moneda común, buscara nuevas «formas de aumentar drásticamente el uso del euro en los mercados energéticos», ya que el 85% de las importaciones energéticas se pagaban en dólares. *Ibidem*. p. 5.

Cabe destacar que la enorme ambición del Pacto Verde Europeo liderado por Timmermans no solo respondía a la urgencia de realizar cambios de calado en el modelo energético, económico y medioambiental de la UE, sino también a un creciente interés ciudadano por la sostenibilidad medioambiental. En 2015, año en que se presentó la Unión de la Energía, la lucha contra el cambio climático era la novena preocupación de los europeos, ya que solo el 6% la consideraba prioritaria[23]. Sin embargo, en el otoño de 2019, y al mismo tiempo que la Comisión Von der Leyen publicaba sus preferencias políticas, el porcentaje había ascendido hasta el 24%, siendo la segunda tendencia en rango de importancia. El crecimiento había sido exponencial, pues en apenas dos años había aumentado la inquietud por el cambio climático en trece puntos porcentuales. Por detrás, el medio ambiente se situaba en sexta posición, con un 14%, mientras el suministro energético ocupaba el onceavo lugar, con un 5%. En general, se hacía evidente que la transición energética y climática se estaba convirtiendo en una prioridad para la ciudadanía europea, incrementando su nivel de importancia a lo largo del último lustro, principalmente en los países del norte, como Holanda (66%), Dinamarca (49%) o Suecia (37%)[24].

En ese mismo Eurobarómetro también se preguntó a los encuestados su opinión acerca del Pacto Verde Europeo, dando a elegir sobre los objetivos más prioritarios de la iniciativa. El 54% y el 53% de los participantes consideraban esencial el desarrollo de la energía renovable y la lucha contra los desperdicios plásticos, así como el aumento de su reciclaje, mientras que el 37% se decantaba por el apoyo a los agricultores de la UE para producir alimentos asequibles y seguros. Por detrás, el

---

23 Comisión Europea. (2015). *Standard Eurobarometer 83. Spring 2015. First Results.* TNS Opinion & Social. p. 14.

24 Comisión Europea. *Standard Eurobarometer 92... Op. Cit.* p. 17.

35% de los entrevistados prefería reducir el consumo energético, el 33% favorecer la economía circular para preservar los recursos naturales y reducir el gasto y el 29% proteger la biodiversidad, cerrando la tabla cuestiones referentes a la neutralidad de las emisiones, la reducción de gases de efecto invernadero y la imposición de aranceles a los productos importados que no respeten los estándares climáticos de la UE.

Finalmente, el Pacto Verde Europeo fue presentado por la Comisión en diciembre de 2019, tan solo un mes y medio después de la toma de posesión del nuevo Colegio de Comisarios. Se trataba de un proyecto intencionadamente ambicioso, cuyas propuestas pretendían edificar una transición energética con incidencia en todos los sectores de la sociedad y consolidar a la UE como la líder mundial de la lucha contra el cambio climático. Así, en la Estrategia Marco fijaba como objetivo «transformar la UE en una sociedad equitativa y próspera, con una economía moderna, eficiente en el uso de los recursos y competitiva, en la que no habrá emisiones netas de gases de efecto invernadero en 2050 y el crecimiento económico estará disociado del uso de los recursos»[25]. Dos días después, el Pacto Verde Europeo fue aprobado por el Consejo Europeo, aunque en las conclusiones se podían intuir las reticencias de algunos Estados miembros respecto a algunos aspectos de la transición energética. Sin embargo, el objetivo de neutralidad climática, el más apremiante, fue respaldado por todos los Gobiernos, apoyando que «todas las medidas legislativas y las políticas pertinentes de la UE deben ser coherentes con la consecución del

---

25 Comisión Europea. (11 de diciembre de 2019). *Comunicación de la Comisión al Parlamento Europeo, al Consejo Europeo, al Consejo, al Comité Económico y Social Europeo y al Comité de las Regiones: El Pacto Verde Europeo.* DCOM(2019) 640 final. p. 1.

objetivo»[26], lo que supuso el mandato a la Comisión para la redacción de la Ley del Clima antes de marzo de 2020. Pese a esta aparente unidad, en las conclusiones también se hacía hincapié en que todas las decisiones relativas al Pacto Verde Europeo deberían respetar el derecho de los Estados miembros a decidir su combinación energética y garantizar su seguridad de suministro, en alusión a la energía nuclear, una mención que previsiblemente estuvo condicionada por Francia, muy reticente a que se incluyera la reducción de las centrales nucleares dentro de los objetivos medioambientales.

Esto se debía a que las competencias en la materia eran compartidas, por lo que la aplicación del Pacto Verde Europeo concernía tanto a los Estados miembros como a las instituciones comunitarias. Por este motivo, los Gobiernos nacionales debían presentar sus planes nacionales a la Comisión antes de finalizar 2019[27]. Estos, de carácter decenal, ya habían sido establecidos en el Reglamento (UE) 2018/1999 sobre la gobernanza de la Unión de la Energía con el fin de alcanzar las metas en la materia de manera coherente y coordinada, para lo que se requería «establecer objetivos nacionales para cada una de las cinco dimensiones de la Unión de la Energía y las políticas

---

[26] Consejo Europeo. (2019). *Conclusiones del Consejo Europeo (12 diciembre de 2019)*. p. 2.

[27] Reglamento (UE) 2018/1999 del Parlamento Europeo y del Consejo de 11 de diciembre de 2018 sobre la gobernanza de la Unión de la Energía y de la Acción por el Clima, y por el que se modifican los Reglamentos (CE) nº 663/2009 y (CE) 715/2009 del Parlamento Europeo y del Consejo, las Directivas 94/22/CE, 98/70/CE, 2009/31/CE, 2009/73/CE, 2010/73/CE, 2010/31/UE, 2012/27/UE y 2013/30/UE del Parlamento Europeo y del Consejo y las Directivas 2009/199/CE y (UE) 2015/652 del Consejo, y se deroga el Reglamento (UE) nº 525/2013 del Parlamento Europeo y del Consejo. *Diario Oficial de la Unión Europea*, núm. L328, de 21 de diciembre de 2018. p. 3.

y medidas correspondientes para alcanzar esos objetivos». Uno de los rasgos más positivos de este proyecto era que los Estados miembros estaban obligados tanto a cooperar regionalmente como a consultar a las administraciones locales, así como a diferentes partes de la sociedad civil, lo que los hacía mucho más integrales. Aunque el Pacto Verde Europeo no imponía cambios en este proceso, sí solicitaba que los países reflejaran el nuevo nivel de ambición en la actualización de sus planes en 2023. Finalmente, y pese al retraso en la entrega de algunos proyectos y a la falta de concreción en algunas líneas de trabajo, la Comisión se mostró satisfecha con la calidad de los planes entregados. La evaluación mostraba que los Estados miembros estaban implicados con el objetivo de neutralidad climática en 2050, además de que los proyectos de renovables programados harían superar el objetivo comunitario en 2030, aunque la Comisión reconocía algunas carencias en las medidas nacionales que «se verán reforzadas y complementadas con medidas políticas adicionales a escala de la Unión»[28].

2.2. La dimensión interior del Pacto Verde Europeo

La hoja de ruta del Pacto Verde Europeo giraba en torno a dos campos de acción plenamente integrados. El primero tenía como meta el avance de la economía europea hacia una mayor sostenibilidad, mientras que el segundo pretendía convertir a la UE en el líder mundial de la lucha contra el cambio climático, una aspiración presente en la acción exterior desde hacía más de diez años. Respecto al primero, la

---

28 Comisión Europea. (17 de septiembre de 2020). *Comunicación de la Comisión al Parlamento Europeo, al Consejo, al Comité Económico y Social Europeo y al Comité de las Regiones. Evaluación, a escala de la UE, de los planes nacionales de energía y clima. Impulsar la transición ecológica y promover la recuperación económica mediante una planificación integrada en materia de energía y clima.* COM(2020) 564 final. p. 32.

idea era realizar profundos cambios en cuanto a la ambición climática, el suministro de energía, el modelo empresarial, la eficiencia energética, la contaminación, la preservación de los ecosistemas naturales, el sistema alimentario y la movilidad. Los planes se ejecutarían mediante estrategias sectoriales, todas ellas publicadas durante todo el 2020. Entre las propuestas destacaba la intención de promover una Ley del Clima con la que adherir la neutralidad climática en 2050 a la legislación comunitaria para hacerla jurídicamente vinculante, una de las grandes promesas electorales de Von der Leyen. Para lograrlo, se pedía revisar y ampliar antes de junio de 2021 todos «los instrumentos de actuación pertinentes relacionados con el clima», con especial atención al Régimen de Comercio de Derechos de Emisión, y los objetivos de los Estados miembros para reducir las emisiones en sectores no incluidos en él. La histórica ley fue presentada por la Comisión en septiembre —tras una primera propuesta de marzo que fue posteriormente modificada— y en abril de 2021 el Consejo y el Parlamento Europeo llegaron a un acuerdo provisional sobre ella, siendo aprobada dos meses después. Su publicación en el Diario Oficial de la Unión Europea (DOUE) y su posterior entrada en vigor estableció definitivamente la neutralidad climática en 2050 y la reducción de emisiones de gases de efecto invernadero en al menos un 55% en 2030[29].

Por otra parte, y como consecuencia de lo anterior, el Pacto Verde Europeo planteaba desarrollar «un sector eléctrico basado en gran medida en fuentes renovables» con el fin de lograr los objetivos de descarbonización. Para ello, la integración e

---

29 Reglamento (UE) 2021/1119 del Parlamento Europeo y del Consejo de 30 de junio de 2021 por el que se establece el marco para lograr la neutralidad climática y se modifican los Reglamentos (CE) nº 401/2009 y (UE) 2018/1999 («Legislación europea sobre el clima). *Diario Oficial de la Unión Europea,* núm. L243, de 9 de julio de 2021. p. 25.

interconexión del mercado común de la energía era esencial, por lo que se alentaba a seguir trabajando en la modernización y ampliación de las infraestructuras y en su eficiencia, metas incluidas en la Unión de la Energía, así como a revisar su marco regulador y el Reglamento RTE-E. De manera evidente, para un actor cuyo sistema energético dependía en gran medida de combustibles fósiles no disponibles en su territorio, el aumento de la producción a través de fuentes renovables suponía un valioso avance hacia la seguridad energética, pues reducía considerablemente la dependencia exterior. Y la descarbonización de la economía se mostraba como una motivación para alcanzar los objetivos.

En los meses siguientes, la Comisión comenzó a adoptar y desarrollar las estrategias sectoriales y los planes de acción integrados en el Pacto Verde Europeo. Entre ellas, destacaban la Estrategia Industrial Europea, el Plan de Acción para una Economía Circular, la Estrategia de Movilidad Sostenible e Inteligente y las estrategias para la integración del sistema energético y para el hidrógeno, además de la Estrategia de la Granja a la Mesa, la Estrategia de la UE sobre Biodiversidad para 2030, la Alianza de Baterías, el Plan de Acción Ecológico, el Plan de Acción de Contaminación Cero y la Estrategia sobre el Metano. Todas ellas pretendían, desde diferentes puntos de partida, contribuir a la transición energética y a la protección del clima y avanzar hacia un sistema social y económico sostenible, actuando en todos los sectores para invertir en tecnología, apoyar a la industria y la innovación, desplegar un transporte limpio y barato, descarbonizar el sector energético, garantizar la eficiencia y colaborar con los socios internacionales para mejorar las normas medioambientales mundiales.

Debido a su enorme extensión y al elevado número de acciones propuestas, en esta investigación solo se han analizado aquellas que tenían efectos directos o indirectos sobre la seguridad energética y la autonomía estratégica, como las estrategias para la integración del sistema energético[30], la Estrategia de Movilidad Sostenible e Inteligente y la Estrategia Industrial Europea. La primera de ellas, impulsada por la comisaria Simson, tenía por objetivo la «planificación y el funcionamiento coordinados del sistema energético en su conjunto, incluyendo múltiples vectores energéticos, infraestructuras y sectores de consumo»[31]. La importancia de esto era capital, ya que los cambios acaecidos en los últimos diez años, como la digitalización, la mayor cuota de renovables, las medidas sectoriales de seguridad, los cambios en la movilidad y la electrificación habían configurado un sistema energético con cadenas de valor paralelas y verticales y una planificación, gestión y regularización completamente sectorizado, además de hacerlo económicamente ineficiente debido a que «genera pérdidas sustanciales en forma de calor residual y baja eficiencia».

Todos estos problemas imposibilitaban aplicar exitosamente el Pacto Verde Europeo. Para acabar con esas vulnerabilidades, las líneas maestras de la estrategia de integración pretendían alcanzar un sistema energético circular centrado en la eficiencia energética, una mayor electrificación directa para satisfacer parte de la demanda de consumo final, el uso de combustibles renovables y con baja emisión de carbono —principalmente el hidrógeno—, la integración y la digitalización de toda la red energética en base a parámetros únicos y la multidireccionalidad del sistema para que los consumidores pudieran desempeñar un papel activo en el suministro. Además de los evidentes

---

30 El paquete está formado por la Estrategia de la UE para la Integración del Sistema Energético y la Estrategia del Hidrógeno para una Europa Climáticamente Neutra.

31 Comisión Europea. (8 de julio de 2020). *Comunicación de la Comisión al Parlamento Europeo, al Consejo, al Comité Económico y Social Europeo y al Comité de las Regiones. Impulsar una economía climáticamente neutra: una Estrategia de la UE para la Integración del Sistema Energético.* COM(2020) 299 final. p. 1.

beneficios económicos y medioambientales de estas medidas, estos planes ayudarían a reducir la dependencia exterior de energía al aumentar la electrificación, que puede abastecerse a través de fuentes renovables, lo que tendría una influencia directa en la seguridad energética de los Estados miembros al aumentar la resiliencia global del sistema de energía, sobre todo si se aplicaban los combustibles de bajas emisiones a los sectores con mayores dificultades en su descarbonización, como el transporte.

A este respecto, la Estrategia de Movilidad Sostenible e Inteligente presentada por la Comisión —y elaborada por la comisaria de Transportes, Adina Vălean— ahondaba en la necesidad de descarbonizar y digitalizar el sistema de transporte europeo, abandonado «el paradigma existente de cambios progresivos en favor de una transformación radical»[32]. De este modo, para 2030 se apostaba por los vehículos de cero emisiones, la movilidad urbana sostenible y la alta velocidad ferroviaria para viajeros y mercancías, además de la supresión de los tramos aéreos de corta duración[33], para lo que se requería una mayor financiación con la que abastecer a las administraciones y a la sociedad civil de los medios, incentivos y combustibles alternativos necesarios para ello, pues la tecnología seguía estando poco madura para alcanzar estos objetivos. Dado que

---

32 Comisión Europea. (9 de diciembre de 2020). *Comunicación de la Comisión al Parlamento Europeo, al Consejo, al Comité Económico y Social Europeo y al Comité de las Regiones: Estrategia de movilidad sostenible e inteligente: encauzar el transporte europeo de cara al futuro.* COM(2020) 789 final. p. 2.

33 La estrategia propone un criterio por el que no puedan imponerse Obligaciones de Servicio Público (OSP) para los vuelos de corta distancia cuando exista una conexión alternativa, adecuada, más sostenible y competitiva, una medida en línea de lo propuesto por numerosas asociaciones ecologistas, que llevan años pidiendo la supresión de los vuelos menores de dos horas, principalmente entre grandes ciudades. *Ibidem.* p. 24.

la descarbonización y electrificación del transporte implican inevitablemente el descenso de las importaciones de energía, estos planes permitirían alcanzar en varias décadas la autonomía energética, reportando importantes beneficios para la seguridad energética europea.

Sin embargo, la innovación tecnológica e industrial de cara a cumplir con los objetivos del Pacto Verde Europeo conllevaba el serio riesgo de sustituir la actual dependencia del crudo y el gas natural por la de otros materiales y recursos que no se encuentran en territorio europeo. Por lo tanto, todas las estrategias incluidas en el Pacto Verde Europeo debían asegurar que la consecución de sus objetivos no supusiera una merma de la autonomía estratégica europea. Para ello, la Comisión presentó en 2020 la Estrategia Industrial Europea, así como una actualización posterior para adaptarla a las necesidades localizadas durante la pandemia, con la que se pretendía acelerar la doble transición energética y digital, aumentar la resiliencia del mercado único y dotar a la UE de un mayor grado de autonomía estratégica a todos los niveles en línea con la ampliación del término realizado por el Consejo Europeo el 2 de octubre de 2020[34]. En ella, se apostaba por diversificar las asociaciones internacionales, aumentar las alianzas industriales para acelerar actividades claves y la reducción de las dependencias estratégicas, principalmente respecto a las materias primas, baterías, ingredientes farmacéuticos activos, hidrógeno, semiconductores y tecnologías de computación en la nube y en el borde[35].

---

34 Comisión Europea. (s/f). *Estrategia industrial europea.* Prioridades 2019-2024. Una Europa Adaptada a la Era Digital. ec.europa.eu Disponible en: https://ec.europa.eu/info/strategy/priorities-2019-2024/europe-fit-digital-age/european-industrial-strategy_es

35 Comisión Europea. (2021). *In-depth reviews of strategic areas for Europe´s interests.* Estrategia Industrial Europea. ec.europa.eu. Disponible en:

En el marco de estos planes, la Comisión publicó la comunicación *Resiliencia de las materias primas fundamentales: trazando el camino hacia un mayor grado de seguridad y sostenibilidad,* cuyo principal objetivo era asegurar el éxito del Pacto Verde Europeo mediante el aumento de la resiliencia y la seguridad de suministro, ya que «el acceso a los recursos es una cuestión de seguridad estratégica para la ambición de Europa de sacar adelante el Pacto Verde»[36]. Para ello, se requería aumentar la autonomía estratégica con el fin de dotar de cadenas de valor resistentes a los sectores energéticos, industrial y de transporte, un uso circular de los recursos y un abastecimiento regional, entre otras medidas. De este modo, la autonomía estratégica se convirtió en una parte central del Pacto Verde Europeo, pues «el proceso de transformación y modernización de su economía depende de que consiga garantizar de forma sostenible las materias primas primarias y secundarias que necesita para ampliar el uso de tecnologías limpias y digitales en todos los ecosistemas industriales».

Dos años después de la publicación del Pacto Verde Europeo, y como consecuencia de la entrada en vigor de la Ley del Clima, la Comisión publicó el paquete *«Objetivo 55»: cumplimiento del objetivo climático de la UE para 2030 en el camino hacia la neutralidad climática,* comúnmente conocido «fit for 55». El principal objetivo de este documento era preparar a la UE para la reducción del 55% de las emisiones netas en 2030 pactadas en la norma, lo que tendría efectos muy positivos tanto en la

---

https://ec.europa.eu/info/strategy/priorities-2019-2024/europe-fit-digital-age/european-industrial-strategy/depth-reviews-strategic-areas-europes-interests_es

36 Comisión Europea. (3 de septiembre de 2020). *Comunicación de la Comisión al Parlamento Europeo, al Consejo, al Comité Económico y Social Europeo y al Comité de las Regiones. Resiliencia de las materias primas fundamentales: trazando el camino hacia un mayor grado de seguridad y sostenibilidad.* COM(2020) 474 final. p. 1.

economía de los Estados miembros como en el proyecto exterior comunitario. Además, ayudaría a alcanzar con mucha más rapidez la autonomía energética, con beneficios muy positivos para la autonomía estratégica y la soberanía industrial. De manera evidente, el paquete reforzaba el Pacto Verde Europeo y ocho actos legislativos existentes referentes a diferentes ámbitos políticos y económicos, todos relacionados con la transición energética y climática. Por lo tanto, y como es habitual en los trabajos de la Comisión, el documento pretendía apuntalar las líneas de acción sectoriales incluidas en la estrategia marco —el Pacto Verde Europeo—, aportando tanto un alto nivel de ambición como una flexibilidad mayor para conseguir los objetivos.

El paquete Objetivo 55 afecta a los sectores a los que ya se dirigía el Pacto Verde Europeo, como la eficiencia, la transformación industrial y sectorial, la movilidad y el transporte, el sector primario, la emisión de metano en el sector energético, las tecnologías renovables y la fiscalidad energética, entre otros. Lo hace mediante la reforma del Régimen de Comercio de Derechos de Emisión (RCDE), un mercado de carbono basado en un sistema de límites máximos y comercio de derechos de emisión para los sectores de gran consumo de energía y que constituye la principal herramienta para abordar la reducción de las emisiones, El cambio jurídico se ejecutó abril de 2023 mediante la Directiva (UE) 2023/959 y otros cuatro actos legislativos[37], que elevaron hasta el 62% reducción de emisiones en

---

[37] Directiva (UE) 2023/959 del Parlamento Europeo y del Consejo de 10 de mayo de 2023 que modifica la Directiva 2003/87/CE por la que se establece un régimen para el comercio de derechos de emisión de gases de efecto invernadero en la Unión y la Decisión (UE) 2015/1814, relativa al establecimiento y funcionamiento de una reserva de estabilidad del mercado en el marco del régimen para el comercio de derechos de emisión de gases de efecto invernadero en la Unión. *Diario Oficial de la Unión Europea*, núm. L130, de 16 de mayo de 2021.

los sectores cubiertos por el RCDE e incluyeron a otros en este, como el transporte marítimo. La importancia de este paquete no solo reside en el incremento de la ambición climática, uno paso más en la dirección inaugurada con la Unión de la Energía, sino en que además «permitía a la UE configurar las inversiones a largo plazo, liderar los mercados y aplicar nuevas normas ecológicas»[38], otorgándole la posibilidad de configurar la transición energética y limitando el «poder económico de las empresas y los mercados para introducir cambios estructurales» que puedan ir en contra de los intereses de la UE y sus Estados miembros.

2.3. La dimensión exterior del Pacto Verde Europeo

Además de los ambiciosos proyectos establecidos en la Estrategia Marco, y en línea con la intención de aumentar la dimensión climática de la política exterior, el Pacto Verde Europeo tiene como uno de sus principales objetivos convertir a la UE en el líder mundial de la lucha climática, una ambición ligada tanto a lo establecida en la Unión de la Energía como al interés de la presidenta Von der Leyen de aumentar la influencia geopolítica de la UE en un contexto global dominado por el cuestionamiento del multilateralismo y la tensión geopolítica. Para ello, la nueva Comisión promueve una «diplomacia por el pacto verde»[39] para consolidar y ampliar los compromisos climáticos a nivel internacional, algo que tomó especial relevancia en 2019 ante la negativa del

---

38 Comisión Europea. (14 de julio de 2021). *Comunicación De La Comisión Al Parlamento Europeo, Al Consejo, Al Comité Económico Y Social Europeo Y Al Comité De Las Regiones Empty: «Objetivo 55»: cumplimiento del objetivo climático de la UE para 2030 en el camino hacia la neutralidad climática.* COM(2021) 550 final. p. 17.

39 Comisión Europea. *Comunicación... El Pacto... Op. Cit.* p. 24.

presidente estadounidense Donald Trump a comprometerse con el Acuerdo de París y que era justo el marco en el que se basaba la agenda mundial europea.

La dimensión exterior del Pacto Verde Europeo se centraba en utilizar los diferentes canales multilaterales y bilaterales para alcanzar acuerdos jurídicamente vinculantes con los socios más contaminantes. En el primero de los casos, destacaba la importancia del G20 y de la ONU como estructuras principales en las que negociar mercados internacionales de carbono con los que potenciar la lucha climática. En segundo lugar, se establecía que las relaciones con los socios prioritarios debían tener un claro componente verde, utilizando todos los instrumentos financieros y diplomáticos para sumarlos a la transición energética global. Para acelerar el trabajo climático conjunto, la Comisión pretendía utilizar la potencia comercial europea para lograr avances significativos en la lucha climática, haciendo del cumplimiento del Acuerdo de París un elemento esencial en los tratados de libre comercio.

La idea era que, aprovechando la capacidad normativa y la fuerza de su mercado único, la UE fijara las normas aplicables a todas las cadenas de valores a nivel global, instaurando cláusulas medioambientales que se tradujeran en compromisos vinculantes y ratificables. Sin embargo, esto supone un evidente problema, pues algunos sectores de la industria europea dependen de la importación de valiosos materiales desde terceros países, muchos de ellos con una gran huella de carbono, lo que puede afectar a la capacidad productiva, aunque esta vulnerabilidad se reducirá conforme se potencie la autonomía estratégica y la producción propia. Además, la Comisión asumía que la transición energética iba a reconfigurar las relaciones geopolíticas, incluyendo los intereses comerciales, económicos y de seguridad, para lo que era necesario mejorar el proyecto común a nivel interno para afrontar mayor claridad la dimensión exterior del Pacto Verde Europeo.

Aunque la diplomacia climática europea venía consolidándose desde hace casi una década y ya había permitido importantes avances al respecto, el Consejo de Asuntos Exteriores asumió con interés el aumento del nivel de ambición establecido en el Pacto Verde Europeo. De este modo, en enero de 2021 invitó tanto al AR como a la Comisión a reforzar la «diplomacia climática y energética de la UE en pro de una transición mundial hacia la neutralidad climática, al tiempo que se garantizaba la resiliencia y la competitividad propias de la UE en un entorno geopolítico y de seguridad cambiante»[40]. El objetivo era consolidar el liderazgo global en la lucha climática para aplicar políticas sostenibles a escala internacional, aumentando los mecanismos de cooperación, la financiación internacional, el trabajo conjunto con los socios para frenar la degradación medioambiental y contrarrestar las vulnerabilidades económicas y de seguridad que emanan de esta, principalmente en los países menos desarrollados. Así, el Pacto Verde Europeo servía para reforzar la política exterior y la autonomía estratégica gracias a la capacidad normativa para adaptar la lucha climática a la nueva realidad geopolítica.

2.4. La financiación del Pacto Verde Europeo

Cuando se anunció su complejo diseño, una de las grandes dudas que suscitó el Pacto Verde Europeo fue la viabilidad de su financiación, pues los planes expuestos anticipaban un considerable desembolso en un momento en el que la salida de Reino Unido dejaba un hueco de entre 9.000 y 10.000 millones

---

40 Consejo de la Unión Europea. (25 de enero de 2021). *Conclusiones del Consejo sobre diplomacia climática y energética–Cumplir la dimensión exterior del Pacto Verde Europeo.* p. 2.

de euros anuales en el presupuesto plurianual[41]. La Comisión estimó que la consecución de los objetivos en materia de clima y energía costarán unos 260.000 millones de euros adicionales hasta 2030[42], aunque se entiende que la cifra también incluye los proyectos propuestos en el marco de la Unión de la Energía. En todo caso, es evidente que la consecución de los objetivos climáticos y energéticos, unidos a partir de 2020 en un mismo paquete, requieren un esfuerzo presupuestario considerable en el marco del MFP, lo que incluso podrá reducir el monto destinado a otras partidas.

A rasgos generales, el total del dinero destinado en los próximos años a medio ambiente, clima y energía va a ser muy alto. Como se ha explicado con anterioridad, en el Reglamento (UE) 1316/2013, por el que se creaba el MEC, se cifró en 250.000 millones de euros las necesidades de inversión solo en la infraestructura energética básica entre los años 2013 y 2020, aunque en total se requiere cerca de un billón de euros para completarlas en su totalidad. Para la siguiente década, los planes de construcción deberán continuar hasta que cada Estado miembro alcance el 15% de interconexión, lo que supondrá un desembolso que la Comisión estima en 180.000 millones de euros[43]. A esto hay que sumarle los 260.000 millones de euros

---

41 El dato lo aporta Mario Kölling en un análisis para el Instituto Elcano, aunque la cifra varía según las estimaciones de diferentes autores. Kölling, M. (2017). "El impacto del Brexit para el presupuesto de la UE". *Real Instituto Elcano.*

42 Comisión Europea. (18 de junio de 2019). *Comunicación de la Comisión al Parlamento Europeo, al Consejo, al Comité Económico y Social Europeo y al Comité de las Regiones. Unidos para contribuir a la Unión de la Energía y a la Acción por el Clima. Establecimiento de las bases para el éxito de la transición hacia una energía limpia.* COM(2019) 285 final. p. 20.

43 Comisión Europea. (23 de noviembre de 2017). *Comunicación de la Comisión al Parlamento Europeo, al Consejo, al Comité Económico y Social*

extras solicitados por la Comisión para el Pacto Verde Europeo[44], lo que ha obligado a movilizar cerca de 440.000 millones de euros durante los siguientes diez años. Esta cifra coincide con lo estipulado en 2016 por la Comisión en el paquete *Energía limpia para todos los europeos,* en el que se aseguraba que se necesitan inversiones anuales de unos 379.000 millones de euros para alcanzar los objetivos sobre clima y energía en 2030.

Según el Plan de Inversiones para una Europa Sostenible —el informe en el que se detalla el esfuerzo presupuestario para la política climática y energética europea hasta 2030—, el capítulo de la financiación del Pacto Verde Europeo tiene dos pilares. El primero consta de tres patas, las cuales son el gasto directo para realizar las inversiones necesarias, la creación de un marco favorable para el capital privado y público que permita identificar correctamente las inversiones sostenibles a través del Fondo InvestEU y un apoyo especial a los promotores, especialmente las Administraciones públicas, para ejecutar empresas alineadas con el Pacto Verde Europeo[45]. En este pilar también se incluyen partidas establecidas en otras políticas o instrumentos comunitarios, como el Fondo de Cohesión, la PAC, el MEC o el Fondo Social Europeo, entre otros, ya que todos los programas de la Comisión para el próximo MFP deben incluir «medidas específicas para reforzar la vinculación entre la ejecución del presupuesto de la UE y el objetivo de una Europa más verde y sin carbono».

Europeo y al Comité de las Regiones: Reforzar las redes energéticas de Europa. COM(2017) 718 final. p. 2.

44 Comisión Europea. *Comunicación... El Pacto... Op. Cit.* p. 18.

45 Comisión Europea. (14 de febrero de 2020). *Comunicación de la Comisión al Parlamento Europeo, al Consejo, al Comité Económico y Social Europeo y al Comité de las Regiones. Plan de Inversiones para una Europa Sostenible: Plan de Inversiones del Pacto Verde Europeo.* COM(2020) 21 final. p. 2.

El segundo pilar es el Mecanismo de Transición Justa, diseñado para que el cambio de modelo se haga de manera equitativa y sin dejar a nadie atrás. Sus objetivos son mitigar el impacto socioeconómico de la transición en las zonas más vulnerables, ofrecer oportunidades a los sectores más afectados por los cambios y brindar apoyo específico para generar la inversión necesaria para sustituir las industrias contaminantes por las sostenibles, «ya que la neutralidad climática exigirá una reestructuración en profundidad de sus economías, cambios estructurales en los modelos de negocio y nuevos requisitos en materia de cualificaciones». Este está igualmente dividido en tres partes, las cuales son un Fondo de Transición Justa, destinado tanto a ayudar a las regiones productoras de carbón, lignito, esquisto bituminoso y turba y como a aquellas que generan gran cantidad de gases de efecto invernadero; un régimen específico en el Fondo InvestEU para generar inversión adicional en los territorios más afectados y un instrumento de préstamos del BEI para promover la inversión públicas en las áreas más vulnerables.

Por otra parte, la iniciativa privada también tendrá un importante papel en la financiación del Pacto Verde Europeo, asumiendo un porcentaje de su coste. Para ello, la Comisión ambiciona crear una marco empresarial y jurídico que haga atractiva la inversión sostenible y su inclusión en todos los sectores de la industria y los servicios, ayudando «a desarrollar prácticas contables del capital natural normalizadas». Con este fin, solicitó al Parlamento Europeo y el Consejo que clasificaran las actividades más deseables a nivel climático y energético y desincentivaran aquellas que no estuvieran en línea con estas metas. El objetivo es integrar los riesgos medioambientales en los financieros para evitar que el rendimiento a corto plazo se anteponga a los objetivos en materia medioambiental, como por ejemplo las inversiones en energías no renovables. Sin embargo, para lograrlo es imprescindible la cooperación de los Estados miembros, que tendrán que modificar su fiscalidad para enviar las señales correctas a los inversores y a los ciudadanos, como por ejemplo el fin de las subvenciones a los combustibles fósiles.

Tal y como prometió Von der Leyen en su candidatura, todos estos programas e iniciativas movilizarán al menos un billón de euros con cargo a la UE hasta 2030, repartidos en 503.000 millones de euros de financiación directa europea, 114.000 millones de euros de los Estados miembros, 279.000 millones de euros a través de InvestEU y 143.000 millones de euros en el Mecanismo de Transición Justa. A esto hay que sumarle los fondos de innovación y modernización, que aportarán 25.000 millones de euros al esfuerzo comunitario, aunque no se contemplan dentro del presupuesto del Pacto Verde Europeo[46]. Además, la Comisión propuso en el Plan de Inversiones para una Europa Sostenible que el 25% de los fondos del MFP respondan a la actual alta ambición climática, es decir, que se gasten en proyectos con claros objetivos medioambientales o que ayuden a la consecución de la transición energética y la lucha climática. Por último, se ha establecido el llamado «mandamiento verde», por el que todas «las acciones y políticas de la UE deben converger para contribuir al éxito de la UE en su transición justa hacia un futuro sostenible» y no ocasionar daños al ecosistema.

A grandes rasgos, el proyecto diseñado por la Comisión involucra tanto capital público como privado en un plan de inversiones en el que conviven la financiación directa y específica con el apoyo puntual a propuestas en materia de clima y energía, así como fondos comunitarios y nacionales. Además, el considerable esfuerzo que va a suponer el pago del Pacto Verde Europeo obliga a integrar las metas de sostenibilidad climática en todos los programas de la UE, así como ecologizar los

---

46 Comisión Europea. *Comunicación... Plan de Inversiones para... Op. Cit.* p. 6.

presupuestos y la fiscalidad de los Estados miembros para que sumen en el esfuerzo comunitario. Además, se cuenta con la activa participación del BEI, que para el 2025 aumentará al 50% sus proyectos de lucha contra el cambio climático. De este modo, la transición energética y climática se ha convertido en el gran objetivo europeo para las próximas décadas, poniendo al servicio de este no solo un importante esfuerzo político y social, sino también gran parte de los recursos económicos hasta 2030.

Sin embargo, tras la crisis del covid-19 algunos de estos planes de financiación han sido mejorados a través del plan de recuperación aprobado por el Consejo Europeo en julio de 2020. Esto se debe a que, en la actualidad, el Pacto Verde Europeo es, junto con los proyectos de digitalización, «la estrategia de crecimiento de Europa»[47]. Por lo tanto, la UE pretende aprovechar la necesidad de relanzar la economía para completar la transición energética y digital en los Estados miembros. De este modo, se estimó que «el 30% del importe total de gasto del presupuesto de la Unión y de "Next Generation EU" contribuya a los objetivos climáticos»[48] —un 5% más de lo solicitado por la Comisión algunos meses antes— y que todo el gasto europeo esté en consonancia con el Acuerdo de París. Además, el aumento del MFP y la puesta en marcha del NextGenerationEU dota de más fondos a algunos

---

47 Comisión Europea. (27 de mayo de 2020). *Comunicación de la Comisión al Parlamento Europeo, al Consejo Europeo, al Consejo, al Comité Económico y Social Europeo y al Comité de las Regiones. El momento de Europa: reparar los daños y preparar el futuro para la próxima generación.* COM(2020) 456 final. p. 7.

48 Consejo Europeo. (2020). *Conclusiones de la reunión extraordinaria del Consejo Europeo (17, 18, 19, 20 y 21 de julio de 2020).* p. 14.

mecanismos de financiación del Pacto Verde Europeo, como el Fondo de Transición Justa o el InvestEU[49].

En línea con lo explicado en el capítulo anterior, no es difícil ver en el Pacto Verde Europeo un instrumento federador del proyecto de integración, más aún cuando se ha convertido en una parte fundamental del MFP y del NextGenerationEU. Esto se debe a que en su ejecución no prima la lógica nacional sino la comunitaria —los fondos se aplicarán allí donde sea necesario—, dota a las instituciones europeas de un importante papel a la hora de aplicar las políticas —la Comisión debe evaluar y aprobar los planes nacionales—, es el destinatario de parte de los fondos adquiridos a través de la emisión de deuda conjunta y permitirá avanzar en políticas enmarcadas dentro de las competencias compartidas establecidas en los Tratados constitutivos, como son las de energía y medio ambiente. Además, al constar de una relevante dimensión exterior, el Pacto Verde Europeo también dota a la UE de una acción internacional mucho más coherente y asertiva que ayudará a aumentar su influencia global y asumir un liderazgo mundial en materia climática, profundizando en el carácter federal de la PESC.

---

49 El Consejo Europeo aumentó el Fondo de Transición Justa desde los 7.500 millones de euros hasta los 10.000 millones de euros. Por su parte, InvestEU pasó a contar con 5.600 millones de euros, de los que el 30% deben tener objetivos climáticos, y se diseñaba un régimen específico en el marco del Mecanismo para una Transición Justa, lo que le establece como unos de los principales programas del Plan de Inversiones para una Europa Sostenible. *Ibidem.* p. 5.

3. EL PACTO VERDE EUROPEO COMO POTENCIADOR DE LA ACCIÓN GLOBAL DE LA UE

El análisis detallado del Pacto Verde Europeo deja pocas dudas sobre su importancia como potenciador de la acción global de la UE. Esto se debe a que, en su dimensión interna, va a fortalecer profundamente a los Estados miembros, dotándolos de autonomía, resiliencia y un mayor grado de seguridad en todos los sectores estratégicos, lo que es clave para desplegar una política exterior mucho más firme y decidida. Por otra parte, su éxito ayudará a seguir «promoviendo y aplicando ambiciosas políticas de medio ambiente, clima y energía en todo el mundo»[50], contribuyendo a configurar un sistema normativo internacional justo y equitativo en un marco multilateral. De este modo, el proyecto es esencial para fortalecer el Acuerdo de París como herramienta principal de la lucha climática global, «promoviendo y aplicando ambiciosas políticas de medio ambiente, clima y energía en todo el mundo».

La importancia de la dimensión exterior del Pacto Verde Europeo reside en que su éxito no solo depende de la capacidad de los Estados miembros para aplicar las políticas establecidas, sino también de la cooperación internacional y el nivel de ambición de los socios para reducir las emisiones globales y caminar conjuntamente hacia un planeta más sostenible. Por eso, el Pacto Verde Europeo es un gran potenciador de la acción global de la UE, ya que la dota de las herramientas necesarias para perseguir objetivos claros en un entorno multilateral. Así, la UE ha asumido definitivamente la lucha climática como parte central de su cultura estratégica y su identidad como actor global, apostando por una diplomacia climática asertiva con la que animar y apoyar a los socios a reducir sus emisiones y a ejecutar políticas medioambientales más ambiciosas. Según

---

[50] Comisión Europea. *Comunicación… El Pacto… Op. Cit.* p. 23.

Borrell, «este es el espíritu de la Comisión Geopolítica»[51], ya que «convirtiendo a la UE en el principal ejemplo de una transición justa y sostenible, tendremos la credibilidad necesaria para presionar y ayudar a los demás a hacer lo mismo. Entonces podremos influir realmente en el futuro de nuestro planeta». La idea es que la UE y sus Estados miembros sean «agentes activos en las organizaciones y foros [...] con el fin de fomentar asociaciones globales y garantizar la aplicación del Acuerdo de París y los ODS, al tiempo que defiende, refuerza y sigue desarrollando regímenes de cooperación multilateral»[52]. De este modo, se sitúa la dimensión climática y energética como la parte central de la acción exterior al utilizar todos los instrumentos diplomáticos, comerciales y financieros para establecer alianzas verdes que permitan alcanzar los objetivos medioambientales comunitarios.

Sin embargo, para que esto funcione se requiere de una gobernanza global eficaz basada en normas comunes en la que todos los Estados se sientan identificados. Por eso, se debe fo mentar un multilateralismo activo y participativo, algo que se está volviendo cada vez más complicado debido a la creciente rivalidad geopolítica. En este difícil contexto, la UE está obligada a defender la reforma y modernización de las instituciones multilaterales con el fin de dotarlas de un poder que les permita afrontar los retos actuales, aprovechando «su poder

51 Borrell Fontelles, J. (1 de diciembre de 2019). "El Pacto Verde de la UE–Una perspectiva global". *Una ventana al mundo.* SEAE. [Blog post]. Disponible en: https://eeas.europa.eu/headquarters/headquarters-homepage/72498/el-pacto-verde-de-la-ue-%E2%80%93-una-perspectiva-global_es

52 Parlamento Europeo. (2018). *Propuesta de resolución del Parlamento Europeo sobre la diplomacia climática.* Comisión de Asuntos Exteriores. Procedimiento (2017/2272(INI)). europarl.europa.eu Disponible en: https://www.europarl.europa.eu/doceo/document/A-8-2018-0221_ES.html

regulador y su singular mercado único y su economía social de mercado, su posición como primer superpotencia comercial del mundo y la importancia del euro»[53] para aumentar su liderazgo mundial y trabajar con todos los socios interesados en el establecimiento de un marco normativo riguroso. Este proyecto aumentará la influencia europea, ya que los países más dependientes de los hidrocarburos deberán contar con la ayuda de la UE para llevar a cabo la transición energética, además de ver reducidas su capacidad de presión ante los Estados miembros. Por otra parte, la necesidad de nuevos materiales para la industria de las renovables y la digitalización obligará a una colaboración más profunda con socios estratégicos, como China o algunos países de África, aunque se debe asegurar que estas nuevas asociaciones se establecen en términos de igualdad y no reducen la autonomía estratégica. Gracias a estas necesidades, la UE tendrá acceso a nuevos mercados desde una posición privilegiada mientras que la estricta normativa medioambiental frenará las inversiones extranjeras no limpias, lo que tendrá efectos económicos, comerciales y de seguridad positivos a medio y largo plazo[54].

Por último, las implicaciones del Pacto Verde Europeo en la seguridad energética y la autonomía estratégica son evidentes, sobre todo debido a que el objetivo de neutralidad climática obligará a sustituir el uso de hidrocarburos, en su mayor parte importados, por fuentes renovables de producción propia, avanzando de este modo hacia la autonomía energética, la cual es esencial para el desarrollo de ambas. Además, la integración

---

53 Comisión Europea. *Comunicación…: sobre el refuerzo….* *Op. Cit.* p. 2.

54 Leonard, M., Pisani-Ferry, J., Shapiro, J., Tagliapietra, S. y Wolff. G. (3 de marzo de 2021). "Por qué el Pacto Verde Europeo puede convertir a la UE en líder mundial de la acción climática". *La Vanguardia.* Disponible en: https://www.lavanguardia.com/opinion/20210303/6262326/pacto-verde-europeo-ue-lider-accion-climatica.html

de los sistemas de energía permitirá aumentar la resiliencia de estos, mientras que la nueva estrategia industrial —no incluida en el Pacto Verde Europeo, pero con importantes lazos con este— ayudará a reducir las dependencia de materiales clave y evitar una nueva subordinación a elementos estratégicos, aumentando la capacidad de acción europea tanto a nivel interno como en el escenario internacional.

Capítulo 6

Implicaciones de la seguridad energética en la autonomía estratégica de la UE

SUMARIO: 1. Relación entre seguridad energética y autonomía estratégica / 2. Confluencia entre seguridad energética y autonomía estratégica: la acción exterior en materia de clima y energía / 3. La consolidación de la autonomía estratégica de la UE: la importancia central de la seguridad energética

1. RELACIÓN ENTRE SEGURIDAD ENERGÉTICA Y AUTONOMÍA ESTRATÉGICA

Como se puede deducir de los anteriores capítulos, seguridad energética y autonomía estratégica son dos conceptos simbióticos, pues el desarrollo de uno está estrechamente ligado al del otro. Dado que la energía es un elemento vital de la seguridad nacional, para disfrutar de un alto grado de autonomía estratégica se requiere indispensablemente de una mínima seguridad energética, pues de lo contrario será imposible perseguir los intereses y objetivos propios de la política exterior sin sucumbir a presiones o ataques externos a los sistemas de energía. Esa influencia es bidireccional, ya que para aumentar la seguridad energética también se requieren estándares elevados de autonomía estratégica que permitan poner en marcha proyectos energéticos de manera independiente y con la máxima resiliencia posible, como los establecidos en la Unión de la

Energía o el Pacto Verde Europeo. Por lo tanto, se trata de dos términos simétricos, pues en circunstancias normales el desarrollo de uno está fuertemente influenciado por el del otro.

La relación entre seguridad energética y autonomía estratégica se refleja con claridad en tres documentos comunitarios. El primero es la EGS, donde se ubica la inseguridad energética como uno de los mayores retos a los que se enfrenta la UE en la actualidad. Dado que en la estrategia se establece tanto la necesidad de reducir esta amenaza como la ambición de alcanzar la autonomía estratégica, de manera implícita se reconoce el nexo entre ambas, pues para lograr una se requiere inevitablemente elevar los estándares de la otra. El segundo texto es en la Estrategia Marco de la Unión de la Energía, donde también se considera que «la Unión Europea tiene que aumentar su capacidad para proyectar su poder en los mercados mundiales de la energía»[1]. En este punto se observa el carácter convergente y sincrónico de los dos términos, pues para aumentar la seguridad energética se requiere una política exterior completamente autónoma, pero esta no se alcanzará si a su vez no se reduce la dependencia del abastecimiento. Por último, en enero de 2021 el Consejo de Asuntos Exteriores amplió esta visión al reconocer que la inseguridad energética ya no solo está asociada, entre otros elementos, al acceso a los hidrocarburos, sino también a los materiales necesarios para desarrollar fuentes de energía alternativas y renovables a estos, lo que puede debilitar la acción exterior a medio y largo plazo[2].

---

1 Comisión Europea. (25 de febrero de 2015). *Comunicación de la Comisión al Parlamento Europeo, al Consejo, al Comité Económico y Social Europeo, al Comité de las Regiones y al Banco Europeo de Inversiones: Estrategia Marco para una Unión de la Energía resiliente con una política climática prospectiva.* COM(2015) 80 final. p. 7.

2 Consejo de la Unión Europea. (25 de enero de 2021). *Conclusiones del Consejo sobre diplomacia climática y energética–Cumplir la dimensión exterior del Pacto Verde Europeo.* p. 9.

1.1. Relación entre la autonomía estratégica y el suministro energético

Para un actor tan condicionado por el abastecimiento de crudo y gas natural, la posibilidad de desplegar una acción exterior autónoma está supeditada a su vital necesidad de importación de energía. Esto reduce irremediablemente la capacidad de acción en la esfera global, pues todos los proyectos desplegados pueden verse afectados no solo por la amenaza directa de un corte de suministro o un aumento del precio, sino también por los propios vaivenes y fluctuaciones de los mercados internacionales de la energía. Ante esto, las estrategias sectoriales pueden ser muy útiles para aumentar la resiliencia y disminuir la vulnerabilidad, impulsando medidas como la diversificación de fuentes de abastecimiento, el aumento de las reservas, la interconexión entre Estados miembros o la puesta en marcha de herramientas técnicas para elevar la seguridad de la red, tal y como se recoge en la Estrategia Europea de Seguridad Energética.

Sin embargo, la eficacia de estos instrumentos es limitada, sobre todo si se aplican en un contexto local o regional. Esto se debe a que la globalización ha propiciado la creación de mercados de energía integrados a escala mundial, lo que obliga a trabajar con otros actores internacionales para asegurar las rutas de suministro y la seguridad del abastecimiento. Además, los Estados en posesión de reservas de hidrocarburos tienden a utilizar la energía como una herramienta de poder, lo que les permite perseguir sus objetivos a través de la coacción y la presión. Ante esto, el aumento de la seguridad energética requiere de capacidades tanto de *soft power* como de *hard power*, pues obliga tanto al diálogo y la cooperación energética entre Estados como a disponer de una capacidad militar propia para asegurar el acceso y el libre flujo de la energía en situaciones de alto riesgo. Esta realidad se ha puesto de manifiesto tras la invasión rusa de Ucrania, donde el sistema energético ucraniano se ha convertido en un objetivo militar de primer orden.

Respecto a las capacidades de Defensa, el desarrollo de la PCSD es esencial para proteger de manera efectiva las redes de abastecimiento europeo, contando tanto con los instrumentos operativos necesarios como con la capacidad jurídica para intervenir con éxito en circunstancias de inseguridad energética grave y repentina. La EGS es clara al respecto, ya que decreta que «frente a las amenazas externas, debemos estar preparados y capacitados para ejercer disuasión, dar respuesta y protegernos»[3], actuando de manera autónoma y directa en situaciones de crisis. Dado que la estrategia reconoce la inseguridad energética como uno de los principales retos de la UE, y entendiendo que la energía es un elemento clave y vital de la seguridad nacional, es evidente que se contempla el uso de la fuerza militar para reducir las amenazas al suministro cuando sea completamente necesario. Por ejemplo, el desarrollo de la fuerza naval de los Estados miembros permitirá consolidar la seguridad marítima y, en consonancia, la protección de las vías de suministro de energía en los llamados «puntos de estrangulamiento» detectados por Yergin[4].

Respecto al *soft power*, la capacidad de la UE como potencia normativa le permite liderar y tomar la iniciativa para diseñar

---

3 Comisión Europea. (2016). *Una visión común, una actuación conjunta: una Europa más fuerte. Estrategia Global para la Política Exterior y de Seguridad de la Unión Europea.* Servicio Europeo de Acción Exterior. p. 14.

4 Desde 1995 la UE cuenta con la EUROMARFOR, una fuerza marítima formada por Portugal, Francia, Italia y España y cuyos principales objetivos son la gestión de crisis y la seguridad marítima, entre las que se incluyen «misiones de interdicción marítima, protección de la libertad de navegación, protección de la infraestructura energética crítica y las líneas de comunicación marítimas». EUROMAFOR. (2015). *Crisis management, cooperative, security, maritime security.* Main missions. www.euromarfor.org Disponible en: https://www.euromarfor.org/overview/9

y ejecutar estrategias conjuntas en el marco de las organizaciones internacionales y avanzar de manera conjunta con socios prioritarios en cuestiones energéticas. Esto va a ser especialmente relevante si, tal y como defiende Klare, la producción de hidrocarburos va a bascular cada vez más hacia el sur y su consumo hacia el este, lo que obligará a una acción exterior más decidida en África y el Sudeste Asiático. Por eso, es especialmente relevante la inclusión de disposiciones relacionadas con la energía en los acuerdos con los socios de las regiones productoras y de tránsito, ya que además se cuenta con la ventaja de que la política comercial es competencia exclusiva de la Comisión. Como potencia mundial, la posición de fuerza de la UE dentro de la comunidad internacional descansa, entre otros, en su capacidad para resistir a las presiones externas de la manera más resiliente posible, evitando que otras potencias marquen su agenda incluso por medio de instrumentos de poder duro. Pero para alcanzar esto, la fortaleza, resiliencia y autonomía de su sistema energético es esencial, pues de lo contrario su propia seguridad se vería en peligro. Si en esta investigación se asume la autonomía estratégica como la capacidad de decidir, establecer y ejecutar estrategias propias o compartidas con un alto grado de independencia con el objetivo de defender los intereses propios en un contexto de competición geopolítica, la baja vulnerabilidad de los sistemas vitales de energía se erige como una condición indispensable para que estos proyectos puedan realizarse con éxito.

Por lo tanto, para incrementar la seguridad energética y asegurar el abastecimiento exterior se requiere incluirlo de manera preponderante en todas las esferas de la PESC y la PCSD. Esto ayudará a elevar el grado de autonomía estratégica al reducir las posibilidades de que un tercer actor utilice la energía como herramienta de coerción en sus relaciones con la UE. Sin embargo, esto origina una llamativa y singular situación, incluso paradójica, ya que para aumentar la seguridad energética es obligatorio actuar con cierta independencia en la escena internacional, pues es requerimiento para elaborar y ejecutar proyectos propios sin sucumbir a presiones externas. Es un círculo complejo, ya que ambos conceptos se retroalimentan y a su vez son condicionantes. Para sortear esta contrariedad, las instituciones comunitarias han puesto en marcha una ambiciosa acción exterior en materia de clima y energía con la que pretenden utilizar todos los instrumentos de la política exterior para aumentar la seguridad energética y asegurar la coherencia entre los diálogos en materia de energía y de seguridad, así como convertir a la UE en uno de los líderes de una gobernanza mundial.

1.2. La autonomía estratégica y las nuevas dependencias estratégicas

Los ambiciosos objetivos de la Unión de la Energía y el Pacto Verde Europeo, así como las enseñanzas de la pandemia del covid-19, han cambiado el paradigma interno y externo en el que se mueve la UE. Los nuevos proyectos en materia de clima y energía y la ampliación del concepto de autonomía estratégica han modificado la relación entre seguridad energética y autonomía estratégica, ya que, tal y como recordó la Comisión en 2020, «con la transición hacia la neutralidad climática, corremos el riesgo de que la dependencia de los combustibles fósiles disponibles sea sustituida por la dependencia de otras materias primas no energéticas»[5]. Esto implica que, si bien el avance hacia la autonomía energética mediante el uso de nuevas formas de producción propia permitirá reducir la dependencia de los hidrocarburos y, por tanto, aumentar la autonomía estratégica

---

5 Comisión Europea. (27 de mayo de 2020). *Comunicación de la Comisión al Parlamento Europeo, al Consejo Europeo, al Consejo, al Comité Económico y Social Europeo y al Comité de las Regiones. El momento de Europa: reparar los daños y preparar el futuro para la próxima generación.* COM(2020) 456 final. p. 15.

al reducir tanto la capacidad de presión de los Estados productores como la vulnerabilidad de las rutas de suministro, se debe poner especial atención en que la consolidación de la transición energética y climática no esté condicionada por la necesidad de otras Materias Primas Críticas (CRM por sus siglas en inglés) para su desarrollo, los cuales apenas se producen en territorio comunitario, ya que esto comprometería la seguridad energética europea tanto o más como la actual dependencia del crudo y gas natural.

Esta nueva realidad fue reconocida por el Consejo de Asuntos Exteriores en sus conclusiones del 25 de enero de 2021, asumiendo que:

> *la naturaleza de la seguridad energética está evolucionando desde la preocupación por el acceso a combustibles fósiles a precios asequibles procedentes de mercados volátiles hacia la necesidad de garantizar el acceso a las materias primas y tecnologías fundamentales necesarias para la transición energética*[6].

Aunque esta nueva realidad no cambia ni la definición ni la naturaleza de la seguridad energética, que sigue haciendo referencia a la baja vulnerabilidad de los sistemas vitales de energía, sí que le añade una nueva dimensión, pues para mantenerla no solo se requiere asegurar la disponibilidad, accesibilidad y asequibilidad de la energía, sino también la de los componentes que permiten producirla a través de fuentes renovables y almacenarla, evitando nuevas dependencias estratégicas que limiten la seguridad energética y, por tanto, la autonomía estratégica europea. Para ello, conviene profundizar en los nexos entre la Estrategia Europea de Seguridad Energética y la Estrategia Industrial de la UE, así como fomentar la economía circular y el reciclaje.

---

6 Consejo de la Unión Europea. *Conclusiones... Cumplir la dimensión exterior... Op. Cit.* p. 9.

El enlace entre seguridad energética y autonomía estratégica es evidente en este caso, ya que para mantener ambas se requiere salvaguardar «la capacidad de la UE y de los Estados miembros para tomar decisiones soberanas en materia de política energética, rechazando la injerencia de terceros países y la coacción económica». Por eso, ya no solo se requiere proteger las rutas de suministro y la aplicación de la legislación comunitaria, sino también la industria energética europea, blindándola ante la inversión extranjera directa tanto en la red de infraestructuras como en la producción de tecnología para evitar socavar «la seguridad, los intereses estratégicos ni los objetivos de acción por el clima de la UE». Esto supone que, para alcanzar la autonomía estratégica, los Estados miembros deben proteger sus sistemas de energía tanto en lo referente al acceso a los hidrocarburos, la protección de las redes y el cumplimiento de la legislación comunitaria como en lo relativo a la autonomía de las nuevas fuentes de energía, lo que implica planes específicos para proteger el acceso a los materiales y los recursos necesarios para su desarrollo y funcionamiento, tal y como se ha avanzado con la aprobación de la Ley de Materias Primas Fundamentales de 2024, la cual se analizará con detalle en siguientes epígrafes.

2. CONFLUENCIA ENTRE SEGURIDAD ENERGÉTICA Y AUTONOMÍA ESTRATÉGICA: LA ACCIÓN EXTERIOR EN MATERIA DE CLIMA Y ENERGÍA

2.1. La diplomacia energética

El concepto de diplomacia energética se consolidó en el ámbito comunitario a partir de la publicación de la Estrategia Europea de la Seguridad Energética. Aunque no se mencionaba específicamente, en el documento la Comisión solicitaba «un uso más sistémico de las herramientas de política exterior para promover objetivos de política energética exterior y reforzar la coherencia entre los objetivos energéticos y los de política exterior». Por su parte, en la Unión de la Energía también se destacaba la necesidad de utilizar «todos los instrumentos de política exterior de que dispone para establecer asociaciones energéticas estratégicas con regiones o países productores y de tránsito cada vez más importantes». Finalmente, ese mismo año el Consejo de Asuntos Exteriores aprobó la aplicación de una estrategia específica de diplomacia energética propuesta por la Comisión y la AR. Este importante paso era consecuencia de la anterior propuesta del Consejo Europeo para «una actuación firme y coordinada mediante una diplomacia climática europea activa»[7], cuyo primer reto importante sería la Cumbre de París del año siguiente.

Aunque en sus conclusiones de 2015 el Consejo no aportó una conceptualización propia del término, la diplomacia energética puede definirse como la utilización de la totalidad de los instrumentos de la política exterior para alcanzar los objetivos propios en materia de energía. Para lograr estos objetivos, el Consejo propuso, entre otras medidas, alcanzar una cultura estratégica común, diversificar las fuentes de suministro, apoyar los esfuerzos multilaterales para mejorar la arquitectura energética mundial y consolidar un liderazgo respecto a las tecnologías de la energía[8]. Así, la diplomacia energética es la herramienta central para garantizar la coherencia entre la política energética y la acción exterior europea, debido a que contribuye tanto a consolidar la seguridad energética de la UE como a mejorar su situación geoestratégica y hacerla más sólida respecto a los

---

7 Consejo Europeo. (2015). *Conclusiones del Consejo Europeo (19 y 20 de marzo 2015)*. p. 3.

8 Consejo de la Unión Europea. (2015). *Conclusiones del Consejo sobre la diplomacia energética. (20 de julio de 2015)*. pp. 2-3.

mercados internacionales de la energía. Además, influye positivamente en el grado de autonomía estratégica, pues permite diseñar, establecer y ejecutar estrategias propias o compartidas de manera independiente con el objetivo de defender los intereses europeos en materia de energía en el contexto internacional. Por otra parte, la búsqueda de un liderazgo mundial en determinadas áreas, como la inversión financiera, la autoridad normativa o las tecnologías renovables permite aumentar la capacidad de influencia geopolítica en importantes zonas geográficas que pueden contrarrestar la vulnerabilidad en otros aspectos, como la alta dependencia de hidrocarburos.

Por lo tanto, la diplomacia energética permite tanto desarrollar la seguridad energética como aumentar la autonomía estratégica, por lo que es el punto de unión entre ambos términos. Esto se debe a la necesidad de desplegarla para reducir las amenazas inherentes a la inseguridad energética al mismo tiempo que su éxito depende del grado de autonomía estratégica del que se disfrute. Por otra parte, la autonomía estratégica se ve profundamente afectada por los riesgos de una baja seguridad energética, pero para reducir su influencia se requiere de una eficaz diplomacia energética. Dicho de otro modo: sin seguridad energética no es posible alcanzar la autonomía estratégica, pero sin autonomía estratégica será imposible desplegar una diplomacia activa con la que alcanzar la seguridad energética. Como se ha definido antes, ambos conceptos son simbióticos, pero además los dos están ligados a la diplomacia energética, pues uno depende de ella y el otro la condiciona fuertemente. El Consejo de Asuntos Exteriores así lo reconoció cuando aseguró que «la diplomacia energética [...] desempeña un papel crucial en el mantenimiento y el refuerzo de la seguridad y la resiliencia energéticas de la UE»[9].

---

9 Consejo de la Unión Europea. (2021). *Conclusiones... Cumplir la dimensión exterior... Op. Cit.* p. 9.

Como se ha detallado anteriormente, la autonomía estratégica tiene tres dimensiones: la política, la operativa y la industrial. La diplomacia energética pertenece claramente a la segunda, pues forma parte de los medios institucionales, políticos y materiales para diseñar y ejecutar los proyectos enmarcados en la acción exterior y definidos en la cultura estratégica. Pero, además, al ser determinante para aumentar la seguridad energética, la diplomacia energética influye de manera doble en la autonomía estratégica, pues también condiciona el desarrollo de otros instrumentos necesarios para alcanzarla. Por lo tanto, se trata de una herramienta clave para el proyecto global europeo, pues a través de ella se pretende consolidar el potencial normativo, la influencia comercial y las capacidades operativas para alcanzar los objetivos de su política exterior. Además, al ser parte tanto de la política de energía como de la acción exterior, la diplomacia energética trabaja simultáneamente para que se alcancen los objetivos de ambas, aportando coherencia y unidad entre todas las estrategias sectoriales. Por una parte, su actuación se dirige a aumentar la seguridad de suministro, crear nuevas asociaciones estratégicas e impulsar un mercado internacional de la energía basado en normas. Por otro lado, se pretende conseguirlo a través del refuerzo de la cooperación, el multilateralismo y la influencia normativa, fomentando la seguridad y la estabilidad mundial. Pero, además, esto no está desligado de la dimensión interna comunitaria, ya que todos estos proyectos influyen en la construcción de un mercado interior de la energía. Por lo tanto, se trata de un proyecto de dimensiones globales, interconectado y con multitud de variantes, cuya meta final es convertir a la UE en el líder indiscutido del nuevo modelo sostenible, eficiente y climáticamente neutro que se está desarrollando en todo el mundo.

2.2. La diplomacia climática

En 2015, y al mismo tiempo que la UE comenzaba una acción exterior más decidida respecto a la energía, el Consejo de Asuntos Exteriores ratificó también el plan de acción para la diplomacia climática presentado por la Comisión[10], el cual tenía por objeto «reforzar la influencia de la UE y crear alianzas con socios internacionales ambiciosos»[11] en el marco de la preparación de la Conferencia de París. Al igual que la diplomacia energética, la diplomacia climática pretende utilizar todas las herramientas de la política exterior para alcanzar los objetivos marcados en materia de clima y medio ambiente, aumentando la influencia global europea con el fin de elevar el nivel de ambición y convertir a la UE en el líder en la lucha mundial contra el cambio climático.

Aunque los aspectos sobre clima suelen tratarse en el Consejo en su formación de Medio Ambiente, el Consejo de Asuntos Exteriores los aborda con asiduidad debido a que estas políticas tienen una importante influencia tanto en la acción exterior como en la seguridad de la UE. Según un informe de la Comisión publicado en 2008, los cambios climáticos son un potente multiplicador de amenazas, ya que provoca desplazamientos masivos, escasez de recursos y riesgos económicos, entre otros, lo que supone un riesgo para los Estados miembros. Ya en 2015, el Consejo se comprometió a «abordar la dimensión de seguridad de cambio climático, incluso mediante la consolidación de su componente de diplomacia de clima, como parte inherente de su política exterior». Siguiendo estas

---

10 Consejo de la Unión Europea. (2015). *Outcome of the Council Meeting, Foreign Affairs.19 January 2015*. p. 4.

11 Comisión Europea. (25 de febrero de 2015). *Paquete sobre la Unión de la Energía. Comunicación de la Comisión al Parlamento Europeo y al Consejo. El Protocolo de París, un plan rector para combatir el cambio climático más allá de 2020*. COM(2015) 81 final. p. 5.

consideraciones, es evidente que el cambio climático tiene especial incidencia en la seguridad energética y en la autonomía estratégica europea, ya que la condicionan y son parte de su desarrollo, siendo la diplomacia climática una eficiente herramienta para su consolidación.

Aunque la diplomacia energética y la diplomacia climática son en ocasiones confundidas debido a que comparten algunos objetivos centrales y son aplicadas de manera simultánea, existe una diferencia principal entre ellas. La primera responde a la imperiosa necesidad de aumentar la seguridad energética, muy condicionada por la dependencia energética, lo que implica menos margen de maniobra y una influencia global menor. Por su parte, la diplomacia climática es consecuencia de la obligación de un cambio de modelo mundial, pero, dado que la UE representa solo 9% de las emisiones mundiales y está luchando por su descenso, la capacidad de acción es mucho mayor, sobre todo frente a China —que supone el 25%— o EE. UU. —que emite el 11%—[12]. Dicho de otro modo, el fracaso de la diplomacia energética supondría un aumento de las amenazas para los Estados miembros frente a sus rivales geopolíticos, mientras que el abandono de la diplomacia climática conllevaría un aumento de las amenazas para toda la comunidad internacional, lo que obliga a abordar el problema de manera conjunta. Pese a esto, la interconexión de ambas es tan grande que el éxito de las dos permitirá tanto mejorar la seguridad global de la UE como liderar la transición energética y situarla como la referencia mundial en la lucha climática.

Sin embargo, es importante mencionar que, pese a que ambas pertenecen a un proyecto común, el despliegue de una diplomacia energética y una diplomacia climática simultánea no está exenta de incoherencias y duplicidades que pueden

---

12 *Ibidem*. p. 7.

llegar a debilitarlas. Por eso, en la EGS se apostaba por reforzar las sinergias entre ambas, lo que a partir supuso una «mejor utilización de los instrumentos de asistencia técnica y financiera de la UE y de los Estados miembros y el refuerzo de los vínculos con otros ámbitos de actuación importantes»[13]. La idea del Consejo era que, dado que el cambio climático tiene una relación directa con la seguridad, los esfuerzos por reducir la vulnerabilidades energéticas debían estar en concordancia con los objetivos medioambientales, aunando las prioridades en la búsqueda de un mundo más sostenible sin llegar a abandonar los objetivos sectoriales perseguidos por cada estrategia en particular.

El despliegue de la diplomacia climática está teniendo una especial relevancia en el desarrollo de la autonomía estratégica europea. Esto se debe a que uno de sus principales objetivos es hacer de la UE el líder mundial de la lucha contra el cambio climático, lo que le permite reforzar su posición geopolítica y aumentar su grado de influencia en gran parte de los asuntos mundiales, instaurando un modelo de gobernanza que es aplicable a otras materias. De este modo, la diplomacia climática no solo busca mitigar los efectos del cambio climático, sino establecer un sistema internacional multilateral basado en normas, mejorar la cooperación y fortalecer las instituciones globales, prevaleciendo la visión estratégica y el modelo comunitario en la lucha climática global. La diplomacia climática ha permitido a la UE decidir, establecer y ejecutar estrategias propias o compartidas con un alto grado de independencia con el objetivo de defender sus intereses en las cuestiones medioambientales,

---

13 Consejo de la Unión Europea. (2017). *Conclusiones del Consejo–Aplicación de la Estrategia Global de la UE. Refuerzo de las sinergias entre las diplomacias climática y energética y elementos de las prioridades para 2017. (6 de marzo de 2017).* p. 3.

lo que sin duda ha ayudado a elevar el grado de autonomía estratégica hasta su máximo exponente.

Esto ya es una realidad. Actualmente, la UE ostenta el liderazgo global en la lucha contra el cambio climático. Además de liderar el Acuerdo de París, las instituciones comunitarias son el mayor contribuidor económico al esfuerzo climático, proponen el grueso de la normativa internacional en la materia y diseñan gran parte de los protocolos de actuación a escala mundial. De este modo, la mayor parte de los compromisos internacionales adoptados son formulados por las instituciones europeas, que fijan el nivel de ambición e incluyen cláusulas climáticas en la mayor parte de los acuerdos que firma. Además, y aunque la UE tiene predilección por trabajar junto a sus socios, el grado de autonomía estratégica que exhibe en la materia es tan alto que la falta de acuerdos no impide su actuación en solitario, como demuestra la rápida implementación del Acuerdo de París pese a la salida estadounidense, la aplicación de normas medioambientales a los productos importados por los Estados miembros o, a rasgos generales, la propia visión estratégica europea, que propone tanto acciones internas como en colaboración con otros actores[14]. Sin embargo, las instituciones comunitarias son muy conscientes de que para alcanzar los objetivos globales se requiere la colaboración de todos los países, especialmente de las mayores potencias, por lo que gran parte del esfuerzo de la diplomacia climática se dirige a la búsqueda y consolidación de asociaciones estratégicas fiables y duraderas establecidas como marcos de actuación permanente.

---

14 Comisión Europea. (28 de noviembre de 2018). *Comunicación de la Comisión al Parlamento Europeo, al Consejo Europeo, al Consejo, al Comité Económico y Social Europeo, al Comité de las regiones y al Banco Europeo de Inversiones. Un planeta limpio para todos: la visión estratégica europea a largo plazo de una economía próspera, moderna, competitiva y climáticamente neutra.* COM(2018) 773 final. pp. 24-25.

La autonomía estratégica europea en materia de clima se ha evidenciado en las numerosas veces en las que tanto el Consejo Europeo como el Consejo de Asuntos Exteriores han decidido aumentar la ambición de la diplomacia climática con el fin de alcanzar los importantes objetivos que se han ido marcando y renovando. Por ejemplo, en 2018 el Consejo Europeo decidió «redoblar los esfuerzos para fortalecer las alianzas existentes y buscar otras nuevas con países de todas las regiones del mundo para mitigar el cambio climático»[15], mientras que un año después el Consejo de Asuntos Exteriores reconocía el compromiso de la UE y sus Estados miembros por «seguir ampliando la movilización de la financiación internacional para el clima»[16]. Por su parte, el Parlamento Europeo también publicó una resolución en la que, si bien mostraba su acuerdo con las líneas generales de la diplomacia climática, instaba a incrementar la sensibilidad internacional y la responsabilidad europea para evitar un alto coste de la transición climática en los países más desfavorecidos[17]. Ya en 2020, y tras las nuevas y alarmantes predicciones del Informe Especial del Grupo Intergubernamental de Expertos sobre el Cambio Climático, el Consejo de Asuntos Exteriores consideró urgente reforzar la respuesta mundial a la emergencia medioambiental, aumentando la ambición y empleando todos los medios de que disponer para hacer frente a ella a través de la diplomacia climática[18]. Sin embargo, el mayor impulso en este aspecto se ha logrado tras la puesta en

---

15 Consejo de la Unión Europea. (2018). *Conclusiones del Consejo sobre la diplomacia climática (26 de febrero de 2018).* p. 7.

16 Consejo de la Unión Europea. (2019). *Diplomacia climática: conclusiones del Consejo (18 de febrero de 2019).* p. 8.

17 Resolución del Parlamento Europeo, de 3 de junio de 2018, sobre la diplomacia climática. *Diario Oficial de la Unión Europea,* núm. 118, de 8 de abril de 2020. p. 37.

18 Consejo de la Unión Europea. (2020). *Conclusiones del Consejo sobre la diplomacia climática (20 de enero de 2020).* pp. 1-5.

marcha del Pacto Verde Europeo, cuya dimensión exterior supone un salto adelante en la posición global en materia de clima y energía de la UE.

2.3. La diplomacia por el Pacto Verde Europeo

El Pacto Verde Europeo es el mayor proyecto energético y climático más ambicioso en la historia de la UE, un reto mediante el cual se pretende alcanzar «una sociedad equitativa y próspera, con una economía moderna, eficiente en el uso de los recursos y competitiva, en la que no habrá emisiones netas de gases de efecto invernadero en 2050 y el crecimiento económico estará disociado del uso de los recursos»[19]. Se trata de un desafío mayúsculo, con implicaciones en todas las políticas comunitarias y estatales, que de lograr sus principales objetivos cambiará a los Estados miembros para siempre, entrando en un nuevo sistema energético, productivo, económico y social. La ambición es enorme, y los recursos puestos a su disposición ingentes. Además, la pandemia ha servido como revulsivo, pues ha permitido que todos los planes de recuperación económica estén en concordancia con sus metas, haciendo de la política energética y climática algo completamente transversal.

El Pacto Verde Europeo está formado por una dimensión externa e interna profundamente interconectadas, creando una espesa red de estrategias sectoriales que permitirán alcanzar importantes objetivos de manera conjunta. En el plano interior, se pretende reducir las emisiones hasta la neutralidad climática y aumentar la eficiencia, además de consolidar un marco seguro de abastecimiento y una red comunitaria

---

[19] Comisión Europea. (11 de diciembre de 2019). *Comunicación de la Comisión al Parlamento Europeo, al Consejo Europeo, al Consejo, al Comité Económico y Social Europeo y al Comité de las Regiones: El Pacto Verde Europeo.* DCOM(2019) 640 final. p. 2.

profundamente conectada. Por otra parte, se busca hacer de la UE el líder mundial de la lucha contra el cambio climático, fortaleciendo su perfil de potencia normativa como adalid de la transición energética y el cambio de modelo, lo que sin duda tendrá una importante repercusión en la autonomía estratégica europea. Ambas esferas están enlazadas por la diplomacia energética y climática, bautizada ahora como «Diplomacia por el Pacto Verde», la cual permitirá, siguiendo las definiciones anteriores, utilizar todos los instrumentos de la política exterior para alcanzar los objetivos climáticos de la UE. Por lo tanto, Sin embargo, en la actualidad se requiere revitalizar la diplomacia energética y climática y hacerla más rigurosa, «promoviendo y aplicando ambiciosas políticas de medio ambiente, clima y energía en todo el mundo». La Diplomacia por el Pacto Verde no solo supone la consolidación de la vigente acción exterior en materia de energía y clima, sino un incremento en el nivel de ambición y una mayor dotación de recursos para alcanzar sus fines, fortaleciendo las líneas de actuación ya en marcha y añadiendo nuevas estrategias con las que fortalecer la posición de liderazgo de la UE. Además, se pretende movilizar todos los canales diplomáticos y colaborar con todos los socios disponibles para «convencer a los demás y [en] ofrecer apoyo a quienes asuman su parte de la política de fomento del desarrollo sostenible» y asegurar que el Acuerdo de París sigue siendo el marco de referencia en la lucha contra la degradación medioambiental.

A este respecto, merece especial atención el propósito de trabajar con los socios prioritarios en formatos más reducidos, intensificando los esfuerzos a través de las cumbres bilaterales, regionales y sectoriales para profundizar en los objetivos del Pacto Verde Europeo. Por ejemplo, resalta la intención de utilizar todos los «instrumentos diplomáticos y financieros para garantizar que las alianzas verdes formen parte de sus relaciones con África y otros países y regiones socios, especialmente en América Latina, el Caribe, Asia y el Pacífico», así como la puesta en marcha de una Agenda Verde para los Balcanes Occidentales, la inclusión del medio ambiente en las cumbres UE-China o la colaboración climática como eje central de la Estrategia Global con África. Este enfoque permitirá adecuar el nivel de ambición, los objetivos y las herramientas destinadas a conseguirlos a la realidad política, económica y social de cada Estado o área geográfica, lo que sin duda ayudará a hacer la estrategia más realista y, por tanto, más asequible y fácil de alcanzar. Todos estos proyectos bilaterales o regionales suponen la demostración de que, pese a su tendencia hacia los compromisos multilaterales y la garantía de que el Acuerdo de París es la base sólida sobre la que avanzar respecto al cambio climático, la UE reconoce tanto la eficacia de imponer metas específicas en base a las características propias de cada actor como la mayor capacidad de influencia sobre socios menores con un alto interés comercial en sus relaciones con los Estados miembros, lo cual les hace más proclives a los compromisos climáticos.

Todas estas pretensiones de la Comisión para reforzar la diplomacia energética y climática en el marco de la diplomacia por el Pacto Verde Europeo tuvieron eco, algunas semanas después, en el Consejo de Asuntos Exteriores, donde los ministros consideraron «extremadamente urgente reforzar la respuesta mundial a la emergencia climática»[20], contribuyendo a aumentar la ambición global y utilizando todos los medios disponibles para ello. Con la UE cumpliendo con el ejemplo, la idea era alentar a terceros países para que revisaran de manera alcista sus contribuciones a la lucha contra el cambio climático. Para conseguirlo, el Consejo pedía reforzar la diplomacia climática, adoptando planteamientos específicos para cada socio, trabajando en formatos bilaterales y reducidos para alcanzar acuerdos vinculantes y poniendo en marcha todos los instrumentos

---

20 Consejo de la Unión Europea. *Conclusiones... 20 de enero... Op. Cit.* p. 3.

de la política económica y comercial para alentar a los interlocutores a actuar de manera más decidida. Además, se solicitaba a la Comisión la elaboración de un planteamiento estratégico de la diplomacia climática donde se detallaran los métodos concretos y operativos establecidos para alcanzar todos los objetivos marcados. Un año después, el Consejo de Asuntos Exteriores implicó de manera directa a la diplomacia energética en la diplomacia por el Pacto Verde Europeo, instaurando como su principal objetivo...

> *acelerar la transición energética global, promoviendo la eficiencia energética y las tecnologías renovables, entre otras cosas. Al mismo tiempo, la diplomacia energética de la UE desalentará nuevas inversiones en proyectos de infraestructura basados en combustibles fósiles en terceros países*[21].

De este modo, se reconocía que la lucha contra el cambio climático era infructuosa si no se alentaba a los socios a llevar a cabo estrategias ambiciosas de reducción de emisiones en el proceso de producción de energía. Sin embargo, los ministros de la rama también percibían que estos cambios tendrán un importante impacto sobre la geopolítica mundial, por lo que la diplomacia energética, además de contribuir al esfuerzo internacional por el clima, debía seguir velando por mantener y fortalecer la seguridad energética y la resiliencia de los sistemas de energía de los Estados miembros. Esta declaración conllevaba implícita la idea de que todos los esfuerzos comunitarios en la lucha medioambiental no podían, en ningún caso, trabajar en contra de los intereses energéticos, por lo que la diplomacia energética debía converger con la climática y los proyectos del Pacto Verde Europeo respetando siempre su objetivo principal.

---

21 Consejo de la Unión Europea. *Conclusiones del Consejo... Cumplir la dimensión... Op. Cit.* p. 6.

Esta preocupación se enmarcaba en la creciente evidencia de que tanto el cambio climático como la transición energética tienen un enorme impacto geopolítico y suponen un reto para la seguridad y la Defensa de la UE. En febrero de 2019, el Consejo de Asuntos Exteriores reconoció la multiplicación de las amenazas como consecuencia de los proyectos medioambientales y solicitó la inclusión de una perspectiva de seguridad en la diplomacia energética y climática para poder abordarlos, así como una base global de información sobre riesgos de seguridad relacionados con el cambio climático destinada al Consejo de Seguridad de la ONU. Meses después, los ministros de la materia volvían a admitir «la relevancia del cambio climático para las misiones y operaciones de la PCSD, incluido su impacto en la planificación y el desarrollo de la capacidad militar»[22].

Desde entonces, la Comisión se ha esforzado por integrar y unir la política energética y climática, la acción exterior y la PCSD para poder afrontar con solvencia y coherencia los nuevos retos y amenazas ocasionados por el cambio climático, consciente de que un mayor esfuerzo a escala global requiere de un aumento en la contribución a la seguridad europea. El mantenimiento de una diplomacia energética que, pese a contribuir al esfuerzo climático, tenga como principal objetivo el refuerzo y la consolidación de la seguridad energética es esencial para asegurar el cambio de modelo de los Estados miembros sin perturbaciones, garantizando, entre otros, la importación del volumen de hidrocarburos necesario, el acceso a los recursos y a las materias primas críticas necesarias para el desarrollo de la tecnología limpia, la resiliencia de las redes de suministro, la producción interna, la autonomía industrial y las capacidades de las fuerzas operativas, manteniendo en todo momento una

---

22 Consejo de la Unión Europea. (2019). *Council conclusions on Security and Defence in the context of the EU Global Strategy (17 June 2019)*. p. 5.

baja vulnerabilidad de los sistemas vitales de energía mientras estos evolucionan en el marco de la transición energética.

Es evidente que la diplomacia por el Pacto Verde Europeo ha fortalecido enormemente la posición geopolítica europea y seguirá haciendo en la próxima década. El cambio climático es uno de los mayores retos a los que se enfrenta actualmente la UE, creando amenazas nuevas y multiplicando los riesgos para el proyecto común. Sin embargo, esta problemática no puede abordarse en solitario. Se trata de una preocupación global, cuya respuesta pasa obligatoriamente por la cooperación internacional y la acción colectiva. Por eso, el Pacto Verde Europeo permite alcanzar asociaciones estratégicas en el ámbito energético y climático y asumir un liderazgo mundial en base tanto a su experiencia propia como a la capacidad de influencia normativa, comercial, financiera y de asistencia técnica. Además, la utilización de todos los recursos de la acción exterior para lograr los objetivos medioambientales dota a la diplomacia energética y climática de una enorme coherencia, esenciales en un contexto de rivalidad geopolítica y de pugna por los recursos disponibles. El impacto de esto sobre la autonomía estratégica es enorme, ya que permite perseguir los intereses propios con un alto grado de independencia, estableciendo y proyectando estrategias propias con los socios más comprometidos y alentando con instrumentos de cooperación a los países más reacios a actuar frente al cambio climático.

3. LA CONSOLIDACIÓN DE LA AUTONOMÍA ESTRATÉGICA DE LA UE: LA IMPORTANCIA CENTRAL DE LA SEGURIDAD ENERGÉTICA

Como se ha comprobado anteriormente, todas las estrategias en materia de clima, medio ambiente y energía, ejecutadas en su dimensión exterior por la diplomacia energética y la diplomacia climática —revitalizadas y cohesionadas en la diplomacia por el Pacto Verde Europeo—, tienen una influencia central en la seguridad energética. Esto se debe a que cada una contribuirá de una u otra manera a reducir las importaciones de crudo y gas natural y a aumentar la producción propia, así como a dotar al mercado interior de la energía de una mayor solidez y resiliencia gracias al esfuerzo normativo, tecnológico y de inversión en infraestructuras. Además, la diversificación de fuentes de suministro, la moderación de la demanda, la mejora de la eficiencia, la reducción de dependencias estratégicas, el desarrollo sostenible a escala industrial y otros objetivos vinculados a la política de energía permitirán construir un nuevo escenario integrado, resistente y climáticamente neutro en el que la UE dispondrá de un alto grado de autonomía energética, lo que será un elemento profundamente relevante en un contexto futuro donde el acceso a los recursos producirá el incremento de la rivalidad geopolítica a escala global.

Las cifras así lo demuestran. Según la AIE, la importación de petróleo, de gas natural y de carbón se va a reducir considerablemente hasta el 2050, con mayor éxito en el primer caso debido a la importancia del gas natural en la transición energética como combustible de transición[23]. Este declive tendrá una importante influencia en el consumo energético final, ya que en la actualidad el 72% está relacionado con los combustibles fósiles. Este descenso irá de la mano del incremento en la demanda de electricidad, que será generado por fuentes propias y renovables y que podrán abastecer paulatinamente a los sectores más dependientes del crudo y del gas natural, como el transporte o la industria. Aunque algunos investigadores ponen el foco en que la dependencia del crudo y el gas natural en Europa va a aumentar en los próximos años hasta cerca

---

[23] AIE. (2021). *Net Zero by 2050.* www.iea.org Disponible en: https://www.iea.org/reports/net-zero-by-2050

del 90% por la menor producción interna, esto no tendrá un gran efecto negativo sobre la seguridad energética, ya que el consumo de petróleo se va a ver considerablemente reducido hasta dejar de ser un elemento principal del mix energético comunitario.

Por estos motivos, la incidencia del Pacto Verde Europeo en la seguridad energética será muy alta, ya que permitirá una considerable reducción de las importaciones de energía, otorgando a la UE una autonomía energética que tendrá un fuerte impacto en sus relaciones con terceros países. Este tiene, como uno de sus principales objetivos, la neutralidad climática en 2050, ejecutada a través de la pionera Ley del Clima, con la que se pretende reducir las emisiones un 55% con respecto a los niveles de 1990. Esto obligará a ejecutar con éxito varias estrategias sectoriales, entre ellas el aumento de la producción propia a través de energías renovables —un 32% de cuota en el mix energético para 2030—, el progreso de la eficiencia energética —al menos un 32.5% de mejora en la misma fecha[24]— y la transición a una movilidad sostenible e inteligente —que implica una reducción del 90% de las emisiones procedentes del transporte en 2050—. Todo ello dentro de un mercado interior de la energía completamente integrado, interconectado y digitalizado, lo que aumentará la seguridad de los sistemas energéticos y reducirá al mínimo los riesgos de un corte de suministro, de la intervención exterior o incluso del sabotaje.

La importancia de estas medidas es capital debido tanto a las actuales cifras de consumo e importación de energía como a sus proyecciones alcistas en caso de no ejecutar ninguna de las estrategias mencionadas. Hasta el 2022, la UE importa alrededor del 55% de la energía que necesita, con un desglose

---

24 Comisión Europea. (s/f). *Marco sobre clima y energía para 2030.* Cambio Climático y Medio Ambiente. ec.europa.eu Disponible en: https://ec.europa.eu/clima/policies/strategies/2030_es#tab-0-0

que evidencia una trascendencia central del petróleo y el gas natural, cuyo abastecimiento exterior se situaba en el 91,7% y el 83,4% respectivamente. El crudo es actualmente la mayor fuente de energía del total de Estados miembros, representando el 34% del suministro primario[25]. Esto se debe, en parte, a la incidencia del transporte y los hogares, que superan el 29% y 26% respectivamente de las necesidades energéticas totales, ya que son dos sectores profundamente dependientes de los hidrocarburos. Si estos datos no se revierten, la necesidad de ambas materias primas podría elevar el ratio de dependencia energética al 75% en 2030.

Sin embargo, si las estrategias en marcha concluyen con éxito y se cumplen los objetivos marcados para el 2050, el abastecimiento exterior podría reducirse hasta el 20%, con un descenso de la importación de combustibles fósiles de hasta el 70%, según algunas de las hipótesis manejadas por la UE[26]. La adopción de una movilidad limpia es fundamental para rebajar el consumo de petróleo y sus derivados, como así lo reflejan los proyectos para disminuir el transporte de largas distancias por carretera y aire y aumentar las líneas de ferrocarril, cuyo abastecimiento eléctrico puede asegurarse a través de tecnologías renovables. Respecto a la climatización de los edificios, la mejora de la eficiencia y la electrificación son la mejor vía para reducir el uso del gas natural. De manera global, el éxito de la transición energética permitirá reducir el uso de fuentes no renovables hasta su mínimo, basculando la producción de energía hacia la tecnología limpia de manera definitiva.

---

25 Eurostat. (2021). *Energy Statistics–an overview.* Comisión Europea. Disponible en: https://ec.europa.eu/eurostat/statistics-explained/index.php?title=Energy_statistics_-_an_overview#Final_energy_consumption

26 Comisión Europea. *Comunicación de la Comisión… Un planeta limpio para todos…Op. Cit.* p. 10.

De cumplirse todos estos pronósticos, la seguridad energética se verá profundamente mejorada al alcanzar un alto grado de autonomía. Esto se debe a que la crítica dependencia exterior de crudo y gas natural conlleva importantes amenazas debido tanto a la vulnerabilidad de los mercados y las rutas de suministro como a la debilidad negociadora ante los Estados productores, que utilizan la energía como herramienta de poder en sus relaciones con terceros[27]. Por eso, la diplomacia energética y climática mejorarán sustancialmente la posición geopolítica de la UE y ayudará a aumentar su autonomía estratégica, ya que reducirá la capacidad de presión de otros Estados y permitirá perseguir los objetivos europeos de manera más independiente. Sin embargo, esto no debe ser motivo para abandonar otros aspectos relevantes de la seguridad energética, sobre todo en la esfera interior, como la custodia de las infraestructuras clave, la resiliencia o la autonomía industrial, pues la producción y el consumo masivo a través de fuentes alternativas sigue requiriendo la protección total de los sistemas vitales de energía a través de todos los instrumentos al alcance, incluidos los medios militares.

Todo esto demuestra que la relación entre seguridad energética y autonomía estratégica es notoria, ya que ambos conceptos se influencian y retroalimentan entre sí. El aumento de la seguridad y la autonomía energética va a dotar a la UE de un mayor grado de autonomía estratégica, pues le permitirá ejecutar sus estrategias de política exterior sin el condicionante impuesto por una alta dependencia y las consecuentes coerciones externas, incluido un corte de suministro. De este modo,

---

27 Esta realidad fue reconocida por la Comisión en la estrategia marco de la Unión de la Energía, que aseguraba que «la política energética se utiliza a menudo como una herramienta de política exterior, en particular en los principales países productores y de tránsito de energía». Comisión Europea. *Comunicación... Estrategia Marco... Op. Cit.* p. 7.

conforme aumente la producción interna a través de fuentes renovables y se reduzca el abastecimiento exterior, además del progresivo fortalecimiento del mercado interior y la normativa comunitaria, mejorará la posición internacional europea, pues podrá actuar con mayor independencia en la escena mundial, evitando las presiones exteriores y ganando influencia ante los socios prioritarios.

La importancia de la transición energética y el cambio de modelo reside en que va a permitir a la UE reducir la dependencia de lo que no dispone —hidrocarburos y uranio, entre otros— al mismo tiempo que aumenta la necesidad de sus socios de las capacidades de las que sí dispone, como la cooperación técnica, el desarrollo tecnológico o la ayuda financiera en materia energética y climática. En este punto, la relevancia de la diplomacia por el Pacto Verde Europeo es esencial, pues es el instrumento a través del cual se convencerá al resto de la comunidad internacional de la necesidad de la lucha contra el cambio climático y se impondrán los criterios normativos y el nivel de ambición requerido a los socios estratégicos. De este modo, la UE se verá en una posición de fuerza al reducir las vulnerabilidades de su sistema energético a la vez que es capaz de aumentar su influencia al liderar el esfuerzo colectivo para la mejora del medio ambiente, lo que le permitirá actuar con un alto grado de autonomía estratégica que se trasladará progresivamente a todas las dimensiones de la política exterior. Sin embargo, y dado que la seguridad energética es uno de sus elementos centrales, su consolidación requiere del éxito absoluto de todos los proyectos energéticos y climáticos vigentes, lo que implica que el primer esfuerzo debe hacerse en la dimensión interna.

El desarrollo de capacidades creíbles de seguridad y Defensa va parejo a estos planes. Como ya se ha defendido anteriormente, el concepto de autonomía estratégica aplicado a la UE es multidimensional, es decir, está formado por diferentes esferas conexas que se retroalimentan entre sí. Aunque las fuerzas operativas son una parte importante del concepto, sería inadecuado atribuirle un papel central en un actor cuya política exterior está lejos de los principios básicos del realismo político, basando su capacidad de influencia en su potencia normativa, comercial y civil. La apuesta por ganar autoridad e influencia liderando la transición energética mundial así lo demuestra. Sin embargo, también es indiscutible que la seguridad energética solo puede estar plenamente consolidada si se dispone de una capacidad operativa que permita actuar ante amenazas graves y directas, como por ejemplo el riesgo de un corte de suministro *manu militari*. Dado que la energía es un elemento clave de la seguridad europea, las capacidades de Defensa deben contribuir a mantener la baja vulnerabilidad de los sistemas de energía, incluso cuando la fuerza militar es solo un instrumento más de la autonomía estratégica. A esto hacía referencia la EGS cuando anunciaba que «un pragmatismo basado en principios orientará nuestra acción exterior en los próximos años». Esta realidad se ha demostrado, con toda su crudeza, durante la invasión rusa de Ucrania, donde las redes de energía han sido clasificadas como un objetivo militar de primer nivel.

Además, esto va a ser de especial importancia debido a la certeza de que el cambio climático es un potente generador de nuevas amenazas globales y una fuente de inestabilidad, lo que supone un importante desafío para la seguridad mundial. Por ejemplo, la transformación económica tendrá un fuerte impacto sobre las migraciones masivas, el acceso a los nuevos recursos estratégicos y el coste de los productos básicos, entre otros. Esto implica la necesidad de desarrollar y consolidar en sincronía y coherencia capacidades de seguridad y Defensa para complementar el resto de los instrumentos de la acción exterior en materia climática, pues son esenciales para la consecución de los objetivos marcados en el Pacto Verde Europeo. Como se ha mencionado con anterioridad, no se trata de recurrir al *hard power* para la imposición de las estrategias diseñadas, sino de contar con todas las herramientas posibles para mantener la independencia de la UE en los asuntos globales. Por eso, en el Pacto Verde Europeo se recoge que «las implicaciones de la política climática deben convertirse en parte integrante de la reflexión y la acción de la UE sobre asuntos exteriores», incluida la PCSD. El AR ha manifestado en varias ocasiones que el liderazgo climático requiere emplear todos los medios al alcance, incluidos los instrumentos de gestión de crisis cuando sea necesario[28].

Es evidente que la vigente transición energética va a reconfigurar las relaciones internacionales —ya ha comenzado a hacerlo—. Esto supone una oportunidad única para mejorar la posición geopolítica de la UE. El incremento de la seguridad energética y el aumento de la capacidad de influencia global va a permitir actuar con un alto grado de autonomía estratégica, haciendo uso de una posición dominante en materia climática y normativa. En un escenario global en rápido cambio, el uso inteligente de todas las herramientas de la política exterior facilitará el diseño, desarrollo y ejecución de estrategias propias o conjuntas a todos los niveles para alcanzar los intereses europeos. El principal punto de apoyo de estos proyectos será el liderazgo climático, a partir del cual se podrá actuar en otros escenarios con mayor éxito. Por eso, la UE es ambiciosa en la dimensión exterior del Pacto Verde Europeo y ha puesto en marcha tanto plataformas específicas de diálogo con socios prioritarios como estrategias geográficas conjuntas para avanzar en distintos contextos y atendiendo a las diferentes necesidades mundiales, regionales y locales, entre las que se incluyen las conferencias internacionales, la Estrategia

28 Borrell Fontelles, J. (1 de diciembre de 2019). "El Pacto Verde de la UE–Una perspectiva global". *Una ventana al mundo.* SEAE. [Blog post]. Disponible en: https://eeas.europa.eu/headquarters/headquarters-homepage/72498/el-pacto-verde-de-la-ue-%E2%80%93-una-perspectiva-global_es

Global con África, las cumbres bilaterales con China o la Agenda Verde para los Balcanes. Especial atención merece la idea de avanzar en el marco del G7 y el G20, cuyos países son responsables del 80% de las emisiones, pues su reducido tamaño permite una toma de decisiones más rápida y eficaz.

Fiel a su visión estratégica, los principales instrumentos para consolidar estos proyectos de cooperación son diplomáticos, financieros y económicos, todos ellos cohesionados en la diplomacia por el Pacto Verde Europeo. Por ejemplo, la política comercial impone desde hace tiempos compromisos vinculantes con el medio ambiente, pero ahora se pretende aumentar ese impulso a través de favorecer la inversión en bienes y servicios sostenibles, incluso eliminando las barreras arancelarias para estos, e impidiendo que entren en el mercado interior productos que no cumplen con los estándares climáticos europeos. A esto se suma que, «al tratarse del mercado único más extenso del mundo, la UE puede fijar normas aplicables a todas las cadenas de valor mundiales»[29], lo que aporta una capacidad de maniobra considerable. A nivel normativo, los esfuerzos irán destinados a desarrollar mercados internacionales de energía y de carbono más sostenibles, la supresión de las subvenciones mundiales a los combustibles fósiles y la regulación de las finanzas sostenibles, entre otros.

En la actualidad, la UE disfruta de un alto grado de autonomía estratégica debido a que es capaz de decidir, establecer y ejecutar estrategias propias o compartidas con un alto grado de independencia con el objetivo de defender sus propios intereses globales, por lo menos respecto a la política climática, lo que será total conforme tanto las instituciones comunitarias como los Estados miembros sean capaces de trasladar esta fortaleza a toda la acción exterior. Todo esto ayudará a la UE a

---

29 Comisión Europea. *Comunicación... El Pacto... Op. Cit.* p. 25.

consolidar su posición de potencia global en un mundo cada vez más complejo y amenazante.

Durante la última década, el sistema de cooperación multilateral se ha ido degradando hacia una mayor competencia geopolítica, dando lugar no solo a un aumento de la coerción y la presión entre países, sino a la implantación de nuevas fórmulas no coactivas como herramientas de la política exterior, tales como la desinformación, el uso de los datos o la hostilidad cultural, entre otros. Las guerras comerciales, las tensiones industriales y la desestabilización externa son un buen ejemplo de ello. Esta tendencia no es solo consecuencia de la cada vez mayor unilateralidad de EE. UU. o China, sino también del surgimiento de potencias medianas, lo que invariablemente lleva a la rivalidad y a la acción fuera del sistema multilateral. Esto supone a un debilitamiento de las instituciones internacionales, incapaces de anteponerse a la deriva unilateral de grandes actores, lo que es especialmente dañino en situaciones de carácter urgente, como la crisis climática o la pandemia del covid-19[30].

En este contexto de polarización, la autonomía estratégica europea, reforzada por un alto grado de seguridad energética, es un imperativo para actuar con unidad, decisión, coherencia e independencia, manteniendo la capacidad de influencia global para perseguir sus intereses globales con éxito. La UE debe reforzar sus potentes instrumentos normativos, financieros y comerciales, así como desarrollar sus capacidades de seguridad y Defensa, para consolidar asociaciones útiles en las instituciones internacionales que le permitan erigirse como una alternativa a la unilateralidad y la rivalidad entre bloques, forzando

---

30 Borrell Fontelles, J. (9 de septiembre de 2020). "Construir una Europa global". *Una ventana al mundo.* SEAE. [Blog post]. Disponible en: https://eeas.europa.eu/headquarters/headquarters-homepage/85898/construir-una-europa-global_es

la vuelta de las grandes potencias a la cooperación y la colaboración internacional. En este marco, el liderazgo respecto a la lucha contra el cambio climático es un excelente punto de partida para consolidar la posición geopolítica y la influencia mundial europea, dotando a la UE de un peso y de una autoridad que podrá trasladarse a otras áreas de importancia. De este modo, la diplomacia por el Pacto Verde Europeo es una oportunidad para ejecutar la autonomía estratégica a un alto nivel, utilizando con ambición todos los instrumentos de la política exterior en base a una visión estratégica plenamente definitiva para alcanzar unos objetivos globales. De completarse con éxito, este «despertar geopolítico»[31] europeo tendrá importantes repercusiones en la sociedad internacional, afectando a la balanza de poder de las grandes potencias y abriendo una alternativa de cooperación multilateral en un contexto de creciente rivalidad geopolítica.

4. LA GOBERNANZA GLOBAL DE LA ENERGÍA

La gobernanza energética global es esencial para la mejora de la autonomía estratégica europea. Aunque esta no es una de las dimensiones prioritarias de la acción exterior señaladas por Borrell, su influencia en la seguridad y la transición energética de los Estados miembros la hace especialmente relevante para este trabajo. Esto se debe a que, para un actor tan dependiente del abastecimiento de energía, la existencia de mercados internacionales «estables, transparentes, basados en normas y

[31] Bergmann, M. (20 de agosto de 2020). "Europe's Political Awakening". *Foreign Affairs* www.foreignaffairs.com Disponible en: https://www.foreignaffairs.com/articles/europe/2020-08-20/europes-geopolitical-awakening

líquidos»[32] son vitales para desarrollar unos altos estándares de seguridad energética y, por tanto, de autonomía estratégica. Sin embargo, la dificultad de este proyecto reside, en primer lugar, en que los sistemas de energía mundiales son complejos y plurales, con multitud de factores que se interconectan entre sí, a veces de manera difusa. Por otra parte, porque la gobernanza global energética carece de una organización visible que la lidere, al contrario, su arquitectura está formada por una cooperación multinivel entre una numerosos actores de diferente naturaleza y con variedad de intereses[33].

La importancia de una gobernanza energética global radica en que los actuales retos en la materia no son estatales ni aislados, sino de carácter mundial. De este modo, la integración, desarrollo y consolidación de un régimen multilateral y reglamentado en el que estén representados todos los actores y sus intereses es una prioridad para afrontar con éxito estos desafíos[34]. Cherp, Jewell y Goldthau proponen un sistema basado en tres pilares —la seguridad energética, el acceso a la energía

---

[32] Comisión Europea. (28 de mayo de 2014). *Comunicación de la Comisión al Parlamento Europeo y al Consejo: Estrategia Europea de la Seguridad Energética.* COM(2014) 330 final. p. 23.

[33] En la actualidad, pueden identificarse cuatro tendencias institucionales en la gobernanza energética global. La primera hace referencia a las entidades mundiales en materia de energía sin capacidad de legislación ni vigilancia, como la OPEP y la AIE; la segunda a la inclusión de la dimensión energética en las estrategias de las organizaciones internacionales vigentes, como la ONU, la OMC o la OTAN; la tercera engloba a la agencias especializadas en algún ámbito específico, como la IRENA y la IPEEC, y la última la forman los analistas especializados en la materia y que ayudan al desarrollo internacional del sistema. Del Río, B. (2016). "La gobernanza mundial de la energía". *Anuario Español de Derecho Internacional,* vol. 32. pp. 442-471.

[34] Yergin, D. (2012). *The Quest. Energy, Security and the remaking of the modern world.* Penguin Book. p. 277.

y el cambio climático— destinados a asegurar un suministro de energía estable, favorecer la disponibilidad de las nuevas fuentes, reducir las emisiones contaminantes y proteger el medio ambiente. Pero para que estos planes tengan éxito, los esfuerzos en cada una de las dimensiones deben estar interconectados, para lo que se requiere una transformación sin precedentes en los sistemas de energía, una mayor integración entre las políticas nacionales, la participación de todos actores y la creación de un sistema polifacético en el que trabajen de manera coordinada los Estados y organizaciones[35].

Sin embargo, las actuales dinámicas de la llamada petropolítica responden a una concepción mucho más realista de las relaciones internacionales. En un sector muy sensible a las tensiones geopolíticas y en el que todavía existe una enorme preponderancia de los recursos fósiles, el sistema está muy influenciado por la acción de grandes empresas públicas[36] en

---

35 Cherp, A. Jewell, J. y Goldthau, A. (2011). "Governing Global Energy: Systems, Transitions, Complexity". *Global Policy*, vol 2(1). pp. 83-86.

36 El sector de los hidrocarburos tiene una importante presencia de empresas de propiedad pública. Aunque las grandes petroleras privadas como Royal Dutch Shell, Exxon Mobile o BP siguen conservando una gran cuota de mercado, en las últimas décadas esta preponderancia se ha reducido debido al crecimiento de importantes compañías controladas estatales, las cuales disfrutan del control de las reservas nacionales y de sus medios de producción y transporte. Además, estas firmas a menudo actúan de manera poco transparente, en base a criterios no económicos e incluso como herramienta de política exterior de sus respectivos Gobiernos, lo que dificulta su integración en una gobernanza mundial basada en normas y objetivos comunes. Su poder es tan grande que varias de ellas se encuentran entre las empresas más potentes del mundo, destacando la China National Pretroleum Company (CNPC), la saudita Aramco, la rusa Gazprom, la venezolana PDVSA, la brasileña Petrobas y la malaya Petronas. Fortune. (2022). *Global 500.* Revista Fortune www.fortune.com Disponible en: https://fortune.com/global500/2022/search/

unos mercados opacos y poco reglamentados, la cartelización, la poca inversión en el *upstream*, el nacionalismo energético y la adulteración de la oferta y la demanda con fines rentistas, entre todos. Por ejemplo, la mayor parte de las reservas de gas natural y crudo de alta calidad y fácil extracción se encuentran en países no democráticos que vetan la inversión de empresas extranjeras[37]. Por otra parte, la producción, la compra y venta, el transporte y refinado de los hidrocarburos sigue afrontando profundos desafíos —los cuales aumentarán conforme se supere el pico del petróleo—, que merman la capacidad de establecer una gobernanza efectiva y justa en un escenario caracterizado por el incremento de las necesidades energéticas mundiales, principalmente en Asia y África.

Pese a la vigencia de estas características, el control de los mercados por parte de los Estados productores no es total. Si entendemos la gobernanza de la energía como «la arquitectura de las instituciones y procesos que ayudan a definir reglas colectivas y estructurar las relaciones energéticas globales»[38], es evidente que existe una estructura de gobierno energético internacional que influye de manera directa en el sector y ejerce cierto control sobre sus dinámicas, más aún conforme merma la capacidad de influencia de la OPEP y aumentan las variables, la segmentación y los actores participantes en

---

37 Para conocer más sobre el actual mercado energético y el sistema de gobernanza global, véase Goldthau, A. (2013). *The Handbook of Global Energy Policy.* Wiley-Blackwell. pp. 79-225, Noreng, O. (2003). *El poder del petróleo: la política y el mercado del crudo.* El Ateneo. pp. 11-68 y Sánchez Ortega, A. (2013). J. *Poder y seguridad energética en las relaciones internacionales.* Editorial Reus. pp. 89-171.

38 La de Kerebel y Keppler es una de las definiciones más aceptada en la actualidad. Kerebel, C. y Keppler, J. H. (2009). "La gouvernance mondiale de l´énergie". *Institut Français des Relations Internationales (IFRI).* p. 33.

dichos mercados[39]. Además, en los últimos años la necesidad de afrontar los retos climáticos ha obligado a profundizar en la cooperación internacional en materia energética y climática, democratizando parcialmente el sistema. De este modo, la globalización y los desafíos actuales está consolidando una creciente gobernanza global de la energía, como lo demuestran los esfuerzos en el marco del G20, la adopción de la Carta Internacional de la Energía en 2015[40] o el Acuerdo de París de

---

39 La idea de la gobernanza mundial de la energía surgió a partir de la crisis petrolera de 1973, cuando los Estados más dependientes de los hidrocarburos sufrieron importantes cortes de suministro. Aunque durante la década posterior los países productores disfrutaron de una enorme capacidad de presión sobre el sistema, la progresiva consolidación de los mercados abiertos y a futuro, la dinamización de la oferta y la demanda, la cada vez mayor participación de los fondos de inversión y otros actores no estatales y la construcción de reservas estratégicas, entre otros, han hecho del crudo un *commodity* económico, lo que limita la eficacia de los regímenes petroleros en la regulación del sector conforme a sus intereses. Por su parte, el sector del gas natural responde a otro tipo de características, ya que debido a la rigidez de su transporte se concentra en mercados regionales y a largo plazo. Fontaine, G. (2010). *Petropolítica: una teoría de la gobernanza energética.* Instituto de Estudios Peruanos (IPE). pp. 138-146.

40 La Carta Internacional de la Energía pretende aumentar la cooperación política y económica para «promover el desarrollo de unos mercados energéticos eficientes, estables y transparentes a nivel regional y global, basados en el principio de no discriminación y en la determinación de los precios en función del mercado, teniendo en cuenta las preocupaciones medioambientales y el papel de la energía en el desarrollo nacional de cada país» con el objetivo de potenciar «la energía sostenible, mejorar la seguridad energética y maximizar la eficacia de la producción, la transformación, el transporte, la distribución y la utilización de la energía». Basada en la Carta Europea de la Energía de 1991, en la actualidad ha sido firmada por setenta y dos países. Carta Internacional de la Energía, texto acordado para su adopción en La Haya durante la

un año después, lo que sin duda tendrá efectos positivos en la seguridad energética de los Estados miembros.

Para la UE, el desarrollo de ese sistema energético mundial es esencial, dirigiendo sus esfuerzos a asegurar su estabilidad y consolidación. Gracias a su enorme potencial normativo, las instituciones comunitarias llevan años realizando una importante labor para potenciar una gobernanza global multilateral y reglada, a lo que se suma la influencia que tiene la legislación europea en la normativa internacional, como por ejemplo las Directivas sobre transparencia en el sector del gas natural. De este modo, la UE ha redoblado sus impulsos para fortalecer su liderazgo energético, utilizando todas las herramientas de política exterior para alcanzar acuerdos que permitan avanzar de manera conjunta en el cambio de modelo, siendo uno de los pocos actores que opta por abordar los desafíos energéticos desde la cooperación y el multilateralismo. Aunque el éxito de estas iniciativas es limitado debido a la difícil configuración del sistema global de la energía, la influencia europea en los objetivos, la reglamentación, los instrumentos y la financiación de los mercados energéticos es más evidente que nunca, principalmente en el marco de la transición hacia un modelo sostenible. Esta capacidad de transformación ya se ha evidenciado en varias ocasiones, siendo parte activa de la fundación de nuevas organizaciones internacionales, como IRENA o IPEEC, y ayudando a mejorar el trabajo y la eficiencia de la AIE y el IEF[41].

Fiel a la visión estratégica reflejada en la EGS, todas las iniciativas energéticas comunitarias tienen como objetivo principal

---

Conferencia Ministerial sobre la Carta Internacional de la Energía el 20 de mayo de 2015. *Secretaría de la Carta de la Energía.* p. 4.

41 Herranz Surrallés, A. (2014). "La Unión Europea en la fragmentaria gobernanza global de la energía". En Barbé, E. (dir.). *La Unión Europea en las relaciones internacionales.* Tecnos. pp. 370-374.

estructurar los sistemas de energía en el marco de una gobernanza global efectiva, transparente y justa. Sin embargo, en ninguna estrategia es más evidente que en el Pacto Verde Europeo. En él, se recoge la ambición de promover y aplicar «políticas de medio ambiente, clima y energía en todo el mundo» a través del despliegue de todos los instrumentos diplomáticos y financieros tanto en el marco multilateral —ONU, OMC, G7, G20, entre otros— como en el bilateral, un claro ejemplo de la profundización en la autonomía estratégica. La promoción de estos proyectos ayudará a establecer una gobernanza global energética, principalmente en la lucha contra el cambio climático, lo que permitirá tanto desarrollar mercados energéticos reglados, atractivos y accesibles para todos los Estados como alcanzar los objetivos climáticos mundiales, sobre todo si la UE es capaz de integrar estas prioridades en las asociaciones estratégicas con todos sus socios.

Capítulo 7

La total transformación de la seguridad energética como consecuencia de la guerra de Ucrania, el REPowerEU y el cambio de estrategia hacia China

SUMARIO: 1. La respuesta europea a la Guerra de Ucrania / 2. El REPowerEU: el fin del suministro energético ruso en la UE / 3. El éxito del REPowerEU: la fortaleza europea para aplacar el reto energético ruso en tiempo récord / 4. De socio cooperador a rival sistémico: la energía como nuevo elemento de competencia geopolíticas en las relaciones entre la UE y China

1. LA RESPUESTA EUROPEA A LA GUERRA DE UCRANIA

El 24 de febrero de 2022 las tropas rusas entraron en Ucrania en lo que el régimen de Putin denominó eufemísticamente una «operación militar especial». En realidad, se trataba de una invasión en toda regla, con las tres ramas de las Fuerzas Armadas operando un contingente cercano a los 190.000 soldados[1]

---

[1] Las cifras las aportó, días antes de la invasión, el Gobierno estadounidense, aunque difería de las manejadas por el Ejecutivo ucraniano y por diferentes *think tank* especializados. Sin embargo, ninguna

en un teatro de operaciones de más de 58.000 km^2. Aunque el principal objetivo de la ofensiva parecía dirigirse a derrocar el Gobierno ucraniano en un asalto relámpago a Kiev, el fracaso de estos planes llevó a una guerra abierta en el este del país de una magnitud que no se había vivido en Europa desde la II Guerra Mundial[2]. Pese al escepticismo reinante en las capitales europeas durante las semanas previas a la invasión, una vez consumada la agresión la UE condenó inmediatamente el inicio de las hostilidades y exigió a Rusia el fin de sus acciones militares, «retire incondicionalmente todas las fuerzas y equipos militares de todo el territorio de Ucrania y respete plenamente la integridad territorial, la soberanía y la independencia de Ucrania dentro de sus fronteras reconocidas internacionalmente»[3]. El mismo día de la invasión, el Consejo Europeo aprobó un primer paquete de sanciones, el cual se ampliaría hasta en ocho ocasiones más durante los siguientes meses.

---

cifra conocida fijaba las tropas rusas estacionadas cerca de la frontera las semanas antes de la invasión en menos de 120.000 soldados. Meses después, el Gobierno ruso amplió las unidades combatientes en Ucrania debido a las altas bajas sufridas en los primeros compases de la contienda. U. S. Mission of OSCE. (2022). *U. S. Statement for the Vienna Document Joint PC-FSC Chapter III Meeting.* www.osce.usmission.gov Disponible en: https://osce.usmission.gov/u-s-statement-for-the-vienna-document-joint-pc-fsc-chapter-iii-meeting-2/

2 Según algunos autores, el ataque a Kiev formó parte de una maniobra de distracción para evitar la concentración de las defensas ucranianas en los territorios del este del país, verdadero objetivo de las tropas rusas. Sin embargo, esto no ha podido confirmarse porque el Alto Mando de Rusia no ha publicado los planes y objetivos principales de su plan de guerra, por lo que se trata de meras especulaciones. Veiga, F. (2023). *Ucrania 22: la guerra programada.* Alianza Editorial. pp. 277-230.

3 Consejo Europeo. (2022). *Conclusiones de la reunión extraordinaria del Consejo Europeo (24 de febrero de 2022).* p. 2.

La agresión rusa a Ucrania, contraria al Derecho Internacional, ha devuelto a Europa los horrores de la guerra más de dos décadas después de la finalización de los conflictos yugoslavos, algo que parecía superado con la inclusión de gran parte de los países del este al proyecto común. Pero, sobre todo, el inicio de las hostilidades ha supuesto un proceso catártico por el cual la UE ha cambiado radicalmente la visión que tenía de sí misma, de las relaciones internacionales y de su capacidad para perseguir sus intereses en un escenario global cada vez más competitivo y complejo, alternando para siempre el enfoque que tenía de su propia seguridad. Es lo que Guinea Llorente ha denominado «el despertar hobbesiano» europeo[4], un giro por el que los socios reconocen que el mundo actual es mucho más hostil y conflictivo y que, por tanto, su defensa e integridad están fuertemente amenazadas. El motivo de esta mutación no es otro que la constatación de que Rusia ya no es sólo un vecino incómodo, sino un Estado capaz de invadir a otro por unos motivos históricos y culturales que afectan directamente a algunos Estados miembros, lo que ha acabado la paciencia estratégica de la UE y ha convencido a sus líderes de la necesidad de afrontar el desafío ruso con todas las herramientas disponibles.

Las razones en las que se fundamenta la invasión rusa de Ucrania son complejas. Tras la caída de la URSS en 1991, Rusia perdió gran parte de su capacidad económica y militar y, por tanto, su dominio en lo que durante décadas fue reconocida como su «área de influencia». Fueron años duros para el nuevo Estado ruso, que enfrentó una profunda crisis económica, institucional, política y social que llevó al borde de la miseria a

---

4 Guinea Llorente, M. (2022). "La invasión de Ucrania: un revulsivo que sacude los cimientos de la Unión Europea", en Aldecoa Luzárraga, F. y González Alonso, L. N. (eds.). *La Unión Europea frente a la agresión a Ucrania,* Los Libros de la Catarata. pp. 19-20.

millones de personas. Sin embargo, con la llegada al poder de Vladimir Putin en 2001 se inició un proceso para reconstruir la autoridad de Rusia en su vecindario próximo y su capacidad militar, un proyecto apoyado en los altos precios del petróleo que dominaron aquella década. Con tanto vigor como cautela, el nuevo Gobierno se esforzó en reestablecer su supremacía en las antiguas repúblicas soviéticas de Asia Central, limitando su capacidad de respuesta mediante la coacción económica y energética, al mismo tiempo que erosionaba las débiles instituciones democráticas para construir un régimen vertical y autoritario que unificaba todas las fuentes de poder en la cabeza del Estado. El éxito de estas iniciativas, junto con la enorme dependencia de los Estados miembros respecto a los hidrocarburos rusos, convenció a Putin para actuar con mayor agresividad tras las revueltas del Euromaidán, cuyo resultado fue la llegada al poder en Ucrania de un Gobierno proccidental. Ante este golpe, ordenó la anexión de Crimea y el apoyo a los rebeldes prorrusos en el este del país para evitar una poco posible rápida adhesión del país a la OTAN y la UE.

Sin embargo, nada parece improvisado. Los planes geopolíticos de Rusia responden a un proyecto estratégico bien definido destinado a reestablecer la influencia perdida tras la caída de la URSS en su vecindario cercano, así como el establecimiento de una política iliberal y antidemocrática como contrapeso al poder unipolar estadounidense. Estas líneas de acción son bien conocidas, y muchos analistas internacionales ven al intelectual Alexander Dugin como su principal difusor, aunque su importancia como teórico de cabecera del régimen ruso es bastante discutida[5]. La lectura de sus dos

---

5 A comienzo de la guerra de Ucrania, la figura de Alexander Dugin era poco conocida en Occidente y estaba basada en algunos perfiles caricaturescos realizados por los medios de comunicación. Sin embargo, su nombre se hizo más célebre tras convertirse, pocos meses

obras más conocidas —*Fundamentos de la geopolítica* y *Cuarta teoría política*— dibujan con claridad las líneas de la doctrina estratégica seguida por Rusia en las últimas dos décadas, la primera respecto a la escena internacional y la segunda en cuanto al orden interno. Las premisas de Dugin parten de la idea de que Rusia es, independientemente de sus fronteras y de la forma actual de su Gobierno, una civilización histórica que tiene como objetivo casi mesiánico extender su influencia por todas las regiones colindantes, para lo que debe utilizar todas las herramientas a su alcance con el fin de imponerse a los Estados ubicados en su zona de influencia. Desde los noventa, esta misión le obliga a reconstruir su área de dominio en las nuevas repúblicas exsoviéticas y frenar la expansión proveniente del oeste con el fin de proteger a los rusos incluso fuera de los límites de la actual Rusia, un discurso que Putin ha defendido en numerosos actos públicos. Se trata de una actitud abiertamente imperialista, algo que el autor reconoce al asegurar que el «expansionismo es una parte integral de la existencia histórica de la civilización rusa»[6].

En este escenario, Ucrania ha sido uno de los objetivos más señalados por las teorías geopolíticas de Dugin y sus seguidores.

---

después del inicio de la invasión de Ucrania, en el objetivo de un atentado orquestado por los servicios secretos ucranianos, operación en la que falleció su hija de veintinueve años al subirse por azar el vehículo de su padre. Esta acción ha llevado a muchos autores a asegurar la cercanía de Dugin y el régimen de Putin, pues sólo esta proximidad, junto con sus teorías sobre la participación de Ucrania, podrían haberlo convertido en un objetivo para el Gobierno ucraniano. Cuesta, J. (21 de agosto de 2022). "Muere en un atentado con bomba la hija de Alexander Dugin, el filósofo ruso que encendió el odio contra los ucranianos". *El País*. Disponible en: https://elpais.com/internacional/2022-08-21/muere-en-un-posible-ataque-con-coche-bomba-daria-dugina-hija-del-ideologo-ultranacionalista-alexander-dugin-cercano-a-putin.html

6 Dugin, A. (1997). *Foundations of geopolitics*. Arktogeja. p. 183.

Para el intelectual ruso, la antigua república soviética es una anomalía histórica, un sujeto político carente de soberanía y cuya existencia independiente supone una amenaza directa para Rusia y la región euroasiática, casi una «invasión de su territorio». Por motivos culturales, económicos y, sobre todo, geopolíticos, el «imperativo absoluto de la geopolítica rusa en la costa del Mar Negro es el control total e irrestricto de Moscú sobre toda su extensión desde los territorios ucranianos hasta los abjasios», lo que implica una subordinación incondicional de Ucrania a Rusia para evitar su adhesión al bloque occidental. Para acabar con lo que él llama la «cuestión ucrania», Dugin propone la partición del país en varios cinturones correspondientes a supuestas realidades geopolíticas y etnoculturales, algunas de las cuales deben ser incorporadas a Rusia con mayor o menor grado de autonomía y el resto establecerse como «cordones sanitarios» con occidente, ya que «la continuación de la existencia de una Ucrania unitaria es inaceptable» para el proyecto ruso.

De esta manera, y de una forma casi profética, a finales de los noventa Dugin asumió que «la soberanía ucraniana es un fenómeno tan negativo para la geopolítica rusa que podría fácilmente provocar un conflicto armado», adelantándose más de veinte años a la invasión de 2022. Independientemente de la cercanía del profesor al círculo más cercano a Putin, que es motivo de controversia, la influencia que sus escritos han tenido en los ideólogos de la actual línea estratégica rusa es evidente, pues el régimen de Putin siempre ha considerado una línea roja el acercamiento ucraniano a la UE y la OTAN y la respuesta militar como una herramienta para impedirlo. Como una profecía autoincumplida, el cambio de Gobierno tras las revueltas del Euromaidán de 2014 fue el comienzo de las hostilidades entre Ucrania y Rusia, tornado en guerra abierta tras la profundización de las relaciones bilaterales y militares entre Ucrania y occidente de los años siguientes. Y, por eso, los objetivos estratégicos de la acción bélica han ido dirigidos a controlar y anexionar aquellos «cinturones» que Dugin identifica como correspondientes a Rusia, es decir, Crimea y la región oriental —desde el Dniéper hasta el Mar de Azov—. Por otra parte, todo parece indicar que una victoria total de Rusia conllevaría la reestructuración geopolítica de los territorios del oeste, alejando a Kiev de la influencia atlantista y manteniéndola bajo un control equilibrado y cooperativo entre Rusia y la UE.

Dugin y sus seguidores promueven un papel similar, aunque menos agresivo, para otras antiguas repúblicas exsoviéticas, principalmente los Estados bálticos. Esto supone una amenaza grave y directa para el proyecto común, pues Estonia, Letonia y Lituania son socios desde el 2004. Otros planes de partición también afectarían a Rumanía, miembro desde 2008. Ante esta realidad, la invasión de Ucrania ha evidenciado el peligro real que suponen para la integridad europea los proyectos estratégicos de Putin, no sólo porque ya hayan sido públicamente dibujados, sino porque está dispuesto a alcanzarlos mediante la fuerza militar. Para muchos de los socios más orientales, la agresión a Ucrania ha estado motivada por el deseo de parte de su población de acceder a la UE y la OTAN como miembro de pleno derecho, por lo que su actual pertenencia a ambas organizaciones constituye una provocación para el expansionismo ruso. La última polémica sobre los monumentos soviéticos, que Estonia, Letonia y Lituania se afanan por retirar, constituye otro potente aviso para ellos, ya que el Gobierno ruso ha puesto en busca y captura a sus líderes políticos en base a una ley que impide la destrucción de mausoleos y estatuas sobre la victoria contra la Alemania nazi[7]. Con este movimiento, Rusia

---

7 Sauer, P. (13 de febrero de 2024). "Russia puts Estonian prime minister Kaja Kallas on wanted list". *The Guardian*. Disponible en: https://www.theguardian.com/world/2024/feb/13/russia-puts-estonian-prime-minister-kaja-kallas-on-wanted-list

pretende aparentar que puede aplicar su legislación nacional en el antiguo espacio postsoviético, lo que evidencia la idea de una soberanía limitada controlada por Moscú, uno de los motivos que llevaron a la invasión de Ucrania. Por todo esto, la UE ha acabado con su paciencia estratégica hacia el régimen de Putin y se ha convencido de que debe hacer todo lo posible para protegerse activamente de Rusia, lo que pasa por apoyar sin límite el esfuerzo bélico ucraniano.

La guerra de Ucrania ha tenido un efecto catártico en el proyecto común. La agresión armada a un Estado fronterizo ha cambiado la visión que los Estados miembros tenían al respeto de su relación con Rusia y con el resto del mundo, tomando conciencia de la imperiosa necesidad de defenderse y proyectar poder para asegurar la propia supervivencia de la UE. El alto representante para Asuntos Exteriores y de Seguridad, Josep Borrell, dejó claro esta idea al asegurar que «no es nuestra guerra, pero es nuestra seguridad»[8]. Es lo que Guinea Llorente ha definido como el «despertar hobbesiano» de la UE, un cambio total por el que los Estados miembros han modificado sustancialmente su visión de las relaciones internacionales y la forma de enfrentarse a los desafíos que le amenazan. Consecuencia, en parte, de su propio modelo político y económico, así como de su pasado histórico, la UE vivió durante años ajena a la transformación de la Rusia de Putin, convencida de que los lazos comerciales y la interdependencia económica evitaban los planes expansionistas del nuevo imperialismo ruso. Esta latente ingenuidad «kantiana» impidió a los socios estar preparados ante el inicio de la guerra,

---

8 Borrell Fontelles, J. (24 de febrero de 2022). "Borrell: 'Estamos ante una guerra de verdad a las puertas de Europa y no sabemos hasta dónde va a llegar'". *RTVE* [Entrevista]. Disponible en: https://www.rtve.es/noticias/20220224/borrell-alerta-guerra-ucrania-afecta-seguridad-ue/2296321.shtml

favoreciendo un rápido cambio de actitud conforme se hacía evidente que la UE debía hacerse cargo de su propia seguridad para protegerse de unas amenazas directas cada vez más evidentes. El enorme apoyo financiero, económico y, sobre todo, militar de los Estados miembros a Ucrania, que ha permitido el traspaso de gran cantidad de equipo militar ofensivo, es el mayor ejemplo del cambio de postura de los socios ante el gigantesco reto de la invasión[9].

En este despertar europeo, la energía ha tenido un papel central. La compra y venta de petróleo, carbón y gas natural constituía el núcleo de las relaciones económicas entre los dos bloques, tanto que al inicio de la invasión los Estados miembros importaban desde Rusia cerca de un cuarto de la energía que consumían. En este contexto, el gas natural constituía el principal problema, ya que su mayor parte era adquirido mediante una tupida red de gasoductos que difícilmente podrían ser sustituidos por una infraestructura alternativa en caso de un corte de suministro. Era la famosa «llave del gas», un término pseudoperiodístico que hacía referencia a la hipotética debilidad europea frente a un posible chantaje energético del Kremlin en caso de una confrontación directa. Aunque

---

9 Entre el material enviado a Ucrania por EE. UU. y los Estados miembros se encuentran equipos militares muy sofisticados como las lanzaderas múltiples HIMARS y M270 MLRS, artillería autopropulsada Caesar y PzH 2000, carros de combate Leopard 2, Challenger 2 y Abrams M1, obuses M777, misiles antitanque Javelin, sistemas de Defensa antiaérea Patriots, NASAMS y Gepard y vehículos de combate de infantería Marder, M113 y Brandey, entre otros, además de drones, lanchas, misiles, ambulancias, lanzagranadas y una ingente cantidad de munición de todos los calibres. A estas entregas se suma el trasvase de carros de combate, aviones, helicópteros y sistemas de defensa antiaérea que los antiguos países del Pacto de Varsovia cedieron a Ucrania en los primeros meses de guerra, los cuales no requerían un entrenamiento específico debido a que eran similares a los utilizados por el Ejército ucraniano.

la realidad era mucho más compleja y cercana a la interdependencia simétrica, las necesidades energéticas de los socios, algunos con altos niveles de dependencia, hacían muy difícil un corte inmediato y total del suministro ruso, pese a la evidencia de que los altos precios pagados por la energía importada estaban financiando la guerra. Este es el motivo porque el que algunos analistas consideran que uno de los grandes errores estratégicos de Rusia fue esperar una respuesta comunitaria mucho débil debido al miedo a una interrupción deliberada en el flujo del gas natural, algo que ya había sucedido en 2014 tras la anexión de Crimea, cuando los paquetes sancionadores nunca incluyeron cuestiones relativas a la energía.

Sin embargo, tras el inicio de la invasión los Estados miembros pronto adoptaron el compromiso de reducir las relaciones energéticas con Rusia lo más rápido posible. El segundo paquete de sanciones, adoptado el día posterior a la invasión, ya incluía algunas cláusulas para atacar el sector energético ruso, destinadas sobre todo a la transferencia tecnológica en materia de refinado de petróleo[10]. El objetivo era doble: en primer lugar, se pretendía reducir la enorme amenaza a la seguridad energética europea que suponía un posible corte de suministro, mientras que por otro se buscaba minar la capacidad financiera de Moscú para pagar la factura de la guerra, pues gran parte de los ingresos del Estado ruso provenían de la venta de hidrocarburos, principalmente a la UE. El cuarto paquete, aprobado en marzo, también introducía restricciones a la exportación de equipos, tecnología y servicios para la industria energética y prohibía nuevas inversiones europeas en el sector, un paso significativo, aunque todavía muy moderado,

---

10 Consejo de la Unión Europea. (25 de febrero de 2022). *Agresión militar rusa contra Ucrania: la UE impone sanciones al presidente Putin y al ministro de Asuntos Exteriores Lavrov y adopta sanciones individuales y económicas de gran alcance.* Comunicado de prensa.

hacia la desconexión[11]. Pese a esta fuerte voluntad de cambio y a las efusivas declaraciones de algunos líderes europeos, las primeras semanas de la invasión los Estados miembros, conscientes de la debilidad comunitaria, fueron muy tibios a la hora de abordar la cuestión energética, mientras que la Comisión no pudo ejercer un liderazgo significativo ya que el artículo 194 del TFUE permite a los países decidir la estructura general de su abastecimiento energético.

1.1. La Declaración de Versalles

El gran paso hacia la total desconexión de los hidrocarburos lo dio el Consejo Europeo en su reunión informal celebrada en Versalles los días 10 y 11 de marzo de 2022. Las conclusiones de esta histórica cumbre sorprendieron por su lenguaje fuerte, directo y decidido, así como por la relevancia de las medidas propuestas, lo que eleva a su Declaración adjunta al mismo nivel de las trascendentales citas de Copenhague en 1993, Helsinki en 1999 o Laeken en 2001. El documento comenzaba con la asunción de que Rusia era un estado agresor y, por tanto, a los ucranianos «no los dejaremos solos. La UE y sus Estados miembros seguirán proporcionando apoyo político, financiero, material y humanitario de forma coordinada»[12]. Por otra parte, se ofrecía protección temporal a todos los damnificados por la guerra y se reconocían las aspiraciones europeístas de Ucrania, abriendo incluso la puerta a una futura integración del país en la UE. En clave interna, se apostaba por una mayor responsabilidad por la seguridad de Europa y por su futuro,

---

11 Consejo de la Unión Europea. (15 de marzo de 2022). *Agresión militar de Rusia contra Ucrania: cuarto paquete de medidas sectoriales e individuales de la UE*. Comunicado de prensa.

12 Consejo Europeo. (2022). *Reunión informal de los jefes de Estado o de Gobierno. Declaración de Versalles (21 y 22 de marzo de 2022)*. p. 1.

aceptando que los Estados miembros debían estar a la altura de sus responsabilidades ante lo que se definía como «un vuelco descomunal en la historia europea».

A rasgos generales, la Declaración de Versalles asumía un sólido compromiso con la soberanía europea, es decir, la capacidad de la UE para tomar decisiones autónomas y establecer estrategias propias con las que asegurar sus intereses evitando la subordinación a ningún poder externo. De cara al exterior, implica ser capaz de proyectar un verdadero poder geopolítico y actuar de manera completamente independiente, lo que no es fácil ante la vulnerabilidad existente en muchos sectores como el de seguridad, la energía o el industrial. De manera evidente, la soberanía está profundamente relacionada a la autonomía estratégica, aunque tiene un perfil más amplio ya que afecta a muchos más ámbitos del Estado. Se trata de un término que ha adquirido una especial relevancia tras la pandemia del covid-19, donde gran parte de los Estados miembros tuvieron serias dificultades para proveerse de los materiales necesarios para hacer frente a la crisis sanitaria, quedando expuestos a las presiones de otras potencias mundiales. De este modo, la búsqueda de la soberanía busca «dotar a los europeos de las herramientas que necesitan para negociar con eficacia dentro de un sistema interdependiente, para tomar contramedidas contra los saboteadores del sistema internacional y para tomar sus propias decisiones en un entorno geopolítico más competitivo»[13].

En la Declaración de Versalles, el Consejo Europeo asumió que la UE tenía tres vulnerabilidades principales: la dependencia en materia de seguridad y Defensa, la dependencia en materia energética y la dependencia en materia económica e

---

13 Leonard, M. y Shapiro, J. (2020). "Sovereign Europe, dangerous world: Five agendas to protect Europe's capacity to act". *European Council on Foreign Relations.*

industrial. La primera de ellas hacía referencia a la evidencia de que los Estados miembros eran incapaces de defender su territorio sin ayuda externa, por lo que se requería aumentar las capacidades de Defensa y asumir un rol mucho más activo para mantener la seguridad de la UE. Para ello, se pretendía aumentar el gasto militar —apoyando y desarrollando capacidades colaborativas dentro de la UE—, estimular las inversiones, las sinergias y los proyectos conjuntos entre los socios y dotar al proyecto común de una verdadera fuerza militar para poder llevar a cabo las misiones y operaciones necesarias. Respecto a la tercera, se pretendía que «la base económica de Europa sea más resiliente y competitiva y esté mejor adaptada a las transiciones ecológica y digital», reduciendo la dependencia de elementos críticos como los semiconductores, materias primas fundamentales —muchas de ellas ligadas a la seguridad energética—, alimentos, tecnologías digitales y materiales sanitarios, para lo que se requería aumentar la inversión en sectores estratégicos y aplicar una diplomacia mucho más asertiva y ambiciosa para asegurar asociaciones duraderas y proteger a la UE de las medidas coercitivas de terceros países.

Especialmente interesante para este trabajo son las consideraciones incluidas en la Declaración de Versalles respecto a la energía. Por primera vez, los Estados miembros se comprometían a reducir la dependencia de los combustibles fósiles procedentes de Rusia, algo que hasta entonces había enfrentado a la Comisión, partidaria de estos planes desde 2014, y algunos socios, principalmente Alemania, que por precio y disponibilidad no veían alternativas al gas natural ruso. Para lograrlo, se pretendía diversificar las fuentes de suministro, especialmente a través del GNL, agilizando el desarrollo de la producción propia a través de las energías renovables y, en un futuro, el hidrógeno verde, aumentando las interconexiones eléctricas y gasistas entre los países de la UE, sincronizando toda la red comunitaria y mejorando la eficiencia energética y la gestión del consumo. Todas estas medidas no eran nuevas, pues ya estaban vigentes en la Unión de la Energía y el Pacto Verde Europeo, pero se pretendía acelerar su instauración y desarrollo para alcanzar con antelación la neutralidad climática y, por tanto, la autonomía energética europea, esencial para el desarrollo de la autonomía estratégica y la soberanía de la UE.

En los meses siguientes, los Estados miembros ampliaron estos objetivos con medidas adicionales. En agosto, y siguiendo las indicaciones de la comunicación *Ahorrar gas para un invierno seguro,* los socios se comprometieron a reducir voluntariamente un 15% la demanda[14], así como a adoptar otras medidas respecto al almacenaje y el reparto del suministro. También se llevaron a cabo proyectos para reducir el precio de la factura a los hogares y las empresas, cuya medida estrella fue el tope al precio del gas natural impuesto en el conjunto de la UE en diciembre. Además, gran parte de los Gobiernos nacionales se comprometieron a no comprar más gas natural procedente de Rusia en cuanto fuera posible. Polonia y Bulgaria fueron los primeros en cortar sus relaciones con Gazprom —en parte, debido a que Moscú había detenido los flujos por negarse a pagar en rublos—, ejemplo que siguieron meses después Finlandia, Dinamarca y Países Bajos. Posteriormente, se sumaron a estos planes Italia, Francia, Alemania, Austria, República Checa y Eslovaquia, muy motivados por el descenso en los flujos enviados por Rusia como medida de presión. Respecto al petróleo, los Estados miembros acordaron varias medidas como la prohibición del transporte marítimo de crudo ruso o un tope a su precio, destinados a reducir las ganancias rusas en este lucrativo mercado[15]. Todos estos planes respondían a lo acordado en

---

14 Consejo de la Unión Europea. (5 de agosto de 2022). *El Consejo adopta un Reglamento sobre la reducción de la demanda de gas este invierno en un 15%*. Comunicado de prensa.

15 Consejo de la Unión Europea. (3 de diciembre de 2022). *Petróleo ruso: la UE llega a un acuerdo sobre el tope de precios*. Comunicado de prensa.

Versalles, un cambio de posición histórica a la que la Comisión dio forma mediante uno de los proyectos energéticos más ambiciosos de las últimas décadas: el REPowerEU.

2. EL REPOWER EU: EL FIN DEL SUMINISTRO ENERGÉTICO RUSO EN LA UE

Siguiendo las indicaciones del Consejo Europeo, la Comisión presentó el plan REPowerEU el 18 de mayo de 2022, menos de dos meses después del inicio de la invasión de Ucrania. El proyecto, cuyo principal objetivo era reducir en un tiempo récord la dependencia de los combustibles fósiles rusos mediante la aceleración de la transición energética y climática, estaba en línea con los dos grandes proyectos europeos en la materia, la Unión de la Energía y el Pacto Verde Europeo, aunque suponía un importante salto hacia adelante al reforzar las líneas de acción ya existentes y, sobre todo, al aumentar considerablemente la financiación destinada al cambio de modelo energético. Según el documento, la doble urgencia de la crisis climática y la alta dependencia de los hidrocarburos —«que Rusia utiliza como arma económica y política»— obligaba a los Estados miembros a avanzar con más premura hacia la neutralidad de emisiones y la autonomía energética, dos de las principales metas establecidas en la política energética comunitaria desde hacía años.

Por lo tanto, el REPowerEU, por sí solo, no aporta novedades sustanciales en los proyectos que ya estaban en marcha antes de la invasión de Ucrania. Sus líneas de acción son las mismas que las de la Unión de la Energía y las del Pacto Verde Europeo, es decir, el aumento de la eficiencia energética, la expansión de la generación propia a través de tecnologías renovables, la diversificación de fuentes de suministro y la mejora y ampliación de las interconexiones entre los socios. Tampoco sus objetivos varían de las metas generales de la política energética y climática de la UE, pues el documento se basa en el paquete de propuestas «Objetivo 55» para aumentar la fiabilidad de suministro, aportando tan solo medidas adicionales para desligarse de los hidrocarburos rusos en un menor periodo de tiempo. Sin embargo, su implementación sí tendrá algunos efectos de calado en el sistema de energía comunitario, como por ejemplo la reducción del papel del gas natural como combustible de transición, lo que puede afectar al mix energético y reconfigurar algunas estrategias sectoriales, como la de la energía nuclear.

Debido a esto, las líneas de acción del REPowerEU van en línea con los proyectos planteados en anteriores comunicaciones, aunque con retoques y modificaciones para hacer más ambiciosos sus objetivos. La excepción la aportaba el último de estos, el más primordial, que intentaba preparar a los Estados miembros para una posible interrupción del suministro, algo que algunos socios sufrieron en los meses posteriores al inicio de las sanciones contra Rusia. Se trataba de los planes ya anunciados en prensa durante las semanas previas, que incluían un aumento del esfuerzo para elevar las reservas de gas natural de cara al siguiente invierno, la implantación masiva de medidas de ahorro energético, las actualizaciones de los planes de contingencia y la aceleración para implementar medidas técnicas que permitieran potenciar las capacidades de flujo inverso entre diferentes regiones, ya que «Europa debe estar lista y preparada para una grave interrupción del suministro»[16]. Estas medidas se debían hacer en base a la solidaridad entre países, incluso aunque se tuviera que recurrir a las medidas extremas establecidas en el marco jurídico de la UE. Como es sabido, el

---

16 Comisión Europea. (18 de mayo de 2022). *Comunicación de la Comisión al Parlamento Europeo, al Consejo Europeo, al Consejo, al Comité Económico y Social Europeo y al Comité Europeo de las Regiones: Plan REPowerEU*. COM(2022) 230 final. p. 22.

éxito de todas las medidas implementadas evitó un desabastecimiento de los mercados internos, aunque la incertidumbre reinante fue la causa de los altos precios de la energía vividos durante todo el 2022.

En el caso de la eficiencia energética, se propuso aumentar del 9% al 13% el compromiso anual de ahorro antes de 2030, aunque el cambio obligaría a una nueva modificación de la Directiva 2018/2022[17], además de otras medidas como un diseño más ecológico de los productos o mejoras en la construcción de nuevos edificios. Por otra parte, la Comisión hacía un llamamiento a que los ciudadanos y las empresas redujeran su consumo, aunque serían los Estados miembros los encargados de poner en marcha los incentivos para ello. Esta estrategia iba de la mano de la «aceleración y expansión masivas de las energías renovables en la generación de electricidad, la industria, los edificios y el transporte» con el objetivo de sustituir el uso de combustibles fósiles, principalmente aquellos provenientes de Rusia. De nuevo, se proponía una modificación de la Directiva vigente para elevar hasta el 45% la cuota renovable al final de la década, así como otras medidas como la implementación de bombas de calor, la mejora

[17] Incluida en el paquete *Energía limpia para todos*, la directiva 2018/2022 establecía un objetivo anual medio del 4,4%. Sin embargo, la implementación tres años después del proyecto «Objetivo 55» permitió a la Comisión solicitar la revisión de la norma para aumentar hasta el 9% la reducción del consumo energético anual. Esta reforma nunca entró en vigor porque la puesta en marcha del REPowerEU obligó a la Comisión a pedir una nueva modificación para elevar hasta el 13% el objetivo anual de eficiencia energética. En 2023, los Estados miembros —con ayuda del Parlamento Europeo— alcanzaron un acuerdo para fijar la reducción del consumo energético en el 11,7%. De este modo, cada Estado miembro debía cumplir con una rebaja del 1,49%, ampliable progresivamente hasta el 1,9%, aunque el único compromiso formal al respecto se fijaba en la cuota común.

de las calefacciones urbanas y facilidades en la promoción y activación de grandes proyectos renovables, entre otros.

Los ejes centrales de los planes para aumentar la cuota renovable eran la energía solar y el hidrógeno. La primera se articulaba en base a una estrategia sectorial específica y al proyecto de los llamados «tejados solares», con la que se pretendía lograr 600 GW de capacidad de producción extra para 2030. Esto se debía a las grandes facilidades que ofrece esta tecnología, principalmente su bajo precio, su rápida implementación y la posibilidad de su expansión masiva mediante su instalación en las partes más altas de los edificios, lo que ayudarían a reducir la dependencia de combustibles como el gas natural o el carbón. Los primeros estudios sobre la *Estrategia de Energía Solar de la UE* confirman que, de mantenerse las actuales tendencias, en un escenario de alta expansión podrían superarse las expectativas de la Comisión a finales de la década, aunque para ello habrá que enfrentar con éxito los retos derivados de la instalación masiva de paneles fotovoltaicos[18]. Respecto al hidrógeno, auténtico vector de la transición energética a largo plazo, se elevaban algunos objetivos a 2030 —diez millones de toneladas de producción nacional y diez millones de toneladas de importaciones—, se proponía más financiación para los proyectos sectoriales y planes más ambiciosos para desplegar la incipiente infraestructura de transporte y gestión, entre otros. Por último, también se favorecían avances en otros campos, como el biometano o la estrategia industrial de la UE.

Por otra parte, el REPowerEU también impulsa una mayor diversificación de fuentes de suministro en materia de hidrocarburos. En realidad, se trataba de una vieja aspiración nacida en

---

18 Gutiérrez Roa, T. y Gutiérrez Roa, M. (2022). "La baza solar: la energía fotovoltaica como arma europea para ganarle la partida energética a Rusia", en Aldecoa Luzárraga, F. y González Alonso, L. N. *La Unión Europea frente a la agresión de Ucrania*. Los Libros de la Catarata.

la *Estrategia Europea de Seguridad Energética*, pero cuyos avances habían sido sumamente limitados debido a la poca predisposición mostrada por los Estados miembros, que siempre habían priorizado las opciones más asequibles —principalmente Rusia—. Debido a las limitaciones existentes, los planes de la Comisión pasaban invariablemente por aumentar las adquisiciones de GNL, potenciando las compras conjuntas para reducir su precio final[19]. Estos planes obligarían a realizar un esfuerzo diplomático importante, para lo que era esencial utilizar todas las herramientas de la diplomacia energética y climática para proporcionar a los socios «perspectivas a largo plazo para una cooperación mutuamente beneficiosa mediante la integración del hidrógeno y el desarrollo y el comercio de energías renovables, así como la cooperación en materia de estrategias de reducción de las emisiones de metano en los esfuerzos de diversificación del gas»[20]. En los meses siguientes, la presidenta de la Comisión, el alto representante para Asuntos Exteriores y de Seguridad y la comisaria de Energía realizaron importantes

---

19 Las compras conjuntas de GNL fueron propuestas por primera vez en 2016 en la *Estrategia de la UE para el gas natural licuado y el almacenamiento del gas*, aunque nunca se pusieron en marcha por el bajo interés que los Estados miembros mostraron en este mecanismo debido al alto precio del hidrocarburo, que superaba con creces el importado desde Rusia y Argelia. Sin embargo, la invasión de Ucrania ha motivado un creciente interés por esta posibilidad, y en mayo de 2023 se realizó la primera compra conjunta, lo que permitió la repetición de los planes. Estas acciones se realizan en el marco de la llamada Plataforma Energética, creada por la Comisión para coordinar la acción y las negociaciones de la UE con proveedores externos para evitar que los socios compitan entre sí. Redacción. (26 de junio de 2023). "La UE lanza se segunda ronda de compras conjuntas de gas tras el éxito de la primera". *El Periódico de la Energía*. Disponible en: https://elperiodicodelaenergia.com/ue-lanza-segunda-ronda-compras-conjuntas-gas-exito-primera/

20 Comisión Europea. *Comunicación... REPowerEU. Op. Cit.* p. 7.

viajes a países como Argelia, Azerbaiyán, Qatar o Turquía para alcanzar acuerdos de suministro acordes con las nuevas necesidades gasistas de la UE.

La cuarta línea de acción era la llamada inversión inteligente, pues los planes en marcha requerirán un monto económico que la UE y los Estados miembros deberían gastar de la manera más eficaz posible. Según las estimaciones, para alcanzar los objetivos del REPowerEU se necesitarán 210.000 millones de euros extras hasta 2027, sobre todo en infraestructura, pues es necesario articular las compras de GNL mediante plantas regasificadoras, tuberías internas y lugares de almacenaje. Además, el incremento de la capacidad renovable y la implantación masiva de placas fotovoltaicas deberán ir acompañadas de una inversión de hasta 27.000 millones de euros. Todas estas necesidades se asegurarán mediante la ampliación del Mecanismo de Recuperación y Resiliencia (MRR), puesto en marcha debido a la pandemia del covid-19, aumentando la dotación financiera con subvenciones procedentes de la venta del régimen de comercio de derechos de emisión de la UE o mediante la transmisión voluntaria de las asignaciones de los Estados miembros a los planes del REpowerEU, entre otras palancas. A rasgos generales, el capítulo de la financiación seguía un patrón similar al de otros proyectos comunitarios, movilizando presupuesto directo y a través de otras herramientas ya disponibles, como el Mecanismo Conectar Europa, la política de Cohesión, el programa InvestEU o el MRR, además de fomentar el despliegue de capital nacional y privado.

Como se ha comentado con anterioridad, la relevancia del REPowerEU no está en sus medidas, que no son más que una continuación ambiciosa de los planes ya en marcha, sino en lo que implica un cambio sustancial en la interpretación de la seguridad energética comunitaria. Durante años, importantes Estados miembros entendieron que el suministro continuado y a precios asequibles solo podía asegurarse de la mano de Rusia, el gran productor continental, incluso aunque Gazprom asumiera unas cuotas de mercado peligrosamente altas. Por lo tanto, y pese a que a partir de 2013 las relaciones entre ambos bloques comenzaron una rápida degradación, la energía nunca fue un punto de tensión debido a los intereses conjuntos en la materia. Esta realidad solidificó una creencia que era parcialmente falsa, y era la idea de que la sólida interdependencia impedía la utilización de la energía como herramienta de poder, algo que Rusia si estaba haciendo con evidente solvencia en gran parte del escenario postsoviético. Fiel a su espíritu kantiano, la UE asumió que las relaciones comerciales —con el gas natural como núcleo de estas— eran un potente freno para una Rusia cada vez más agresiva y asertiva, un grave error geopolítico que la guerra de Ucrania ha venido a confirmar.

El Nord Stream encarnaba a la perfección esta realidad. El plan, nacido a comienzos de siglo, surgió del interés ruso por conectarse con el mercado centroeuropeo sin intermediarios, sorteando la infraestructura ucraniana y sus incómodos peajes de tránsito. El proyecto prometía tanto que incluso la Comisión lo incluyó como PCI en el año 2003. Además, las «guerras del gas» entre Kiev y Moscú del 2006 y 2008, que derivaron en cortes de suministro en algunos Estados miembros, convencieron a los países inversores de la necesidad del proyecto para consolidar la seguridad energética comunitaria, pues asumían que esta solo se alcanzaría mediante un acceso directo y más barato con las zonas de extracción[21]. Se trataba de un proyecto faraónico, una tubería con una capacidad de cincuenta y cinco

---

21 Las «guerras del gas» fueron varios conflictos que enfrentaron a Ucrania y Rusia debido al robo del hidrocarburo que fluía hacia la UE a su paso por la red ucraniana, lo que llevó incluso a varios cortes de suministro que afectaron a algunos Estados miembros. Kiev pretendía ejercer su poder como país de tránsito con el fin de conseguir beneficios políticos y económicos de Rusia, un juego muy arriesgado debido a que el sistema ucraniano estaba controlado por oligarcas que no siempre tenían los mismos intereses que el Estado.

bcm anuales con un recorrido de más de 12.000 kilómetros a través del Báltico entre la bahía de Vyborg y la ciudad de Greifwald, en el noreste alemán. Durante la proyección y el desarrollo del Nord Stream apenas existieron dudas razonables sobre la viabilidad y la conveniencia del proyecto, ya que permitía abastecer de una manera rápida, segura y barata al mayor consumidor de gas de Europa. Se trataba, por tanto, de un proyecto económicamente aceptable con unas consecuencias políticas deseables, pues durante su construcción las relaciones entre la UE y Rusia pasaban por su mejor época.

En 2012, los principales promotores apostaron por construir una tubería gemela, bautizada como Nord Stream 2. Sin embargo, esta vez el proyecto tuvo una fría acogida por parte de la Comisión y el resto de los socios europeos, que no veían la necesidad de aumentar la cuota rusa en el mercado interior en un momento de alejamiento con Moscú. En realidad, ni Alemania ni la UE necesitaban más gas natural, ya que la infraestructura operativa estaba infrautilizada, por lo que el gasoducto estaba motivado por la bajada de precios que implicaría un aumento de la capacidad importadora. Sin embargo, la nueva ruta báltica también era problemática, ya que aislaba a los Estados del este de los nuevos flujos hacia Alemania, y los planes fueron mucho más difíciles de defender cuando, en 2014, Rusia se anexionó Crimea. Pese a que esta acción elevó la tensión con Putin, Alemania se negó a parar el Nord Stream aludiendo motivos comerciales, lo que llevó a un ministro polaco a denominar la tubería como «el gasoducto Ribbentrop-Molotov»[22]. En un escenario de creciente rivalidad geopolítica, la negativa de Alemania suponía un serio reto para el proyecto energético común, pues el mayor país de la UE estaba priorizando sus intereses particulares a la seguridad energética del resto de los socios. Por su parte,

---

[22] Veiga. *Op. Cit.* p. 94.

la Comisión apostó en 2014 por la diversificación de fuentes, pero las limitaciones en las competencias comunitarias impidieron su consolidación.

En el fondo de estos problemas se encontraban las profundas diferencias de conceptualización de seguridad energética entre aquellos países que priorizaban el precio de la energía y los socios que apostaban por priorizar los riesgos geopolíticos, con la Comisión como principal valedor de esta postura. Nunca hubo consenso hasta la invasión rusa de Ucrania, momento en que se desveló la difícil paradoja a la que las políticas estrictamente nacionales habían llevado al proyecto común: que el mayor socio energético de la UE era, al mismo tiempo, la mayor amenaza a su seguridad. Esta difícil realidad ponía en peligro todos los avances alcanzados en la materia durante las dos décadas anteriores, sobre todo debido a la posibilidad de un repentino corte de suministro de gas natural ruso, como finalmente acabó sucediendo. Durante casi diez años, algunos Estados miembros se habían obcecado en ver en Rusia un socio fiable y seguro, una ceguera que la Comisión advirtió en numerosas ocasiones sin resultado alguno, favoreciendo una situación muy ventajosa para un país que no tenía mucho más que ofrecer que gas natural barato y cuyos objetivos de política exterior eran diametralmente opuestos a los intereses europeos. El error fue mayúsculo, lo que obligó a replantear la política energética desde sus bases más firmes una vez iniciada la guerra.

De este modo, la importancia del REPowerEU es que acababa con gran parte de las diferencias existentes entre los Estados miembros al reconocer que la base de la seguridad energética es la diversificación de fuentes y el avance hacia la autonomía energética. Heredero del espíritu de Versalles, el proyecto reconoce que la invasión «ha acentuado las preocupaciones en materia de seguridad energética, evidenciando así la excesiva dependencia de la UE de las importaciones de gas, petróleo y carbón procedentes de Rusia»[23]. Debido a esto, se pide abordar con urgencia la falta de fiabilidad del suministro energético ruso y eliminar lo antes posible su presencia en el mercado interior, lo que implica un reconocimiento implícito de los errores cometidos en el pasado. El REPowerEU es, por tanto, una continuación de los planes energéticos anteriores y su reinicio sobre una base mucho más sólida, la de una conceptualización de seguridad energética común y una evaluación de los riesgos real y consensuada entre todos los Estados miembros. En Versalles, los jefes de Estado o de Gobierno fueron muy claros al respecto al asegurar que «la situación actual requiere una reevaluación exhaustiva del modo en que garantizamos la seguridad de nuestro abastecimiento energético»[24]. Es decir, reconceptualizar la seguridad energética para incluir en ella los elementos que no se tuvieron en cuenta y que llevaron a la UE a una situación de alta dependencia energética y, por tanto, de una extrema vulnerabilidad ante Rusia.

Este nuevo espíritu queda reflejado en los llamamientos a la solidaridad incluidos en el documento principal, ya que «ningún Estado miembro puede hacer frente por sí solo a este reto». Por eso, se proponen las compras conjuntas de gas natural y un aumento de la coordinación, así como la profundización en una red energética verdaderamente interconectada y resiliente para todos. En el fondo, se trata de un reconocimiento implícito a la falta de solidaridad de algunos países a la hora de profundizar en sus relaciones gasistas con Rusia aun siendo conscientes de que afectaban negativamente a sus socios y al proyecto común, algo que no debería volver a suceder y a lo que casi todos los Estados miembros se han comprometido en los primeros compases de la guerra de Ucrania. De este modo, impulsada por la nueva realidad geopolítica y por la necesidad

---

23 Comisión Europea. *Comunicación… Plan REPowerEU. Op. Cit.* p. 1.

24 Consejo Europeo. *Reunión…. Declaración de Versalles. Op. Cit.* p. 5.

de asumir una mayor solidaridad energética en el proyecto común, se avanza hacia una redefinición completa de la seguridad energética europea y de sus elementos definitorios, en claro contraste con la disparidad conceptual que llevó al conjunto de la UE a convertirse en el mayor comprador de energía rusa.

3. EL ÉXITO DEL REPOWEREU: LA FORTALEZA EUROPEA PARA APLACAR EL RETO ENERGÉTICO RUSO EN TIEMPO RÉCORD

El plan REPowerEU fue acogido con escepticismo por parte de la opinión pública europea, principalmente en aquellos sectores con mayores intereses en el ámbito energético. En muchos casos, se trataba de dudas legítimas, pues la desvinculación total de los hidrocarburos rusos en unos pocos años generaba una enorme incertidumbre sobre los efectos económicos y sociales derivados en un momento en que los costes energéticos habían alcanzado sus máximos históricos con motivo de la invasión de Ucrania. Sin embargo, las cifras del Eurobarómetro publicado en esos meses confirmaban que la mayor parte de la población europea estaba a favor de la nueva hoja de ruta comunitaria, ya que el 86% de los encuestados consideraba que los Estados miembros debían reducir su dependencia del suministro ruso, el 84% apostaba por la implantación masiva de energías renovables y un 83% consideraba positivas las compras conjuntas de gas natural. En el documento, quedaba claro que los europeos habían modificado su visión sobre la seguridad energética, apostando por soluciones que a largo plazo permitieran un incremento de la autonomía incluso aunque los precios a corto plazo fueran más elevados y volátiles[25].

---

[25] Comisión Europea. (2022). *Standard Eurobarometer 97. Summer 2022. First Results*. pp. 20-23.

Durante el primer año de implementación, el REPowerEU ha demostrado ser un éxito. Con ayuda de las instituciones comunitarias, los Estados miembros consiguieron disminuir considerablemente sus compras de gas natural ruso, reduciendo las importaciones por gasoducto en torno a un 49% en 2022, un total de 89 bcm[26]. Para hacerlo, los socios aplicaron con rigor todas las medidas establecidas en el plan, lo que fue posible gracias tanto a la potente diplomacia energética puesta en marcha por la Comisión como por la gran cantidad de fondos destinados a este objetivo. Además, los precios de la energía, disparados debido a la enorme incertidumbre ocasionada por la invasión de Ucrania, volvieron a sus rangos normales menos de un año después, aunque un poco elevados en el caso del gas natural. La normalización fue tal que el Eurobarómetro del verano de 2023 mostraba un descenso en la preocupación por el suministro energético de un 12%, pasando de ser la segunda causa de intranquilidad a ser la sexta[27]. En el verano de 2023, y pese a las advertencias de algunos analistas respecto a los retos del siguiente invierno, la mayoría de las voces autorizadas asumían que la UE había conseguido sortear con notable solvencia los enormes problemas energéticos derivados de la guerra.

Es difícil comprender el fin de la dependencia rusa sin el REPowerEU. Por ejemplo, la demanda de gas natural cayó en torno a un 13% en 2022 gracias tanto a un invierno más favorable como a otras medidas establecidas en el plan. En total, la masiva implantación de fuentes solares y eólicas ahorró 11 bcm, la menor demanda de electricidad cerca de 14 bcm y los cambios estructurales en los edificios —menor calefacción

---

[26] AIE. (2023). *Natural gas supply-demand balance of the European Union in 2023: How to prepare for winter 2023/24*. Agencia Internacional de la Energía.

[27] Comisión Europea. (2023). *Standard Eurobarometer 99. Summer 2023. First Results*. p. 32.

gracias a las mejores temperaturas, cambios de combustible y mayor eficiencia, entre otros— casi 28 bcm. Sin embargo, las menores precipitaciones obstaculizaron la generación con hidroeléctrica y nuclear, lo que impidió que el ahorro de gas natural superara los 55 bcm. De manera evidente, la mayor parte de ese descenso estuvo relacionado con la reducción de compras de gas natural ruso, cuya cuota de mercado cayó de más del 40% al 20% en tan solo un año[28]. Esta rebaja estuvo apoyada por el cambio de proveedores, ya que Noruega, Azerbaiyán, Argelia y Reino Unido aumentaron sus ventas a la UE. Además, la cuota del GNL creció un 60% en 2023, impulsado principalmente por las exportaciones de EE. UU. y Qatar, así como de otros socios menores. De nuevo, otros factores externos, como la menor demanda asiática, ayudaron a mitigar la vulnerabilidad europea en un año crítico para su sistema energético[29]. Todo esto no ha sido gratis, pues tampoco se puede obviar que el desacople con Rusia multiplicó los precios de la energía y llevó a la inflación a su máximo histórico, con unas consecuencias que, durante varios meses, pusieron al límite la capacidad de resistencia económica de las clases medias europeas.

Estas cifras demuestran el enorme éxito del REPowerEU en su primer año de implantación y fortalece la idea de que las relaciones energéticas de los Estados miembros con Rusia se basaban en puros aspectos comerciales y no en la inviabilidad de otras alternativas, pues ante la necesidad la UE ha sido capaz de desligarse con rapidez de una buena parte del gas natural de Gazprom. Además, la rebaja de las importaciones rusas ha fortalecido sobremanera la seguridad energética europea,

---

28 Zeniewski, P., Molnar, G. y Hugues, P. (2023). "Europe's energy crisis: What factors drove the record fall in natural gas demand in 2022?". *International Energy Agency*.

29 Kardás, S. (2023). "Conscious uncoupling: Europeans' Russian gas challenge in 2023". *European Council of Foreign Relations*.

lo que es esencial para potenciar la autonomía estratégica en el marco de la guerra de Ucrania. Más allá de la exigencia de seguir profundizando en estas medidas, todo parece indicar que estas tendencias seguirán incrementándose en los próximos años, propiciando el fin de la interdependencia con Rusia en un tiempo récord y acelerando hasta su máximo exponente la transición hacia un modelo mucho más sostenible, lo que permitirá alcanzar una autonomía energética que será clave en un entorno geopolítico mucho más complejo y peligroso. Sin embargo, la formidable capacidad de la UE y sus Estados miembros para aplacar en un año el mayor reto que ha enfrentado su sistema energético desde hace medio siglo no puede entenderse sin el cambio político vivido en mayo de 2022 en los salones de Versalles, donde los socios asumieron sus vulnerabilidades en la materia y cambiaron para siempre la definición de la seguridad energética comunitaria.

4. DE SOCIO COOPERADOR A RIVAL SISTÉMICO: LA ENERGÍA COMO NUEVO ELEMENTO DE COMPETENCIA GEOPOLÍTICA EN LAS RELACIONES ENTRE LA UE Y CHINA

Las relaciones entre la UE y China han cambiado considerablemente en los últimos años. La cooperación entre ambos bloques se ha deteriorado gradualmente debido a las tensiones emanadas de la mayor asertividad de China, cuyo creciente poder le está permitiendo perseguir sus intereses internacionales de una manera más directa y unilateral. Sin embargo, las interdependencias comerciales siguen siendo muy profundas, mientras que la necesidad de cooperación en áreas de interés común, como el cambio climático, son aún elevadas. Es por eso por lo que, tras una década de intentos para aumentar la colaboración en áreas no económicas, corregir los desequilibrios comerciales en base al beneficio mutuo y convencer a China de asumir una mayor responsabilidad en la gobernanza global, la UE ha terminado por considerar al país asiático un socio, un competidor y un rival al mismo tiempo, iniciando una nueva era en las relaciones en la que la limitada esperanza y credulidad hacia los compromisos chinos han dado paso hacia la madurez y el escepticismo con la que actualmente los Estados miembros observar a una China cada vez más poderosa.

Sin embargo, sería un error considerar que este cambio ha sido consecuencia únicamente de la mayor beligerancia china en la escena internacional. En el caso europeo, la invasión rusa de Ucrania ha actuado como un proceso catártico que ha transformado para siempre el proyecto común, lo que ha tenido efectos considerables en la concepción que la UE tiene de sí misma y de las relaciones internacionales. De alguna manera, la guerra ucraniana ha convencido a los Estados miembros de la enorme necesidad de aumentar su autonomía estratégica para dotarse de las herramientas y las capacidades con las que perseguir sus intereses en un escenario global cada vez más competitivo y complejo. Es lo que muchos autores han denominado el despertar geopolítico o hobessiano de la UE[30], un giro por el que los socios reconocen que el mundo actual es mucho más hostil y conflictivo y que su seguridad e integridad están fuertemente amenazadas. El motivo de esta mutación no es otro que la constatación de que las fronteras europeas están amenazadas por un Estado que, al igual que China, tuvo una estrecha relación económica con la UE, numerosos proyectos de cooperación cuyos avances siempre fueron limitados y un papel destacado en la gobernanza global, y, sin embargo, nada de eso sirvió para frenar los deseos del régimen ruso de alcanzar sus objetivos geopolíticos *manu militari*. Aunque las relaciones con Rusia y China tienen diferencias de calado, es evidente que la UE ha aprendido del

---

[30] Guinea Llorente, M. *Op. Cit.* pp. 19-20.

error que supone evitar las consideraciones de seguridad en las relaciones con las grandes potencias mundiales.

De este modo, uno de los aspectos más positivos de la invasión de Ucrania ha sido la pronta respuesta articulada por la UE ante este inmenso reto, incluso pese a la dificultad de alcanzar consensos en el Consejo debido a los vetos interesados de algunos socios. Menos de un mes después del inicio de la guerra, y conscientes de que el nuevo escenario geopolítico y sus desafíos requiere herramientas e instrumentos mucho más potentes y capaces, el Consejo Europeo asumió que «la guerra de agresión constituye un vuelco descomunal en la historia europea»[31] y abría la puerta a cambios profundos en algunas políticas europeas para asegurar el proyecto común y dotarlo de la fuerza necesaria para superar esta amenaza geopolítica con éxito. En la reunión extraordinaria de Versalles celebrada en marzo de 2022, los jefes de Estado o de Gobierno acordaron avanzar por la senda de la integración para mejorar y proteger la autonomía de la UE, principalmente en materia de Defensa, política industrial y energía, poniendo en marcha un ambicioso programa de reformas para alcanzar una mayor independencia en sectores estratégicos. Además, se ponía fin a la indefinición terminológica de la autonomía estratégica y sus implicaciones, dibujando claramente sus líneas de acción y consensuando una percepción del riesgo conjunta, imprescindible para su desarrollo definitivo.

Fue en Versalles donde se estableció definitivamente la seguridad como el elemento principal de las relaciones exteriores de la UE, pues se reconocía que, ante el aumento de la inestabilidad, las amenazas y la competencia geoestratégica, el Consejo Europeo apostaba por «asumir una mayor responsabilidad respecto a nuestra seguridad y adoptar nuevas medidas decisivas

---

[31] Consejo Europeo. *Reunión.... Declaración de Versalles. Op. Cit.* p. 3.

para construir nuestra soberanía europea, reducir nuestras dependencias y diseñar un nuevo modelo de crecimiento». Aunque los jefes de Estado y de Gobierno reiteraron su compromiso con un orden mundial multilateral basado en normas y a una política comercial ambiciosa y abierta, también consideraban esencial asumir una mayor responsabilidad respecto a la propia seguridad de la UE, lo que obligaba a una nueva reevaluación de las amenazas y el desarrollo de nuevas capacidades para su supresión. De manera evidente, este nuevo paradigma afecta a las relaciones con China, pues la necesidad de reducir los riesgos —el denominado *de-risking*— tendrá consecuencias sobre cómo la UE afronta su cooperación con el país asiático, pues a la catalogación de rival sistémico se le añade ahora la necesidad de proteger y aumentar la seguridad del proyecto común ante el incremento de la competencia geopolítica.

Uno de los ejemplos más claros de la estrategia europea de *de-risking* ha sido la salida de Italia de la Nueva Ruta de la Seda cuatro años después de sumarse al proyecto. La decisión se enmarca en la estrategia europea de aumentar la seguridad y la autonomía comunitaria nacida en Versalles, ante la que la relación de prioridad sino-italiana no tenía especial sentido. Además, el Gobierno de Meloni ha recibido con desconfianza las sanciones impuestas a Lituania, Estado miembro de la UE, y Canadá, aliado europeo y miembro del G7 junto a Italia, así como el aumento de tensión dialéctica entre ambos bloques. Por otra parte, la mayoría de los análisis reconocen que Roma no ha ganado nada con el proyecto, es más, la balanza comercial ha continuado desequilibrándose y las inversiones disminuyendo, mientras se observa con desconfianza como muchos otros participantes han asumido deudas con China que no pueden pagar[32]. Por último, Italia ha sido un firme defensor

---

32 Diez años después de su puesta en marcha, muchos de los Estados participantes en la Nueva Ruta de la Seda tienen serias dificultades

de la causa ucraniana y ha entregado equipo militar a Kiev, por lo que la posición prorrusa del Gobierno chino ha sido un importante escollo entre ambos países[33]. Aunque Italia ha prometido mantener la cooperación con el país asiático, la salida del proyecto OBOR parece marcar el inicio de una política común europea marcada por la prudencia, la seguridad estratégica y el recelo hacia los grandes planes de inversión chinos.

El establecimiento de la seguridad como uno de los elementos principales del proyecto común ha modificado las estrategias y prioridades de la acción exterior europea. Esto se hizo más evidente tras la publicación, pocas semanas después de la invasión de Ucrania, de un nuevo concepto estratégico mucho más amplio e integrador, ya que un «entorno de seguridad más hostil nos obliga a dar un salto decisivo y exige que aumentemos nuestra capacidad y nuestra voluntad de actuar, reforcemos nuestra resiliencia y garanticemos la solidaridad y la asistencia mutua»[34]. La Brújula Estratégica, como fue denominado el proyecto, pretendía mejorar las herramientas y

---

para pagar las deudas contraídas con China debido a la construcción de grandes infraestructuras. Esto ha sido denominado como «Diplomacia de la trampa de la deuda», ya que, según algunos críticos del proyecto OBOR, el país asiático ha extendido el crédito de manera excesiva para que posteriormente los socios deudores están obligados a hacer concesiones políticas y económicas como pago de la deuda. Aunque ha habido algunos ejemplos paradigmáticos, el Gobierno chino siempre ha desmentido estas acusaciones. Alberto Peralta, L. (21 de agosto de 2023). "¿Está fracasando la Nueva Ruta de la Seda de China tras diez años de existencia? *Cinco Días*. Disponible en: http://pa.china-embassy.gov.cn/esp/gdxw/201907/t20190731_4009305.htm

33 García Herrero, A. y Amighini, A. (20 de octubre de 2023). "Italia muestra al mundo cómo se sale de la Nueva Ruta de la Seda". *Real Instituto Elcano.*

34 Consejo de la Unión Europea. (21 de marzo de 2022). *Una Brújula Estratégica para la Seguridad y la Defensa–Por una Unión Europea que*

capacidades de los Estados miembros para enfrentarse a un mundo más hostil y reforzar su seguridad durante la siguiente década, aportando una nueva perspectiva estratégica y precisando los instrumentos necesarios para garantizar una actuación rápida, decidida y firme. En el fondo, se trataba de hacer de la UE un proveedor de seguridad mediante el aumento de las inversiones en materia de Defensa y poder contar así con los medios necesarios de cara a afrontar múltiples desafíos y reducir sus vulnerabilidades.

El documento, preparado por Borrell y su equipo, parte de una valoración del entorno que sorprende por su crudeza. De este modo, define el escenario global como una realidad basada «en la combinación de dinámicas en las que interviene un número creciente de actores que intentan ampliar su espacio político y desafiar el orden establecido en materia de seguridad», lo que pone en jaque tanto la Defensa europea como la estabilidad global. En este complejo contexto, Rusia se identifica como la mayor amenaza a los Estados miembros, aunque también se muestra preocupación por el creciente poderío chino, pues «su comportamiento a escala regional, cada vez más asertivo, está suscitando reacciones de creciente intensidad». En esta línea, el documento pone el foco en los problemas habituales entre ambos bloques, pues China «tiende a limitar el acceso a su mercado e intenta promover sus propias normas en todo el mundo. Aplica sus políticas recurriendo, entre otros instrumentos, a una mayor presencia en el mar y en el espacio, y también mediante herramientas cibernéticas y tácticas híbridas». Esta abierta intranquilidad respecto a China en un documento como la Brújula Estratégica evidencia la creciente importancia del elemento de seguridad en la relación bilateral, cada vez más presente y determinante.

---

proteja a sus ciudadanos, defienda sus valores e intereses y contribuya a la paz y la seguridad internacionales. 7371/22. p. 2.

La Declaración de Versalles y la Brújula Estratégica reconocen que la invasión rusa de Ucrania es una amenaza directa a la seguridad y a la continuidad de la UE, por lo que su importancia es capital para el proyecto común. Debido a esto, la falta de contundencia en la respuesta china hacia la guerra —lo que los líderes europeos han llamado «neutralidad prorrusa»[35]— ha supuesto la última gran desavenencia en unas relaciones ya complejas y divergentes. Los líderes europeos han hecho continuos llamamientos para que el país asiático condene la agresión y se comprometa, en base al derecho internacional, la integridad y la soberanía ucraniana, pero por ahora han resultado infructuosos. Josep Borrell, alto representante para Asuntos Exteriores y de Seguridad de la UE, fue aún más lejos al asegurar que «será extremadamente difícil, sino imposible, que la UE mantenga una relación de confianza con China, [...] si no contribuye a la búsqueda de una solución política basada en la retirada de Rusia del territorio ucraniano»[36]. Sin embargo, y pese a no apoyar abiertamente la guerra, China se ha mostrado muy reticente a la hora de alinearse con los Estados europeos, principalmente porque considera que puede sacar ventaja del conflicto, pues debilita a Rusia mientras que mantiene ocupados a la UE y al que es su mayor rival geopolítico, EE. UU.

La equidistancia china ha deteriorado aún más las relaciones bilaterales, ya complejas debido a los problemas comerciales —el poco acceso europeo al mercado chino y la estrategia de *de-risking* comunitaria, que preocupa considerablemente a su Gobierno— y el cruce de sanciones a funcionarios e instituciones.

---

35 Borrell Fontelles, J. (4 de mayo de 2022). "Sobre las opciones y responsabilidades de China". *Una ventana al mundo*, SEAE [Blog post] Disponible en: https://www.eeas.europa.eu/eeas/sobre-las-opciones-y-responsabilidades-de-china_es

36 Borrell Fontelles, J. (18 de abril de 2023). "Mi opinión sobre China y las relaciones UE-China", *Real Instituto Elcano*.

La cumbre de 2022 se cerró sin avances sustanciales, mientras que un año después ambos bloques redujeron las reuniones a enumerar su lista de agravios frente al otro. En la actualidad, todo parece encontrarse en un punto muerto. En junio de 2023, el Consejo Europeo emitió una serie de directrices que mantienen la línea de considerar a China un socio, un competidor y un rival, estableciendo la posición europea en la vigente hasta el momento: la UE tiene interés en unas relaciones constructivas y estables basadas en el beneficio mutuo, el equilibrio comercial y un orden internacional basado en normas, lo que obliga a China a realizar avances sustanciales para asegurar las condiciones equitativas de competencia, el fin de la guerra de Ucrania, la estabilidad regional en los Mares de China Oriental y Meridional —en referencia las tensiones con Taiwán— y el respeto a los Derechos Humanos y las libertades fundamentales. Sin embargo, mientras los progresos siguen siendo limitados, la UE reducirá «las dependencias y vulnerabilidades críticas, también en sus cadenas de suministro, y eliminará y diversificará el riesgo cuando sea necesario y conveniente». De esta manera, y debido a la evidencia de que China no tiene ningún interés en modificar su posición en estos asuntos, la seguridad seguirá siendo el elemento principal de las relaciones entre ambos. La presidenta de la Comisión, Ursula Von der Leyen, resumió de manera explícita la posición europea a en el último Discurso sobre el Estado de la Unión, al expresar, que, respecto a China, «reducir el riesgo, sí; desvincularnos, no»[37].

Falta por ver, en todo caso, si este cambio de enfoque es mantenido por todos los Estados miembros a largo plazo. La

---

[37] Von der Leyen. (2023). *Discurso sobre el estado de la Unión de 2023 pronunciado por la presidenta Von der Leyen*. Comisión Europea. Disponible en: https://spain.representation.ec.europa.eu/noticias-eventos/noticias-0/discurso-sobre-el-estado-de-la-union-de-2023-pronunciado-por-la-presidenta-von-der-leyen-2023-09-13_es

exposición económica hacia China varía considerablemente entre los socios, y muchos de ellos, pese a apoyar abiertamente la nueva visión comunitaria, siguen sintiendo atracción por las posibilidades comerciales con China. De este modo, y aunque la unidad europea no está en peligro en las líneas más generales de la estrategia, se corre el riesgo de que algunos Gobiernos busquen mayores beneficios mitigando las palabras de una Comisión rebajada a hacer de «policía malo» frente al Gobierno chino. Estas fracturas en la posición común pueden mitigar la eficacia de los instrumentos aplicados para reducir las vulnerabilidades frente a China, lo que tendría efectos muy negativos para el mercado único. Por eso, las instituciones comunitarias no se cierran a que el peso de socio, competidor y rival vaya variando en función tanto de la eficacia de los mecanismos europeos destinados a proteger la soberanía europea como de las garantías de seguridad que China puede aplicar para mejorar su relación con la UE[38].

En materia energética y climática las posibilidades de cooperación siempre han sido mayores, ya que en este ámbito las desigualdades macro son mucho menos acentuadas. Esto se debe a que ambos actores son enormemente dependientes de las importaciones de energía y, por tanto, muy sensibles a los altibajos de los mercados mundiales del crudo y del gas natural. Además, en la actualidad los dos están inmersos en un ambicioso proyecto de descarbonización, están implementando novedosas reformas en la gobernanza de sus sistemas, como la reforma de los mercados de la electricidad o la mayor integración de sus redes, y tratan de liderar la transición mundial hacia un modelo más sostenible en base a una diplomacia cada vez más capaz y potente. Pese a esto, existen notables diferencias

---

[38] Esteban, M. (26 de mayo de 2023). "¿Hacia una nueva y consensuada estrategia de la Unión Europea hacia China?". *Real Instituto Elcano,* ARI 46/2023. pp. 5-8.

en la estructura de su mix energético, con un enorme preponderancia del carbón en China —más del 50%—, y, sobre todo, las perspectivas respecto al consumo, ya que China todavía no ha alcanzado su *peak* histórico ni parece que lo hará antes de 2030 —en 2022, su demanda de electricidad creció un 52%, mientras que en la UE descendió un 3%—[39], lo que aumenta la urgencia y la dimensión de su reto climático[40].

Sin embargo, todo parece indicar que el nuevo enfoque estratégico hacia China tendrá efectos considerables en las relaciones energéticas. La Declaración de Versalles supuso un importante punto de ruptura al aceptar que la UE debe cambiar por completo su política energética y avanzar hacia la reducción de sus dependencias. Además, abre la puerta a una redefinición total de la seguridad energética y de sus elementos principales para adaptarla al nuevo contexto geopolítico, ya que «a situación actual requiere una reevaluación exhaustiva del modo en que garantizamos la seguridad de nuestro abastecimiento energético»[41]. Mediante este llamamiento, los Estados miembros reconocían —de manera implícita— los errores que le habían llevado a depender en exceso de los hidrocarburos rusos y apostaban por reestructurar sus importaciones teniendo en cuenta criterios más allá del precio y la disponibilidad, poniendo mayor énfasis en los riesgos geopolíticos inherentes a las interdependencias.

El principal resultado de este cambio estratégico ha sido la puesta en marcha del plan REPowerEU. Su hoja de ruta va en línea con los anteriores proyectos de la Comisión, principalmente la Unión de la Energía y el Pacto Verde Europeo, pero

---

39 Wiatros-Motyka, M. (2023). “Global Electricity Review”. *EMBER.* p. 19.

40 IEA. (s/f). *China: country profile.* Agencia Internacional de la Energía www.iea.org Disponible en: https://www.iea.org/countries/china

41 Consejo Europeo. *Reunión.... Declaración de Versalles. Op. Cit.* p. 5.

incorporaba la urgencia de acelerar la desconexión energética con Rusia debido a su falta de fiabilidad como socio estratégico[42]. Mediante este ambicioso proyecto, los Estados miembros pretenden completar en tiempo récord la transición hacia un sistema mucho más sostenible, lo que aumentará la seguridad y la autonomía del sistema energético comunitario. Sin embargo, la consolidación de este nuevo modelo conllevará nuestros desafíos que la UE tendrá que abordar con éxito en la próxima década, como los problemas técnicos, administrativos y jurídicos derivados de una rápida instalación renovable o la mayor protección de las redes y de los sistemas de producción, entre otros. Pero quizás el mayor problema es el aumento de las dependencias estratégicas, ya que, como se ha abordado anteriormente, actualmente se corre el riesgo de sustituir las necesidades de hidrocarburos por el de los materiales críticos necesarios para completar con éxito el cambio de modelo energético.

Queda por ver como esta creciente problemática afecta a las relaciones con China, aunque todo parece indicar que el establecimiento de una visión estratégica cuyo principal elemento es la seguridad ante el que ya es considerado un rival sistémico y un competidor industrial y económico reducirá aún más las ya estrechas oportunidades de cooperación entre ambos bloques. De manera evidente, las lecciones aprendidas con la guerra de Ucrania al respecto de la dependencia de petróleo y gas natural ruso se aplicará, tal y como prevé la Declaración de Versalles, en las relaciones con China respecto a los materiales críticos, pues la Comisión ya advirtió que, «en la actualidad, la dependencia de la UE respecto de terceros países, en particular China, para serie de materias una primas fundamentales es

---

42 Comisión Europea. *Comunicación... Plan REPowerEU. Op. Cit.* pp. 3-23.

incluso mayor que la de Rusia para los combustibles fósiles»[43]. El nuevo enfoque hacia el país asiático evidencia que la UE quiere proteger su sistema respecto a las prácticas abusivas y a los posibles desafíos de seguridad que emanan de una China cada vez más asertiva, combativa y unilateral, lo que obliga a aumentar la autonomía industrial de los Estados miembros.

Esto conllevará la implementación de estrategias más sólidas para desarrollar alternativas tecnológicas que reduzcan la necesidad de materiales críticos, claves para disminuir las dependencias estratégicas del sector. Por ejemplo, para evitar la canibalización de los precios de la energía —consecuencia de una rápida instalación renovable—, se requiere elevar la capacidad de almacenamiento, pero para desarrollar las baterías se necesitan importantes cantidades de litio, cobalto y níquel, productos de los que la UE es altamente dependiente. Previsiblemente, la Ley de Materias Primas Fundamentales permitirá avanzar en este ámbito mediante la producción propia, el reciclaje y la búsqueda de componentes alternativos, pero todavía queda mucho por hacer. Otros desafíos por abordar son las inversiones en materia de fabricación, pues la disminución en el precio de las tecnologías renovables se ha basado, en parte, en una deslocalización en la elaboración de los equipos, sobre todo los módulos solares, lo que está generando dependencias industriales y cuellos de botella que es preciso revertir en el camino hacia una mayor autonomía. También se necesita aumentar el control sobre las inversiones estratégicas, pues las adquisiciones de empresas energéticas y tecnológicas por parte de capitales extranjeros puede elevar las vulnerabilidades del sistema de energía comunitario, para

---

43 Comisión Europea. (29 de junio de 2022). *Informe de prospectiva estratégica 2022: hermanamiento de las transiciones ecológica y digital en el nuevo contexto geopolítico.* COM(2022) 289 final. p. 11.

lo que es imprescindible redoblar los esfuerzos legislativos para acotar estas prácticas sin desincentivar la inversión.

La lectura que emana de esta nueva estrategia es que, respecto a la energía, China también ha pasado a considerarse un rival sistémico. Aunque en materia climática algunas oportunidades de cooperación siguen abiertas —aunque cada vez son más escasas—, a nivel energético estas se han reducido al mínimo. La transición hacia un modelo más sostenible se ha convertido en una carrera global, y China y la UE son los dos actores más avanzados al respecto, por lo que se espera que en la siguiente década ambos compitan por liderar el proceso a escala mundial en base a su propio sistema y beneficio. Los posibles ámbitos de lucha serán, casi con toda seguridad, el acceso a unos materiales críticos cada vez más escasos, el desarrollo de la tecnología necesaria para alcanzar la neutralidad climática, los residuos electrónicos, las finanzas verdes, la inversión pública, la influencia y la transferencia tecnológica hacia los países menos avanzados en el cambio de modelo, principalmente en África y América Latina, y la configuración de la estructura normativa internacional de los mercados de energía. Es probable que la creciente rivalidad en estos ámbitos ensombrezca las posibilidades de cooperación que todavía existen en otros campos, pues ambos bloques se enfrentan a los mismos desafíos derivados de un rápido cambio de modelo —como, por ejemplo, la modificación de los sistemas de fijación de precios en los mercados mayoristas, que ambos están interesados en adaptar al nuevo contexto energético—.

De este modo, la consolidación de la seguridad como principal elemento de las relaciones con China está afectando considerablemente a uno de los ámbitos en los que más posibilidad existía para la cooperación, pues, al igual que el comercio, la energía se ha *weaponizado* tanto como consecuencia de los desequilibrios estructurales existentes en las relaciones bilaterales —principalmente respecto a los materiales críticos— como por la poca disponibilidad china a acabar con ellos mediante una colaboración basada en el beneficio mutuo, la comprensión y el establecimiento de garantías de seguridad hacia la UE. Y todo parece indicar que, durante la próxima década, la tendencia hacia la competencia y la rivalidad será creciente, ya que la Declaración de Versalles ha impuesto la necesidad de «frenar los efectos distorsionadores que las subvenciones extranjeras tienen en el mercado único, protegernos de las medidas coercitivas de terceros países y garantizar la reciprocidad con los socios comerciales en la apertura de la contratación pública», en clara alusión a las prácticas chinas. Pese a los llamamientos a una cooperación sincera en la materia incluidas en todos los documentos estratégicos, la realidad es que la creciente necesidad europea de aumentar su seguridad, su resiliencia y su soberanía ante la creciente rivalidad geopolítica van a reducir las posibilidades de colaboración energética con China. Como en otros ámbitos, en materia energética el país asiático es cada vez menos socio y más competidor y rival.

Capítulo 8

Redefinir la seguridad energética europea: una nueva conceptualización para potenciar el despertar geopolítico de la UE

SUMARIO: 1. La seguridad energética europea antes de la invasión de Ucrania: ceguera estratégica en busca de precio y cantidad / 2. La seguridad energética europea tras la invasión de Ucrania: el fin del sueño ruso y el despertar geopolítico de la UE / 3. Las materias primas fundamentales y la transición climática europea: un nuevo desafío crucial para la seguridad energética de la UE / 4. Nuevos elementos de la seguridad energética europea: hacia una definición común adaptada al nuevo escenario geopolítico

1. LA SEGURIDAD ENERGÉTICA EUROPEA ANTES DE LA INVASIÓN DE UCRANIA: CEGUERA ESTRATÉGICA EN BUSCA DE PRECIO Y CANTIDAD

En abril de 2023, la prensa internacional se hacía eco de un reportaje publicado por medios nórdicos en el que se denunciaba, con excelente rigor periodístico, el uso de falsas flotas pesqueras y buques oceanográficos rusos para sondear los objetivos de un posible sabotaje del tendido submarino europeo en caso de conflicto militar con la OTAN. Entre las vulnerabilidades seleccionadas no solo se encontraban cables de telecomunicaciones e internet, sino que varios barcos habían sido avistados en las cercanías de dos grandes parques eólicos en el

Mar del Norte, cerca de Escocia, presumiblemente para detectar las rutas de sus conexiones terrestres[1]. Este hallazgo, que volvía a elevar la preocupación por la integridad de las infraestructuras críticas de los Estados miembros, se sumaba al ataque dirigido meses antes contra el gasoducto Nord Stream 2, cuya autoría todavía es motivo de especulaciones y controversias[2].

No se trata de casos aislados. Ambos sucesos son un claro ejemplo de que, en la última década, las redes energéticas se han convertido en un objetivo militar debido tanto a su enorme vulnerabilidad como al potencial dañino que una acción contra ellas puede tener tanto para la economía como para la capacidad de respuesta de un Estado. Este es el motivo por el

---

1 Conolly, K. (19 de abril de 2023). "Russian spy network operating in North Sea, investigation claims". *The Guardian*. Disponible en: https://www.theguardian.com/world/2023/apr/19/russian-spy-network-operating-in-north-sea-investigation-claims

2 Aunque el sabotaje ha sido motivo de acusaciones cruzadas entre Rusia y Occidente, las revelaciones publicadas por importantes medios de comunicación apuntan hacia una autoría ucraniana. Esto se debe a que el plan, que ya ha sido dibujado por la investigación alemana, coincide detalladamente con un proyecto similar de sus fuerzas especiales del que fue informada la CIA tres meses antes del ataque definitivo. Según The Washington Post, la administración norteamericana tiene pocas dudas de que fue Kiev quien ordenó la voladura del gasoducto, aunque hasta ahora se han negado a acusar a su aliado públicamente. Estas evidencias se suman al hecho de que Ucrania es la única beneficiada por el sabotaje y que una acción tan osada y compleja solo pudo ser ejecutada con apoyo estatal. Este no es el primer atentado que se le imputa a Ucrania, ya que los servicios secretos occidentales creen que su Gobierno está detrás de otras operaciones similares, como el ataque al puente de Crimea o el atentado fallido contra Aleksandr Dugin. Harris, S. y Mekhennet, S. (7 de junio de 2023). "U. S. had intelligence of detailed Ukrainian plan to attack Nord Stream pipeline". *The Washington Post*. Disponible en: https://www.washingtonpost.com/national-security/2023/06/06/nord-stream-pipeline-explosion-ukraine-russia/

que Rusia bombardea sistemáticamente la red eléctrica ucraniana, lo que en algunos momentos ha dejado a gran parte de los habitantes de Kiev y otras ciudades sin servicios básicos. Esta nueva realidad ha dejado en evidencia la débil protección del suministro energético en los Estados miembros, ya que, pese al interés creciente de los últimos años, muchos socios todavía adolecen de una baja seguridad energética, lo que en un mercado integrado supone un grave peligro para el conjunto de la UE.

Hasta hace poco, la defensa de las redes de suministro no era prioritaria para ninguno de los países europeos, sobre todo para aquellos más alejados de la frontera rusa. Esto se debía, en parte, a la poca inquietud que un ataque directo levantaba entre las autoridades competentes, pero también a la conceptualización de seguridad energética predominante en algunos Estados miembros. Aunque a grandes rasgos esta puede definirse como la «baja vulnerabilidad de los sistemas vitales de energía»[3], diez años atrás los rasgos centrales del concepto diferían considerablemente de los que en la actualidad lo están redefiniendo, cambiando sobremanera su alcance y significado. Y es que la seguridad energética no es algo permanente e inmutable, sino que varía según el actor que lo cuantifique, cambiando conforme se incluyen o rechazan elementos como el coste, la confianza, la eficiencia, la vulnerabilidad de las infraestructuras o la sostenibilidad. Debido a esto, para determinar qué es seguridad energética primero se deben identificar las amenazas que hacen que un sistema de energía sea inseguro y precisar la naturaleza de estos riesgos, analizando qué se quiere proteger, frente a qué y con qué herramientas. Cada respuesta inducirá a una estrategia diferente y, por tanto, a una definición única y particular del término.

---

[3] Cherp, A. y Jewell, J. (octubre de 2014). "The concept of energy security: Beyond the four A's". *Energy Policy*, vol. 75. p. 418.

Durante décadas, la seguridad energética de algunos Estados miembros tuvo como elementos principales la disponibilidad, la accesibilidad y, sobre todo, la asequibilidad de la energía importada, en línea con la definición de la APERC[4]. Por eso, para gran parte de los socios, con Alemania a la cabeza, la conexión con Rusia siempre fue algo no solo aceptable, sino preferible, pues el país vecino disponía de grandes reservas de hidrocarburos relativamente cercanas y a un precio mucho más competitivo que el de otros productores. Así, los dos gasoductos Nord Stream, columna vertebral de esta relación gasista, fueron proyectos puramente económicos, como la canciller Merkel nunca se cansó de repetir. Esta ceguera estratégica, basada en la creencia de que la interdependencia evitaba la *weaponización* de los recursos naturales, eliminaba de la seguridad energética otras nociones esenciales como la autonomía, la diversificación o la protección de las infraestructuras, dando como resultado una conceptualización basada en fundamentos comerciales que obviaba los riesgos geopolíticos derivados de tener a Gazprom como único proveedor de relevancia.

En su artículo *La invasión de Ucrania: un revulsivo que sacude los cimientos de la Unión Europea*, Guinea Llorente sostiene que la UE ha vivido demasiado tiempo cegada por su filosofía kantiana, confiada en las bondades de los lazos comerciales y atrapada entre las diferencias de las visiones estratégicas de los Estados miembros. Con Rusia, esta ingenuidad ha sido especialmente visible. Sin embargo, y pese a que este planteamiento es incontestable, la política energética siempre fue una excepción. Desde hace más de diez años, las instituciones comunitarias advirtieron de la necesidad de reducir la dependencia exterior, diversificar el suministro, aumentar la eficiencia,

---

4 Intharak, N. (ed.). (2007). "A quest for energy security in the 21st century: resources and constraints". *Asia Pacific Energy Research Centre (APERC)*. pp. 7-14.

elevar la producción propia y potenciar las interconexiones entre los socios, poniendo a disposición de los Estados miembros todas las herramientas a su alcance. Para ello, la Comisión publicó la Estrategia de la Seguridad Energética en 2014, la de la Unión de la Energía y la del GNL en 2016, además de liderar activamente proyectos alternativos a los gasoductos propuestos por Gazprom. Aunque los errores comunitarios fueron numerosos, el principal escollo para alcanzar los objetivos propuestos fue siempre la apatía de los Gobiernos nacionales para poner en marcha lo acordado en Bruselas.

De hecho, los peligros de esta situación fueron expuestos duramente por la Comisión. En 2014, su *Estrategia Europea de la Seguridad Energética* puso de relevancia que «el problema más acuciante de la seguridad del abastecimiento es la fuerte dependencia de un único suministrador externo, especialmente en el caso del gas», pues el 29% de las importaciones y el 27% del consumo provenían de Rusia[5]. Sin embargo, algunos países hicieron caso omiso de los planes comunitarios, escudados en que el TFUE les otorga la potestad para configurar su estructura de suministro. Varios años después, la disputa subió de tono cuando la Comisión intentó frenar el segundo gasoducto Nord Stream, pues aumentaba considerablemente la dependencia energética de la UE. Pese a que se tomaron algunas medidas legales, como la modificación de la Directiva 2009/73/CE, la negativa alemana a paralizar el proyecto puso de manifiesto la enorme diferencia entre las conceptualizaciones de los distintos actores implicados[6].

---

5 Comisión Europea. (28 de mayo de 2014). *Comunicación de la Comisión al Parlamento Europeo y al Consejo: Estrategia Europea de la Seguridad Energética.* COM(2014) 330 final. pp. 2-3.

6 Gutiérrez Roa, T. (2019). "El Nord Stream 2: motivos y consecuencias de un proyecto que divide Europa", en Czubala Ostapiuk, M. (ed.). *La UE: Claves y Desafíos actuales del proyecto común.* Sindéresis. pp. 137-145.

De este modo, mientras las instituciones comunitarias veían la tubería como un ataque directo a la seguridad energética europea, Alemania consideraba que, por motivos de capacidad y precio, esta solo podría alcanzarse en estrecha colaboración con Rusia.

El resultado de esta controversia, sumada a algunas otras oposiciones, han lastrado los planes energéticos comunitarios durante la última década. Aunque no se pueden obviar los avances logrados desde el 2009, un año antes de la invasión de Ucrania la UE volvió a superar su récord de dependencia energética, mientras que el mercado interior de la energía seguía sufriendo profundas disparidades. En 2021, el *Informe sobre el Estado de la Unión de la Energía* evidenciaba la necesidad de aumentar las interconexiones, la defensa de las redes, la eficiencia y la producción propia, todo ello vital para aumentar la seguridad y fortalecer la resiliencia de los sistemas de energía comunitarios. En el documento, se reconocía que «la dependencia constante y elevada de las importaciones de combustibles fósiles deja a la economía de la Unión expuesta a las fluctuaciones de los precios mundiales» y alertaba de que las tendencias eran «insuficientes para impulsar la transformación que se necesita para alcanzar los objetivos de la Unión de la Energía»[7]. El motivo era la existencia de una Europa energética a dos velocidades, con socios muy avanzados respecto a la transición climática y otros mucho más lentos a la hora de obtener resultados, sobre todo debido al poco apetito mostrado en el cambio hacia un modelo más sostenible. Estas diferencias se repetían respecto

---

7 Comisión Europea. (26 de octubre de 2021). *Informe de la Comisión al Parlamento Europeo, al Consejo, al Comité Económico y Social Europeo y al Comité de las Regiones: estado de la Unión de la Energía 2021: Contribución al Pacto Verde Europeo y a la recuperación de la Unión.* COM(2021) 950 final. pp. 3-16.

al suministro, ya que algunos países seguían negándose a desengancharse de las importaciones rusas pese a las constantes peticiones de la Comisión.

En febrero de 2022, cuando Putin ordenó la invasión de Ucrania, la UE compraba a Rusia el 25% de su consumo anual de energía, incluido el 40% de sus necesidades totales de gas natural[8]. Durante todo ese año, Gazprom redujo deliberadamente los envíos hacia los Estados miembros, cumpliendo su velada amenaza sobre un corte de suministro. Estas acciones, a las que se sumó la paralización alemana del Nord Stream 2 y su posterior sabotaje, volvieron a poner el foco en la seguridad energética y sus desafíos, así como en el hecho de que durante más de una década algunos países no habían hecho nada para reducir la alta dependencia exterior y la posición dominante de Rusia en el mercado gasista europeo. El caso de Alemania volvía a ser paradigmático, pues al inicio de la guerra no tenía ni una sola estación de GNL operativa pese a que la estrategia común estaba vigente desde 2016. En los meses siguientes, las críticas a los Gobiernos de Merkel fueron muy duras, lo que obligó a su antiguo ministro de Finanzas, Wolfgang Schäuble, a reconocer que «estaban equivocados»[9]. No habían sido capaces de ver que la naturaleza de la seguridad energética había cambiado para siempre.

---

8 AIE. (2022). "Un plan con 10 medidas para reducir la dependencia de la Unión Europea del gas natural ruso". *IEA Publications.* p. 1.

9 Wintour, P. (2 de junio de 2023). "We were all wrong´: how Germany got hooked on Russian energy". *The Guardian.* Disponible en: https://www.theguardian.com/world/2022/jun/02/germany-dependence-russian-energy-gas-oil-nord-stream

2. LA SEGURIDAD ENERGÉTICA EUROPEA TRAS LA INVASIÓN DE UCRANIA: EL FIN DE DEL SUEÑO RUSO Y EL DESPERTAR GEOPOLÍTICO DE LA UE

La invasión rusa de Ucrania ha transformado para siempre el proyecto común. El comienzo de las hostilidades ha llevado a la UE a cambiar la visión que tenía de sí misma, de las relaciones internacionales y de su capacidad para perseguir sus intereses en un escenario global cada vez más competitivo y complejo. Pero, sobre todo, ha alterado el enfoque que tenía de su propia seguridad. Es lo que Guinea Llorente ha denominado «el despertar hobbesiano» europeo[10], un giro por el que los socios reconocen que el mundo actual es mucho más hostil y conflictivo y que su seguridad e integridad están fuertemente amenazadas. El motivo de esta mutación no es otro que la constatación de que Rusia ya no es solo un vecino incómodo, sino un Estado capaz de invadir a otro por unos motivos históricos y culturales que, además de cínicos y anacrónicos, afectan directamente a algunos Estados miembros. Para hacer frente a estos nuevos desafíos se requieren herramientas e instrumentos mucho más potentes y capaces, principalmente en el campo de la Defensa, la energía y la soberanía industrial.

Este cambio de paradigma fue asumido por el Consejo Europeo en la reunión informal de Versalles del 11 de marzo de 2022. En ella, los jefes de Estado o de Gobierno señalaron que «la guerra de agresión constituye un vuelco descomunal en la historia europea»[11], lo que obliga a aceptar una mayor responsabilidad respecto a la seguridad del proyecto común

---

[10] Guinea Llorente, M. (2022). "La invasión de Ucrania: un revulsivo que sacude los cimientos de la Unión Europea", en Aldecoa Luzárraga, F. y González Alonso, L. N. (eds.). *La Unión Europea frente a la agresión a Ucrania*, Los Libros de la Catarata. pp. 19-20.

[11] Consejo Europeo. (2022). *Reunión informal de los jefes de Estado o de Gobierno. Declaración de Versalles (21 y 22 de marzo de 2022)*. p. 3.

y apostar decididamente por reducir las dependencias estratégicas y avanzar hacia la soberanía europea. En materia de energía, los Gobiernos nacionales acordaron una «reevaluación exhaustiva del modo en que garantizamos la seguridad de nuestro abastecimiento energético», un mensaje directo a replantear los elementos en los que los Estados miembros habían basado su seguridad energética hasta antes de la invasión. En el fondo, se trataba de un reconocimiento implícito del error cometido por algunos países, principalmente Alemania, al respecto de la dependencia del suministro ruso, priorizando casi en exclusiva el precio final y obviando sistemáticamente los riesgos políticos inherentes de, en palabras del presidente Steinmeier, «agarrarse a unos puentes en los que Rusia ya no creía»[12].

Como se ha explicado anteriormente, la Declaración de Versalles tuvo como principal resultado la puesta en marcha del plan REPowerEU. Su hoja de ruta va en línea con los anteriores proyectos de la Comisión, principalmente la Unión de la Energía y el Pacto Verde Europeo, pero incorporaba la urgencia de acelerar la desconexión energética con Rusia debido a su falta de fiabilidad como socio estratégico. El documento está repleto de llamamientos a la unidad y a la necesidad de establecer una planificación coordinada basada en el interés común y en la solidaridad europea, ya que ningún Estado miembro puede hacer frente por sí solo al enorme desafío de reducir en tiempo récord la sustitución de las importaciones rusas. Para la Comisión, una evaluación común de las necesidades energéticas, las compras conjuntas de hidrocarburos y una mayor coordinación entre los socios, así como la profundización en los planes de eficiencia, producción propia e inversión en nuevas

---

12 Wintour. *Op. Cit.*

tecnologías e infraestructuras, proporcionará en pocos años un adecuado nivel de seguridad energética para toda la UE[13].

Aunque estos llamamientos a la unidad comenzaron hace más de una década, tras la invasión de Ucrania se han repetido con mayor asiduidad e insistencia, pues se está ante el momento perfecto para «construir un mercado integrado [...] que garantice el suministro en un espíritu de solidaridad». El objetivo es avanzar hacia un modelo mucho más compacto e integrado, lo que sin duda va a requerir, entre otras acciones, una completa redefinición de la seguridad energética en base a nuevos elementos mucho más adecuados a la actual naturaleza del término. Sin embargo, para alcanzar el éxito es imperativo hacerlo en clave europea, logrando un consenso entre las instituciones comunitarias y los Estados miembros que evite disparidades como las que permitieron a Gazprom alcanzar una posición de fuerza sin precedentes en el mercado común del gas natural. No será tarea fácil, pero tanto las dificultades actuales como el triunfo de las medidas inmediatas para hacer frente al corte de suministro ruso —planes que en gran parte han sido liderados por la Comisión— han convencido a muchos socios de la importancia de adquirir una visión estratégica común respecto a la seguridad energética.

La necesidad de actualizar su definición ha sido defendida en los últimos años por casi todos los actores institucionales. Josep Borrell, alto representante de la UE para Asuntos Exteriores y de Seguridad, ya hizo un llamamiento a no cometer los mismos errores de antaño y construir definitivamente una verdadera Unión de la Energía, ya que «la verdadera seguridad energética solo puede lograrse mediante una mayor inversión

---

13 Comisión Europea. (18 de mayo de 2022). *Comunicación de la Comisión al Parlamento Europeo, al Consejo Europeo, al Consejo, al Comité Económico y Social Europeo y al Comité Europeo de las Regiones: Plan REPowerEU.* COM(2022) 230 final. pp. 2-3.

en las energías renovables nacionales y en la mejora de las conexiones con el mercado de la UE»[14]. Por su parte, la Comisión ha instado a los Estados miembros a una mayor concienciación en la materia y a no caer en nuevas dependencias estratégicas, advirtiendo de que la transición climática puede también ser un «importante multiplicador de las amenazas y una fuente de inestabilidad»[15]. Sin embargo, quien más claro se ha mostrado al respecto ha sido el Consejo, que un año antes de la invasión de Ucrania reconoció que la naturaleza de la seguridad energética estaba evolucionando «desde la preocupación por el acceso a combustibles fósiles a precios asequibles procedentes de mercados volátiles hacia la necesidad de garantizar el acceso a las materias primas y tecnologías fundamentales para la transición energética»[16].

Estas declaraciones ponen el foco en la inviabilidad de un modelo de seguridad energética basado únicamente en la asequibilidad y la disponibilidad, pues también se requiere calibrar los peligros geopolíticos de una alta dependencia exterior. La invasión de Ucrania ha mostrado esto con una extrema crudeza, ya que en 2022 los precios de la energía alcanzaron su máximo histórico en la UE, con efectos muy dolorosos para familias y empresas. La Comisión ha reconocido que el corte

---

14 Borrell Fontelles, J. (6 de febrero de 2022). "Seguridad energética de Europa y cooperación UE-EE. UU.". *Una ventana al mundo*, Servicio Europeo de Acción Exterior. [Blog post]. Disponible en: https://www.eeas.europa.eu/eeas/seguridad-energ%C3%A9tica-de-europa-y-cooperaci%C3%B3n-ue-eeuu_es

15 Comisión Europea. (11 de diciembre de 2019). *Comunicación de la Comisión al Parlamento Europeo, al Consejo Europeo, al Consejo, al Comité Económico y Social Europeo y al Comité de las Regiones: El Pacto Verde Europeo*. DCOM(2019) 640 final. p. 25.

16 Consejo de la Unión Europea. (25 de enero de 2021). *Conclusiones del Consejo sobre diplomacia climática y energética–Cumplir la dimensión exterior del Pacto Verde Europeo*. p. 9.

del suministro ruso ha llevado a algunos países al límite y «ha trastocado los mercados de la energía, provocando la volatilidad de los precios y la inseguridad energética»[17]. Además, la integración de los mercados europeos ha solidarizado los riesgos y las amenazas, lo que perjudica a los socios que sí cumplieron con las recomendaciones y las hojas de rutas comunitarias. Por todo ello, tanto la UE como sus Estados están obligados a reformular activamente «sus estrategias energéticas para reflejar las nuevas realidades geopolíticas», y deben hacerlo de manera conjunta. Sin embargo, el primer paso para conseguirlo es lograr el consenso sobre qué es la seguridad energética y cuáles son sus elementos principales, ya que de lo contrario la política energética volverá a encallar en el mismo lugar en el que lo hizo hace más de diez años: la disparidad conceptual entre todos los miembros de la UE.

3. LAS MATERIAS PRIMAS FUNDAMENTALES Y LA TRANSICIÓN CLIMÁTICA EUROPEA: UN NUEVO DESAFÍO CRUCIAL PARA LA SEGURIDAD ENERGÉTICA DE LA UE

Como se ha explicado con anterioridad, pocos meses después de que en diciembre de 2019 Von der Leyen anunciara la puesta en marcha del Pacto Verde Europeo, la Comisión evidenció en un documento sobre la recuperación poscovid que...

> *con la transición hacia la neutralidad climática, corremos el riesgo de que la dependencia de los combustibles fósiles*

---

[17] Comisión Europea. (18 de octubre de 2022). *Informe de la Comisión al Parlamento Europeo, al Consejo, al Comité Económico y Social Europeo y al Comité de las Regiones: estado de la Unión de la Energía 2022*. COM(2022) 547 final. p. 1.

> *disponibles sea sustituida por la dependencia de otras materias primas no energéticas*[18].

Un año después, el Consejo se hacía eco de esta idea al asegurar que:

> *la naturaleza de la seguridad energética está evolucionando desde la preocupación por el acceso a combustibles fósiles a precios asequibles procedentes de mercados volátiles hacia la necesidad de garantizar el acceso a las materias primas y tecnologías fundamentales necesarias para la transición energética*[19].

Estas declaraciones anunciaban una realidad hasta la fecha poco visible pero que, debido al rápido avance de la transición climática en la UE, era cada vez más evidente, y es que el cambio de modelo energético iba a requerir una creciente cantidad de materias primas de las que los Estados miembros no disponían en su territorio. Se trataba de una casuística nueva, una idea que ni siquiera el Pacto Verde Europeo tenía en gran consideración —las CRM solo se mencionaban una vez en la comunicación de la Comisión, al asegurar que el éxito de los proyectos propuestos requería asegurar el suministro «de las materias primas críticas necesarias para las tecnologías limpias y las aplicaciones digitales, espaciales y de defensa»[20]—, pero que ponía en riesgo los futuros planes para aumentar la autonomía energética al sustituir la endémica dependencia de los hidrocarburos por la de otros elementos cuyo acceso es, en algunos casos, mucho más complejo. A rasgos generales, las

---

[18] Comisión Europea. (27 de mayo de 2020). *Comunicación de la Comisión al Parlamento Europeo, al Consejo Europeo, al Consejo, al Comité Económico y Social Europeo y al Comité de las Regiones. El momento de Europa: reparar los daños y preparar el futuro para la próxima generación.* COM(2020) 456. p. 15.

[19] Consejo de la Unión Europea. *Op. Cit.* p. 9.

[20] Comisión Europea. *Comunicación... El Pacto... Op. Cit.* p. 10.

CRM son aquellas materias primas de gran importancia económica que son vitales para el funcionamiento y la integridad de todo tipo de ecosistemas industriales y cuyo suministro presenta un elevado riesgo de interrupciones, lo que pone en riesgo el desarrollo, la soberanía y la independencia de la UE.

El problema no es nuevo. Desde 2011, la Comisión publica informes relativos a la dependencia europea respecto a las CRM. En el primer documento, fechado en ese mismo año, se señalaban catorce materias primas cuya importación presentaba un riesgo elevado y se identificaban algunas de las dificultades todavía existentes en los mercados globales, como la poca accesibilidad, las restricciones a las exportaciones, la alta dependencia de un único suministrador, la escasa estabilidad político-económica de algunos proveedores y las bajas posibilidades de sustitución de productos, entre otros. Incluso se apuntaba a China como uno de los actores con mayor peso en el comercio internacional de tierras raras, uno de los elementos más necesarios para la industria renovable. La lista la completaban el antimonio, el berilio, el cobalto, la fluorita, el galio, el germanio, el grafito, el indio, el magnesio, el niobio, los metales del grupo del platino, el tantalio y el wolframio. Todos, a excepción de la fluorita y el wolframio, eran importados al 100%, nueve de ellos dependían en más de un 70% de un único importador, ocho provenían en grandes cantidades de China y cinco tenían un índice de reciclaje del 0%[21].

Tres años después, la Comisión sumó a la lista los boratos, el cromo, el carbón de coque, la magnesita, las rocas fosfatadas y el silicio metálico, sumando un total de diecinueve CRM —el

---

21 Comisión Europea. (2 de febrero de 2011). *Comunicación de la Comisión al Parlamento Europeo, al Consejo Europeo, al Consejo, al Comité Económico y Social Europeo y al Comité de las Regiones. Abordar los retos de los mercados de productos básicos y de las materias primas.* COM(2021) 25 final. pp. 24-25.

tantalio desaparecía debido a las mejoras en su acceso—. De las nuevas incorporaciones, China era el principal productor de cuatro de ellas, aunque su participación en las importaciones europeas de estos materiales era residual. Sin embargo, el país asiático ya era el principal exportador a los Estados miembros de seis de los diecinueve elementos, en el caso del manganeso y el antimonio por encima del 90%[22]. Ya en 2017, la tabla se amplió hasta las veintisiete materias primas, aumentando la participación del gigante asiático y, en menor medida, de Rusia, países que ya se perfilaban como principales rivales sistémicos de la UE. Los datos eran muy preocupantes, pues la media del índice de dependencia era del 78%, y solo el hafnio, el cobalto, los metales del grupo platino y el silicio metálico procedían en grandes cantidades de países europeos[23]. En 2020, un año después de la puesta en marcha del Pacto Verde Europeo, la Comisión volvió a actualizar la tabla bajo la premisa de que la necesidad de potenciar la transición energética obligaba a considerar que «el acceso a los recursos es una cuestión de seguridad estratégica»[24], ya que gran parte de las CRM eran imprescindibles para la consecución de los objetivos

---

22 Comisión Europea. (26 de mayo de 2014). *Comunicación de la Comisión al Parlamento Europeo, al Consejo Europeo, al Consejo, al Comité Económico y Social Europeo y al Comité de las Regiones sobre la revisión de la lista de las materias primas fundamentales para la UE y la aplicación de la iniciativa de materias primas.* COM (2014) 297 final. pp. 6-7.

23 Comisión Europea. (19 de septiembre de 2017). *Comunicación de la Comisión al Parlamento Europeo, al Consejo Europeo, al Consejo, al Comité Económico y Social Europeo y al Comité de las Regiones relativa a la lista de 2017 de materias primas fundamentales para la UE.* COM(2017) 490 final. pp. 4-8.

24 Comisión Europea. (3 de septiembre de 2020). *Comunicación de la Comisión al Parlamento Europeo, al Consejo Europeo, al Consejo, al Comité Económico y Social Europeo y al Comité de las Regiones. Resiliencia de las materias primas fundamentales: trazando el camino hacia un mayor grado de seguridad y sostenibilidad.* COM(2020) 474 final. p. 1.

climáticos europeos. Aunque solo se sumaban cuatro nuevos elementos —bauxita, litio, titanio y estroncio—, el documento volvía a reflejar la considerable preocupación por el alto grado de concentración de la mayoría de ellos y por los pocos avances registrados desde 2011[25].

El quinto informe ha sido el más relevante hasta la fecha. Publicado en 2023, el documento estaba profundamente influenciado por la guerra de Ucrania y la Declaración de Versalles, en la que el Consejo Europeo estableció la prioridad de reducir la dependencia estratégica europea en los sectores más vulnerables, entre ellos el de las CRM[26]. La lista estaba formada por treinta y cuatro materias primas y se incluía en la propuesta de reglamento por el cual la Comisión iniciaba la regulación del sector[27]. Además, catorce de ellas eran elevadas a la categoría de materias primas estratégicas debido a la alta demanda existente y a su potencial de crecimiento, lo que elevaba el riesgo de problemas en el suministro. De estas, por lo menos el germanio, el cobalto, el galio, el cobre, el litio, el magnesio, el grafito natural, el níquel, los metales del grupo del platino, las tierras raras, el silicio metálico y el wolframio tenían una incidencia crítica en el desarrollo de las tecnologías renovables y, por consiguiente, afectaban a la seguridad energética europea[28]. El informe reconocía

---

25 *Ibidem.* pp. 20-26.

26 Consejo Europeo. *Reunión…. Declaración de Versalles. Op. Cit.* p. 7.

27 Comisión Europea. (16 de marzo de 2023). *Anexos de la Propuesta de Reglamento del Parlamento Europeo y del Consejo por el que se establece un marco para garantizar el suministro seguro y sostenible de materias primas fundamentales y se modifican los Reglamentos (UE) 168/2013, (UE) 2018/858, (UE) 2018/1724 y (UE) 2019/1020.* COM(2023) 160 final. pp. 1-4.

28 Carrara, S., Bobba, S., Blagoeva, D. y Alves Dias, P. (2023). *Supply chain analysis and material demand forecast in strategic technologies and sectors in the EU–A foresight study.* Oficina de Publicaciones de la Unión Europea. p. 5.

también que la transición climática y la digitalización iban a elevar la demanda de algunas de estos elementos, aumentando la competencia geopolítica por unos recursos estratégicos que ya escaseaban debido a las crecientes restricciones de los países productores. Además, la guerra de Ucrania y la nueva consideración de China como socio, competidor y rival sistémico aceleraban la urgencia de dotar a la UE de una estrategia eficaz para asegurar la soberanía, la independencia y la seguridad del conjunto de los Estados miembros.

En los últimos dos años, la Comisión ha elevado su inquietud por el acceso a las CRM, estableciendo estrategias conjuntas para reducir el riesgo de un corte de suministro. Aunque la vulnerabilidad afecta a varios sectores, es especialmente preocupante en lo que respecta a los sistemas energéticos, sobre todo tras la puesta en marcha del Pacto Verde Europeo y la estrategia REPowerEU para acelerar la desconexión del gas natural ruso, ya que esta...

> *requiere un aumento masivo en la instalación de energía eólica y solar fotovoltaica (PV), baterías e hidrógeno para almacenar electricidad y alimentar vehículos, y bombas de calor para una calefacción y refrigeración energéticamente eficientes. Todo esto conlleva una nueva demanda de materiales críticos y estratégicos, muchos de los cuales también son necesarios para las tecnologías requeridas para cumplir con las estrategias de digitalización y defensa y aeroespacial*[29].

El problema es profundo y complejo. Los estudios demuestran que la UE es vulnerable, principalmente, en las primeras fases de la cadena de suministro, estando relativamente bien posicionada respecto a la fabricación de tecnologías finales. Sin embargo, esto no sucede con algunos productos renovables, principalmente los fotovoltaicos y las baterías, que se importan de forma masiva ya finalizados. Desde hace

[29] Carrara, Bobba, Blagoeva y Alves Dias. *Op. Cit.* p. 4.

años, numerosos informes han puesto el foco en que más del 80% de los paneles solares utilizados en la UE provienen de China, lo que es especialmente peligroso debido a los planes europeos para una rápida expansión de esta tecnología gracias a su bajo coste y su fácil montaje[30]. Esto supone que cualquier contratiempo, ya sea un cambio de la política exportadora del país asiático, un incremento del precio final o un corte en las rutas de abastecimiento, entre otros, pone en serio riesgo la Estrategia Solar Europea y la consecución de sus objetivos.

El reto es aún mayor si se tiene en cuenta el potencial crecimiento de la demanda previsto para las próximas décadas. La transición energética es, al fin y al cabo, una transición de materiales. Por lo tanto, conforme más países se vayan sumando a esta, los requerimientos de las CRM necesarias para su desarrollo van a elevarse exponencialmente, lo que va a generar una importante competencia comercial y geopolítica debido a la escasez y a la concentración de estas. Según los estudios de la Comisión, las tecnologías más tensionadas van a ser las baterías, las celdas de combustible y los motores de tracción, para las que el litio, el grafito, el cobalto, el níquel, el manganeso, el platino y las tierras raras son esenciales[31]. En un escenario de alta demanda, las necesidades europeas de litio serán veintiuna veces mayor en 2050 —un 2.000% más, aproximadamente—, mientras que a nivel mundial se elevarán noventa veces —en torno a un 8.900% mayor—. El platino y el grafito presentan tendencias análogas. Respecto a las tierras raras, cuya producción se localiza casi en exclusiva en China, el crecimiento será algo más moderado debido a la alta solicitud ya existente para la elaboración de turbinas eólicas y otras tecnologías de la comunicación.

---

30 AIE. (2022). *Special Report on Solar PV Global Supply Chains*. Agencia Internacional de la Energía. pp. 7-12.

31 Carrara, Bobba, Blagoeva y Alves Dias. *Op. Cit.* p. 4.

En base a estas predicciones, la Comisión se ha visto obligada a poner en marcha algunas estrategias para mitigar los riesgos inherentes a su importación masiva. La primera se remonta a 2008 y estaba en línea con la estrategia global europea vigente en aquella fecha. En ella, se proponía una mayor asertividad diplomática para alcanzar acuerdos internacionales con países productores y mejoras normativas para la regulación internacional de los mercados de materias primas[32]. En 2020, la Comisión dio otro paso más al iniciar un plan de acción específico para mitigar su alta dependencia en un entorno en el que «la competencia mundial es cada vez más feroz»[33]. Ligado a la Estrategia Industrial Europea y en línea con el objetivo europeo de alcanzar una autonomía estratégica abierta, la comunicación acompañaba a la cuarta lista de materias primas fundamentales y establecía una serie de acciones dirigidas a incrementar la resiliencia sectorial de la UE y garantizar «un acceso diversificado y sin distorsiones a los mercados mundiales de materias primas»[34].

Sin embargo, estas propuestas quedaron desfasadas rápidamente conforme el avance de la transición energética elevaba la demanda de estos productos y aumentaba la competencia geopolítica entre potencias, reduciendo las posibilidades de cooperación y regulación internacional. La conversión de China en un rival sistémico ha supuesto un nuevo foco de tensión, pues cada vez es más evidente de que el país asiático está utilizando las exportaciones de algunas CRM para proteger

---

32 Comisión Europea. (4 de noviembre de 2008). *Comunicación de la Comisión al Parlamento Europeo y al Consejo la iniciativa de las materias primas: cubrir las necesidades fundamentales en Europa para generar crecimiento y empleo.* COM(2008) 699 final. p. 15.

33 Comisión Europea. *Comunicación... Resiliencia de las materias primas... Op. Cit.* p. 1.

34 *Ídem.*

su crecimiento económico frente a sus rivales[35]. Por su parte, la crisis del covid y la invasión rusa de Ucrania evidenciaron la vulnerabilidad de los Estados miembros respecto a las cadenas de suministro globales y las dependencias estratégicas. Ante esta situación, la Comisión ha rediseñado los planes para garantizar el suministro, lo que ha llevado a la adopción de la Ley de Materias Primas Fundamentales y a la puesta en marcha de otras estrategias para ganar influencia internacional en un entorno cada vez más rivalizado.

3.1. La Ley europea de Materias Primas Fundamentales: asegurar la disponibilidad de CRM y reducir las vulnerabilidades en un entorno de competición geopolítica

El primer paso para reducir la vulnerabilidad respecto a las CRM se dio con la Estrategia Industrial Europea, actualizada en 2021 para incorporar las lecciones aprendidas con la pandemia del covid-19. Aunque centrada en los posibles efectos de un corte de suministro en el mercado único, la Comisión hacía hincapié en la complejidad de avanzar hacia la autonomía estratégica mientras se mantenían dependencias en sectores clave y proponía, muy en línea con el poder normativo europeo, la búsqueda de asociaciones y cooperaciones internacionales, la puesta en marcha de alianzas tecnológicas con socios estratégicos y medidas para reforzar a las empresas en caso de interrupciones de abastecimiento[36]. Un documento posterior, de carácter más político, reconocía que «el

---

35 Carrara, Bobba, Blagoeva y Alves Dias. *Op. Cit.* p. 149.

36 Comisión Europea. (5 de mayo de 2021). *Comunicación de la Comisión al Parlamento Europeo, al Consejo, al Comité Económico y Social Europeo y al Comité de las Regiones. Actualización del nuevo modelo de industria de 2020: Creación de un mercado único más sólido para la recuperación de Europa.* COM(2021) 350 final. pp. 12-17.

aumento de la demanda de materias primas fundamentales coincide con un repunte en la disposición de los principales proveedores a imponer restricciones a la exportación», por lo que la UE «debe prepararse para una futura merma de la seguridad del suministro esencial»[37]. Para afrontar este reto, se debía establecer una estrategia a largo plazo para no garantizar el acceso a las CRM y reducir su demanda. Para finales de 2021, la preocupación por esta problemática se replicaba en numerosas iniciativas de la Comisión.

Pese a esta preocupación, la Ley de Materias Primas Fundamentales es consecuencia directa de la histórica Declaración de Versalles de 2022, en la que el Consejo Europeo, como resultado de la invasión rusa de Ucrania, asumía una mayor responsabilidad en la seguridad continental y proponía la adopción de «nuevas medidas decisivas para construir nuestra soberanía europea, reducir nuestras dependencias y diseñar un nuevo modelo de crecimiento e inversión»[38]. Se trataba de un cambio de paradigma por el cual la UE adoptaba una visión mucho más pragmática y realista de las relaciones internacionales y se convencía de la necesidad de aumentar su autonomía y resiliencia para protegerse de las amenazas directas que se cernían sobre el proyecto común. No es de extrañar que, junto con la mejora de las capacidades militares de los Estados miembros y la reducción de la dependencia energética, las CRM fueran señaladas como uno de los sectores más vulnerables ante la creciente rivalidad geopolítica. Además, pocos meses antes el Parlamento Europeo ya había solicitado mayores esfuerzos para reducir

---

37 Comisión Europea. (8 de septiembre de 2021). *Comunicación de la Comisión al Parlamento Europeo y al Consejo: Informe sobre prospectiva estratégica de 2021–la capacidad y libertad de actuación de la UE.* COM(2021) 750 final. pp. 13-14.

38 Consejo Europeo. *Reunión.... Declaración de Versalles. Op. Cit.* p. 3.

los riesgos inherentes a la alta demanda de materias primas fundamentales y a su necesidad de exportación masiva[39].

La propuesta de reglamento de la Comisión fue publicada en marzo de 2023. En la justificación de la norma, se explicaba que:

> *La UE depende casi exclusivamente de las importaciones de numerosas materias primas fundamentales. Los proveedores de dichas importaciones se encuentran con frecuencia muy concentrados en un reducido número de terceros países. [...]. Esta concentración expone a la UE a importantes riesgos para el suministro. Existen precedentes de países que han aprovechado su fuerte posición como proveedores de materias primas fundamentales en contra de los países compradores*[40].

Esta inseguridad conllevaba importantes efectos adversos, pues una interrupción en el abastecimiento pondría en riesgo el funcionamiento del mercado único, perjudicaría la competitividad de los Estados miembros e impediría la consecución de los objetivos económicos, climáticos y digitales de la UE. Sin embargo, era evidente que las medidas no reglamentarias diseñadas por la Comisión, como las estrategias de 2008 y 2020, apenas habían logrado avances significativos debido a que no existía un marco común que garantizara la resiliencia económica ante las alteraciones de suministro, el potencial de extracción europeo seguía sin aprovecharse plenamente debido a obstáculos financieros, administrativos y medioambientales, la legislación vigente no potenciaba el reciclaje ni la economía

---

39 Resolución del Parlamento Europeo, de 24 de noviembre de 2021, sobre una estrategia europea para las materias primas fundamentales. 2 de marzo de 2022.

40 Comisión Europea. (16 de marzo de 2023). *Propuesta de Reglamento del Parlamento Europeo y del Consejo por el que se establece un marco para garantizar el suministro seguro y sostenible de materias primas fundamentales y se modifican los Reglamentos (UE) 168/2013, (UE) 2018/858, (UE) 2018/1724 y (UE) 2019/1020.* COM(2023) 160 final. p. 1.

circular y tampoco se daban suficientes incentivos para limitar los impactos negativos de las materias primas que entraban en el mercado común.

Para acabar con estas limitaciones, la propuesta de reglamento establecía las materias primas fundamentales y estratégicas —dos categorías diferentes— y fijaba los parámetros de referencia hasta 2030, los cuales pasaban por asegurar que un 10% de las necesidades anuales debían extraerse en los Estados miembros, un 40% se aseguraría mediante la transformación y un 15% se alcanzaría a través del reciclado[41]. Además, un máximo del 65% del consumo anual de cada materia prima estratégica en cualquier fase de la transformación debía proceder de un único tercer país. Para lograr esto, la ley reducía la carga administrativa y simplificaba los procesos de concesión de permisos para los proyectos estratégicos de extracción, transformación y reciclado, además de mejorar las posibilidades de financiación. Por otra parte, se aumentaba la coordinación de reservas entre los socios y se establecían mecanismos para vigilar los riesgos en las cadenas de suministro, incluso obligando a grandes empresas a realizar auditorías externas. Otra medida consistía en mejorar la recogida y tratamiento de los residuos ricos en materias primas fundamentales para garantizar una segunda vida, lo que reducía las necesidades de importación, aunque el reciclaje de estos elementos sigue siendo un proceso complejo y poco rentable. Por último, la propuesta reconocía que era imprescindible invertir en investigación e innovación, por lo que la ley permitía a la Comisión la implantación de proyectos y estrategias para desarrollar tecnologías de vanguardia en el sector.

Por otra parte, la estrategia respecto a las CRM integraba una potente dimensión externa, ya que, por mucho que se

---

41 *Ibidem*. p. 20.

mitiguen los problemas derivados de la dependencia, la UE nunca podrá ser autosuficiente respecto a las materias primas fundamentales. Por eso, se proponía la diversificación de fuentes de suministro mediante la búsqueda de asociaciones «mutuamente beneficiosas» con los países productores y se buscaba una importante reducción de las importaciones desde China. Además, se llevaría a cabo un esfuerzo diplomático y normativo para fortalecer las cadenas de suministro internacionales[42]. Sin embargo, y debido a la falta de competencias en la materia, estas medidas se registraban en la comunicación adjunta a la propuesta de reglamento, la cual poseía carácter no reglamentario y, por tanto, su aplicación dependía de la ambición de los propios Gobiernos nacionales para llevarlas a cabo[43]. Este es uno de los grandes problemas de la estrategia y uno de los puntos en los que habrá que poner más atención en el futuro, pues recuerda mucho a las disposiciones establecidas en la Estrategia de Seguridad Energética de 2014, las cuales fracasaron debido al poco interés de los Estados miembros por buscar fuentes alternativas al asequible gas natural ruso.

La comunicación adjunta también desarrollaba algunos puntos de gran interés. Además de detallar fuentes de financiación para proyectos de interés, potenciar la innovación y crear una asociación a gran escala de capacidades con las partes interesadas y autoridades públicas, el documento reflejaba la ambición comunitaria por potenciar una dimensión exterior que permitiera asegurar el acceso y la asequibilidad de estos elementos críticos. Entre otras medidas, se pretendía crear un Club de Materias Primas Fundamentales, cuya base sería el acuerdo sobre la materia firmado con EE. UU. Además, la Comisión se apoyaría en la estrategia Global Gateway, el gran proyecto europeo de cooperación y de financiación

---

42 *Ibidem*. pp. 56-57.

43 *Ibidem*. p. 3.

cuyo objetivo es impulsar vínculos con socios prioritarios en los sectores digital, energético y transporte[44], para potenciar inversiones estratégicas en materias primas fundamentales y su cadena de valor. Por otra parte, la Comisión lucharía contra las prácticas desleales —un problema creciente— y abordaría, incluso judicialmente, las restricciones a las exportaciones no justificadas, además de proteger el mercado interior de las Inversiones Extranjeras Directas (IED) contra sectores estratégicos. Todo ello para consolidar su competitividad a largo plazo y «mantener su autonomía estratégica abierta en un entorno geopolítico en rápida evolución y cada vez más complicado»[45].

La propuesta de Reglamento fue discutida por el Parlamento Europeo y el Consejo, que la enmendaron hasta alcanzar un compromiso político provisional el 13 de noviembre de 2023. En el proceso, y debido a la complejidad para llegar al consenso, el Consejo Europeo instó «a los colegisladores a que alcancen rápidamente un acuerdo en torno al Reglamento»[46]. Los principales cambios introducidos fueron la inclusión del aluminio como materia prima crítica y el grafito sintético como materia prima fundamental, además de la catalogación de tecnología relevante a aquellas innovaciones que puedan sustituir a las materias primas estratégicas, lo que les permitía acceder a fuentes de financiación europea. Por otra parte, el porcentaje

---

44 Comisión Europea. (1 de diciembre de 2021). *Comunicación conjunta al Parlamento Europeo, el Consejo, el Comité Económico y Social Europeo, el Comité de las Regiones y el Banco Europeo de Inversiones: la Pasarela Mundial.* JOIN(2021) 30 final. pp. 5-6.

45 Comisión Europea. (16 de marzo de 2023). *Comunicación de la Comisión al Parlamento Europeo, al Consejo, al Comité Económico y Social Europeo y al Comité de las Regiones. Un suministro seguro y sostenible de materias primas fundamentales para contribuir a la doble transición.* COM(2023) 165 final. p. 22.

46 Consejo Europeo. *Conclusiones del Consejo Europeo – Conclusiones (26 y 27 de octubre de 2023).* p. 7.

de reciclado para 2030 ascendía del 15% al 25%[47]. Finalmente, en diciembre el Parlamento Europeo dio luz verde a la norma, mientras que el Consejo hizo lo propio el siguiente marzo. El 11 de abril de 2024, el Reglamento por el que se establece un marco para garantizar un suministro seguro y sostenible de materias primas fundamentales fue publicado en el Diario Oficial de la UE (DOUE), entrando en vigor veinte días más tarde.

3.2. Efectos de la ley de materias primas fundamentales y las estrategias asociadas en la seguridad energética y la autonomía estratégica de la UE

El análisis realizado en los anteriores apartados revela dos evidencias claras: la primera, que debido al avance de la transición energética en los Estados miembros la necesidad de combustibles fósiles ha sido sustituida por la dependencia de otras materias primas que son fundamentales para consolidarla, cambiando el paradigma en el que, hasta entonces, se basada la concepción de seguridad energética europea. La segunda, que el exponencial incremento de la instalación renovable en el mundo va a exigir un enorme esfuerzo global de extracción, procesamiento, comercialización y reciclaje de estos elementos, lo que va a potenciar una importante tensión geopolítica respecto al acceso y control de estos recursos, una competencia que va a afectar de lleno a la UE debido a su incapacidad de autosuficiencia respecto a estas materias primas estratégicas. Un informe de la IRENA considera que, para 2050, se pasarán

---

47 Reglamento (UE) 2024/1252 del Parlamento Europeo y del Consejo de 11 de abril de 2024 por el que se establece un marco para garantizar un suministro seguro y sostenible de materias primas fundamentales y por el que se modifican los Reglamentos (UE) núm. 168/2013, (UE) 2018/858, (UE) 2018/1724 y (UE) 2019/1020. *Diario Oficial de la Unión Europea*, de 3 de mayo de 2024. p. 21.

de los 3300 GW de 2022 a los 33.000 GW renovables en todo el mundo —un incremento del 900%—, por lo que a corto y medio plazo podrían incluso darse restricciones de acceso a algunos materiales[48]. El problema es mayor debido a la concentración sectorial, ya que algunos países disfrutan de una posición dominante en la extracción y el procesamiento de estas materias primas, con China como principal suministrador refinado de grafito natural, disprosio (tierras raras), cobalto, litio y manganeso.

Varias son las complicaciones que afectan al mercado internacional de las materias primas fundamentales. En primer lugar, algunos acontecimientos de los últimos años han demostrado la susceptibilidad de las cadenas de suministro globales, muy sensibles a cualquier interrupción provocada por eventos naturales o acciones humanas. En 2021, la crisis energética en China redujo su capacidad de procesamiento de manganeso, lo que elevó los precios y provocó ligeras alteraciones industriales en la UE —dependiente al 95% del manganeso chino—[49]. Por otra parte, las materias primas fundamentales no se comercializan en mercados abiertos, lo que, aunque permite protegerse mejor de la volatilidad derivada de la fluctuación de los precios, impone una mayor capacidad de presión a los productores, sobre todo si disfrutan de una posición monopolística. Por último, aunque no menos importante, el sector de las materias primas está sufriendo un proceso de «nacionalización de recursos»[50]. En la actualidad, muchos Estados han puesto en marcha políticas internas para permitir el control estatal de los minerales y mejorar los beneficios de su extracción, lo que aumenta el riesgo de *weaponización*, es decir, el uso de

---

48 IRENA. (2023). "Geopolitics of the energy transition: critical materials". *International Renewable Energy Agency*. p. 23.

49 *Ibidem*. p. 52.

50 *Ibidem*. p. 53.

estos recursos como herramienta de poder. Aunque el caso de China es el más alarmante, aliados como Australia, Chile, EE. UU. o Canadá también han intervenido parcialmente la producción en su territorio. A esto se suma que muchas materias primas críticas están sujetas a restricciones, ya que en los últimos años el 10% de su valor global ha sido objeto de al menos una medida para limitar su exportación.

Pero hay más problemas que generan inestabilidad. Debido a las características propias del mercado de materias primas, se corre el riesgo de un proceso internacional de cartelización. Aunque por ahora estos miedos no se han materializado a gran escala, muchos países productores han estudiado la posibilidad de realizar acuerdos para controlar los precios y los márgenes de extracción, si bien parece que estos proyectos podrían tener dificultades a la hora de ponerse en marcha. La inseguridad económica, social y política es otro factor a tener en cuenta, pues muchas minas están ubicadas en países fallidos o con poca gobernabilidad, lo que alimenta huelgas, apropiación indebida, golpes de Estado, influencia externa e incluso guerras civiles. Estas tendencias pueden aseverarse en algunas situaciones en que la actividad explotadora genere problemas medioambientales, desigualdades sociales, corrupción o incluso movimientos forzosos de población indígena. Además, y al igual que sucede en otros sectores productivos, las materias primas fundamentales pueden ser objeto de manipulaciones del mercado, fraudes a gran escala o alteraciones, algo que afecta a las dinámicas de oferta y demanda y, por tanto, a la estabilidad final de los precios. Por último, la búsqueda de nuevos yacimientos puede acrecentar las disputas sobre el fondo marino, el Ártico o incluso el espacio exterior[51].

---

[51] *Ibidem*. pp. 72-89.

A todo esto, se suman otros problemas técnicos, humanos y económicos asociados a la extracción, el refinado y el comercio de las materias primas. El caso del litio es significativo y ejemplifica muy bien cómo funcionan los mercados internacionales de las CRM. Debido a su importancia para el desarrollo y la fabricación de baterías, su demanda internacional está creciendo exponencialmente, aunque todo parece indicar que las reservas existentes son suficientes para asegurar las necesidades a largo plazo. La mayoría de estas se encuentran en el continente americano, principalmente en el llamado «triángulo del litio», formado por Bolivia —que posee casi el 24% de las reservas globales—, Chile y Argentina. Pese a esto, el mayor productor mundial es Australia, que produce cerca del 50% del total. Esto se debe a que en el país austral el litio se extrae mediante minería de roca dura, mucho más rápida pese a su mayor coste, mientras que en Bolivia se utiliza la evaporación por salmuera, que enfrenta enormes dificultades técnicas, tiempos extensos, grandes necesidades de tierra y, sobre todo, un estrés hídrico muy acentuado que tiene graves consecuencias medioambientales. Debido a esto, y pese al interés de su Gobierno, Bolivia apenas produce el 1% del litio mundial, muy lejos incluso de su vecina Chile. Sin embargo, el actor principal del mercado de litio global es China. Gracias a una inversión sostenida durante años, el gigante asiático dispone en la actualidad del 60% de la capacidad de refinado y contratos a largo plazo con importantes productores, lo que le permite fabricar el 80% de las baterías de litio que se consumen en el mundo, accediendo además a una economía de escala que le ha permitido reducir su precio de manera significativa[52].

---

52 Torrico, E. (16 de junio de 2024). "El enigma del litio: qué pasa con el mineral del futuro eléctrico que nadie sabe aprovechar". *El Confidencial.* [Youtube]. Disponible en: https://www.youtube.com/watch?v=4czRVC719zE

La UE debe prepararse para este escenario. La mayoría de los informes consideran que los Estados miembros son excesivamente dependientes respecto a las materias primas fundamentales, sobre todo las críticas. En el caso de la energía, esta vulnerabilidad puede ralentizar la transición energética europea, lo que tendría considerables riesgos respecto a la competitividad y seguridad del sistema económico y social comunitario. Estos problemas podrían agravarse si se acelera la movilidad eléctrica, algo necesario para completar el cambio de modelo y en lo que los socios europeos ya van retrasados respecto a otros competidores. Esto se debe a que la UE «depende en gran medida de terceros países para los componentes clave, importando baterías y sus componentes principalmente de China, imanes permanentes de China y Japón, y celdas de combustible de Corea»[53]. Por ejemplo, China fabricó el 75% de la capacidad global de baterías de vehículos eléctricos en 2022, lo que da muestra de la enorme dificultad a la que se enfrenta la UE respecto a esta tecnología del futuro[54].

Los escenarios que se presentan son varios. A corto y medio plazo, es posible que la UE encuentre cada vez más limitaciones para acceder a materias primas fundamentales debido al aumento de la demanda y a las restricciones a las exportaciones. Aunque esto puede paliarse mediante algunas asociaciones estratégicas con socios productores, la creciente competición geopolítica para buscar un mejor posicionamiento en estos mercados podría dificultar la consecución de estas. Estrategias de diplomacia energética y económica, así como las herramientas financieras integradas el Global Gateway, pueden ser útiles de cara a garantizar los suministros actuales, siempre que los Estados miembros cumplan con las recomendaciones de la Comisión. En un principio, la UE debería ser un cliente

53 Carrara, Bobba, Blagoeva y Alves Dias. *Op. Cit.* p. 159.

54 *Ibidem.* pp. 159-160.

atractivo debido a su capacidad de pago y sus volúmenes de pedido. Sin embargo, su rigurosa reglamentación, sus altos estándares medioambientales, su compleja toma de decisiones y su sempiterna dificultad de equilibrar sus valores con sus intereses pueden lastrar el desarrollo de una estrategia coherente, haciendo inoperantes los esfuerzos de la Comisión, las empresas y algunos Estados miembros.

A largo plazo, el escenario es mucho más alentador. Tal y como reconoce IRENA, «no hay escasez de reservas de minerales para la transición energética»[55], por lo que los problemas actuales se deben más a la baja capacidad de extracción y refinado que a unas reservas globales insuficientes. Por eso, «es poco probable que una escasez mundial de cualquier mineral obstaculice la transición energética», ya que la búsqueda y apertura de nuevos yacimientos económicamente viables, la innovación disruptiva, la eficiencia, el reciclaje y la sustitución de materiales pueden ampliar la oferta y remodelar la demanda en las próximas décadas. El caso de las baterías es bastante ilustrativo. En la actualidad, la mayor parte de ellas están diseñadas con tecnología de ion litio, lo que implica la utilización de un alto porcentaje de grafito. Sin embargo, otras tecnologías emergentes, como las baterías de ion sodio, podrían ser un perfecto sustituir al reemplazar estos elementos por otros mucho más comunes y abundantes, como el sodio[56]. Además, el potencial minero de la UE sigue siendo muy alto. Algunos Estados miembros son ricos en algunos de los elementos más codiciados, como litio, cobalto, níquel, grafito, tierras raras y manganeso, aunque la capacidad, los tiempos y los precios de extracción, así como la oposición ciudadana a la apertura de minas, pueden limitar los proyectos de extracción.

---

55 IRENA. *Op. Cit.* p.12.

56 *Ibidem.* p. 30.

También es importante destacar que, aunque los riesgos geopolíticos son relevantes, no siempre tienen por qué ser determinantes. Las guerras por los recursos siempre han existido, y, sin embargo, pocas veces se han extendido lo suficiente como para limitar el acceso a un producto. Incluso las fluctuaciones del mercado tienen un periodo limitado antes de moderarse y volver a un rango de precios y disponibilidad más o menos aceptable. Además, la cooperación regional e internacional ayudan a reducir la volatilidad gracias a los contratos a largo plazo o la creación de ecosistemas normativos que permitan reducir la inseguridad inherente al comercio de materias primas. Por último, la necesidad de algunos Estados en vías de desarrollo de potenciar su industria de extracción, refinado y procesado para aumentar sus ingresos y desarrollar su cadena de valor abren una ventana de oportunidad para profundizar en las relaciones bilaterales y ganar influencia mediante instrumentos de financiación y transferencia tecnológica, aunque la experiencia demuestre que el interés de algunos socios por promover mejoras internas a cambio de estas ayudas sea bastante limitado.

En base a estas predicciones, y como impone la Declaración de Versalles, la UE debe trabajar para aumentar su autonomía estratégica, reduciendo las vulnerabilidades que limiten su soberanía y su capacidad para actuar con independencia en un mundo cada vez más complejo y difícil. La Ley de Materias Primas Fundamentales es un gran paso en esa dirección, pues obliga a sustituir las importaciones por recursos propios tanto como sea posible, además de dotar a los Estados miembros de una mayor capacidad de procesamiento de elementos críticos. El Reglamento está en línea con la mayor parte de los informes, que proponen identificar los minerales clave para la transición energética y la digitalización, desarrollar estrategias sectoriales, rediseñar las cadenas de suministro, elevar el almacenamiento estratégico, aumentar la extracción propia, reducir el consumo y potenciar la reutilización, la sustitución y el reciclaje[57]. Salvo este último, imposible para los hidrocarburos, estas son las áreas de acción de la actual estrategia de seguridad energética, diseñada a partir de la puesta en marcha del REPowerEU como consecuencia del corte de suministro de gas natural ruso. Al tratarse de un Reglamento, con rango de obligación jurídica, se debería evitar que algunos socios lastren los objetivos comunes debido a una falta de voluntad en su aplicación.

Por otra parte, la Comisión ha puesto en marcha una ambiciosa estrategia diplomática para diversificar las fuentes de suministro, aumentar los proveedores y profundizar en asociaciones estratégicas con algunos productores prioritarios, además de proponer alianzas y colaborar en iniciativas globales que permitan alcanzar una mejor gobernanza sectorial que reduzcan las vulnerabilidades inherentes al comercio de materias primas. Aunque la UE se encuentra en una situación de desventaja frente a sus competidores, no puede olvidarse que los riesgos geopolíticos pueden mitigarse con estrategias a largo plazo, sobre todo si se afrontan con seriedad y determinación en un momento temprano.

Pese a que la situación requiere una atención cercana, no hay motivos para un gran pesimismo, pues no parece que los graves errores del pasado puedan volver a cometerse. Durante las dos últimas décadas, la liberalización del sector de la energía permitió que los Estados miembros entendieran la seguridad energética únicamente desde el punto de vista de la accesibilidad y la asequibilidad, lo que elevó considerablemente las importaciones de gas natural ruso y redujo las posibilidades de diversificación al ser las empresas las que valoraran la viabilidad de los proyectos y las posibles rutas de suministro. Aunque a partir de 2014 la Comisión puso en marcha algunas

57 Reglamento (UE) 2024/1252... *Op. Cit.* pp. 97-112.

estrategias para reducir los riesgos inherentes a una dependencia tan alta de un único productor, la desidia de algunos socios, especialmente Alemania, por buscar otros proveedores debido a las buenas condiciones comerciales rusas lastraron los planes comunitarios. El resultado de esta inadecuada conceptualización fue catastrófico. En 2022, Cuando Putin ordenó la invasión de Ucrania, la UE importaba desde Rusia el 25% de su consumo total energético, mientras que otro 35% provenía de países con los que la UE también mantenía disputas en otras materias[58]. El error de no incluir consideraciones de seguridad en las relaciones estratégicas supuso un gran varapalo para los Estados miembros, lo que motivó el cambio de paradigma aplicado a partir de la Declaración Versalles.

El actual *modus operandi* respecto a las materias primas fundamentales parece indicar que se han aprendido las lecciones del pasado. En primer lugar, las estrategias para mejorar su acceso se basan, principalmente, en la necesidad de asegurar un suministro constante y estable, ya que «es de vital importancia para el éxito de las transiciones ecológica y digital, así como para la resiliencia de los sectores de la defensa y aeroespacial»[59]. De este modo, elementos definitorios como el precio o la accesibilidad han perdido relevancia para evitar los riesgos inherentes a la alta dependencia de un único proveedor. El cambio de visión estratégica respecto a China es el claro ejemplo de esta nueva estrategia, pues la UE ha decidido, ante todo, protegerse del desafío a la seguridad que supone la mayor asertividad política y comercial del país asiático. Por otro lado, la adopción de medidas legislativas, como la Ley de Materias Primas Fundamentales

---

58 Gutiérrez Roa, T. (2024). "La influencia de la seguridad energética en el desarrollo de la autonomía estratégica europea: Cambios definitorios necesarios para potenciar el despertar geopolítico de la UE". *Revista UNISCI,* núm. 64. pp. 126-130.

59 Reglamento (UE) 2024/1252... *Op. Cit.* pp. 6.

—Reglamento 2014/1252—, asegura una aplicación obligatoria y uniforme de las medidas comunitarias, impidiendo que la inoperancia o la falta de ambición de algunos Estados miembros lastren los objetivos comunes. Sin embargo, los límites competenciales sí podrían afectar a parte de la estrategia europea, ya que la aplicación de la dimensión externa dependerá, en buena medida, de la disposición de los socios y de los acuerdos que puedan alcanzarse en el seno de Consejo, aunque todo parece indicar que existe un fuerte consenso al respecto de una acción exterior mucho más pragmática y decidida.

A rasgos generales, es difícil concretar cómo afectará la Ley de Materias Primas Fundamentales y los proyectos de diplomacia asociadas a la acción exterior europea, más aún en un escenario con una UE mucho más asertiva y capaz a la hora de perseguir sus intereses. No hay que olvidar que, tras la invasión rusa de Ucrania y el cambio de visión de Versalles, los Estados miembros han elevado las consideraciones de seguridad por encima de cualquier otra dimensión estratégica, lo que tendrá consecuencias en la manera que se afrontan las asociaciones con los socios. Como se ha explicado anteriormente, el caso de China es claro. La preocupación por su posición predominante ha llevado a una estrategia para reducir el riesgo —el denominado *de-risking*— y proteger el mercado interior de las prácticas abusivas, la *weaponización* de las materias primas y otros posibles desafíos económicos. La Comisión ya advirtió de la relevancia de estas estrategias al recordar que, «en la actualidad, la dependencia de la UE respecto de terceros países, en particular China, para serie de materias primas fundamentales es incluso mayor que la de Rusia para los combustibles fósiles»[60].

---

60 Comisión Europea. (29 de junio de 2022). *Comunicación de la Comisión al Parlamento Europeo y al Consejo: informe de prospectiva estratégica 2022: hermanamiento de las transiciones ecológica y digital en el nuevo contexto geopolítico.* COM(2022) 289 final. p. 11.

Las acciones no se han hecho esperar. En junio de 2024, y tras meses de avisos, la UE impuso aranceles a varios productores de coches eléctricos chinos tras alegar subvenciones y ayudas desleales, entre otras la provisión gubernamental de algunos elementos necesarios para fabricar las baterías[61]. Anteriormente, la Comisión ya había investigado la entrada de empresas chinas en sectores ligados a la transición climática, como los ferrocarriles o las plantas fotovoltaicas, ya que la titularidad de las compañías o el bajo precio de las licitaciones hacían sospechar que contaban con ayudas estatales, lo que, además de suponer *dumping*, podría poner bajo control del Gobierno chino algunas activos estratégicos[62]. En los últimos años, las Inversiones Extranjeras Directas (IED) chinas han ido destinadas a controlar compañías tecnológicas, biotecnológicas, sanitarias, farmacéuticas y, sobre todo, automovilísticas, lo que tiene implicaciones directas sobre la autonomía estratégica y la soberanía europea. Por eso, la Comisión ha tomado medidas para limitar estas inversiones[63]. Sin embargo, no es de extrañar que estas acciones se extiendan a otros socios, sobre todo a aquellos cuyas exportaciones a la UE alcancen un gran porcentaje. Ante estos casos, se deberá poner especial atención para que la inclusión de consideraciones de seguridad en las relaciones estratégicas no suponga una pérdida de influencia económica y política en las relaciones bilaterales.

---

[61] Comisión Europea. (12 de junio de 2024). *La investigación de la Comisión concluye provisionalmente que las cadenas de valor de los vehículos eléctricos de China se benefician de subvenciones desleales.* Nota de prensa. Disponible en: https://ec.europa.eu/commission/presscorner/detail/es/ip_24_3231

[62] Sahuquillo, M. (7 de abril de 2024). "La UE avanza para blindarse contra el inversor chino en sectores estratégicos". *El País.* Disponible en: https://elpais.com/economia/2024-04-07/la-ue-avanza-para-blindarse-contra-el-inversor-chino-en-sectores-estrategicos.html

[63] Zenglein, M. J. y Sebastian, G. (2022). "Inversión extranjera directa china en Europa: continúa la tendencia a la baja". *Industrial Analytics Platform.*

Esto puede conseguirse mediante el Global Gateway. Aunque la iniciativa está destinada a ayudar a los socios a mejorar su infraestructura para poder abordar sus retos económicos y climáticos —en la actualidad, en el mundo hay un importante déficit en este aspecto—, es evidente que también supone una herramienta muy potente para acceder, financiar y garantizar proyectos que permitan aumentar el abastecimiento de materias primas fundamentales y potenciar una transferencia tecnológica clave para elevar la influencia europea en otros continentes. En particular, la UE ha demostrado un gran interés por aprovechar el Global Gateway para profundizar las relaciones energéticas y climáticas con África, entre otras cosas para «desarrollar cadenas de valor de las materias primas sostenibles y resilientes»[64] en un momento en que la relación entre China y los países africanos están enfriándose debido a la moderación del crecimiento chino, las dudas sobre el pago de la deuda o la inseguridad estratégica que representan las IED de sus empresas para algunos Estados[65]. La intencionalidad europea es clara a este respecto, e incluso en el Foro del Global Gateway de 2023 se dedicó un espacio específico para debatir sobre el acceso a las CRM en el que participaron el primer ministro de la República Democrática del Congo, el ministro de Finanzas de Zambia y el ministro de Minas y Energía de Namibia, entre otros[66]. Otra región de interés es América Latina.

---

64 Comisión Europea. *The Global Gateway... Op. Cit.* p. 7.

65 Wenjie, C; Fornino, M. y Rawlings, H. (2024). "Navigating the Evolving Landscape between China and Africa's Economic Engagements". *IMF Working Paper*, 24/37.

66 EU International Partnerships. (10 de noviembre de 2021). *European Development Days 2021–Event Highlights* [Video]. YouTube. Disponible en: https://www.youtube.com/watch?v=eK-ZC4bjuM&list=PL0NKSZy4-2Dbk9Jegw9nOpzS3iyV18Jku&ab_channel=EUInternationalPartnerships

Sin embargo, las estrategias internacionales son mucho más difíciles de aplicar que las medidas internas, pues requieren de la participación de terceros países que no siempre están interesadas en colaborar más allá de una esfera estrictamente comercial. Los pocos avances en la PEV en la hoja de ruta con África de los últimos años han evidenciado las limitaciones existentes a la hora de incentivar a los socios prioritarios a realizar mejoras políticas, sociales, climáticas o de gobernanza a cambio de una asociación más profunda. Y en la actualidad, la implementación del Global Gateway también está sujeta a criterios de transparencia, sostenibilidad y desarrollo local que podría limitar su atractivo. Por lo tanto, y si bien son necesarios unos requisitos mínimos para asegurar que el dinero comunitario sirve para financiar únicamente los proyectos aprobados, la necesidad de diversificar las fuentes de suministro de CRM obliga a adoptar un planteamiento mucho más pragmático y realista, equilibrando bien la balanza entre intereses y valores europeos para maximizar los esfuerzos financieros y diplomáticos en las regiones de interés.

Además, la UE debe utilizar toda su capacidad normativa para transformar los mercados internacionales de CRM conforme se eleva la importancia global de estas materias primas. De conseguirlo, ganaría no solo la protección derivada de unos mercados mucho más reglamentados y seguros, sino también una importante capacidad de influencia global al ayudar a diseñar un sistema comercial basado en las normas comunitarias. Como defienden Le Mouel y Poitiers,

> *la UE debería apoyar un entorno de política comercial e inversiones concretas en el extranjero que diversifiquen las cadenas de suministro, no solo para su mercado interno. Dado que todas las economías comprometidas en el camino hacia la descarbonización enfrentan el mismo desafío de inversión, el objetivo debería ser el desarrollo de mercados globales de materias primas líquidos y diversificados, al igual que*

> *los mercados existentes para el cobre y el aluminio, metales también centrales para la transición verde*[67].

Por todo esto, y de cumplir sus objetivos, es evidente que los intentos de la UE por mejorar su acceso a las CRM van a tener efectos muy positivos en la seguridad energética y la autonomía europea y, por tanto, va a mejorar su posicionamiento internacional en un contexto geopolítico cada vez más complejo, competitivo y difícil. La Ley de Materias Primas Fundamentales y su dimensión exterior, bien asentada sobre el Global Gateway, permitirá reducir la alta dependencia de las materias primas críticas para el desarrollo de la transición energética, climática y digital y asegurará el progreso económico europeo, además de aumentar su influencia mundial al liderar los proyectos financieros, jurídicos y de innovación necesarios para consolidar mercados internacionales más abiertos, justos y seguros. Aunque el estudio del caso evidencia que la UE va retrasada respecto a algunos competidores, principalmente China, así como las dificultades que puede conllevar una diversificación de suministro, un aumento de la producción propia o los proyectos de reciclaje, la temprana activación de estrategias para mitigar las vulnerabilidades existentes en el sector, la ambición con que se han puesto en marcha y, sobre todo, las correcciones realizadas respecto a la desastrosa conceptualización de seguridad energética realizada hace más de veinte años ayudan a mantener el optimismo ante el enorme reto de disponer de las CRM necesarias para el desarrollo europeo sin reducir la autonomía, la soberanía y la seguridad del proyecto común.

Esto tendrá efectos muy positivos sobre el proyecto global comunitario. La Declaración de Versalles ya dejó claro que la UE necesita alcanzar una autonomía estratégica que es clave

---

67 Le Mouel, M. y Poitiers, N. (2023). "Why Europe's critical raw materials strategy has to be international". *Bruegel.* pp. 8-9.

para asegurar su integridad en un entorno geopolítico cada vez más convulso y peligroso. El corte de gas natural ruso evidenció la estrecha relación entre esta y la seguridad energética, pues fue imposible posicionarse en contra de Rusia sin sufrir graves perjuicios debido a la dependencia de sus hidrocarburos. Con el avance de la transición climática, se corre el riesgo de sustituir las exportaciones de recursos fósiles por las de CRM, situando a los Estados miembros en la misma casilla de salida. Por eso, una nueva falta de ambición en la aplicación de las estrategias destinadas a reducir estas vulnerabilidades tendría consecuencias desastrosas para la consolidación de una acción exterior autónoma e independiente que permita afrontar los actuales desafíos globales y, por tanto, pondría en serio riesgo la seguridad y la soberanía europea. Si en 2022 fue sumamente difícil desengancharse del gas ruso, en diez años será imposible liberarse de las CRM chinas o africanas sin poner al borde del colapso la integridad del proyecto común. Es un error que la UE no puede cometer dos veces.

4. NUEVOS ELEMENTOS DE LA SEGURIDAD ENERGÉTICA EUROPEA: HACIA UNA DEFINICIÓN COMÚN ADAPTADA AL NUEVO ESCENARIO GEOPOLÍTICO

La guerra de Ucrania ha evidenciado la imperiosa necesidad de redefinir la seguridad energética europea y adaptarla a la nueva realidad geopolítica continental e internacional, tal y como reconocieron los propios Estados miembros en la Declaración de Versalles. Las fórmulas anteriores, basadas en conceptos comerciales que buscaban una gran disponibilidad de energía a precios asequibles, ya no son viables, pues no es posible mantener una dependencia energética de un país que ha demostrado ser un socio poco fiable e incluso un riesgo directo a la seguridad de la UE. Tal y como manifestó la presidenta de la Comisión, «no podemos confiar en un proveedor que nos amenaza explícitamente»[68]. Las medidas de emergencia tomadas en los meses centrales del 2022, que permitieron mitigar los duros efectos del corte de suministro ruso, así como los numerosos paquetes de sanciones adoptados contra Moscú y en los que por primera vez se incluyeron cláusulas energéticas, han dejado ver la capacidad europea para adaptarse rápidamente y con éxito a la nueva realidad energética nacida de la guerra de Ucrania.

Tal y como se recoge en el REPowerEU, el plan europeo para aumentar su independencia energética pasa por acelerar la transición hacia un modelo más sostenible y basado en tecnologías renovables que permita aumentar la autonomía de los Estados miembros, elevar la soberanía de la industria comunitaria y reducir el precio a los consumidores finales. De este modo, el cambio de sistema no solo permitirá una mejora de la seguridad de abastecimiento, sino que también implicará un reforzamiento de la posición geopolítica de la UE, pues, tal y como reconoce la IRENA, «después de una década de relativa complacencia, los países están aprendiendo que las implicaciones para la seguridad energética de la continua dependencia de los combustibles fósiles no son solo un costo teórico»[69], ya que la constante subordinación a los flujos de crudo y gas natural internacionales provoca problemas monetarios e inflacionistas que podrían mitigarse con una mayor cuota renovable, además de reducir la posibilidad de *weaponización* de los recursos por parte de terceros Estados.

---

68 Comisión Europea (8 de marzo de 2022). *REPowerEU: Acción europea conjunta por una energía más asequible, segura y sostenible.* Comunicado de prensa. Disponible en: https://spain.representation.ec.europa.eu/noticias-eventos/noticias-0/repowereu-accion-europea-conjunta-por-una-energia-mas-asequible-segura-y-sostenible-2022-03-08_es

69 IRENA. (2023). *Renewable Power Generation: Cost in 2022.* International Renewable Energy Agency. p. 34.

La seguridad energética europea puede conceptualizarse en base a la idea de Cherp y Jewell, que la asumen como «la baja vulnerabilidad de los sistemas vitales de energía». Esta descripción permite, gracias a su sencillez, incluir todos aquellos elementos definitorios que permitan alcanzar una baja vulnerabilidad y reducir al mínimo los riesgos de suministro. En el proceso de redefinición de la seguridad energética de la UE, y quedando en evidencia que el precio y la disponibilidad ya no deben ser los aspectos centrales de la misma, el avance de la transición hacia un sistema más sostenible obliga a incluir nuevos factores de definición que se adapten a la nueva realidad energética de los Estados miembros. Además, para alcanzar una conceptualización mucho más integral se debe poner especial énfasis en alcanzar el llamado «trilema energético», un equilibrio entre la seguridad energética, la competitividad económica y la sostenibilidad ambiental[70]. De conseguirlo, se evitarán disparidades inasumibles en el ecosistema energético, como el establecimiento de políticas que busquen únicamente la rentabilidad económica y obvien las consideraciones geopolíticas de las dependencias energéticas o aquellas que acepten una degradación de la naturaleza como resultado de una mayor producción propia.

Por los motivos que se explicarán a continuación, en este estudio se considera que la evolución terminológica que requiere la seguridad energética europea debe incorporar cinco nuevos elementos: diversificación de fuentes de suministro, la autonomía, la soberanía estratégica, una mayor integración a escala comunitaria y la protección física y digital de las infraestructuras críticas. Así, y buscando una formulación más divulgativa en la senda de la teoría de las cuatro A's, podríamos decir que

---

70 Ang, B. W.; Choong, W. L. y Ng, T. S. (febrero de 2015). "Energy security: definitions, dimensions, and indexes". *Renewable and Sustainable Energy Reviews*, núm. 42, 1077-1093. pp. 1089-1090.

la seguridad energética europea debería alcanzarse mediante la puesta en marcha de un esquema DASIP —Diversificación, Autonomía, Soberanía, Integración y Protección—. El coste final de la energía, aunque importante, no se incluye porque la producción a través de fuentes renovables, la mayor tasa de electrificación y el aumento de la integración energética entre los socios tendrá como principal resultado una reducción del precio de la electricidad pagado por el consumidor final, siempre que se afronten con éxito todos los grandes desafíos financieros, económicos, jurídicos y sociales de la transición energética[71].

Entre estos nuevos elementos, la diversificación es la más acuciante debido a los graves riesgos que actualmente afronta el sistema energético europeo. La UE debe reducir rápidamente su dependencia energética de Rusia, muy predominante en el gas natural, el uranio, el carbón y el crudo, y esto solo puede hacerse mediante un incremento de las importaciones procedentes de otras regiones, aunque las rutas sean más complejas y los precios más altos. Sin embargo, la inclusión de este nuevo elemento no puede tener una carácter temporal, sino que debe establecerse como uno de los principales de la seguridad energética con el fin de evitar otra situación de *weaponización* como la sucedida con la energía rusa. Además, las relaciones con los nuevos y múltiples productores no

---

71 Desde el año 2010, el precio de la electricidad producida a través de fuentes verdes y mediante hidrocarburos se han ido invirtiendo conforme las tecnologías renovables iban madurando, reduciendo costes y haciéndose más competitivas. Debido a esto, a comienzos de la década pasada producir energía solar o eólica costaba un 85% más que el rango de coste más bajo de los combustibles fósiles, mientras que en 2022 generar con estas fuentes cuesta un 52% más que la opción más barata alimentada con combustibles fósiles. Todo indica que estas tendencias aumentarán, aunque a un ritmo decreciente, durante toda esta década. *Ibidem*. p. 26.

deben basarse únicamente en consideraciones como el precio o la cercanía geográfica, sino que deben valorarse también los riesgos geopolíticos, económicos y medioambientales de las alianzas a largo plazo, incluyendo contrapesos para potenciar interdependencias simétricas que eviten la utilización de los recursos como herramienta de poder o favoreciendo las adquisiciones de hidrocarburos en mercados abiertos. Por otra parte, debe potenciarse el almacenamiento a gran escala y establecer normas para evitar una reducción de las reservas antes de temporadas de alto consumo. En estos planes, la Comisión debe liderar las negociaciones en base a un enfoque geopolítico, evitando que los intereses nacionales vuelvan a primar por encima de los europeos.

La diversificación del suministro, sin embargo, no debe reducir los esfuerzos por alcanzar mayores cuotas de autonomía energética, principalmente mediante la implantación de fuentes de producción propias. Durante décadas, el autoabastecimiento estuvo limitado por la poca madurez y el alto coste de las tecnologías renovables, lo que obligaba a generar electricidad mediante plantas térmicas, nucleares y de ciclo combinado, aumentando la necesidad de importación de hidrocarburos para la generación eléctrica. Sin embargo, el despegue de las fuentes verdes, la descarbonización, la mayor tasa de electrificación —central para reducir las necesidades de derivados del petróleo en el transporte y en los hogares, los dos sectores de mayor consumo—[72] y las esperanzas puestas en el hidrógeno verde sostenible permitirán una mayor autogestión energética y reducirán los riesgos inherentes a la alta dependencia exterior, como las fluctuaciones de precio o los cortes

---

72 Eurostat. (2021). *Energy Statistics–an overview.* Comisión Europea. Disponible en: https://ec.europa.eu/eurostat/statistics-explained/index.php?title=Energy statistics - an overview#Final energy consumption

de suministro. Todo esto incrementará la seguridad energética y cambiará parte de su conceptualización, pues deberá enfocarse más al cuidado de las fuentes de producción internas que a la protección de las rutas de suministro externas.

Sin embargo, la autonomía no implica autarquía, y el avance hacia el autoabastecimiento llevará, de manera inevitable, a un cambio «desde la preocupación por el acceso a combustibles fósiles a precios asequibles procedentes de mercados volátiles hacia la necesidad de garantizar el acceso a las materias primas y tecnologías fundamentales para la transición energética»[73]. Este cambio de paradigma, del que ya avisó el Consejo con motivo de las deficiencias advertidas durante la pandemia del covid-19, se está agudizando por la creciente necesidad de importar materiales críticos para la transición climática que no se encuentran en la UE, desarrollando nuevas vulnerabilidades para la seguridad energética. Por lo tanto, es imprescindible incluir este elemento dentro de su definición y fortalecer las cadenas dc suministro y de valor mediante la diversificación del abastecimiento, el reciclaje, el almacenamiento, la sustitución por recursos locales y el desarrollo de capacidades propias[74], desarrollando una soberanía industrial plena respecto a la fuentes renovables, sus componentes y sus tecnologías asociadas, algo que ya se recoge en el REPowerEU y en la Estrategia Industrial Europea y que se potenciará mediante la primera Ley de Materias Primas Fundamentales, todavía en proceso de negociación y aprobación. Esto ayudará, por otra parte, a reducir el coste final de la energía, pues estos materiales están

---

[73] Consejo de la Unión Europea. (25 de enero de 2021). *Conclusiones del Consejo sobre diplomacia climática y energética–Cumplir la dimensión exterior del Pacto Verde Europeo.* p. 9.

[74] Comisión Europea (2021). *Study on the resilience of critical supply chains for energy security and clean energy transition during and after the COVID-19 crisis.* Final Report. pp. 91-131.

incrementado su valor, haciendo vulnerables a los Estados dependientes ante una posible burbuja de precios.

En ese aspecto, la UE es todavía muy vulnerable. El ejemplo más claro lo representa la tecnología fotovoltaica, cuyo crecimiento ha sido exponencial en la última década. En 2022, la instalación de paneles solares aumentó un 47% respecto al año anterior, ejercicio en el que ya se batieron todos los récords[75]. Y las perspectivas a 2025, tras la publicación de la *Estrategia de Energía Solar de la UE*, son aún más alentadoras. Sin embargo, existen serios riesgos debido a la dependencia estratégica del exterior, pues más del 80% de los productos fotovoltaicos se fabrican en China, lo que reduce la seguridad de suministro y hace al sistema energético comunitario muy influenciable respecto a los vaivenes geopolíticos internacionales. Pero la lista no acaba ahí. Desde la pandemia del covid-19, la Comisión viene alertando de la inseguridad europea respecto a algunos materiales críticos, principalmente de aquellos esenciales para completar la transición energética. La lista, en la que se incluyen materias primas, productos procesados, semiconductores y algunas tecnologías de computación, supera los cinco mil artículos, de los que ciento treinta y siete muestran una alta dependencia y treinta y cuatro una extrema vulnerabilidad. La preocupación es mayor debido a que el 51% de estos elementos procede de China, cuya conversión en un rival sistémico obliga a la UE a trabajar seriamente para reducir estas debilidades, para lo que es vital la implicación de los Estados miembros. Cada vez es más evidente que, de no mitigarse estas dependencias, la consecución de los objetivos climáticos y energéticos comunitarios estarán en peligro[76].

---

75 Solar Power (2022). "EU Market Outlook for Solar Power 2022-2026". *Solar Power Europe*. p. 13.

76 Comisión Europea. (s/f). *Estrategia Industrial Europea* www.commission.europa.eu Disponible en: https://commission.europa.eu/

El cuarto elemento del esquema DASIP lo constituye la integración entre las diferentes regiones europeas, esencial para incrementar la autonomía energética a través de una mayor producción renovable. Esto se debe a que el aumento del autoconsumo provocará un desplazamiento de los riesgos de la seguridad energética desde el exterior hacia el interior, lo que requerirá un sistema interno mucho más resiliente, flexible, solidario e interconectado para hacer frente, entre otros, a los desacoples entre la oferta y la demanda. Se trata de una de las cuentas pendientes de la política de energía comunitaria, pues en ocasiones los planes de la Comisión han chocado con los intereses de los Estados miembros, dando como resultado una enorme falta de ambición nacional, un déficit de financiación y un retraso en la aplicación de los actos legislativos correspondientes. Flagrante es el caso de la Península Ibérica, que sigue constituyendo una isla energética debido a la negativa de Francia a potenciar las interconexiones que demanda el interés europeo, lo que limita el aumento de la seguridad energética y el cambio de modelo en el conjunto de la UE. Aunque el TFUE otorga a los Estados miembros la potestad de elegir la estructura general de su abastecimiento[77], es evidente que se requieren mayores esfuerzos en la integración de los sistemas a todos los niveles, lo que pasa invariablemente porque la Comisión asuma un mayor liderazgo en estos asuntos.

Por último, todos estos avances deben realizarse sin perder interés en la protección física y digital de las redes de suministro, tanto de aquellas que vertebran el mercado interior como las que lo conectan con el exterior, una realidad que hasta

---

strategy-and-policy/priorities-2019-2024/europe-fit-digital-age/european-industrial-strategy_es

77 Versión consolidada del Tratado de Funcionamiento de la Unión Europea. *Diario Oficial de la Unión Europea,* núm. C326, de 26 de octubre de 2012. pp. 134-135.

hace poco no era tenida en gran consideración. En los últimos años, la infraestructura energética se ha convertido en un objetivo militar, como lo demuestran los habituales ataques a la red eléctrica ucraniana o la detección de falsas flotas pesqueras rusas para sondear objetivos de un posible sabotaje del tendido submarino europeo[78]. Esto obliga a incluir como un elemento más de la seguridad energética la custodia de las redes, las subestaciones y las líneas de transmisión eléctrica, entre otros, lo que implica trabajar para una mayor armonización y cooperación en la materia entre los Estados miembros, la identificación común de las amenazas y al establecimiento de unas normas mínimas para asegurar el funcionamiento de las conexiones, además de otras medidas críticas. Así lo ha entendido la Comisión, que desde el 2020 incluye el sistema energético en el ecosistema de la Unión de la Energía y puso en marcha la Directiva (UE) 2022/2557, ya en vigor[79].

Pese a la necesidad de estos cambios, la inclusión de estos cinco elementos como parte central de la seguridad energética europea no debe impedir que se avancen en otros aspectos sumamente importantes para la estabilidad y el buen funcionamiento del sistema de energía comunitario, pues la rápida expansión de la producción renovable y de la electrificación no está exenta de problemas que será necesario solventar con presteza. Por ejemplo, el rápido auge de la producción eólica y, sobre todo, de la fotovoltaica está creando las primeras distorsiones en los mercados debido tanto a su intermitencia como al desacople entre la producción y el consumo, formando una

---

78 Conolly. *Op. Cit.*

79 Directiva (UE) 2022/2557 del Parlamento Europeo y del Consejo de 14 de diciembre de 2022 relativa a la resiliencia de las entidades críticas y por la que se deroga la Directiva 2008/114/CE del Consejo, *Diario Oficial de la Unión Europea,* núm. L333, de 27 de diciembre de 2022. pp.164-175.

brecha cada vez más ancha entre los precios correspondientes a las horas de máxima generación y a los del resto de la jornada. Esta «canibalización», como se conoce en el sector, desincentiva la inversión en nuevas plantas, pues el exceso de GW reduce las retribuciones para los promotores[80]. La solución a esta paradoja pasa por desplegar sistemas de almacenamiento eficaces, pero esta sigue siendo una de las asignaturas pendientes de la transición climática[81]. También es imprescindible aumentar la eficiencia energética en todas las etapas, desde la producción hasta el consumo final, para reducir estas nacientes deficiencias.

Por otra parte, se requiere implementar estrategias más sólidas para desarrollar alternativas tecnológicas que reduzcan la necesidad de materiales críticos, claves para disminuir las dependencias estratégicas del sector. Por ejemplo, para evitar la «canibalización» de precios se requiere elevar la capacidad de almacenamiento, pero para desarrollar las baterías se necesitan importantes cantidades de litio, cobalto y níquel, productos de los que la UE es altamente dependiente. Previsiblemente, la Ley de Materias Primas Fundamentales permitirá avanzar en este ámbito[82], pero todavía queda mucho por hacer.

---

80 Cerrillo, A. (28 de mayo de 2023). "La canibalización de precios, el efecto más temido". *La Vanguardia.* Disponible en: https://www.lavanguardia.com/economia/20230528/8998316/canibalizacion-precios-efecto-mas-temido.html

81 Pineda, S. y Morales, J. M. (julio de 2023). "Renovables y baterías: un romance del siglo XXI". *Boletín de Estadística e Investigación Operativa,* vol. 39, núm. 2. pp. 20-21.

82 La Ley de Materias Primas Fundamentales tiene como principal objetivo reducir la alta dependencia europea de los elementos críticos necesarios para la industria y el desarrollo de las tecnologías renovables, aumentar la soberanía de la UE y las cadenas de suministro críticas. La propuesta de la Comisión, que adjunta un listado de los elementos más relevantes —entre los que se incluye el cobalto, el ní-

Otros desafíos por abordar son las inversiones en materia de fabricación, pues la disminución en el precio de las tecnologías renovables se ha basado, en parte, en una deslocalización en la elaboración de los equipos, principalmente los módulos solares, lo que está generando dependencias industriales y cuellos de botella que es preciso revertir en el camino hacia una mayor autonomía. También se necesita aumentar el control sobre las inversiones estratégicas, pues las adquisiciones de empresas energéticas y tecnológicas por parte de capitales extranjeros puede elevar las vulnerabilidades del sistema de energía comunitario, por lo que es imprescindible redoblar los esfuerzos legislativos para acotar estas prácticas sin desincentivar la inversión.

A todos estos problemas se suman las limitaciones presupuestarias, cada vez más determinantes conforme el cambio de modelo va necesitando una ingente cantidad de financiación pública y privada. La puesta en marcha del Pacto Verde Europeo fue anunciada con una inversión de un billón de euros con cargo a la UE hasta 2030, repartidos en 503.000 millones de euros de financiación directa europea, 114.000 millones de euros de los Estados miembros, 279.000 millones de euros a través de InvestEU y 143.000 millones de euros en el Mecanismo de Transición Justa. Sin embargo, estos esfuerzos financieros pronto quedarán obsoletos si los costes siguen subiendo, incluyendo los problemas monetarios y burbujas especulativas derivados de la rápida inversión en el sector renovable, pues el 50% del aumento de costes ya corresponden

---

quel, el litio, las tierras raras y el magnesio, entre otros—, propone que un 10% de las necesidades anuales de los Estados miembros se cubra con la extracción propia, un 40%, con la transformación y un 15% mediante el reciclado. Además, el consumo anual proveniente de fuera de la UE no podrá exceder nunca del 65%. Comisión Europea. *Propuesta de Reglamento... Op. Cit.* pp. 1-6.

a la inflación[83]. Todo esto deja claro que la transición hacia un modelo más sostenible va a ser un proceso lento y caro, aunque siempre inferior al precio de no llevarla a cabo, por lo que los Estados miembros y la Comisión deberán realizar políticas realistas y sostenibles a largo plazo con el objetivo de mantener el músculo financiero del Pacto Verde Europeo y sus programas asociados.

Por último, la rápida instalación de capacidad renovable podría generar ciertos problemas medioambientales que requieren de un análisis técnico individual y de mecanismos de evaluación y mitigación, como los estudios de Análisis de Ciclo de Vida (ACV). Aunque estos siempre serán muy inferiores a los costos sociales, económicos y climáticos de mantener un sistema energético basado en la quema masiva de hidrocarburos, la expansión de la tecnología solar, eólica, hidráulica y de biomasa podría tener potenciales efectos no deseados en el ecosistema, debido a la polución del agua, la desertización, las colisiones con aves y fauna marina y la contaminación visual, entre otros. Sin embargo, el alcance de esto todavía es debatido. La mayoría de las investigaciones demuestran que, de hacerse los estudios de impacto ambiental requeridos y de cuidarse los materiales de fabricación y su vida útil, estos inconvenientes pueden reducirse al mínimo. Respecto a la biomasa, los mayores riesgos son la sustitución de cultivos para alimentación humana por la producción de biocombustibles de alto rendimiento y el empleo de terrenos de alto valor biológico, lo que requiere la aplicación de estudios de impacto ambiental enmarcados dentro de una legislación proteccionista con el

83 Bank of America (2021). *Delivering the energy transition.* Metals Strategics. Disponible en: https://business.bofa.com/en-us/content/challenges-to-renewable-energy-transition.html

uso de la tierra[84]. De todas formas, cabe destacar que la mayoría de los debates al respecto de los perjuicios de la instalación renovable no tienen un carácter técnico y especializado, sino cultural y político, pues el rechazo a estas fuentes de producción está más asociado a sus efectos sociales y económicos que a aspectos técnicos de difícil medición.

Si estos problemas, que no son ni pocos ni fáciles, se solucionan o mitigan considerablemente, todo parece indicar la aplicación efectiva del modelo DASIP a la realidad europea, aunque no cambia la definición básica de la seguridad energética, sí transforma su concepto y esencia, haciéndola más completa e inclusiva de cara al cambio de modelo puesto en marcha con la Unión de la Energía y el Pacto Verde Europeo. Lo hace actualizando y ampliando tanto las amenazas del sistema como la forma en que deben ser afrontadas, con estrategias mucho más expansivas y multidimensionales y planes de contingencia adecuados a la nueva realidad técnica, geográfica, tecnológica y económica. En el caso de la UE, la invasión rusa de Ucrania ha demostrado que las nociones que delimitaban la conceptualización de algunos Estados miembros eran insuficientes y parcialmente erróneas, pues no se puede alcanzar un alto grado de seguridad energética buscando únicamente un coste bajo y un proveedor de gran capacidad mientras se obvian otros componentes esenciales como la fiabilidad de los socios estratégicos, la diversificación de fuentes de suministro o la protección de las infraestructuras. Esta definición incompleta no solo compromete la seguridad energética europea, sino que tiene efectos negativos en el desarrollo de la autonomía estratégica, ya que limita la capacidad de la UE para proyectar poder y actuar con independencia en la escena internacional.

---

[84] Birdlife International, European Environmental Bureau y Transport & Environment. (2010). "Bioenergy, a carbon accounting time bomb". *Birdlife International.* pp. 3-10.

Por lo tanto, el mayor reto comunitario es definir, de una vez por todas y con el máximo rigor posible, qué es la seguridad energética europea y cuáles son sus elementos principales, alcanzando un consenso entre los Estados miembros que corrija definitivamente las diferencias y permita avanzar en la política común de energía. Esta es una labor exclusiva del Consejo, pues las recomendaciones y hojas de ruta de la Comisión ya han evidenciado su postura al respecto. Gracias al crédito ganado en los últimos años, la Presidencia española que se inicia en julio puede ser de gran ayuda, lo que puede resultar muy útil para consensuar mayorías y líneas de acción ambiciosas. Por su parte, el cambio de postura alemán también favorece estos planes. De manera evidente, la nueva conceptualización deberá incluir un mayor número de elementos, como la diversificación de fuentes, el avance hacia la autonomía, la preocupación por las nuevas dependencias estratégicas, la mejora de las interconexiones y una defensa más enérgica de las infraestructuras críticas, así como otros aspectos más específicos. De lo contrario, la política energética estará destinada al fracaso, pues no puede haber una verdadera Unión de la Energía sin seguridad energética, y no habrá seguridad energética sin saber a ciencia cierta qué es.

Capítulo 9

Conclusiones: la seguridad energética y sus nuevos desafíos definirán la capacidad europea para desarrollar una autonomía estratégica plena y efectiva

A lo largo de esta investigación se ha pretendido analizar y establecer el grado de influencia de la seguridad energética en el desarrollo de la autonomía estratégica de la UE, así como la relación de la actual transición energética en este profundo proceso. Para ello, se ha partido del estudio de la Estrategia Europea de la Seguridad Energética y de la preocupación por las vulnerabilidades del sistema energético comunitario, principalmente su alta dependencia exterior, origen de importantes proyectos puestos en marcha para aumentar su resiliencia y mejorar su integridad. Esto se está logrando, además de mediante el fortalecimiento de la legislación comunitaria, a través del aumento de la producción propia en base a fuentes renovables, la mejora de la eficiencia, la consolidación del mercado interior de la energía, el refuerzo de la capacidad tecnológica, la diversificación de fuentes de suministro y la potenciación de las interconexiones entre los Estados miembros. Por lo tanto, se reconoce que la Estrategia Europea de la Seguridad Energética de 2014 —junto con la adopción del tercer paquete energético cinco años antes— ha sido el inicio de un proceso ascendente por el cual la política de energía se ha erigido como una de las grandes prioridades políticas europeas, siendo en la actualidad una de las partes centrales del proyecto de integración comunitario.

Además de la mejora de la seguridad interior, todos estos planes están permitiendo proyectar con mayor solvencia la dimensión exterior de la política energética y climática, cuyo mayor triunfo fue la aprobación del Acuerdo de París en 2015. No cabe duda de que su firma estuvo profundamente influenciada tanto por el despliegue de una diplomacia sumamente efectiva como por la potente capacidad normativa europea, que ayudaron a alcanzar un compromiso para la reducción de las emisiones globales en un marco de negociación multilateral. Además, y más allá de la importancia de los objetivos pactados, el liderazgo durante la COP21 sirvió para elevar el nivel de influencia internacional de la UE y ha permitido su consolidación como el mayor actor climático mundial. Esto ha posibilitado la puesta en marcha de una dimensión exterior ambiciosa que está ayudando a elevar la seguridad energética gracias tanto al fortalecimiento de la posición de los Estados miembros en los mercados internacionales de la energía como a la mejora de las herramientas de negociación con los socios estratégicos.

Sin embargo, todos estos triunfos no han impedido que, hasta la invasión rusa de Ucrania, la política energética comunitaria se enmarcara en una doble realidad. Por un lado, las instituciones comunitarias pusieron en marcha ambiciosos planes para construir un mercado interior asequible, seguro y sostenible, avanzando hacia una mayor integración, producción propia, eficiencia y resiliencia de las redes de energía. La Unión de la Energía y el Pacto Verde Europeo son el claro ejemplo de ello. Por otra parte, durante esos años algunos Estados miembros profundizaron en su dependencia de los hidrocarburos rusos, un proyecto que fue posible debido a la vigencia del artículo 194 del TFUE. En el fondo de esta contradicción habitaba una conceptualización muy desigual de la seguridad energética y una enorme diferencia a la hora de identificar los elementos de inseguridad, unas discrepancias que ni el inicio de las tensiones con Rusia permitieron eliminar a tiempo. En la actualidad, el evidente error de anteponer el coste de la energía a las consideraciones políticas ha tenido dolorosas consecuencias para la UE, con una merma en la capacidad económica y geoestratégica en un momento trascendental para el proyecto europeo.

Sin embargo, la invasión rusa de Ucrania ha supuesto un punto de inflexión para el proyecto común. Tal y como reconocieron los líderes europeos en Versalles, el inicio de la guerra ha cambiado de manera radical la manera en que la UE se ve a sí misma y percibe su seguridad, un despertar geopolítico que está impulsando una reestructuración de sus relaciones con el mundo. Conscientes de sus vulnerabilidades militares, industriales y energéticas y de la creciente amenaza que supone la *weaponización* de las materias primas en unas cadenas de valor cada vez más tensionadas, los Estados miembros han optado por aumentar los esfuerzos conjuntos para elevar su nivel de autonomía estratégica, mitigando las dependencias que impiden a la UE actuar de manera resolutiva y autosuficiente en la escena internacional. Esto cambio está llevando a un importante reequilibrio en las relaciones con los socios prioritarios, principalmente con Rusia, lo que tendrá efectos muy relevantes sobre la posición geopolítica europea en un nuevo orden mundial caracterizado por la rivalidad, la competencia y la volatilidad.

Tras la ruptura de las relaciones con Rusia se hace imprescindible modificar y ampliar los elementos de definición para garantizar el abastecimiento y actuar con independencia frente a Rusia, superando el concepto deficitario y comercial que durante décadas predominó en algunos Estados miembros. En este trabajo se ha propuesto la adopción de un esquema compuesto por la diversificación de fuentes de suministro, el avance hacia la autonomía mediante la producción renovable y el almacenamiento, la mejora de la soberanía respecto a las materiales fundamentales, la mayor integración de las redes a escala europea y la protección física y digital de la infraestructura energética. De aplicarse esta estructura, y sin olvidar algunos problemas derivados del cambio de modelo que serán imprescindibles superar, la seguridad energética de la UE aumentará considerablemente, lo que tendrá efectos muy beneficiosos para la estabilidad y la capacidad de acción europea.

Sumados al avance de la transición hacia un modelo más sostenible, estos cambios en la seguridad energética permitirán dotar a la UE de una verdadera autonomía estratégica mediante la que perseguir sus intereses en el escenario global. Su establecimiento como principal objetivo de la EGS y su posterior extensión a todas las políticas comunitarias como consecuencia de la pandemia del covid-19 ha permitido que las políticas de energía y clima, anteriormente mucho más estancas, hayan confluido en un papel central del proyecto europeo. Esto se debe a que, al reducir las dependencias externas y avanzar hacia el autoconsumo, se mitiga la posibilidad de que los rivales geoestratégicos utilicen las necesidades de importación de energía o materiales críticos como método de presión, aumentado la capacidad para actuar con firmeza en la escena internacional. Pero, además, la potenciación del liderazgo climático adquirido en los últimos años, que ha situado a los Estados miembros a la cabeza de la lucha contra la degradación medioambiental, abre una ventana de oportunidad para aumentar la influencia global comunitaria gracias a su capacidad normativa, tecnológica y financiera, desarrollando una creciente autoridad que podrá ser trasladada a otros ámbitos conforme la asistencia europea se vuelva imprescindible para completar el cambio de modelo energético en otras partes del mundo.

De todo esto se desprende que la seguridad energética tiene una especial relevancia en el desarrollo de la autonomía estratégica. Esto se debe a que, para decidir, establecer y ejecutar estrategias propias o compartidas con un alto grado de independencia en el contexto internacional, sobre todo en escenarios de alta rivalidad geopolítica, se requiere una baja vulnerabilidad del sistema energético, ya que de lo contrario se es muy sensible al uso de la energía como herramienta de poder por parte de terceros. El punto de unión entre la seguridad energética y la autonomía estratégica es la diplomacia energética y, en menor medida, ya que en los últimos años su despliegue ha permitido mitigar las vulnerabilidades del sistema energético comunitario al mismo tiempo que su éxito ha dependido del grado de autonomía estratégica con el que la UE ha podido actuar en la escena internacional. De este modo, ambos conceptos están ligados a la diplomacia energética, pues uno depende de ella y el otro la condiciona fuertemente. Esto se debe a que el desarrollo de la autonomía estratégica se ha visto profundamente influenciado por la baja seguridad energética de los Estados miembros, por lo que para reducir sus efectos se ha requerido una eficaz diplomacia, que a su vez ha necesitado de un alto grado de autonomía estratégica para ejecutarla con éxito. Por lo tanto, durante la investigación se ha podido demostrar que sin seguridad energética no es posible potenciar la autonomía estratégica, pero sin autonomía estratégica es imposible desplegar una diplomacia con la que consolidar la seguridad energética.

Por su parte, la puesta en marcha de una diplomacia climática también ha tenido una especial relevancia en el desarrollo de la autonomía estratégica europea, aunque sus efectos en la seguridad energética son bastante más bajos. Dado que uno de sus principales objetivos es hacer de la UE el líder mundial de la lucha contra la degradación medioambiental, la diplomacia climática ayuda a reforzar la posición geopolítica europea y a elevar su nivel de influencia en gran parte de los asuntos mundiales, principalmente debido al carácter normativo de su acción exterior. De este modo, la diplomacia climática de la UE no solo busca mitigar los efectos del cambio climático, sino también establecer un sistema internacional basado en normas, consolidar el multilateralismo, mejorar la cooperación entre todos los países y fortalecer las instituciones globales, inoculando la visión estratégica europea en la lucha climática global. La diplomacia climática permite a la UE establecer estrategias con un alto grado de independencia con el objetivo de defender sus intereses medioambientales, lo que sin duda ha ayudado a elevar el grado de autonomía estratégica a su máximo exponente.

A modo de conclusión final de esta investigación, se puede asegurar que la seguridad energética es un factor relevante de la autonomía estratégica, ya que es uno de los elementos que limitan de manera más considerable su desarrollo. Por lo tanto, para cumplir con el objetivo de actuar con autonomía estratégica en la escena internacional establecido en la EGS en 2016 y ampliado por los instituciones europeas en 2020, la UE deberá reducir las vulnerabilidades de su sistema de energía y avanzar hacia la autonomía energética a través de un esquema como el propuesto en este trabajo, poniendo especial interés en la sustitución de los combustibles fósiles por fuentes renovables, la protección de las rutas de suministro y la mejora de las interconexiones eléctricas, entre otros. Todo ello tiene que hacerse de la mano de una sólida estrategia industrial y de la protección de los sectores clave para evitar reemplazar la actual dependencia de hidrocarburos por otras necesidades estratégicas, como la de los materiales fundamentales para llevar a cabo la transición energética. Además, se deberá impulsar aún más la dimensión exterior de la política de energía, reforzando la diplomacia energética y climática en base a la capacidad normativa y comercial europea para ganar cuota de influencia ante los socios más importantes y liderar el cambio de modelo a escala mundial, aumentando su autonomía estratégica conforme sea capaz de consolidar su seguridad energética en el interior y proyectar sus intereses climáticos y de energía con independencia en el exterior. Solo así la UE podrá actuar como un verdadero poder global.

Bibliografía

1. SEGURIDAD ENERGÉTICA Y CUESTIONES DE ENERGÍA Y CLIMA

AIE. (2021). *Net Zero by 2050.* www.iea.org Disponible en: https://www.iea.org/reports/net-zero-by-2050

AIE. (s/f). *China: country profile.* Agencia Internacional de la Energía www.iea.org Disponible en: https://www.iea.org/countries/china

Ang, B. W.; Choong, W. L. y Ng, T. S. (febrero de 2015). "Energy security: definitions, dimensions, and indexes". *Renewable and Sustainable Energy Reviews,* núm. 42, 1077-1093.

Bank of America (2021). *Delivering the energy transition.* Metals Strategics. Disponible en: https://business.bofa.com/en-us/content/challenges-to-renewable-energy-transition.html

Birdlife International, European Environmental Bureau y Transport & Environment. (2010). "Bioenergy, a carbon accounting time bomb". *Birdlife International.*

Bohi, D. R. y Toman, M. A. (1996). *The Economics of Energy Security.* Kluwer Academic Publishers.

Cerrillo, A. (28 de mayo de 2023). "La canibalización de precios, el efecto más temido". *La Vanguardia.* Disponible en: https://www.lavanguardia.com/economia/20230528/8998316/canibalizacion-precios-efecto-mas-temido.html

Cherp, A. (2012). "Energy and Security", en Johansson, T; Nakicenovic, N; Patwardhan, A. P. y Gómez-Echeverri, L. (eds). *Toward a Sustainable Future.* Cambridge University Press.

Cherp, A. y Jewell, J. (octubre de 2014). "The concept of energy security: Beyond the four A's". *Energy Policy,* vol. 75.

Cherp, A. Jewell, J. y Goldthau, A. (2011). "Governing Global Energy: Systems, Transitions, Complexity". *Global Policy,* vol 2(1).

Del Río, B. (2016). "La gobernanza mundial de la energía". *Anuario Español de Derecho Internacional,* vol. 32.

EFE. (12 de diciembre de 2015). "Obama consolida su lucha contra el cambio climático con el Acuerdo de París". *Agencia EFE.* Disponible en: https://www.efe.com/efe/america/sociedad/obama-consolida-su-lucha-contra-el-cambio-climatico-con-acuerdo-de-paris/20000013-2788501

Emergency response and energy security. Agencia Internacional de la Energía (AIE). Disponible en: https://www.iea.org/areas-of-work/energy-security

Europa Press. (27 de octubre de 2015). "Polonia veta el protocolo de Kyoto para la reducción de las emisiones de CO_2". *Europa Press.* Disponible en: https://www.europapress.es/internacional/noticia-polonia-veta-protocolo-kyoto-reduccion-emisiones-co2-20151027211147.html

Fajardo del Castillo, T. (2018). "El Acuerdo de París sobre el cambio climático: sus aportaciones al desarrollo progresivo del Derecho Internacional y las consecuencias de la retirada de los Estados Unidos". *Revista Española de Derecho Internacional,* vol. 70(1). 23-51.

Findlater, S. y Noël, P. (junio de 2010). "Gas supply security in the Baltic States: a qualitative assessment". *International Journal of Energy Sector Management.* vol. 4, núm. 2.

Fontaine, G. (2010). *Petropolítica: una teoría de la gobernanza energética.* Instituto de Estudios Peruanos (IPE).

García Lupiola, A. (2018). "Las negociaciones climáticas y el Acuerdo de París: la Unión Europea debe recuperar el liderazgo en la lucha contra el calentamiento global", en Giles Carnero, R. (ed). *Desafíos de la Acción Jurídica Internacional y Europea frente al Cambio Climático.* Atelier Libros Jurídicos.

Gardin, S. E., Ratner, M., Taylor, B. E., Welt, C. y Zanotti, J. (2021). "Turkstream: Another Russian Gas Pipeline to Europe". *Congressional Research Service.*

Gazprom. (2010). *PJSC Gazprom Annual Report 2020: Growth and scale.* PJSC Gazprom.

Gitelman, L; Magaril, E. y Kozhevnikov, M. (marzo de 2023). "Energy security: New threats and solutions". *Energies,* vol. 16, núm. 6.

Goldthau, A. (2013). *The Handbook of Global Energy Policy.* Wiley-Blackwell.

Hamilton, J. (2009). "Causes and consequences of the oil shock of 2007-08". *Brookings Papers on Economic Activity.*

Harris, S. y Mekhennet, S. (7 de junio de 2023). "U. S. had intelligence of detailed Ukrainian plan to attack Nord Stream pipeline". *The Washington Post.* Disponible en: https://www.washingtonpost.com/national-security/2023/06/06/nord-stream-pipeline-explosion-ukraine-russia/

Herrero de Castro, R. (2016). "La seguridad energética y la Estrategia Global de Seguridad de la Unión Europea". *UNISCI Journal,* núm. 42.

Intharak, N. (ed.). (2007). "A quest for energy security in the 21st century: resources and constraints". *Asia Pacific Energy Research Centre (APERC).*

IPCC. (2019). *Calentamiento Global de 1,5 C.* Programa de las Naciones Unidas para el Medio Ambiente/Organización Meteorológica Mundial.

IRENA. (2023). *Renewable Power Generation: Cost in 2022.* International Renewable Energy Agency.

Klare, M. (2004). *Sangre y petróleo. Peligros y consecuencias de la dependencia del crudo.* Urano.

Klare, M. (2013). "Energy Security", en William, P. D. (ed.). *Security Studies: An Introduction.* Routledge.

Kerebel, C. y Keppler, J. H. (2009). "La gouvernance mondiale de l´énergie". *Institut Français des Relations Internationales (IFRI).*

Lázaro, L. (2012). "Durban (COP17): resucitando el protocolo de Kioto y retrasando la acción global hasta 2020". *Real Instituto Elcano.* ARI 19/2012.

Lesbirel, S. H. (mayo de 2004). "Diversification and energy security risks: the Japanese case". *Japanese Journal of Political Science,* núm. 5, 1-22.

Noreng, O. (2003). *El poder del petróleo: la política y el mercado del crudo.* El Ateneo.

ONU. (s/f). *El Acuerdo de París.* Acción por el clima. www.un.org Disponible en: https://www.un.org/es/climatechange/paris-agreement

ONU. (2019). *Informe sobre la disparidad en las emisiones de 2019: Resumen.* Programa de las Naciones Unidas para el Medio Ambiente.

Pasqualetti, M. J. y Sovacool, B. (septiembre de 2012). "The importance of scale to energy security". *Journal of Integrative Environmental Sciences,* vol 9, núm. 3, 167-180.

Penrose, E. (1976). "The development of crisis", en Vernon, R. (ed). *The oil crisis.* Norton & Company.

Pineda, S. y Morales, J. M. (julio de 2023). "Renovables y baterías: un romance del siglo XXI". *Boletín de Estadística e Investigación Operativa*, vol. 39, núm. 2.

Red Eléctrica Española. (S.f.). *¿Qué son las smartgrid?* Red21. www.ree.es Disponible en: https://www.ree.es/es/red21/redes-inteligentes/que-son-las-smartgrid

Sánchez Ortega, A. J. (2011). *Poder y seguridad en las relaciones internacionales: la estrategia rusa de poder.* Tesis doctoral, Universidad de Granada.

UNFCCC. (s/f). *¿Qué es el Acuerdo de París?* Naciones Unidas. unfccc.int Disponible en: https://unfccc.int/es/process-and-meetings/the-paris-agreement/que-es-el-acuerdo-de-paris

UNFCCC. (2012). *Informe de la Conferencia de las Partes sobre su 17º periodo de sesiones, celebrado en Durban del 28 de noviembre al 11 de diciembre de 2011.* Documento FCCC/CP/2011/9/Add.1.

UNFCCC. (2016). *Informe de la Conferencia de las Partes sobre su 21er periodo de sesiones, celebrado en París del 30 de noviembre al 13 de diciembre de 2015.* Naciones Unidas.

Wiatros-Motyka, M. (2023). "Global Electricity Review". *EMBER.*

Winzer, C. (julio de 2012). "Conceptualizing Energy Security". *Energy Policy,* vol. 46.

Wintour, P. (2 de junio de 2023). "We were all wrong´: how Germany got hooked on Russian energy". *The Guardian.* Disponible en: https://www.theguardian.com/world/2022/jun/02/germany-dependence-russian-energy-gas-oil-nord-stream

Yergin, D. (2012). *The Quest. Energy, Security and the remaking of the modern world.* Penguin Book.

2. POLÍTICA ENERGÉTICA Y CLIMÁTICA DE LA UE

AIE. (2022). "Un plan con 10 medidas para reducir la dependencia de la Unión Europea del gas natural ruso". *IEA Publications.*

AIE. (2023). *Natural gas supply-demand balance of the European Union in 2023: How to prepare for winter 2023/24.* Agencia Internacional de la Energía.

Barón Crespo, E. (2019). "Unión de la Energía y Cambio Climático", en Guinea Llorente, M. y Díaz Lafuente, J. (eds). *El cumplimiento de la Comisión Europea con sus ciudadanos: un balance de resultados de la VIII legislatura del Parlamento Europeo y recomendaciones para el futuro.* Marcial Pons.

Borrell Fontelles, J. (6 de febrero de 2022). "Seguridad energética de Europa y cooperación UE-EE. UU.". Una ventana al mundo, Servicio Europeo de Acción Exterior. [Blog post]. Disponible en: https://www.eeas.europa.eu/eeas/seguridad-energ%C3%A9tica-de-europa-y-cooperaci%C3%B3n-ue-eeuu_es

Ciucci, M. (2020). *El mercado interior de la energía.* Parlamento Europeo. https://www.europarl.europa.eu/ Disponible en: https://www.europarl.europa.eu/factsheets/es/sheet/45/el-mercado-interior-de-la-energia

Costa, O. (2014). "La Unión Europea en las negociaciones internacionales del clima". En Barbé, E. (dir). *La Unión Europea en las relaciones internacionales.* Tecnos.

Comisión Europea. (s/f). *Marco sobre clima y energía para 2030.* Cambio Climático y Medio Ambiente. ec.europa.eu Disponible en: https://ec.europa.eu/clima/policies/strategies/2030_es#tab-0-0

Comisión de las Comunidades Europeas. (10 de enero de 2007). *Comunicación de la Comisión al Consejo Europeo y al Parlamento Europeo: Una política energética para Europa.* COM(2007) 1 final.

Comisión Europea. (29 de octubre de 2011). *Comunicación de la Comisión al Parlamento Europeo, al Consejo, al Comité Económico y Social Europeo y al Comité de las Regiones: Plan de Eficiencia Energética 2011.* COM(2011) 109 final.

Comisión Europea. (7 de septiembre de 2011). *Comunicación de la Comisión al Parlamento Europeo, al Consejo, al Comité Económico y Social Europeo y al Comité de las Regiones sobre la seguridad de abastecimiento energético y la cooperación internacional. La política energética de la UE: Establecer asociaciones más allá de nuestras fronteras.* COM(2011) 539 final.

Comisión Europea. (26 de marzo de 2013). *Comunicación de la Comisión al Parlamento Europeo, al Consejo, al Comité Económico y Social Europeo y al Comité de las Regiones. El acuerdo internacional de 2015 sobre el cambio climático: configuración de la política climática internacional después de 2020.* COM(2013) 167 final.

Comisión Europea. (28 de mayo de 2014). *Comunicación de la Comisión al Parlamento Europeo y al Consejo: Estrategia Europea de la Seguridad Energética.* COM(2014) 330 final.

Comisión Europea. (25 de febrero de 2015). *Comunicación de la Comisión al Parlamento Europeo, al Consejo, al Comité Económico y Social Europeo, al Comité de las Regiones y al Banco Europeo de Inversiones: Estrategia Marco para una Unión de la Energía resiliente con una política climática prospectiva.* COM(2015) 80 final.

Comisión Europea. (25 de febrero de 2015). *Paquete sobre la Unión de la Energía. Comunicación de la Comisión al Parlamento Europeo y al Consejo. El Protocolo de París, un plan rector para combatir el cambio climático más allá de 2020.* COM(2015) 81 final.

Comisión Europea. (25 de febrero de 2015). *Comunicación de la Comisión al Parlamento Europeo y al Consejo: Alcanzar el objetivo de interconexión de electricidad del 10%. Preparando la red eléctrica europea de 2020.* COM(2015) 82 final.

Comisión Europea. (18 de noviembre de 2015). *Informe de la Comisión al Parlamento Europeo y al Consejo: Evaluación, enmarcada en el artículo 24, apartado 3, de la Directiva 2012/27/UE en materia de eficiencia energética, de los avances realizados por los Estados miembro en la consecución de los objetivos nacionales en esa materia para 2020 y en la aplicación de las disposiciones de dicha Directiva.* Documento COM(2015) 574 final.

Comisión Europea. (16 de febrero de 2016). *Comunicación de la Comisión al Parlamento Europeo, al Consejo, al Comité Económico y Social Europeo y al Comité de las Regiones sobre una estrategia de la UE para el gas natural licuado y el almacenamiento de gas.* COM(2016) 49 final.

Comisión Europea. (2 de marzo de 2016). *Comunicación de la Comisión al Parlamento Europeo y al Consejo. El camino desde París: evaluar las consecuencias del Acuerdo de París y complementar la propuesta de Decisión del Consejo relativa a la firma, en nombre de la Unión Europea, del Acuerdo de París adoptado en el marco de la convención Marco de las Naciones Unidas sobre el Cambio Climático.* COM(2016) 110 final.

Comisión Europea. (30 de noviembre de 2016). *Comunicación de la Comisión al Parlamento Europeo, al Consejo, al Comité Económico y Social Europeo, al Comité de las Regiones y al Banco Europeo de Inversiones: Energía limpia para todos los europeos.* COM(2016) 860 final.

Comisión Europea. (23 de noviembre de 2017). *Comunicación de la Comisión al Parlamento Europeo, al Consejo, al Comité Económico y Social Europeo y al Comité de las Regiones: Reforzar las redes energéticas de Europa.* COM(2017) 718 final.

Comisión Europea. (5 de marzo de 2018). *Informe de la Comisión al Consejo y al Parlamento Europeo sobre la ejecución del Programa Energético Europeo para la Recuperación y del Fondo Europeo de Eficiencia Energética.* COM(2018) 86 final.

Comisión Europea. (28 de noviembre de 2018). *Comunicación de la Comisión al Parlamento Europeo, al Consejo Europeo, al Consejo, al Comité Económico y Social Europeo, al Comité de las regiones y al Banco Europeo de*

Inversiones. Un planeta limpio para todos: la visión estratégica europea a largo plazo de una economía próspera, moderna, competitiva y climáticamente neutra. COM(2018) 773 final.

Comisión Europea. (18 de junio de 2019). *Comunicación de la Comisión al Parlamento Europeo, al Consejo, al Comité Económico y Social Europeo y al Comité de las Regiones. Unidos para contribuir a la Unión de la Energía y a la Acción por el Clima. Establecimiento de las bases para el éxito de la transición hacia una energía limpia.* COM(2019) 285 final.

Comisión Europea. (11 de diciembre de 2019). *Comunicación de la Comisión al Parlamento Europeo, al Consejo Europeo, al Consejo, al Comité Económico y Social Europeo y al Comité de las Regiones: El Pacto Verde Europeo.* DCOM(2019) 640 final.

Comisión Europea. (2020). *Clean energy for all Europeans package.* Energy. ec.europa.eu Disponible en: https://ec.europa.eu/energy/en/topics/energy-strategy/clean-energy-all-europeans

Comisión Europea. (14 de febrero de 2020). *Comunicación de la Comisión al Parlamento Europeo, al Consejo, al Comité Económico y Social Europeo y al Comité de las Regiones. Plan de Inversiones para una Europa Sostenible: Plan de Inversiones del Pacto Verde Europeo.* COM(2020) 21 final.

Comisión Europea. (8 de julio de 2020). *Comunicación de la Comisión al Parlamento Europeo, al Consejo, al Comité Económico y Social Europeo y al Comité de las Regiones. Impulsar una economía climáticamente neutra: una Estrategia de la UE para la Integración del Sistema Energético.* COM(2020) 299 final.

Comisión Europea. (17 de septiembre de 2020). *Comunicación de la Comisión al Parlamento Europeo, al Consejo, al Comité Económico y Social Europeo y al Comité de las Regiones. Evaluación, a escala de la UE, de los planes nacionales de energía y clima. Impulsar la transición ecológica y promover la recuperación económica mediante una planificación integrada en materia de energía y clima.* COM(2020) 564 final.

Comisión Europea. (14 de octubre de 2020). *Informe de la Comisión al Parlamento Europeo, al Consejo, al Comité Económico y Social Europeo y al Comité de las Regiones. Informe de 2020 sobre el estado de la Unión de la Energía, de conformidad con el Reglamento (UE) 2018/1999, sobre la gobernanza de la Unión de la Energía y de la Acción por el Clima.* COM(2020) 950 final.

Comisión Europea. (9 de diciembre de 2020). *Comunicación de la Comisión al Parlamento Europeo, al Consejo, al Comité Económico y Social Europeo y al Comité de las Regiones: Estrategia de movilidad sostenible e inteligente: encauzar el transporte europeo de cara al futuro.* COM(2020) 789 final.

Comisión Europea. (14 de julio de 2021). *Comunicación De La Comisión Al Parlamento Europeo, Al Consejo, Al Comité Económico Y Social Europeo Y Al Comité De Las Regiones Empty: «Objetivo 55»: cumplimiento del objetivo climático de la UE para 2030 en el camino hacia la neutralidad climática.* COM(2021) 550 final.

Comisión Europea. (26 de octubre de 2021). *Informe de la Comisión al Parlamento Europeo, al Consejo, al Comité Económico y Social Europeo y al Comité de las Regiones: estado de la Unión de la Energía 2021: Contribución al Pacto Verde Europeo y a la recuperación de la Unión.* COM(2021) 950 final.

Comisión Europea (8 de marzo de 2022). *REPowerEU: Acción europea conjunta por una energía más asequible, segura y sostenible.* Comunicado de prensa. Disponible en: https://spain.representation.ec.europa.eu/noticias-eventos/noticias-0/repowereu-accion-europea-conjunta-por-una-energia-mas-asequible-segura-y-sostenible-2022-03-08_es

Comisión Europea. (18 de mayo de 2022). *Comunicación de la Comisión al Parlamento Europeo, al Consejo Europeo, al Consejo, al Comité Económico y Social Europeo y al Comité Europeo de las Regiones: Plan REPowerEU.* COM(2022) 230 final.

Comisión Europea. (18 de octubre de 2022). *Informe de la Comisión al Parlamento Europeo, al Consejo, al Comité Económico y Social Europeo y al Comité de las Regiones: estado de la Unión de la Energía 2022.* COM(2022) 547 final.

Fajardo del Castillo, T. (2007). "La política exterior de la Unión Europea en materia de medio ambiente", en Maillo González-Orús, J. y Becerril Atienza, B. (coords). *Tratado de Derecho y Políticas de la Unión Europea. Tomo IX. Acción exterior de la UE.* Aranzadi.

Gouardères, F. Y Beltrame, F. (2019). *La política energética: principios generales.* Parlamento Europeo.

Gutiérrez Roa, T. (2018). "La iniciativa BEMIP en las Repúblicas bálticas: el reto de la interconexión energética con los socios europeos", en Czubala Ostapiuk, M. R. (ed). *La UE en acción: reacciones en la era postcrisis.* Sindéresis.

Gutiérrez Roa, T. (2019). "El Nord Stream 2: motivos y consecuencias de un proyecto que divide Europa", en Czubala Ostapiuk, M. (ed.). *La UE: Claves y Desafíos actuales del proyecto común.* Sindéresis.

Gutiérrez Roa, T. y Gutiérrez Roa, M. (2022). "La baza solar: la energía fotovoltaica como arma europea para ganarle la partida energética a Rusia", en Aldecoa Luzárraga, F. y González Alonso, L. N. *La Unión Europea frente a la agresión de Ucrania.* Los Libros de la Catarata.

Gutiérrez Roa, T. (2024). "La influencia de la seguridad energética en el desarrollo de la autonomía estratégica europea: Cambios definitorios necesarios para potenciar el despertar geopolítico de la UE". *Revista UNISCI*, núm. 64.

Herranz Surrallés, A. (2014). "La Unión Europea en la fragmentaria gobernanza global de la energía". En Barbé, E. (dir.). *La Unión Europea en las relaciones internacionales.* Tecnos.

High Level Group of BEMIP. (2009). *Baltic Energy Market Interconnection Plan. Action Plan–Final Report.* Comisión Europea.

Kardás, S. (2023). "Conscious uncoupling: Europeans' Russian gas challenge in 2023". *European Council of Foreign Relations.*

Leonard, M., Pisani-Ferry, J., Shapiro, J., Tagliapietra, S. y Wolff. G. (3 de marzo de 2021). "Por qué el Pacto Verde Europeo puede convertir a la UE en líder mundial de la acción climática". *La Vanguardia.* Disponible en: https://www.lavanguardia.com/opinion/20210303/6262326/pacto-verde-europeo-ue-lider-accion-climatica.html

Redacción. (26 de junio de 2023). "La UE lanza se segunda ronda de compras conjuntas de gas tras el éxito de la primera". *El Periódico de la Energía.* Disponible en: https://elperiodicodelaenergia.com/ue-lanza-segunda-ronda-compras-conjuntas-gas-exito primera/

Solar Power (2022). "EU Market Outlook for Solar Power 2022-2026". *Solar Power Europe.*

Zambrano González, K. (2020). "La Unión Europea ante la emergencia climática". *Anuario Español de Derecho Internacional.* Vol. 36, 429-447.

Zeniewski, P., Molnar, G. y Hugues, P. (2023). "Europe's energy crisis: What factors drove the record fall in natural gas demand in 2022?". *International Energy Agency.*

3. CIFRAS Y ESTADÍSTICAS ENERGÉTICAS

Eurostat. (2018). *Origin of primary energy imports.* Comisión Europea. ec.europa.eu Disponible en: https://ec.europa.eu/eurostat/statistics-explained/index.php?title=File:Main origin of primary energy imports, EU-28, 2006-2016 (%25 of extra EU-28 imports).png

Eurostat. (2019). *Energy Saving Statistics.* Comisión Europea. https://ec.europa.eu/ Disponible en: https://ec.europa.eu/eurostat/statistics-explained/index.php?title=Energy saving statistics#Final energy consumption and distance to 2020 and 2030 targets

Eurostat. (2019). *From where do we import energy and how dependent are we?* Comisión Europea. ec.europa.eu Disponible en: https://ec.europa.eu/eurostat/cache/infographs/energy/bloc-2c.html

Eurostat. (2019). *Renewable Energy Statistic.* Comisión Europea. ec.europa.eu Disponible en: https://ec.europa.eu/eurostat/statistics-explained/index.php?title=Renewable_energy_statistics#Share_of_renewable_energy_more_than_doubled_between_2004_and_2019

Eurostat. (2019). *Final energy consumption.* Energy statistics. ec.europa.eu Disponible en: https://ec.europa.eu/eurostat/statistics-explained/index.php?title=Energy_statistics_-_an_overview#Gross_inland_energy_consumption

Eurostat. (2021). *Energy Statistics–an overview.* Comisión Europea. Disponible en: https://ec.europa.eu/eurostat/statistics-explained/index.php?title=Energy_statistics_-_an_overview#Final_energy_consumption

4. POLÍTICA INDUSTRIAL EUROPEA Y MATERIAS PRIMAS CRÍTICAS Y FUNDAMENTALES

AIE. (2022). *Special Report on Solar PV Global Supply Chains.* Agencia Internacional de la Energía.

IRENA. (2023). "Geopolitics of the energy transition: critical materials". *International Renewable Energy Agency.*

Carrara, S., Bobba, S., Blagoeva, D. y Alves Dias, P. (2023). *Supply chain analysis and material demand forecast in strategic technologies and sectors in the EU–A foresight study.* Oficina de Publicaciones de la Unión Europea.

Comisión Europea. (s/f). *Estrategia industrial europea.* Prioridades 2019-2024. Una Europa Adaptada a la Era Digital. ec.europa.eu Disponible en: https://ec.europa.eu/info/strategy/priorities-2019-2024/europe-fit-digital-age/european-industrial-strategy_es

Comisión Europea. (4 de noviembre de 2008). *Comunicación de la Comisión al Parlamento Europeo y al Consejo la iniciativa de las materias primas: cubrir las necesidades fundamentales en Europa para generar crecimiento y empleo.* COM(2008) 699 final.

Comisión Europea. (2 de febrero de 2011). *Comunicación de la Comisión al Parlamento Europeo, al Consejo Europeo, al Consejo, al Comité Económico y Social Europeo y al Comité de las Regiones. Abordar los retos de los mercados de productos básicos y de las materias primas.* COM(2021) 25 final.

Comisión Europea. (2014). *Horizon 2020 en breve: El Programa Marco de la Investigación e Innovación de la Unión Europea.* Oficina de Publicaciones de la Unión Europea.

Comisión Europea. (26 de mayo de 2014). *Comunicación de la Comisión al Parlamento Europeo, al Consejo Europeo, al Consejo, al Comité Económico y Social Europeo y al Comité de las Regiones sobre la revisión de la lista de las materias primas fundamentales para la UE y la aplicación de la iniciativa de materias primas.* COM (2014) 297 final.

Comisión Europea. (19 de septiembre de 2017). *Comunicación de la Comisión al Parlamento Europeo, al Consejo Europeo, al Consejo, al Comité Económico y Social Europeo y al Comité de las Regiones relativa a la lista de 2017 de materias primas fundamentales para la UE.* COM(2017) 490 final.

Comisión Europea. (3 de septiembre de 2020). *Comunicación de la Comisión al Parlamento Europeo, al Consejo, al Comité Económico y Social Europeo y al Comité de las Regiones. Resiliencia de las materias primas fundamentales: trazando el camino hacia un mayor grado de seguridad y sostenibilidad.* COM(2020) 474 final.

Comisión Europea (2021). *Study on the resilience of critical supply chains for energy security and clean energy transition during and after the COVID-19 crisis.* Final Report.

Comisión Europea. (8 de septiembre de 2021). *Comunicación de la Comisión al Parlamento Europeo y al Consejo: Informe sobre prospectiva estratégica de 2021–la capacidad y libertad de actuación de la UE.* COM(2021) 750 final.

Comisión Europea. (29 de junio de 2022). *Comunicación de la Comisión al Parlamento Europeo y al Consejo: informe de prospectiva estratégica 2022: hermanamiento de las transiciones ecológica y digital en el nuevo contexto geopolítico.* COM(2022) 289 final.

Comisión Europea. (16 de marzo de 2023). *Comunicación de la Comisión al Parlamento Europeo, al Consejo, al Comité Económico y Social Europeo y al Comité de las Regiones. Un suministro seguro y sostenible de materias primas fundamentales para contribuir a la doble transición.* COM(2023) 165 final.

Comisión Europea. (12 de junio de 2024). *La investigación de la Comisión concluye provisionalmente que las cadenas de valor de los vehículos eléctricos de China se benefician de subvenciones desleales.* Nota de prensa. Disponible en: https://ec.europa.eu/commission/presscorner/detail/es/ip_24_3231

Le Mouel, M. y Poitiers, N. (2023). "Why Europe's critical raw materials strategy has to be international". *Bruegel.*

Torrico, E. (16 de junio de 2024). "El enigma del litio: qué pasa con el mineral del futuro eléctrico que nadie sabe aprovechar". *El Confidencial.* [Youtube]. Disponible en: https://www.youtube.com/watch?v=4czRVC719zE

5. RELACIONES INTERNACIONALES, POLÍTICA GLOBAL E HISTORIA GENERALISTA

Alberto Peralta, L. (21 de agosto de 2023). "¿Está fracasando la Nueva Ruta de la Seda de China tras diez años de existencia? *Cinco Días.* Disponible en: http://pa.china-embassy.gov.cn/esp/gdxw/201907/t20190731_4009305.htm

Armitage, R. L. y Nye, J. S. (2007). "CSIS Commission on Smart Power: a smarter, more secure America". *Center for Strategic & International Studies.*

Ayuso, S. (1 de julio de 2021). "Las principales economías mundiales logran un histórico acuerdo para hacer tributar más a las multinacionales". *El País.* Disponible en: https://elpais.com/economia/2021-07-01/las-principales-economias-mundiales-logran-un-historico-acuerdo-para-hacer-tributar-mas-a-las-multinacionales.html

Barbé, E. (2020). *Relaciones internacionales.* Tecnos.

Beevor, A. (2010). *El Día D: La batalla de Normandía.* Crítica.

Cuesta, J. (21 de agosto de 2022). "Muere en un atentado con bomba la hija de Alexander Dugin, el filósofo ruso que encendió el odio contra los ucranianos". *El País.* Disponible en: https://elpais.com/internacional/2022-08-21/muere-en-un-posible-ataque-con-coche-bomba-daria-dugina-hija-del-ideologo-ultranacionalista-alexander-dugin-cercano-a-putin.html

Dugin, A. (1997). *Foundations of geopolitics.* Arktogeja.

Fortune. (2022). *Global 500.* Revista Fortune www.fortune.com Disponible en: https://fortune.com/global500/2022/search/

García Herrero, A. y Amighini, A. (20 de octubre de 2023). "Italia muestra al mundo cómo se sale de la Nueva Ruta de la Seda". *Real Instituto Elcano.*

Sauer, P. (13 de febrero de 2024). "Russia puts Estonian prime minister Kaja Kallas on wanted list". *The Guardian.* Disponible en: https://www.theguardian.com/world/2024/feb/13/russia-puts-estonian-prime-minister-kaja-kallas-on-wanted-list

U. S. Mission of OSCE. (2022). *U. S. Statement for the Vienna Document Joint PC-FSC Chapter III Meeting.* www.osce.usmission.gov Disponible en: https://osce.usmission.gov/u-s-statement-for-the-vienna-document-joint-pc-fsc-chapter-iii-meeting-2/

Veiga, F. (2011). *La fábrica de las fronteras: guerras de secesión yugoslavas (1991-2001).* Alianza Editorial.

Veiga, F. (2015). *El desequilibrio como orden.* Alianza Editorial.

Veiga, F. (2023). *Ucrania 22: la guerra programada.* Alianza Editorial.

Wenjie, C; Fornino, M. y Rawlings, H. (2024). "Navigating the Evolving Landscape between China and Africa's Economic Engagements". *IMF Working Paper,* 24/37.

6. AUTONOMÍA ESTRATÉGICA Y CUESTIONES DE SEGURIDAD

Barbé, E. (1995). *La seguridad en la nueva Europa.* Los libros de la Catarata.

Kempin, R. y Kunz, B. (2017). "France, Germany, and the Quest for European Strategic Autonomy. Franco-German Defence Cooperation in a New Era". *IFRI Policy Papers: Notes du Cerfa.* núm. 141.

Conolly, K. (19 de abril de 2023). "Russian spy network operating in North Sea, investigation claims". *The Guardian.* Disponible en: https://www.theguardian.com/world/2023/apr/19/russian-spy-network-operating-in-north-sea-investigation-claims

Lippert, B., Von Ordanza, N. y Perthes, V. (2019). "European Strategic Autonomy: Actors, issues, conflicts of interests". *German Institute for International and Security Affairs.*

Ortega, A. (1980). "El manto de Penélope: Francia y la Comunidad Europea de Defensa". *Revista de Estudios Internacionales,* núm. 2/(1980).

Petersberg Declaration. *Western European Union Council of Ministers. Bonn, 19 June 1992.*

Presidencia de la República Francesa. (1994). *Livre Blanc sur la Défense.* Commission du Livre Blanc.

Robles Carrillo, M. A. (1997). *La Unión Europea Occidental y la cooperación europea en materia de Defensa.* McGrall-Hill.

Rutten, M. (2001). "From St-Malo to Nice. European Defence: Core documents". *Institute for Security Studies.*

7. POLÍTICA EXTERIOR Y DE SEGURIDAD EUROPEA

Arteaga, F. (2022). "La Brújula Estratégica: para proporcionar más seguridad que Defensa a la UE". *Real Instituto Elcano.*

Bergmann, M. (20 de agosto de 2020). "Europe's Political Awakening". *Foreign Affairs* www.foreignaffairs.com Disponible en: https://www.foreignaffairs.com/articles/europe/2020-08-20/europes-geopolitical-awakening

Borrell Fontelles, J. (1 de diciembre de 2019). "Una Unión Europea más fuerte en un mundo mejor, más ecológico y más seguro: estos son los principios clave que guiarán mi mandato". *Una ventana al mundo.* SEAE. [Blog post]. Disponible en: https://eeas.europa.eu/headquarters/headquarters-homepage/71677/una-uni%C3%B3n-europea-m%C3%A1s-fuerte-en-un-mundo-mejor-m%C3%A1s-ecol%C3%B3gico-y-m%C3%A1s-seguro-estos-son-los_es

Borrell Fontelles, J. (1 de diciembre de 2019). "El Pacto Verde de la UE– Una perspectiva global". *Una ventana al mundo.* SEAE. [Blog post]. Disponible en: https://eeas.europa.eu/headquarters/headquarters-homepage/72498/el-pacto-verde-de-la-ue-%E2%80%93-una-perspectiva-global_es

Borrell Fontelles, J. (14 de octubre de 2020). "Como el COVID-19 está remodelando el mundo". *Una ventana al mundo.* SEAE. [Blog post]. Disponible en: https://eeas.europa.eu/headquarters/headquarters-homepage/87561/c%C3%B3mo-la-covid-19-est%C3%A1-remodelando-el-mundo_es

Borrell Fontelles, J. (27 de agosto de 2020). "La doctrina Sinatra". *Una ventana al mundo.* SEAE. [Blog post]. Disponible en: https://eeas.europa.eu/headquarters/headquarters-homepage/84757/la-doctrina-sinatra_es

Borrell Fontelles, J. (9 de septiembre de 2020). "Construir una Europa global". *Una ventana al mundo.* SEAE. [Blog post]. Disponible en: https://eeas.europa.eu/headquarters/headquarters-homepage/85898/construir-una-europa-global_es

Borrell Fontelles, J. (15 de noviembre de 2020). "El multilateralismo y la autonomía estratégica europea en un (post)-Covid". *Una ventana al mundo,*.SEAE. [Blog post]. Disponible en: https://eeas.europa.eu/headquarters/headquarters-homepage/88773/el-multilateralismo-y-la-autonom%C3%ADa-estrat%C3%A9gica-europea-en-un-mundo-post-covid_es

Borrell Fontelles, J. (3 de diciembre de 2020). "Por qué es importante la autonomía estratégica europea". *Una ventana al mundo.* SEAE. [Blog post]. Disponible en: https://eeas.europa.eu/headquarters/headquarters-homepage/90260/por-qu%C3%A9-es-importante-la-autonom%C3%ADa-estrat%C3%A9gica-europea_es

Borrell Fontelles, J. (26 de enero de 2021). "Actuar para proteger nuestra soberanía económica". *Una ventana al mundo.* SEAE. [Blog post]. Disponible en: https://eeas.europa.eu/headquarters/headquarters-homepage/92529/actuar-para-proteger-nuestra-soberan%C3%ADa-econ%C3%B3mica_es

Borrell Fontelles, J. (24 de febrero de 2022). "Borrell: 'Estamos ante una guerra de verdad a las puertas de Europa y no sabemos hasta dónde va a llegar'". *RTVE* [Entrevista]. Disponible en: https://www.rtve.es/noticias/20220224/borrell-alerta-guerra-ucrania-afecta-seguridad-ue/2296321.shtml

Borrell Fontelles, J. (18 de abril de 2023). "Mi opinión sobre China y las relaciones UE-China", *Real Instituto Elcano.*

Borrell Fontelles, J. (4 de mayo de 2022). "Sobre las opciones y responsabilidades de China". *Una ventana al mundo,* SEAE [Blog post] Disponible en: https://www.eeas.europa.eu/eeas/sobre-las-opciones-y-responsabilidades-de-china_es

Brustlein, C. (2018). "European Strategic Autonomy: Balancing Ambition and Responsibility". *Institut Français des Relations Internationales (IFRI).*

Calero, F. J. (13 de agosto de 2018). "PESCO, el gran proyecto europeo de Defensa que marca el camino de Margarita Robles". *Diario ABC.* Disponible en: https://www.abc.es/internacional/abci-pesco-gran-proyecto-europeo-defensa-marca-camino-margarita-robles-201806080326_noticia.html

Comisión Europea. (s/f). *Unión Europea de la Seguridad.* Priorities 2019-2024–Promoción de nuestro modo de vida europeo. ec.europa.eu Disponible: https://ec.europa.eu/info/strategy/priorities-2019-2024/promoting-our-european-way-life/european-security-union_es

Comisión Europea. (3 de septiembre de 2015). *Comunicación de la Comisión al Parlamento Europeo, al Consejo, al Comité Económico y Social Europeo y al Comité de las Regiones: Agenda Europea de Seguridad.* COM(2015) 185 final.

Comisión Europea. (2016). *Una visión común, una actuación conjunta: una Europa más fuerte. Estrategia Global para la Política Exterior y de Seguridad de la Unión Europea.* Servicio Europeo de Acción Exterior.

Comisión Europea. (20 de abril de 2016). *Comunicación de la Comisión al Parlamento Europeo, al Consejo Europeo y al Consejo: aplicación de la Agenda Europa de Seguridad para luchar contra el terrorismo y allanar el camino hacia una Unión de la Seguridad genuina y efectiva.* COM(2016) 230 final.

Comisión Europea. (7 de junio de 2017). *Fondo Europeo de Defensa: 5.500 millones de euros anuales para impulsar las capacidades de defensa en Europa.* Comunicado de prensa.

Comisión Europea. (24 de julio de 2020). *Comunicación de la Comisión al Parlamento Europeo, al Consejo Europeo, al Consejo, al Comité Económico y Social Europeo y al Comité de las Regiones sobre la Estrategia de la UE para una Unión de la Seguridad.* COM(2020) 605 final.

Comisión Europea. (1 de diciembre de 2021). *Comunicación conjunta al Parlamento Europeo, el Consejo, el Comité Económico y Social Europeo, el Comité de las Regiones y el Banco Europeo de Inversiones: la Pasarela Mundial.* JOIN(2021) 30 final

Comisión Europea. (17 de febrero de 2021). *Comunicación conjunta al Parlamento Europeo y al Consejo: sobre el refuerzo de la contribución de la UE a un multilateralismo basado en normas.* JOIN(2021) 3 final.

Esteban, M. (26 de mayo de 2023). "¿Hacia una nueva y consensuada estrategia de la Unión Europea hacia China?". *Real Instituto Elcano,* ARI 46/2023.

EU International Partnerships. (10 de noviembre de 2021). *European Development Days 2021–Event Highlights* [Video]. YouTube. Disponible en: https://www.youtube.com/watch?v=eK-ZC4_bjuM&list=PL0NKSZy4-2Dbk9Jegw9nOpzS3iyV18Jku&ab_channel=EUInternationalPartnerships

EUROMAFOR. (2015). *Crisis management, cooperative, security, maritime security.* Main missions. www.euromarfor.org Disponible en: https://www.euromarfor.org/overview/9

García Pérez, R. (2013). *Política de seguridad y Defensa de la Unión Europea.* UNED.

González Bondía, A. (2014). "La acción exterior en el Tratado de Lisboa". En BARBÉ, E. (dir). *La Unión Europea en las relaciones internacionales.* Tecnos.

González, M. (15 de octubre de 2016). "Los cuatro grandes de la UE apuestan por una defensa común con «autonomía estratégica»". *El País*. Disponible en: https://elpais.com/internacional/2016/10/14/actualidad/1476449123_095969.html

Guinea Llorente, M. (2013). "La Política Común de Seguridad y Defensa (PCSD): paso inconcluso hacia las fuerzas armadas europeas", en Ministerio de Defensa. (ed). *Documentos de Seguridad y Defensa 55: el proceso hacia unas fuerzas armadas europeas: realizaciones y desafíos*. Escuela de Altos Estudios de la Defensa.

Guinea Llorente, M. (2022). "La invasión de Ucrania: un revulsivo que sacude los cimientos de la Unión Europea", en Aldecoa Luzárraga, F. y González, Alonso, L. N. (eds). *La Unión Europea frente a la agresión a Ucrania*. Los Libros de la Catarata.

Leonard, M. y Shapiro, J. (2020). "Sovereign Europe, dangerous world: Five agendas to protect Europe's capacity to act". *European Council on Foreign Relations*.

PESCO. (s/f). *Energy Operational Function (EOF)*. PESCO Projects. www.pesco.europe.eu Disponible en: https://pesco.europa.eu/project/energy-operational-function/#:~:text=ENERGY%20OPERATIONAL%20FUNCTION%20(EOF)&text=On%20the%20other%20part%2C%20it,the%20framework%20of%20operational%20planning

PESCO. (s/f). *About Pesco*. www.pesco.europe.eu Disponible en: https://pesco.europa.eu/

Sahuquillo, M. y González, M. (10 de diciembre de 2022). "La UE realizará en España sus primeras maniobras militares conjuntas". *El País*. Disponible en: https://elpais.com/espana/2022-12-10/la-ue-realizara-en-espana-sus-primeras-maniobras-militares-conjuntas.html

Sahuquillo, M. (7 de abril de 2024). "La UE avanza para blindarse contra el inversor chino en sectores estratégicos". *El País*. Disponible en: https://elpais.com/economia/2024-04-07/la-ue-avanza-para-blindarse-contra-el-inversor-chino-en-sectores-estrategicos.html

Tusk, D., Juncker, J. C. y Stoltenberg, J. (2016). *Joint Declaration by the president of the European Council, the president of the European Commission, and the secretary general of the North Atlantic Treaty Organization*. Consejo Europeo.

Tusk, D., Juncker, J. C. Y Stoltenberg, J. (2018). *Joint Declaration on EU-NATO cooperation by the president of the European Council, the president of the European Commission, and the secretary general of the North Atlantic Treaty Organization*. Consejo Europeo.

Zenglein, M. J. y Sebastian, G. (2022). "Inversión extranjera directa china en Europa: continúa la tendencia a la baja". *Industrial Analytics Platform.*

8. COVID-19 Y POLÍTICA EUROPEA DE RECUPERACIÓN

Comisión Europea. (2020). *Hoja de ruta para la recuperación. Hacia una Europa más resiliente, sostenible y justa.*

Comisión Europea. (8 de abril de 2020). *Coronavirus: respuesta mundial de la UE para la lucha contra la pandemia.* Comunicado de prensa. ec.europa.eu Disponible en: https://ec.europa.eu/commission/presscorner/detail/es/ip_20_604

Comisión Europea. (27 de mayo de 2020). *Comunicación de la Comisión al Parlamento Europeo, al Consejo Europeo, al Consejo, al Comité Económico y Social Europeo y al Comité de las Regiones. El momento de Europa: reparar los daños y preparar el futuro para la próxima generación.* COM(2020) 456 final.

Comisión Europea. (17 de junio de 2020). *Comunicación de la Comisión al Parlamento Europeo, al Consejo Europeo y al Banco Europeo de Inversiones: Estrategia de la UE para las vacunas contra la COVID-19.* COM(2020) 245 final.

Comisión Europea. (2021). *Plan de recuperación para Europa.* ec.europa.eu. Disponible en: https://ec.europa.eu/info/strategy/recovery-plan-europe_es

Comisión Europea. (5 de mayo de 2021). *Comunicación de la Comisión al Parlamento Europeo, al Consejo, al Comité Económico y Social Europeo y al Comité de las Regiones. Actualización del nuevo modelo de industria de 2020: Creación de un mercado único más sólido para la recuperación de Europa.* COM(2021) 350 final.

De Miguel, B. y Abril, G. (22 de noviembre de 2020). "Carrera contrarreloj en Europa en la lucha por la vacuna". *El País.* Disponible en: https://elpais.com/sociedad/2020-11-21/europa-parte-con-retraso-respecto-a-ee-uu-en-la-carrera-mundial-hacia-la-vacunacion-contra-la-covid-19.html

Eurostat. (2021). *Covid-19.* Comisión Europea. ec.europa.eu Disponible en: https://ec.europa.eu/eurostat/web/covid-19/data

Hoja de ruta común europea para el levantamiento de las medidas de contención de la Covid-19. *Diario Oficial de la Unión Europea,* núm. C/126, de 17 de abril de 2020.

Sevillano, E. (11 de marzo de 2020). "La OMS declara el brote de coronavirus la pandemia mundial". *El País.* Disponible en: https://elpais.com/sociedad/2020-03-11/la-oms-declara-el-brote-de-coronavirus-pandemia-global.html

9. POLÍTICA COMUNITARIA

Aldecoa Luzárraga, F. (2014). *"Una Europa". Su proceso constituyente: la innovación política europea y su dimensión internacional. La Convención, el Tratado Constitucional y su política exterior (2000-2003).* Biblioteca Nueva.

Aldecoa Luzárraga, F. (2018). *El proyecto de unidad europea: de la idea europea a la Unión Europea como potencia global.* EMSE-EDAPP.

Aldecoa Luzárraga, F. (2020). "El nuevo ciclo político en la UE", en Aldecoa Luzárraga, F. (coord). *La Unión europea y la pandemia mundial: un actor imprescindible en la nueva y necesaria gobernanza global.* Los Libros de la Catarata.

Aldecoa Luzárraga, F. y Guinea Llorente, M. (2010). *La Europa que viene: El Tratado de Lisboa.* Marcial Pons.

Becedas, M. (21 de marzo de 2020). "Los "coronabonos" llaman a la puerta de Merkel: ¿aceptará Alemania esta vez la emisión de unos eurobonos?". *El Economista.* Disponible en: https://www.eleconomista.es/economia/noticias/10431022/03/20/Los-coronabonos-llaman-a-la-puerta-de-Merkel-aceptara-Alemania-esta-vez-la-emision-de-unos-eurobonos.html

Comisión Europea. (s/f). *Kadri Simson–Biography.* The Commissioners. ec.europa.eu Disponible en: https://ec.europa.eu/commission/commissioners/2019-2024/simson_en

Comisión Europea. (2019). *Seis prioridades de la Comisión para 2019-2024.* Las prioridades de la Comisión Europea, 2019. ec.europa.eu Disponible en: https://ec.europa.eu/info/strategy/priorities-2019-2024_es

Comisión Europea. (2019). *Los comisarios: los responsables políticos de la Comisión Europea.* Colegio (2019-2024). ec.europa.eu Disponible en: https://ec.europa.eu/commission/commissioners/2019-2024_es#bootstrap-fieldgroup-nav-item—grupo-de-comisarios—2

Comisión Europea. (2021). *In-depth reviews of strategic areas for Europe´s interests.* Estrategia Industrial Europea. ec.europa.eu. Disponible en: https://ec.europa.eu/info/strategy/priorities-2019-2024/europe-fit-digital-age/european-industrial-strategy/depth-reviews-strategic-areas-europes-interests_es

Durão Barroso, J. M. (2013). *Discurso sobre el Estado de la Unión 2013.* Comisión Europea.

Gómez, J. (16 de junio de 2012). "Merkel: Europa no tendrá deuda compartida «mientras yo esté viva»". *El País.* Disponible en: https://elpais.com/internacional/2012/06/26/actualidad/1340738049_341495.html

Juncker, J. C. (2014). *Un nuevo comienzo para Europa: mi Agenda en materia de empleo, crecimiento, equidad y cambio democrático: Orientaciones políticas para la próxima Comisión Europea. Alocución inaugural en la sesión plenaria del Parlamento Europeo.* Comisión Europea.

Juncker, J. C. (2019). *Discurso al Parlamento Europeo: «Europa: Me llega al corazón».* Oficina de Publicaciones de la Unión Europea.

Kölling, M. (2017). "El impacto del Brexit para el presupuesto de la UE". *Real Instituto Elcano.*

Leonard, M. (4 de diciembre de 2019). "Una Comisión europea «geopolítica»". Tribuna. *El País.* Disponible en: https://elpais.com/elpais/2019/12/02/opinion/1575307748_229812.html

Masdeu, J. (18 de mayo de 2019). "Franz Timmermans, el holandés que quiere reformar Europa". *La Vanguardia.* Disponible en: https://www.lavanguardia.com/internacional/20190518/462299422232/franz-timmermans-europa-comision-europea-elecciones.html

Michel, C. (8 de septiembre de 2020). *Plan de Recuperación: reforzar la autonomía estratégica de Europa. Discurso del presidente Charles Michel en el Foro Económico de Bruselas.* Discurso. consilium.europa.eu Disponible en: https://www.consilium.europa.eu/es/press/press-releases/2020/09/08/recovery-plan-powering-europe-s-strategic-autonomy-speech-by-president-charles-michel-at-the-brussels-economic-forum/

Parlamento Europeo. (2014). *Respuestas del Comisario Propuesto Maroš Šefčovič Unión de la Energía, vicepresidente de la Comisión.* Comisión de Industria, Investigación y Energía y Comisión de Medio Ambiente, Salud Pública y Seguridad Alimentaria.

Truyol y Serra, A. (1972). *La integración europea: idea y realidad.* Real Academia de Ciencias Morales y Políticas.

Van Rompuy, H. (2014). *Remarks by President Herman van Rompuy following the first session of the European Council.* Consejo Europeo.

Van Rompuy, H. (2015). “La atención en los resultados”, en Secretaría General del Consejo. (ed). *El Consejo Europeo en 2014, por los presidentes del Consejo Europeo.* Oficina de Publicaciones de la Unión Europea.

Von der Leyen, U. (2019). *Una Unión que se esfuerza por lograr más resultados. Mi agenda para Europa. Orientaciones Políticas para la próxima Comisión Europea 2019-2024.* Comisión Europea.

Von der Leyen, U. (2019). *Discurso de apertura en la sesión plenaria del Parlamento Europeo. Versión pronunciada.* Comisión Europea.

Von der Leyen, U. (2019). *Discurso ante la sesión plenaria del Parlamento Europeo.* Parlamento Europeo.

Von der Leyen, U. (2019). *Mission letter: Frans Timmermans, Executive Vice-President for the European Green Deal.* Comisión Europea.

Von der Leyen, U. (2020). *Discurso sobre el estado de la Unión 2020. Construyendo el mundo en que queremos vivir: una unión de vitalidad en un mundo de fragilidad.* Comisión Europea.

Von der Leyen. (2023). *Discurso sobre el estado de la Unión de 2023 pronunciado por la presidenta Von der Leyen.* Comisión Europea. Disponible en: https://spain.representation.ec.europa.eu/noticias-eventos/noticias-0/discurso-sobre-el-estado-de-la-union-de-2023-pronunciado-por-la-presidenta-von-der-leyen-2023-09-13_es

10. EUROBARÓMETROS (POR ORDEN CRONOLÓGICO)

Comisión Europea. (2015). *Standard Eurobarometer 83. Spring 2015. First Results.* TNS Opinion & Social.

Comisión Europea. (2016). *Standard Eurobarometer 86. Autumn 2016. First Results.* TNS Opinion & Social.

Comisión Europea. (2017). *Special Eurobarometer 459. Climate Change.* TNS Opinion & Social.

Comisión Europea. (2017). *Special Eurobarometer 461. Designing Europe´s Future: security and Defence. April 2017. Report.* TNS Opinion & Social.

Comisión Europea. (2019). *Special Eurobarometer 49–Report. Climate Change.* Kantar Public. Dirección General de Comunicación.

Comisión Europea. (2019). *Standard Eurobarometer 91. Spring 2019. First results.* Kantar Public.

Comisión Europea. (2019). *Standard Eurobarometer 92 — Autumn 2019. First results.* Kantar Public. Dirección General de Comunicación de la Comisión Europea.

Comisión Europea y Parlamento Europeo. (2021). *Special Eurobarometer 500–First Results. Future of Europe.* Kantar Public.

Comisión Europea. (2022). *Standard Eurobarometer 97. Summer 2022. First Results.*

Comisión Europea. (2023). *Standard Eurobarometer 99. Summer 2023. First Results.*

11. REUNIONES DEL CONSEJO EUROPEO (POR ORDEN CRONOLÓGICO)

Statement from the Paris Summit (19 to 21 October 1972). www.cvce.eu Disponible en: https://www.cvce.eu/content/publication/1999/1/1/b1dd3d57-5f31-4796-85c3-cfd2210d6901/publishable_en.pdf

Consejo Europeo. (1999). *Conclusiones del Consejo Europeo de Colonia (3 y 4 de junio de 1999).*

Consejo Europeo. (1990). *Conclusiones del Consejo Europeo de Helsinki (10 y 11 de diciembre de 1999).*

Consejo Europeo. (2001). *Conclusiones del Consejo Europeo de Laeken (14 y 15 de junio de 2001).*

Consejo Europeo. (2003). Conclusiones del *Consejo Europeo de Salónica (19 y 20 de junio de 2003).*

Consejo Europeo. (2003). Conclusiones del *Consejo Europeo de Bruselas (12 y 13 de diciembre de 2003.*

Consejo Europeo. (2014). Conclusiones del *Consejo Europeo (26 y 27 de junio de 2014).*

Consejo Europeo. (2014). *Conclusiones del Consejo Europeo (23 y 24 de octubre de 2014).*

Consejo Europeo. (2014). *Conclusiones del Consejo Europeo (18 de diciembre 2014).*

Consejo Europeo. (2015). *Conclusiones del Consejo Europeo (19 y 20 de marzo 2015).*

Consejo Europeo. (2015). *Conclusiones del Consejo Europeo (25 y 26 de junio de 2015).*

Consejo Europeo. (2016). *Conclusiones del Consejo Europeo sobre Empleo, Crecimiento y Competitividad y sobre Clima y Energía (17 de marzo de 2016).*

Consejo Europeo. (2016). *Declaración y hoja de ruta de Bratislava del 16 de septiembre de 2016.*

Consejo Europeo. (2017). *Conclusiones del Consejo Europeo (22 y 23 de junio de 2017).*

Consejo Europeo. (2019). *Conclusiones del Consejo Europeo (12 diciembre de 2019).*

Consejo Europeo. (16 de marzo de 2020). *G7 leaders´Statement on COVID-19.* Comunicado de prensa. consilium.europa.eu Disponible en: https://www.consilium.europa.eu/es/press/press-releases/2020/03/16/g7-leaders-statement-on-covid-19/

Consejo Europeo. (2020). *Declaración conjunta de los miembros del Consejo Europeo. 26 de marzo de 2020.*

Consejo Europeo. (23 de abril de 2020). *Conclusiones del presidente del Consejo Europeo tras la videoconferencia de los miembros del Consejo Europeo del 23 de abril de 2020.* Nota de prensa.

Consejo Europeo. (2020). *Conclusiones de la reunión extraordinaria del Consejo Europeo (17, 18, 19, 20 y 21 de julio de 2020).*

Consejo Europeo. *Conclusiones de la reunión extraordinaria del Consejo Europeo (1 y 2 de octubre de 2020).*

Consejo Europeo. (2022). *Conclusiones de la reunión extraordinaria del Consejo Europeo (24 de febrero de 2022).*

Consejo Europeo. (2022). *Reunión informal de los jefes de Estado o de Gobierno. Declaración de Versalles (21 y 22 de marzo de 2022).*

Consejo Europeo. *Conclusiones del Consejo Europeo – Conclusiones (26 y 27 de octubre de 2023).*

12. REUNIONES Y DOCUMENTOS DEL CONSEJO DE LA UNIÓN EUROPEA (POR ORDEN CRONOLÓGICO)

Consejo de la Unión Europea. (2009). *Estrategia Europea de Seguridad: una Europa segura en un mundo mejor.* Oficina de Publicaciones de la Unión Europea.

Consejo de la Unión Europea. (2015). *Conclusiones del Consejo sobre la diplomacia energética. (20 de julio de 2015).*

Consejo de la Unión Europea. (2015). *Outcome of the Council Meeting, Foreign Affairs. 19 January 2015.*

Consejo de la Unión Europea. (26 de noviembre de 2015). *Conclusiones del Consejo sobre el sistema de gobernanza de la Unión de la Energía.* Comunicado de prensa.

Consejo de la Unión Europea. (2016). *Conclusiones del Consejo sobre la aplicación de la Estrategia Global de la UE en materia de Seguridad y Defensa.* Comunicado de prensa.

Consejo de la Unión Europea. (14 de noviembre de 2016). *Implementation Plan on Security and Defence. 14 November.* 14392/16.

Consejo de la Unión Europea. (2017). *Cambio climático: el Consejo reitera que el Acuerdo de París es apto para cumplir su objetivo y no puede renegociarse.* Comunicado de prensa.

Consejo de la Unión Europea. (2017). *Notification on Permanent Structured Cooperation (PESCO) to the Council and to the High Representative of the Union for Foreign Affairs and Security Policy.*

Consejo de la Unión Europea. (2017). *Conclusiones del Consejo–Aplicación de la Estrategia Global de la UE. Refuerzo de las sinergias entre las diplomacias climática y energética y elementos de las prioridades para 2017. (6 de marzo de 2017).*

Consejo de la Unión Europea. (2018). *Conclusiones del Consejo sobre la diplomacia climática (26 de febrero de 2018).*

Consejo de la Unión Europea. (2019). *Council conclusions on Security and Defence in the context of the EU Global Strategy (17 June 2019).*

Consejo de la Unión Europea. (20 de enero de 2020). *Conclusiones del Consejo sobre la diplomacia climática.*

Consejo de la Unión Europea. (2018). *Consejo de Asuntos Exteriores (Defensa), 6 de marzo de 2018.* Principales resultados. consilium.europa.eu Disponible en: https://www.consilium.europa.eu/es/meetings/fac/2018/03/06/

Consejo de la Unión Europea. (12 de mayo de 2020). *Videoconferencia de los ministros de Defensa. Principales resultados.* Reuniones. consilium.europa.eu Disponible en: https://www.consilium.europa.eu/es/meetings/fac/2020/05/12/

Consejo de la Unión Europea. (25 de enero de 2021). *Conclusiones del Consejo sobre diplomacia climática y energética–Cumplir la dimensión exterior del Pacto Verde Europeo.*

Consejo de la Unión Europea. (25 de febrero de 2022). *Agresión militar rusa contra Ucrania: la UE impone sanciones al presidente Putin y al ministro de Asuntos Exteriores Lavrov y adopta sanciones individuales y económicas de gran alcance.* Comunicado de prensa.

Consejo de la Unión Europea. (12 de marzo de 2022). *Una Brújula Estratégica para la Seguridad y la Defensa–Por una Unión Europea que proteja a sus ciudadanos, defienda sus valores e intereses y contribuya a la paz y la seguridad internacionales.* 7371/22.

Consejo de la Unión Europea. (15 de marzo de 2022). *Agresión militar de Rusia contra Ucrania: cuarto paquete de medidas sectoriales e individuales de la UE.* Comunicado de prensa.

Consejo de la Unión Europea. (21 de marzo de 2022). *Una Brújula Estratégica para la Seguridad y la Defensa – Por una Unión Europea que proteja a sus ciudadanos, defienda sus valores e intereses y contribuya a la paz y la seguridad internacionales.* 7371/22.

Consejo de la Unión Europea. (5 de agosto de 2022). *El Consejo adopta un Reglamento sobre la reducción de la demanda de gas este invierno en un 15 %.* Comunicado de prensa.

Consejo de la Unión Europea. (3 de diciembre de 2022). *Petróleo ruso: la UE llega a un acuerdo sobre el tope de precios.* Comunicado de prensa.

13. RESOLUCIONES E INFORMES DEL PARLAMENTO EUROPEO

Parlamento Europeo. (2 de marzo de 2010). *Informe sobre la aplicación de la Estrategia Europea de Seguridad y la Política Común de Seguridad y Defensa. Propuesta de Resolución del Parlamento Europeo.* Comisión de Asuntos Exteriores, (2009/2198(INI)). europal.europa.eu Disponible en: https://www.europarl.europa.eu/sides/getDoc.do?pubRef=-//EP//TEXT+REPORT+A7-2010-0026+0+DOC+XML+V0//ES#title2

Parlamento Europeo. (abril de 2015). *Parlamento Europeo: datos y cifras.* Briefing.

Parlamento Europeo. (2018). *Propuesta de resolución del Parlamento Europeo sobre la diplomacia climática.* Comisión de Asuntos Exteriores. Procedimiento (2017/2272(INI)). europarl.europa.eu Disponible en: https://www.europarl.europa.eu/doceo/document/A-8-2018-0221_ES.html

Parlamento Europeo. (2019). *Resultados por año.* Resultados de las elecciones europeas de 2019. europal.europa.eu Disponible en: https://www.europarl.europa.eu/election-results-2019/es/participacion/

Parlamento Europeo. (2019). *Elecciones europeas 2019: participación récord impulsada por los jóvenes.* Nota de prensa, de 24 de septiembre de 2019. europal.europa.eu Disponible en: https://www.europarl.europa.eu/news/es/press-room/20190923IPR61602/elecciones-europeas-2019-participacion-record-impulsada-por-los-jovenes

Parlamento Europeo. (2019). *Hearing of Frans Timmermans, Executive Vice President-designate, European Green Deal.* Multimedia Centre. europarl.europa.eu Disponible en: https://multimedia.europarl.europa.eu/en/hearing-of-frans-timmermans-executive-vice-president-designate-european-green-deal_20191008-1830-SPECIAL-HEARING-2Q2_vd

Parlamento Europeo. (2019). *Respuestas del comisario propuesto al cuestionario del Parlamento Europeo: Josep Borrell. Alto Representante de la Unión para Asuntos Exteriores y de Seguridad / Vicepresidente propuesto de la Comisión Europea para una Europa más fuerte en el mundo.* Cuestionario del Parlamento Europeo. Comisión de Asuntos Exteriores.

Parlamento Europeo. (2019). *Answer to the European Parliament. Questionnaire to the commissioner-designate: Frans Timmermans. Executive of Vice-President-designate for the European Green Deal.* European Parliament Hearings.

Parlamento Europeo. (2019). *Answer to the European Parliament. Questionnaire to the commissioner-designate: Adina Vălean. Commissioner-designate for Transport.* European Parliament Hearings.

Parlamento Europeo. (2019). *Answer to the European Parliament. Questionnaire to the commissioner-designate: Kadri Simson. Commissioner-designate for Energy.* European Parliament Hearings.

Parlamento Europeo. (21 de noviembre de 2019). *El Parlamento Europeo da luz verde a la Comisión Von der Leyen.* Nota de prensa. europal.europa.eu Disponible en: https://www.europarl.europa.eu/news/es/headlines/eu-affairs/20191115STO66605/el-parlamento-da-luz-verde-a-la-comision-von-der-leyen

Resolución del Parlamento Europeo, de 21 de noviembre de 2012, sobre las repercusiones medioambientales de la extracción de gas y petróleo de esquisto (2011/2308(INI)). *Diario Oficial de la Unión Europea,* núm. C419, de 16 de diciembre de 2015.

Resolución del Parlamento Europeo, de 21 de noviembre de 2012, sobre aspectos industriales, energéticos y otros del gas y del petróleo de esquisto (2011/2309(INI)). *Diario Oficial de la Unión Europea,* núm. C419, de 16 de diciembre de 2015.

Resolución del Parlamento Europeo, de 2 de febrero de 2016, sobre la revisión intermedia de la Estrategia de la UE sobre la Biodiversidad (2015/2137(INI)). *Diario Oficial de la Unión Europea,* núm. C35, de 31 de enero de 2018.

Resolución del Parlamento Europeo, de 3 de junio de 2018, sobre la diplomacia climática. *Diario Oficial de la Unión Europea,* núm. 118, de 8 de abril de 2020.

Resolución del Parlamento Europeo, de 17 de abril de 2020, sobre la acción coordinada de la Unión para luchar contra la pandemia de COVID-19 y sus consecuencias. *Diario Oficial de la Unión Europea,* núm. C316, de 6 de agosto de 2021.

Resolución del Parlamento Europeo, de 25 de noviembre de 2020, sobre una nueva estrategia industrial para Europa. *Diario Oficial de la Unión Europea,* núm. C425, de 20 de octubre de 2021.

Resolución del Parlamento Europeo, de 24 de noviembre de 2021, sobre una estrategia europea para las materias primas fundamentales. 2 de marzo de 2022.

Sassoli, D. (2019). *Discurso del presidente ante el Consejo Europeo.* Parlamento Europeo. europal.europa.eu Disponible en: https://www.europarl.europa.eu/the-president/en/newsroom/presidents-speech-at-the-european-council?lang=es

14. LEGISLACIÓN COMUNITARIA (POR ORDEN CRONOLÓGICO)

Comisión Europea. (16 de marzo de 2023). *Propuesta de Reglamento del Parlamento Europeo y del Consejo por el que se establece un marco para garantizar el suministro seguro y sostenible de materias primas fundamentales y se modifican los Reglamentos (UE) 168/2013, (UE) 2018/858, (UE) 2018/1724 y (UE) 2019/1020.* COM(2023) 160 final.

Comisión Europea. (16 de marzo de 2023). *Anexos de la Propuesta de Reglamento del Parlamento Europeo y del Consejo por el que se establece un marco para garantizar el suministro seguro y sostenible de materias primas fundamentales y se modifican los Reglamentos (UE) 168/2013, (UE) 2018/858, (UE) 2018/1724 y (UE) 2019/1020.* COM(2023) 160 final.

Decisión del Consejo 96/391/CE, del 28 de marzo de 1996, por la que se determinan un conjunto de acciones para establecer un contexto más favorable para el desarrollo de las redes transeuropeas en el sector de la energía. *Diario Oficial de las Comunidades Europeas,* núm. L161, de 29 de junio de 1996.

Decisión 1254/96/CE del Parlamento Europeo y del Consejo, de 5 de junio de 1996, por la que se establece un conjunto de orientaciones sobre las redes transeuropeas en el sector de la energía. *Diario Oficial de las Comunidades Europeas,* núm. L161, de 29 de junio de 1996.

Directiva 96/92/CE del Parlamento Europeo y del Consejo, de 19 de diciembre de 1996, sobre normas comunes para el mercado interior de la electricidad. *Diario Oficial de las Comunidades Europeas,* núm. L27, de 30 de enero de 1997. y Directiva 98/30/CE del Parlamento Europeo y del Consejo, de 22 de junio de 1998, sobre normas comunes para el mercado interior del gas natural. *Diario Oficial de las Comunidades Europeas,* núm. L204, de 21 de julio de 1998.

Decisión 1364/2006/CE del Parlamento Europeo y del Consejo, de 6 de septiembre de 2006, por la que se establecen orientaciones sobre las redes transeuropeas en el sector de la energía por la que se derogan la Decisión 96/391/CE y la Decisión 1229/2003/CE. *Diario Oficial de las Comunidades Europeas,* núm. L262, de 22 de septiembre de 2006.

Directiva 2009/28/CE, de 23 de abril de 2009, relativa al fomento del uso de energía procedente de fuentes renovables y por la que se modifican y se derogan las Directivas 2001/77/CE y 2003/30/CE. *Diario Oficial de la Unión Europea,* núm. L140, de 5 de junio de 2009.

Directiva 2009/73/CE del Parlamento Europeo y del Consejo, de 13 de julio de 2009, sobre normas comunes para el mercado interior del gas natural y por la que se deroga la Directiva 2003/55/CE. *Diario Oficial de la Unión Europea,* núm. L211, de 14 de agosto de 2009.

Decisión (UE) 994/2012/UE del Parlamento Europeo y del Consejo, de 25 de octubre de 2012, por la que se establece un mecanismo de intercambio de información con respecto a los acuerdos intergubernamentales entre los Estados miembros y terceros países en el sector de la energía. *Diario Oficial de la Unión Europea,* núm. L299, de 27 de octubre de 2012.

Directiva 2012/27/UE del Parlamento Europeo y del Consejo, de 25 de octubre de 2012, relativa a la eficiencia energética, por la que se modifican las Directivas 2009/125/CE y 2010/30/UE, y por la que se derogan las Directivas 2004/8/CE y 2006/32/CE. *Diario Oficial de la Unión Europea,* núm. L315, de 14 de noviembre de 2012.

Reglamento (UE) 347/2013 del Parlamento Europeo y del Consejo de 17 de abril de 2013 relativo a las orientaciones sobre las infraestructuras energéticas transeuropeas y por el que se deroga la Decisión nº1364/2006/CE y se modifican los Reglamentos (CE) nº 713/2009, (CE) nº 714/2009 y (CE) nº 715/2009. *Diario Oficial de la Unión Europea,* núm. L115, de 25 de abril de 2013.

Reglamento (UE) nº 1316/2013 del Parlamento Europeo y del consejo de 11 de diciembre de 2013 por el que se crea el Mecanismo «Conectar Europa», por el que se modifica el Reglamento (UE) nº 913/2010 y por el que se derogan los Reglamentos (CE) nº 680/2007 y (CE) nº 67/2010. *Diario Oficial de la Unión Europea,* núm. L348, de 20 de diciembre de 2013.

Recomendación de la Comisión, de 22 de enero de 2014, relativa a unos principios mínimos para la exploración y producción de hidrocarburos (como el gas de esquisto) utilizando la fracturación hidráulica de alto volumen, 2014/70/CE. *Diario Oficial de la Unión Europea,* núm. L39, de 8 de febrero de 2014.

Reglamento (UE) 2015/1017 del Parlamento Europeo y del Consejo de 25 de junio de 2015 relativo al Fondo Europeo para Inversiones Estratégicas, al Centro Europeo de Asesoramiento para la Inversión y al Portal Europeo de Proyectos de Inversión, y por el que se modifican los Reglamentos (UE) núm. 1291/2013 y (UE) núm. 1316/2013– El Fondo Europeo para Inversiones Estratégicas. *Diario Oficial de la Unión Europea,* núm. L169, de 1 de julio de 2015.

Decisión (UE) 2016/1841 del Consejo de 5 de octubre de 2016 relativa a la celebración, en nombre de la Unión Europea, del Acuerdo de París aprobado en virtud de la Convención Marco de las Naciones Unidas sobre el Cambio Climático. *Diario Oficial de la Unión Europea,* núm. L282, de 19 de octubre de 2016.

Decisión (UE) 2017/684 del Parlamento Europeo y del Consejo, de 5 de abril de 2017, por la que se establece un mecanismo de intercambio de información con respecto a los acuerdos intergubernamentales y los instrumentos no vinculantes entre los Estados miembros y terceros países en el sector de la energía y por la que se deroga la Decisión 994/2012/UE. *Diario Oficial de la Unión Europea,* núm. L99, de 12 de abril de 2017.

Decisión (UE) 2017/684 del Parlamento Europeo y del Consejo de 5 de abril de 2017 por la que se establece un mecanismo de intercambio de información con respecto a los acuerdos intergubernamentales y los instrumentos no vinculantes entre los Estados miembros y terceros países en el sector de la energía y por la que se deroga la Decisión nº 994/2012/UE. *Diario Oficial de la Unión Europea*, núm. L99, de 14 de abril de 2017.

Reglamento 2017/1938 del Parlamento Europeo y del Consejo, de 25 de octubre de 2017, sobre medidas para garantizar la seguridad del suministro de gas y por el que se deroga el Reglamento 994/2010. *Diario Oficial de la Unión Europea*, núm. L280, de 28 de octubre de 2017.

Decisión (PESC) 2017/2315 del Consejo de 11 de diciembre de 2017 por la que se establece una cooperación estructurada permanente y se fija la lista de los Estados miembros participantes. *Diario Oficial de la Unión Europea*, núm. L331, del 14 de diciembre de 2017.

Reglamento (UE) 2018/1999 del Parlamento Europeo y del Consejo de 11 de diciembre de 2018 sobre la gobernanza de la Unión de la Energía y la Acción por el Clima, y por el que se modifican los Reglamentos (CE) nº 663/2009 y (CE) nº 715/2009 del Parlamento Europeo y del Consejo, las Directivas 94/22/CE, 98/70/CE, 2009/31/CE, 2009/73/CE, 2010/31/UE, 2012/27/UE y 2013/30/UE del Parlamento Europeo y del Consejo y las Directivas 2009/119/CE y (UE) 2015/652 del Consejo, y se deroga el Reglamento (UE) nº 525/2013 del Parlamento Europeo y del Consejo. *Diario Oficial de la Unión Europea*, núm. L328, de 21 de diciembre de 2018.

Directiva 2019/692 del Parlamento Europeo y del Consejo, de 17 de abril de 2019, por la que se modifica la Directiva 2009/73/CE sobre normas comunes para el mercado interior del gas natural. *Diario Oficial de la Unión Europea*, núm. L117, de 3 de mayo de 2019.

Reglamento (UE) 2019/942 del Parlamento Europeo y del Consejo de 5 de junio de 2019 por el que se crea la Agencia de la Unión Europea para la Cooperación de los Reguladores de la Energía. *Diario Oficial de la Unión Europea*, núm. L158, de 14 de junio de 2019.

Directiva (UE) 2023/959 del Parlamento Europeo y del Consejo de 10 de mayo de 2023 que modifica la Directiva 2003/87/CE por la que se establece un régimen para el comercio de derechos de emisión de gases de efecto invernadero en la Unión y la Decisión (UE) 2015/1814, relativa al establecimiento y funcionamiento de una reserva de estabilidad del mercado en el marco del régimen para el comercio de derechos de emisión de gases de efecto invernadero en la Unión. *Diario Oficial de la Unión Europea*, núm. L130, de 16 de mayo de 2021.

Reglamento (UE) 2021/1119 del Parlamento Europeo y del Consejo de 30 de junio de 2021 por el que se establece el marco para lograr la neutralidad climática y se modifican los Reglamentos (CE) nº 401/2009 y (UE) 2018/1999 («Legislación europea sobre el clima). *Diario Oficial de la Unión Europea,* núm. L243, de 9 de julio de 2021.

Reglamento (UE) 2024/1252 del Parlamento Europeo y del Consejo de 11 de abril de 2024 por el que se establece un marco para garantizar un suministro seguro y sostenible de materias primas fundamentales y por el que se modifican los Reglamentos (UE) núm. 168/2013, (UE) 2018/858, (UE) 2018/1724 y (UE) 2019/1020. *Diario Oficial de la Unión Europea,* de 3 de mayo de 2024.

15. TRATADOS CONSTITUTIVOS (POR ORDEN CRONOLÓGICO)

Traité Instituant la Communauté Européenne du Charbon Et de l'Acier, firmado en París 18 de abril de 1951.

Acta Única Europea. *Diario Oficial de las Comunidades Europeas,* núm. L169, de 29 de junio de 1987.

Tratado de la Unión Europea, hecho en Maastricht el 7 de febrero de 1992. *Diario Oficial de las Comunidades Europeas,* núm. C191, de 29 de julio de 1992.

Tratado de Ámsterdam por el que se modifican el Tratado de la Unión Europea, los Tratados Constitutivos de la Comunidades Europeas y Determinados Actos Conexos. *Diario Oficial de las Comunidades Europeas,* núm. C340, de 10 de noviembre de 1997.

Tratado de Niza, por el que se modifican el Tratado de la Unión Europea, los Tratados Constitutivos de las Comunidades Europeas y Determinados Actos Conexos. *Diario Oficial de las Comunidades Europeas,* núm. C80, de 10 de marzo de 2001.

Versión consolidada del Tratado de la Unión Europea. *Diario Oficial de la Unión Europea,* núm. C326, de 26 de octubre de 2012.

Versión consolidada del Tratado de Funcionamiento de la Unión Europea. *Diario Oficial de la Unión Europea,* núm. C326, de 26 de octubre de 2012.

16. ORGANIZACIONES Y TRATADOS INTERNACIONALES

Acuerdo de París, firmado en París el 22 de abril de 2016. UNFCCC. Naciones Unidas.

Carta Internacional de la Energía, texto acordado para su adopción en La Haya durante la Conferencia Ministerial sobre la Carta Internacional de la Energía el 20 de mayo de 2015. *Secretaría de la Carta de la Energía.*

G20. (2020). *Extraordinary G20 Leaders´ Summit. Statement on COVID-19.* Presidencia de Arabia Saudí.

The North Atlantic Treaty, signed in Washington D. C.–4 april 1949. *Organización del Tratado Atlántico Norte.*

17. OTROS

Real Academia Española. *Diccionario de la lengua española.* 23.ª ed., [versión 23.7 en línea]. Disponible en: https://dle.rae.es/aceptable?m=form&m=form&wq=aceptable#sinonimos0NSb6WK